종묘의궤 2

종묘의궤 2

한국고전번역원 기획 선종순 옮김

1판 1쇄 인쇄_ 2009년 5월 20일
1판 1쇄 발행_ 2009년 5월 30일

발행처_ 김영사
발행인_ 박은주

등록번호_ 제406-2003-036호
등록일자_ 1979. 5. 17.

경기도 파주시 교하읍 문발리 출판단지 515-1 우편번호 413-756
마케팅부 031)955-3100, 편집부 031)955-3250, 팩시밀리 031)955-3111

사진 협조 권태균, 이화여대 박물관, 전주이씨대동종약원 종묘제례보존회

값은 표지에 있습니다.
ISBN 978-89-349-3457-8 94910
        978-89-349-3455-4(세트)

독자의견 전화_ 031) 955-3200
홈페이지_ http://www.gimmyoung.com
이메일_ bestbook@gimmyoung.com

좋은 독자가 좋은 책을 만듭니다.
김영사는 독자 여러분의 의견에 항상 귀 기울이고 있습니다.

종묘의궤

宗廟儀軌

2

김영사

일러두기

이 책은 다음과 같은 요령으로 엮었다.

1 이 책의 번역 대본은 서울대학교 규장각 한국학연구원 소장의 《종묘의궤(宗廟儀軌)》
   (도서번호 : 奎14220)이며, 서명은 《종묘의궤》로 하였다.
2 원문에 차자(借字)로 표기된 물명(物名) 등은 가능한 우리말로 바꾸어 표기하고 별도
   의 주석은 하지 않았다.
3 연대기술에서 중국 연호는 조선왕의 묘호를 기준으로 통일하였다.
4 내용이 간단한 역주는 간주(間註)로, 긴 역주는 각주(脚註)로 처리하였다.
5 한자는 필요한 경우 이해를 돕기 위하여 넣었으며, 운문(韻文)은 원문을 병기하였다.
6 맞춤법과 띄어쓰기는 한글 맞춤법과 표준어 규정을 따르는 것을 원칙으로 하였다.
7 이 책에서 사용한 부호는 다음과 같다.
   ( ) : 번역문과 음이 같은 한자를 묶는다.
   〔 〕: 번역문과 뜻은 같으나 음이 다른 한자를 묶는다.
   " " : 대화 등의 인용문을 묶는다.
   ' ' : " " 안의 재인용 또는 강조 부분을 묶는다.
   「 」: ' ' 안의 재인용을 묶는다.
   《 》: 책명 및 각주의 전거(典據)를 묶는다.
   〈 〉: 책의 편명 및 운문·산문의 제목을 묶는다.

차 례

宗廟儀軌

제4책

복위復位

○ **성종대왕 무술년**(1478, 성종9) **4월 병오일**(15일)

유학(幼學) 남효온(南孝溫)의 상소 가운데 한 조목이다.

"신이 삼가 살펴건대, 세조(世祖) 혜장대왕(惠莊大王)은 하늘이 내려 준 용맹과 지혜로 해와 달 같은 명철함을 지니고 하늘과 사람의 도움을 얻으셨습니다. 그리하여 나라의 큰 어려움을 제거하고 대군으로서 왕위에 오르셨습니다. 뜻하지 않게 다스림의 교화가 한창 젖어들던 때에 재앙이 그 사이에서 싹터 병자년(1456, 세조2)에 뭇 간신배가 혼란을 선동하고 나라 안팎을 경동(驚動)시켜 사직을 거의 뒤집어엎을 뻔하였습니다.[1] 이윽고 서로 이어 처형되어 거의 다 제거되었는데, 이 화란의 여파로 소릉(昭陵)[2]이 폐위되었고, 20여 년을 원혼(冤魂)이 의지할 데 없이 지냈습니다. 신은 모르겠습니다만 하늘에 계시는 문종의 영령께서 춘하추동으로 올리는 제사를 기꺼이 홀로 흠향하려 하시겠습니까?

신은 배우지 못하고 재능이 없어서 견문이 천박하고 고루하니, 진실로 어떤 일이 어떤 상서를 부르고 어떤 일이 어떤 재앙을 부르는지 알지 못합니다. 그러나 그것을 일에 상고하고 마음에 참작하면, 나의 마음이 곧 천지의 마음이고 나의 기운이 곧 천지의 기운입니다. 따라서 사람의 마음과 사람의 기운이 순조로우면 바로 하늘의 마음과 하늘의 기운이 순조로운 것이고, 사람의 마음과 사람의 기운이 순조롭지 않으면 바로 하늘의 마음과 하늘의 기운이 순조롭지 않은 것입니다. 하늘의 마음과 하늘의 기운이 순조롭지 않음이 재앙이 내리는 원인입니다.

신의 어리석고 망녕된 생각으로는 소릉을 폐위한 것은 사람의 마음에 순조롭지 않은 것이니, 하늘의 마음에 순조롭지 않다는 것을 따라서 알 수 있습니다. 비록 '훼철(毁撤)한 종묘의 신주를 다시 종묘에 들이는 것은 옳지 않다.'라고 합니다만, 오직 존호를 추복(追復)[3]하고 다시 예장(禮葬)을 치르기를 일체 선후(先后)의 예와 똑같이 해야 합니다. 이로써 민심에 답하고 하늘의 꾸짖음에 답하며 조종조의 뜻에 답하기를 보통보다 훨씬 넘게 한다면 어찌 아름답지 않겠습니까?

1 **병자년에……뻔하였습니다** 성삼문(成三問), 박팽년(朴彭年) 등 육신(六臣)이 당시 상왕(上王)으로 물러나 있는 단종(端宗)을 복위시키기 위해 모의한 일을 말한다. 《국역 연려실기술 1집 제4권 단종조고사본말 육신의 상왕 복위 모의》

2 **소릉** 문종(文宗)의 비 현덕왕후(顯德王后) 권씨(權氏)의 능이다. 현덕왕후는 화산부원군(花山府院君) 권전(權專)의 딸로 1441년(세종23)에 단종을 낳고 승하하였다. 문종이 즉위한 해인 1450년 7월 1일에 왕후로 추숭되었다. 처음에는 안산(安山) 소릉에 장사 지냈는데, 1457년(세조3)에 폐위되어 능이 바닷가로 옮겨졌으며, 1513년(중종8)에 복위되어 현릉(顯陵)으로 개장하였다. 《국역 연려실기술 1집 제4권 문종조고사본말 소릉의 폐위와 복위》

3 **추복** 삭탈했던 위호(位號)를 그 사람이 죽은 뒤에 다시 복원해 주는 것을 말한다.

만약 '폐위하고 삼대를 거치는 동안 조종조에서 거행하지 않은 일이다. 따라서 지금 추복하고 예장하는 것은 불가하다.' 라고 한다면, 세조께서 무인년(1458, 세조4)에 하신 훈계로 이 점을 밝히겠습니다. 예종에게 훈계하시기를, '나의 시대는 어렵고 힘들었지만 너의 시대는 태평하고 편할 것이다. 만약 나의 행적에 국한되어 변통할 줄을 모른다면 그것은 나의 뜻을 따르는 것이 아니다.' 라고 하셨으니, 무릇 일에는 행할 수 있는 때가 있고 행할 수 없는 때가 있습니다. 어찌 과거에 얽매여 변통하지 않아서야 되겠습니까. 하물며 우리 명나라 황제가 경태(景泰)를 추복한 훌륭한 사례[4]가 이 세상 천지에 너무도 분명히 있지 않습니까? 삼가 전하께서 유념하시어 채택해 주시기를 바랍니다." —비답(批答)이 없었다. 이튿날 경연에서 이에 대해 논의한 대화가 아래에 보인다. 실록에 나온다.

○ 연산군 을묘년(1495, 연산군1) 5월 경술일(28일)

충청 도사(忠淸都事) 김일손(金馹孫)의 상소 가운데 제26조이다.

"소릉을 추복하는 문제입니다. 우리 국가는 금구(金甌)처럼 완전무결하면서도 오히려 한 가지 결점을 지닌 채 지내 왔습니다. 그렇기 때문에 온 조정의 신하들이 하늘과 땅 사이에 살면서 사람의 도리가 무너지고 결여된 속에서 희희낙락하여 스스로 알지 못합니다. 무슨 말인고 하니, 예로부터 제왕 중에 홀로 모셔진 신주는 없었습니다. 그런데 문묘(文廟 문종)는 유독 배위(配位)가 없이 신주가 하나입니다. 광릉(光陵)[5]께서 세상을 구제할 도략을 가슴에 품으셨기에 대중의 뜻에 떠밀려 부득이 선위를 받으셨으니, 이것은 종사를 위한 계책이었습니다. 소릉을 폐위한 것은 아마도 광릉의 본의가 아니었을 것입니다.

신이 듣기로는 문묘께서 동궁에 계실 때에 소릉이 이미 승하하셨으니, 노산(魯山)[6]을 복위하려는 모의에 관여하지 않은 것이 분명합니다. 모친[7] 때문이라면 당시에 모의를 주도한 여러 사람들에 대해 그들의 아들은 처형하였으나 딸은 정상을 참작하여 처형하지 않았으니, 여자는 바깥일에 관여함이 없기 때문입니다. 여기에서 광릉의 인자함을 충분히 볼 수 있습니다. 그리고 송현수(宋玹壽)는 노산의 장인이지만 그의 아들 송거(宋琚)와 조카 송영(宋瑛)은 이미 선왕(先王)에게 용서를 받

비록 전하께서 그 원통함을 밝게 살펴서 추복하고자 하시더라도 논의하는 자들은 반드시 조종조의 과오를 드러내는 것이라 하여 반대할 것입니다. 그러나 이것은 대단히 잘못된 일입니다. 전하께서 결단하여 추복하신다면 장차 세종과 더불어 덕이 나란할 것이며, 문종께 욕됨이 없을 것입니다. 무슨 말인고 하니, 태조께서 전 왕조인 고려의 왕씨(王氏)를 모조리 처형하였고, 태종께서 먼저 정몽주(鄭夢周)를 죽였습니다. 사적인 관점으로 본다면 정몽주가 조종(祖宗)을 모해하였으니, 바로 자손에게 있어서는 큰 원수입니다. 그렇지만 세종께서는 정몽주의 후손을 녹용(錄用)하여 그의 절개를 장려하고 나서 다시 고금의 충신들 뒤에 나열하셨으며, 문종께서는 특별히 왕씨의 후손을 찾아 숭의전(崇義殿)을 세워 주고 끊어진 제사를 잇게 하셨습니다. 세종과 문종 두 분의 인자함은 천지와 같이 위대하니, 후세 사람들이 '세종과 문종이 태조와 태종의 과오를 드러냈다.'라고 말하지 않고, '성왕(聖王)의 자손이 조종의 잘못을 잘 바로잡았으니, 어찌 훌륭하지 않은가.'라고 말합니다.

신은 바라건대, 전하께서 소릉을 추복한 다음 능역에 나무꾼과 목동의 출입을 금하며, 국상(國喪)을 마치고 조천(祧遷)한 뒤[8]에 이어 소릉의 신주를 합부(合祔)하소서. 그러면 온 나라의 강상(綱常)에 있어 매우 다행일 것입니다." —비답이 없었다. 실록에 나온다.

○ 병진년(1496, 연산군2) 12월 기묘일(6일)

이에 앞서 김극뉴(金克忸), 이의무(李宜茂), 김일손(金馹孫), 한훈(韓訓), 이주(李胄) 등이 간원(諫院)에 재직 중에 헌의(獻議)하였다.

"신들이 삼가 생각건대, 문종의 원비(元妃) 권씨(權氏)는 노산의 사건 이전에 돌아가셨으나 노산과 일시에 추폐(追廢)[9]되었습니다. 그리하여 문종으로 하여금 종묘의 한 신실(神室)에서 홀로 제향을 받아 지금까지 배위의 신주가 없게 하였으니, 이것은 측은한 일입니다. 성종께서 일찍이 적몰(籍沒)한 종들을 노산의 궁인(宮人) 송씨(宋氏)[10]에게 도로 내주어 생활을 유지하게 하고, 그 일가 족속들의 정상을 참작하여 모두 벼슬길을 퇴워 주셨으니, 성종의 지극하신 뜻을 여기에서도 볼 수 있습니다. 삼가 바라건대, 전하께서 소릉과 종묘의 신주를 추복하여 도로 문종의 신실에 배향하신다면 종묘로서는 매우 다행일 것입니다."

예조에 계하(啓下)하니, 예조에서 아뢰었다.

"옛날부터 종묘에 배위가 없는 단독의 신주는 없었는데 우리 왕조의 문종만 종묘에서 홀로 제향을 받으시니 의리에 편치는 않습니다만, 소릉이 폐위된 지 이미 오래이므로 가볍게 다시 세운다는 것은 어려운 일입니다. 따라서 거행할 수 없습니다." —실록에 나온다.

○ **중종대왕 임신년(1512, 중종7) 11월[11] 임진일(22일)**

상이 주강(晝講)에 나아갔다. 검토관(檢討官) 소세양(蘇世讓)이 아뢰기를, "임금은 태묘(太廟)에서, 신하는 가묘(家廟)에서 천자와 제후로부터 경, 대부, 사, 서인에 이르기까지 모두 제사를 모시는 일이 있습니다. 우리 문종대왕께서는 유독 하나의 신위로 제향을 받고 계신데, 그 당시의 일을 신은 알지 못합니다. 성종조 때에 소릉을 복위하는 일로 혹 아뢴 사람이 있었으나 고치지는 못했으니, 중론이 매우 한스럽게 여겼습니다. 만약 자손의 입장에서 조종이 한 일이라 하여 고치지 않는다면 비록 천만년이 지나더라도 그 잘못은 사라지지 않을 것입니다. 우리나라의 잘못된 거사로 이 일처럼 큰 것은 없습니다."

하니, 상이 이르기를,

"소릉의 일은 조종조에서 한 일이고, 진달하여 아뢰는 사람도 없었다. 오래된 일인 데다 가볍게 할 일도 아니니, 지금 처치하는 것은 어려울 듯하다."

하고, 정원에 전교하였다.

"소릉을 추복하는 일을 경연에서 또한 아뢴 사람이 있었다. 이 일을 논의하자면 마땅히 근원을 알아야 하니, 날을 잡아 속히 실록을 열어 고찰하라. 성종조 때에도 논의가 있었으니, 실록을 열어 볼 때에 이 부분도 아울러 고찰하라."

을미일(25일)에 영의정 유순정(柳順汀) 등이 소릉의 시말을 고찰하고 아뢰었다.

11 **11월** 대본은 '十月'인데,《중종실록》7년 11월 22일조(임진) 기록에 의거하여 '十一月'로 바로잡아 번역하였다.

12 6월 대본은 '五月'인데, 《세조
실록》 2년 6월 7일조(을사) 기록에
의거하여 '六月'로 바로잡아 번
역하였다. 《중종실록》 7년 11월
25일조에 실려 있는 계사에도 '五
月'로 되어 있는 것으로 보아 실
록을 고찰하여 아뢸 당시에 오류
가 있었던 듯하다.

13 상왕 단종을 말한다. 세조에
게 선위하고 물러나 상왕으로
있었다.

14 권자신 대본은 '自順'인데, 《중
종실록》 7년 11월 25일조 기록에
의거하여 '自愼'으로 바로잡아
번역하였다.

"병자년(1456, 세조2) 6월[12] 을사일(7일)에 좌승지 구치관(具致寬)에게 명하여 의금부로 가서 성삼문(成三問)을 심문하게 하였습니다. 묻기를, '상왕(上王)[13]께서도 너희들의 모의를 참여하여 아시는가?' 하니, 성삼문이 말하기를, '아신다. 권자신(權自愼)이 자기 모친에게 알려 상왕께 통하였고, 뒤에 권자신과 윤영손(尹令孫) 등이 여러 차례 나아가 기일을 고하기로 약속하였다. 그날 아침에 권자신이 먼저 창덕궁에 도착하자 상왕께서 긴 칼을 내리셨다.' 하였습니다. 구치관이 또 권자신에게 물었는데, 권자신의 대답도 성삼문이 한 말과 같았습니다." —실록에 나온다.

○ 세조대왕 정축년(1457, 세조3) 6월

의정부에서 아뢰기를,

"현덕왕후(顯德王后) 권씨의 모친인 아기(阿只) 및 아우 권자신[14]이 반역을 꾀하다가 처형되었고, 권자신의 부친인 권전(權專)은 이미 추폐되어 서인(庶人)이 되었습니다. 게다가 노산군은 종사(宗社)에 죄를 얻어 이미 군(君)으로 강봉(降封)되었습니다. 그런데 그 어미가 여태 이름과 지위를 보전하고 있는 것은 옳지 못하니, 청컨대 추폐하여 서인으로 삼고 개장(改葬)하소서."

하니, 그대로 따랐다.

성종 무술년(1478, 성종9)에 유학 남효온의 상소 가운데 한 조목에 운운하였는데, —상소 내용은 이미 위에 보인다.— 명하여 승정원에 보이니, 도승지 임사홍(任士洪)이 아뢰기를,

"신이 이 상소를 보니, 소릉을 추복하자는 내용입니다. 이 문제는 신하로서 논의할 수 없는 것인데, 지금 남효온이 제멋대로 논의하였으니, 역시 불가합니다."

하자, "소릉은 지금 추복할 수 없다."고 전교하였다. 이튿날 경연에서 상이 좌우를 돌아보며 이르기를,

"어제 유생(儒生) 남효온의 상소에 폐위된 소릉의 일을 말하였다. 선왕조의 일이라서 사세로는 추복하기 어려운데, 경들은 알고 있는가?"

하니, 영사(領事) 정창손(鄭昌孫)이 대답하기를,

"상소 내용을 보니, 모두 분에 넘치고 절실하지 못하였습니다. 진실로

채택하여 시행하기는 어렵습니다."

하였다.[15] 전교하기를,[16]

"지금 그 당시의 말을 살펴보니 지극히 상세하고 세밀하다. 그러나 조종조의 오래된 일이라서 가볍게 처리할 수 없을 듯하니, 정부, 부원군, 육조의 참판, 한성부 전원으로 하여금 논의하여 아뢰게 하라."

하였다.

병신일(26일)에 대사헌 이자건(李自健), 집의 성운(成雲), 장령 이언호(李彦浩)·김굉(金硡), 지평 김희수(金希壽)·윤탕(尹宕) 등이 아뢰기를,

"들으니, 소릉은 노산을 낳고 그날로 별세하였고 그로부터 16년 뒤에 권자신이 모반으로 처형되었으므로 소릉과는 관계가 없다고 하며, 또한 소릉이 선왕에게 득죄해서가 아니고 그 당시 대신의 건의로 폐위된 것이라고 합니다. 지난 역사를 고찰해 보건대, 종묘에 들인 신주 가운데 어찌 왕후의 신주 없이 홀로 들인 신주가 있었습니까? 소릉을 추복하지 않았기 때문에 온 나라의 인심이 오늘에 이르도록 화합하지 못하고 있습니다. 지금 실록을 고찰하고 대신들에게 논의하도록 명하시니, 성상의 정치에 지극한 일입니다. 실록을 고찰한 절목과 시말을 직접 볼 수 있게 해 주소서."

하니, 전교하기를,

"소릉의 일은 말하는 사람이 없었기 때문에 내가 알지 못했는데, 지난번 경연에서 노산의 일을 말하는 사람이 있었다. 나의 생각에 보통 때에는 아들의 죄로 부모를 연좌하는 경우는 율문에 없다고 여겼기 때문에 실록을 고찰하도록 한 것이다. 그런데 막상 실록을 보니, 권자신이 자기 모친과 반역을 꾀하여 노산과 통하다가 처형되었을 뿐만 아니라, 그 모친이 이미 처형되고 부친도 추폐되어 서인이 되었다. 그렇고 보면 자식이 어찌 이름과 지위를 보전할 수 있겠는가. 의정부에서 폐위할 것을 건의하여 청한 뜻 역시 얼토당토않은 것은 아니었다. 그러나 큰일이기에 대신에게 명하여 논의하도록 한 것이다. 실록 단자를 보여 주도록 하라."

하였다.

대사간 조원기(趙元紀), 사간 유운(柳雲), 헌납 김선(金璇), 정언 이수영(李守英)·이원화(李元和) 등이 소릉을 추복하는 일로 입궐하였다. 이자건

15 정축년……하였다 이 부분은 위 단락의 영의정 유순정 등이 소릉의 시말을 고찰하고 아뢴 계사의 한 부분인데, 원문에서 분리하여 별도의 단락으로 처리한 것이다. 《중종실록》 7년 11월 25일조 기록 참조.

16 전교하기를 유순정 등의 계사에 대한 중종의 전교이다.

등이 조원기 등과 같은 내용으로 아뢰기를,

"전교에 '아들의 죄로 부모를 연좌하는 것은 옳지 않다.' 하셨으니, 상의 하교가 매우 지당하십니다. 율문에 모반 및 대역 죄인의 연좌에 해당되는 자가 만약 폐질(廢疾)이나 독질(篤疾)에 걸렸으면 비록 생존해 있는 사람이라도 오히려 연좌하지 않는 것으로 되어 있습니다. 더구나 사건이 권씨가 죽고 16년이 지난 뒤에 발생하여 전혀 관계가 없는 데이겠습니까. 지금 폐위한 일을 살펴보니, 선왕께서 하신 것이 아니라 정부가 계청한 일이었습니다. 그 후에 남효온이 상소하자 성종께서 상소를 정원에 보이셨는데, 그때 임사홍은 '신하로서 논의할 수 없는 일이다.' 라고 아뢰었습니다. 임사홍은 본래 나라를 그르친 소인이기 때문에 이와 같이 방계(防啓)한 것이고, 정창손은 소릉을 폐위할 당시에 논의에 참여하였기 때문에 또한 남효온의 상소를 분에 넘치고 절실하지 못하다고 범범하게 아뢰었던 것입니다. 지금 실록을 살펴보니, 권씨는 연좌에 해당되지 않는 데다가 문종께서 단독의 신위로 종묘에서 제향을 받는 것은 신하와 자식의 마음에 매우 미안한 일입니다."

하니, "논의의 결과를 보고 답하겠다."고 전교하였다. 홍문관이 소릉의 일을 아뢴 것도 대간의 논의와 같았다. ─계사는 나오는 데가 없다.

유순(柳洵), 유순정(柳順汀), 성희안(成希顔), 송일(宋軼), 노공필(盧公弼), 민효증(閔孝曾)이 논의하기를,

"소릉을 추복하는 것은 의리에 마땅한 듯합니다. 다만 당초 폐출할 때에 세조께서 이미 종묘에 고하셨으니, 지금 만약 추복한다면 역시 종묘에 고하지 않을 수 없는데, 장차 무슨 말로 고해야 할지 모르겠습니다. 신들의 망녕된 논의에 '뒤를 이은 왕이 이 일을 가볍게 논의할 수 없다.' 라고 한 것은 이런 점을 염려해서입니다."

하고, 이손(李蓀), 김응기(金應箕), 신윤무(辛允武), 윤금손(尹金孫), 정광세(鄭光世), 임유겸(任由謙), 심정(沈貞), 이장생(李長生)의 논의도 같았다. 신용개(申用漑), 강혼(姜渾), 장순손(張順孫), 김전(金詮), 박열(朴說), 강징(姜澂), 조계상(曺繼商), 유담년(柳聃年), 손주(孫澍), 성세순(成世純)이 논의하기를,

"노산이 태어나자마자 소릉이 바로 별세하였으니, 노산의 말년 때 일을

소릉은 알지 못했습니다. 그러나 당시에 대신이 아우 권자신 때문에 소릉의 폐위를 청하여 따른 것이니, 아마도 선왕의 뜻에서 나온 것은 아닌 듯합니다. 당초 폐위할 때에 비록 이미 종묘에 고하고 폐출했으나 지금 실록을 고찰해 보면 아우의 모의에 관여되지 않았음을 알 수 있습니다. 능을 복원하고 위호를 바로잡는 것은 매우 마땅합니다. 만약 이미 종묘에서 출향된 신위를 지금 다시 부묘(祔廟)하는 것이 어렵다고 한다면 별묘를 세우는 것은 의리로 할 수 있는 일입니다."

하였다. 상이 유순 등의 의견을 따랐다.

정유일(27일)에 대사헌 이자건(李自健) 등이 아뢰기를,

"소릉을 추복하는 일은 오늘날 신들이 처음 아뢰는 것은 아닙니다. 사림이 통분해하면서도 실록의 뜻을 알지 못해 아뢰지 못했을 뿐입니다. 이제 권씨가 종사에 지은 죄가 없다는 것을 성상께서 환히 아시게 되었으니, 지금이 추복할 수 있는 때입니다. 그런데 듣자니 재상들의 추복하지 말자는 의견을 따르신다 하니, 신들은 재상들의 뜻을 알지 못하겠습니다. 그 의견을 보았으면 합니다."

하니, "그 의견을 보여 주도록 하라."고 전교하였다. 대사간 조원기 등이 헌부와 같은 말로 아뢰기를,

"지금 대신들의 의견을 보니, '의리에는 합당하나 무슨 말로 종묘에 고해야 할지 모르겠다.' 하였는데, 진실로 의리에 합당하다면 고하는 말이 뭐가 어렵단 말입니까? 신들이 실록을 살펴보니, 소릉이 사건에 관계없는 것이 명백하고, 성상께서도 마음으로는 관계없다는 것을 환히 알고 계십니다. 그렇다면 유독 신하들의 마음에만 미안한 바가 있을 뿐 아니라, 성상의 마음에도 당연히 측은하게 여기시는 바가 있는 것입니다. 진실로 의리에 합당하다면 따라야 하거니와 하물며 종묘에 고할 말이 순조로우면서도 의심이 없는 데야 더 말할 것이 있겠습니까?"

하니, 전교하였다.

"이는 조종조의 오래된 일이라서 알 수가 없다. 성종조 때에 이와 같은 일이 있었지만 역시 변경하지 않았고, 요사이 조정의 논의를 살펴보더라도 변경할 수 없다는 의견이다."

대간이 다시 아뢰기를,

"권씨가 관계없다는 것과 임사홍이 방계한 것이라는 일을 상께서 실록을 고찰해 보시고 환히 아신 데다 어제 전교에 '아들의 죄로 부모를 연좌해서는 안 된다.' 하셨기에, 신들은 논의하기를, '50년을 억울하게 지낸 영혼이 한을 풀게 되었다.' 하였는데, 오늘은 전교에 '조종조의 오래된 일이라서 내가 알 수 없다.' 하시어 모든 것이 전날 하교하신 바와 다르니, 신들은 실망스러움을 견디지 못하겠습니다. 조정의 논의에 '능을 복원하고 위호를 바로잡는 것이 지당하다.'는 의견이 있었으니, 이것은 대단히 공정한 논의입니다. 이 논의를 따르소서."

하니, 전교하기를,

"이 일은 어제 전교에서 '소릉의 일을 실록에서 고찰해 본 결과 소릉의 모친이 득죄한 것이었기 때문에, 모친이 득죄하고 부친도 서인이 된 판국에 소릉이 이름과 지위를 보전하고 있을 수는 없다고 정부가 청하였던 것이고, 이 때문에 폐위했던 것이다.' 하였다. 이로 본다면 과연 자식의 죄를 그 모친에게까지 연좌시킬 수는 없지만, 이 경우는 권씨의 모친이 득죄한 것이기 때문에 정부에서 청했던 것이 옳다. 윤허하지 않는다."

하였다.

부제학 이자화(李自華) 등이 차자(箚子)를 올리기를,

"삼가 실록에서 소릉을 추폐한 일을 살펴보니, 그 당시에 정부에서 '권자신 때문에 연좌되어 추폐된 그의 아비 권전이 이미 서인이 되었고, 노산이 이미 군으로 강봉되었으니, 소릉이 여태 이름과 지위를 보전하고 있는 것은 옳지 못하다.' 하여 이렇게 잘못된 계청을 했던 것이니, 일이 당시 대신의 잘못된 계청에서 나온 것이지 본래 선왕의 뜻은 아니었습니다.

소릉은 신유년(1441, 세종23) 7월 정사일(23일)에 훙하였으니 곧 노산이 출생한 날이고, 권자신의 일은 병자년(1456, 세조2) 5월에 일어났습니다. 그렇다면 신유년에서 병자년까지는 16년이나 떨어져 있으니, 소릉이 권자신의 사건에 관계없다는 것은 명백합니다. 더구나 아들의 일로 모후(母后)에게까지 연좌시킨다는 것은 들어 보지 못한 일입니다. 어찌 노산을 강봉한 것 때문에 소릉을 추폐할 수 있겠습니까?

당시에 폐위를 청한 뜻이 근거가 없을 뿐만 아니라 문종께서 홀로 종묘에서 제향을 받으시는 것은 실로 신하나 백성이나 모두 미안하게 여기는 일입니다. 성묘께서 어찌 측은히 여겨 추복하고 싶지 않으셨겠습니까? 임사홍의 사악한 논의에 저지된 데다가 정창손 역시 추폐할 당시 논의에 참여했던 대신이었기에 그의 말이 공정한 데서 나오지 않았던 것입니다. 그러므로 마침내 소릉을 추복하지 못한 것입니다. 억울한 영혼이 지금까지도 의지할 데가 없고, 하늘에 계신 문종의 영령 또한 안위하지 못하시니, 추복하는 일이 어찌 오늘을 기다린 것이 아니겠습니까?

전하께서 중흥하시어 폐지된 것을 일으키고 옛것을 회복하여 옛 제도를 일신하셨는데, 유독 소릉을 추복하는 한 가지 일만은 하지 않으시니, 너무도 마땅한 처사가 아닙니다. 삼가 바라건대, 전하께서 아래로 공론을 물으시어 조속히 추복을 명하신다면 다행스럽기 그지없을 것입니다."

하니, 전교하기를,

"소릉을 폐위한 것은 아들의 죄 때문이 아니었다. 소릉의 모친이 처형된 마당에 그 딸이 왕후의 지위에 있을 수 없기 때문이었다."

하였다.

이자건, 조원기 등이 단자(單子)를 써서 아뢰기를,

"율문에 이르기를, '모반 및 대역죄의 경우, 남자로 80세 및 독질(篤疾)에 걸린 사람과 부인으로 60세 및 폐질(廢疾)이 있는 사람은 모두 연좌죄를 면한다.' 하였습니다. 비록 생존해 있더라도 오히려 늙고 병든 것을 궁휼히 여겨 연좌를 면해 주는데, 하물며 죽은 사람이겠습니까?

권씨의 죽음은 신유년(1441, 세종23)에 있었고, 아기와 권자신의 모반은 병자년(1456, 세조2)에 발생하였습니다. 그 사이 16년이라는 세월이 떨어져 있으니, 황천의 어두운 혼령이 관계되었을 리는 결단코 없습니다. 60세나 폐질에 비해 어찌 차이가 크다뿐이겠습니까? 그런데도 잘못 반역의 화가 미쳐 연좌되어 폐위당함을 면하지 못하였습니다. 신들이 이 일을 실록을 상고하고 율문으로 참작해 보건대, 연좌에 해당되지 않는 것이 너무나도 명백합니다. 더구나 소릉을 폐위한 일이 위에서 나온 것이 아니라 정부의 계청에서 나온 것이니, 그렇다면 종묘에 고함에 있어 이치에 무슨 부당함이 있겠으며, 말에 무슨 순조롭지 못함이 있겠습니까?

17 **윤허하지 않는다** 《중종실록》 7
년 11월 28일조 기록에 의하면, 소
릉의 일을 논하고 나서 방륜(方
輪), 윤희평(尹熙平), 윤개동(尹介
同), 홍혁(洪赫)에 대한 일과 회례
연(會禮宴)에 대한 일을 함께 논
하였는데, 이에 대해 전교하기를,
"소릉의 일은 조정에서 논의한 것
에 불과하다. 회례연은 근자에 하
지 않은 일이지만 1년에 한 번 시
행하는 것이기 때문에 하는 것이
다. 나머지는 모두 윤허하지 않는
다." 하였다. 이로 보아 여기의
'윤허하지 않는다'는 원래 소릉
복위 건과는 관계없는 답으로 삭
제되어야 옳다.

삼가 바라건대, 전하께서 유명(幽明) 간의 실정을 밝게 살피고 법례
(法禮)의 마땅함을 정밀하게 고찰하여 존호를 추복한 다음 문종의 신실
에 부향(祔享)하신다면 온 나라의 신하와 자식 된 마음에만 기쁠 뿐 아
니라 또한 하늘에 계신 열성조의 영령께서도 틀림없이 기뻐하실 것입
니다."

하니, 전교하기를,

"소릉의 일은 조정에서 논의한 것에 불과하다. 윤허하지 않는다.[17]"

하였다.

홍문관에서 차자를 올려 소릉의 추복을 청하였다. 그 내용에,

"삼가 아룁니다. 일이 공론에서 나오지 않아 대중의 마음에 맞지 않으
면 아무리 오랜 세월이 흘러도 사람들이 개탄스럽게 여기는 심정은 오
히려 줄어들지 않으니, 바로 소릉의 일이 그렇습니다. 다행히 전하께서
효도로 다스리시며 폐지된 것을 일으키고 실추된 것을 거행하면서 오
히려 혹시라도 빠뜨린 것이 있을까 염려하시는 시대를 만났으니, 소릉
의 오래된 억울함을 씻어 옛 위호를 회복할 시기가 바로 지금입니다.

당시에 폐위를 청하는 논의는 사실 대신에게서 나온 것이지 선왕의
본뜻이 아니었습니다. 이것이 마땅히 추복해야 할 첫 번째 의리입니다.
소릉이 훙서(薨逝)한 지 이미 16년이 지나서야 소릉의 모친이 비로소
득죄하였고 노산이 강봉되었습니다. 어찌 16년 이후에 일어난 일 때문
에 지하의 해골에까지 누가 미칠 수 있단 말입니까? 이것이 마땅히 추
복해야 할 두 번째 의리입니다. 여자는 출가하면 죄가 연좌되지 않으
니, 소릉의 모친이 득죄하였다 하더라도 이 때문에 소릉을 추폐할 수는
없습니다. 이것이 마땅히 추복해야 할 세 번째 의리입니다. 어질고 성
스러운 성묘께서 어찌 이 일을 측은히 여기지 않으셨겠습니까? 그러나
마침 간신이 논의를 주도하여 말한 사람을 극력 배격하였으므로 마침
내 추복하지 못한 것입니다. 전하께서 조종의 대통을 이어받아 선왕을
효도로 받드시니, 참으로 지극한 정성에 차이가 없어야 합니다. 그런데
문종께서 홀로 제향을 받아 배위가 없으시니, 전하께서 비록 지극 정성
으로 제사를 모시지만 하늘에 계신 영령이 또한 우리의 정성을 편안히
여겨 내려와 흠향하실지 모르겠습니다. 이것이 마땅히 추복해야 할 네

번째 의리입니다. 세시와 명절에는 비록 신분이 낮은 자의 귀신이라도 모두 자손들의 보답을 받습니다. 그런데 유독 소릉의 외로운 영혼은 의지할 데 없이 제사를 받지 못한 지가 지금 60년입니다. 전하께서 이 점에 대하여 깊이 생각하신다면, 아파하는 마음과 측은해하는 생각이 마음속에서 싹트는 것을 스스로 막을 수 없을 것입니다. 이것이 마땅히 추복해야 할 다섯 번째 의리입니다.

전하께서 하교하시기를, '아들의 일 때문에 모후에게 누가 미치는 것은 율문에서 찾아도 실려 있지 않다.' 하셨으니, 이것은 전하의 측은해하는 마음이 발한 것으로 어찌 조종조의 영령이 은밀히 성상의 마음을 유도하여 열어 주신 것이 아니겠습니까? 이번에 대신들이 전하의 선왕을 받드는 효성을 도와 이루어 드리지는 못하고 마침내 말하기를, '지금 만약 추복한다면 장차 무슨 말로 종묘에 고할 것인가.' 하였으니, 이것은 구차하게 예전의 상례만을 따르고 변통할 줄을 모르는 것입니다. 상께서 하교하신 일로 종묘에 고하고 옛 위호를 추복한다면, 어찌 할 말이 없을 것을 걱정하겠습니까? 삼가 바라건대, 전하께서 흔쾌하게 공론을 따르시어 대중의 마음을 위로하신다면 매우 다행일 것입니다."
하니, 전교하기를,

"내가 경들이 전후로 올린 차자의 뜻을 보건대, 문종께서 배위(配位) 없이 홀로 제향을 받으시는 것을 차마 보지 못해서이니, 이것은 신하와 자식으로서 당연히 해야 할 말인 동시에 충효의 지극함이다. 지금 내가 추복하고 싶은 뜻이 어찌 경들의 말만 못하겠으며, 또한 어찌 효성의 이치가 없어서이겠는가. 성종께서도 어찌 추복하고 싶은 뜻이 없었겠는가. 이것은 반드시 추복하기 어려운 형세가 있었기 때문이다."
하였다.

기해일(29일)에 대간이 네 번의 계사를 올렸으나 윤허하지 않았다. 경자일(30일)에 홍문관에서 차자를 올렸으나 윤허하지 않았고, 대간이 세 번의 계사를 올렸으나 윤허하지 않았다. —실록에 나온다.

○ **중종대왕 임신년**(1512, 중종7) **12월 신축일**(1일)
대간이 세 번의 계사를 올리고 또 차자를 올렸으나 윤허하지 않았다.

임인일(2일)에 대간이 세 번의 계사를 올렸으나 윤허하지 않았다. 계묘일(3일)에 대간이 합사(合辭)[18]로 세 번의 계사를 올렸으나 윤허하지 않았다. 갑진일(4일)에 대간이 상소하기를,

"지금 논의하는 사람들이 종묘에 고할 말이 없다는 것으로 말을 하는데, 이것은 순역(順逆)의 이치를 전혀 살피지 않고 한갓 구구하게 언사(言辭)의 말단에서만 따지는 것입니다. 이치에 순하면 말이 곧고 이치에 거스르면 말이 허황됩니다. 지금 마땅히 사실대로 써서 고하는 말을 만들기를, '거룩하신 세조께서 종사의 위기를 차마 두고 보지 못하여, 큰 혼란을 깨끗이 제거하고 나라를 다시 일으켜 세우셨습니다. 그런데 뭇 간신들이 나라의 형세가 미처 안정되지 못한 것을 다행으로 여겨 서로 이어 혼란을 선동하였습니다. 이에 조정에서는 소릉을 폐위하여 우선 민심을 진정시킬 것을 청하였습니다. 그러므로 군중의 정서에 못 이겨 따르지 않을 수 없었던 것입니다. 지금 나 소자는 문묘께서 홀로 제향을 받고 계신 것에 대해 마음에 미안한 바가 있었습니다. 이에 실록을 뒤늦게 고찰해 보니 성조(聖祖)의 본의가 아니었습니다. 그러므로 삼가 조정 신하들과 함께 소릉을 추복하면서 감히 사유를 고합니다.' 라고 하여, 이러한 내용으로 다시 대신에게 자세히 논의하게 해서 친히 태묘에 고하신다면 무슨 이치에 거스를 것이 있겠습니까?"

하였는데, 윤허하지 않았다.

대간이 복합(伏閤)하여 하루에 서너 번, 혹은 다섯 번까지 계사를 올리고 또 상소와 차자를 올리며, 홍문관에서는 날마다 차자를 올리고 혹은 격일로 차자를 올려 3개월이 되도록 그치지 않았으나 역시 따르지 않았다. 성균관 생원 김구(金絿) 등이 또 연속하여 상소를 올렸으나 들어주지 않았다. ─실록에 나온다.

○ 계유년(1513, 중종8) 2월 정묘일(28일)

천둥과 번개가 크게 쳐 태묘의 소나무 두 그루에 벼락이 떨어졌다. 기사일(30일)에 빈청(賓廳)에 전교하였다.

"태묘 안에 경악할 변고가 있었다. 속히 옛날에 이와 같은 재변을 만난 사례를 상고하여 아뢰라."

송일(宋軼) 등이 모여 논의하고 아뢰었다.

"지금 마땅히 정전(正殿)을 피하여 두려워하고 조심하시며, 대신을 보내 치제(致祭)하여 신위를 위안해야 합니다." —실록에 나온다.

○ 3월 신미일(2일)

상이 종묘에 친제(親祭)를 지냈다. 상이 사정전(思政殿) 처마 아래로 나아가 뭇 신하들에게 널리 의견을 구하였다. 정부, 육조의 판서 이상, 대간, 홍문관 전원이 입시하였다. 상이 이르기를,

"종묘에 벼락이 떨어졌으니 몹시 놀라운 일이다. 천변(天變)은 그냥 일어나는 것이 아니다. 그러나 그 이유를 알 수 없으니, 경들은 각각 소회를 진달하라."

하니, 우의정 송일 등이 차례로 나아가 대답하였다.

호조 판서 장순손(張順孫)이 아뢰기를,

"지금 태묘에 재변이 있는 것은 조정의 정사에 잘못이 있어서일 뿐만 아니라 종묘 제도에도 잘못이 있어서인 듯합니다. 대간이 소릉을 추복하는 일로 아뢰었고 오늘 제사를 행할 때 상께서도 보셨습니다만, 오직 문종께서만 홀로 흠향하시는 것이 성상의 마음에 어찌 느낌이 없으셨겠습니까? 비록 분명하게 지적할 수는 없지만 이 문제로 재앙을 부를 수 있습니다. 대저 임금의 마음을 바르게 하고 언로(言路)를 열고 간쟁(諫諍)을 받아들이는 일보다 더 큰 것은 없습니다."

하였고, 영중추부사 김응기(金應箕)는 아뢰기를,

"전에 소릉의 추복을 논의할 때, 신의 생각에 폐위된 지 이미 오래되었고 성종조에서도 추복하지 못한 만큼 곤란한 일이 있을 듯하다고 여겨 추복해서는 안 된다는 것으로 논의하였습니다. 그러나 지금 다시 생각해 보니 천리로 보나 인정으로 보나 추복하는 것이 지극히 당연합니다. 전의 의견은 잘못되었습니다."

하였고, 이조 판서 김전(金詮)은 아뢰기를,

"신은 오늘 작주관(酌酒官)으로서 들어가 문종의 신위를 보았습니다. 천하에 어찌 국모(國母) 없는 나라가 있겠습니까? 비록 일개 지아비와 아녀자라도 제자리를 얻지 못하면 오히려 긍휼히 여기는데, 하물며 선왕

과 선후께서 억울함을 풀지 못한 경우이겠습니까? 천변이 태묘 안에서
난 것이 반드시 이 때문이 아니라고는 못할 것입니다."
하였고, 형조 판서 박열(朴說)은 아뢰기를,

"지금 태묘에 재변이 있는 것은 생각건대 필시 하늘이 소릉을 추복하고
자 해서일 뿐입니다. 대간의 말을 받아들여 속히 추복하도록 하소서."
하였고, 예조 판서 신용개(申用漑)는 아뢰기를,

"재변이 태묘에서 난 것은 하늘의 뜻이 필시 상으로 하여금 두려워하고
조심하여 자신을 닦고 반성하게 하려는 것입니다. 지금 대간이 소릉의
추복을 청하고 있는데, 이 문제는 앞으로 영원히 강상(綱常)에 관계될
일이라 받아들이지 않으면 안 될 것입니다."
하였고, 대사헌 남곤(南袞)은 아뢰기를,

"요즈음 소릉의 일로 대간이 여러 달 복합하여 소릉의 추복을 힘써 간
청하고 있는데, 상께서는 두세 대신의 의견에 구애되어 '폐위된 지 오
래되어 추복하기 어렵다.'고 말씀하십니다. 지금 입시한 사람은 모두
국사를 도모하는 대신이니, 추복에 대해 상세하게 논의하여 천심(天心)
에 응하소서."
하였고, 대사간 조원기(趙元紀)는 아뢰기를,

"신들이 여러 달 복합하여 소릉의 추복을 청하였으나 들어주지 않으셨
습니다. 지금 태묘에 큰 변고가 있는데, 하늘의 뜻이 이 때문이 아니라
고 어찌 알겠습니까? 지금 조정 대신이 모두 이 자리에 입시하였으니,
널리 여러 의견을 수합하소서."
하였다. 상이 이르기를,

"소릉을 추복하는 것은 의리에 지극히 당연하다. 그러나 선조께서 하신
일을 경솔히 고칠 수 없기 때문에 이미 수의(收議)하여 정했던 것이다. 그
런데 대간이 널리 여러 의견을 수합하라 하니, 어떻게 하면 좋겠는가?"
하니, 송일은 아뢰기를,

"소릉의 일은 처음에는 조종께서 하신 일이라 서슴없이 당장 추복하기
가 어렵다고 여겼습니다. 논의가 만약 옳지 못하다면 어찌 재상의 논의
라 하여 구차하게 따르겠습니까? 상께서 중론을 살펴 참작하고 헤아려
서 처리하셔야 할 것입니다. 종묘에 고하는 것이 순조롭다면 세조의 마

음에도 꼭 맞으실 것이니, 추복하는 것이 어찌 어렵겠습니까?"

하였고, 남곤은 아뢰기를,

"대신들이 종묘에 고하는 것을 어렵게 여기는 것은 더욱 세조를 사랑하지 않는 것입니다. 지금은 비록 대신의 계청으로 그렇게 된 것인 줄을 알겠지만 후세에서는 반드시 곧장 지적하여 세조의 과오라고 할 것입니다. 상께서 효증손(孝曾孫)으로서 소릉을 능히 추복하시면 이것은 세조의 허물을 덮는 것이니, 이보다 더 큰 효는 없을 것입니다. 지금 상께서 친히 제사 지내시면서 문종께서 홀로 흠향하시는 것을 보고 어찌 측은히 여기지 않으셨겠습니까? 진실로 능히 추복하신다면 큰 기강이 바로잡혀 온 나라 사람들 모두 효도하고 공경하는 마음이 무럭무럭 생길 것입니다. 상께서 마땅히 대의(大義)로써 결단하여 먼저 이 일을 바로잡아야 할 것이니, 그런 뒤에야 조정의 정령(政令)이 차례차례 닦여 거행될 것입니다."

하였고, 송일은 아뢰기를,

"천도(天道)는 10년이면 반드시 되돌아오니, 아무리 난신적자(亂臣賊子)라도 오히려 형량을 가볍게 할 수 있습니다. 더구나 이 일은 종사와 관계가 없으니, 또한 추복할 수 있습니다."

하였고, 사간 유운(柳雲)은 아뢰기를,

"지금 사람들이 만약 가묘(家廟)에 고비(考妣)의 신위를 갖추지 못했다면 모르겠습니다만 그 마음이 어떻겠습니까? 이번에 논의되는 소릉은 죄 없이 폐위를 당하였으니, 애통하고 측은한 정상이 어떻겠습니까? 게다가 이 폐위는 세조의 본의도 아니었습니다. 그러나 지금 만약 추복하지 않는다면 아래에서는 반드시 세조의 본의라고 여길 것입니다. 이렇게 되면 허물이 없는 선왕을 허물이 있는 자리에 두는 것이 되니, 어찌 통탄할 일이 아니겠습니까?"

하였고, 홍경주(洪景舟)는 아뢰기를,

"소릉의 일에 대해 상께서 추복하는 것을 어렵게 여기시지만, 하늘이 있으면 땅이 있고 아버지가 있으면 어머니가 있는 법이니, 사람의 본성과 만물의 법칙은 일찍이 없어진 적이 없습니다. 대간이 여러 달 복합하고 있으니, 속히 흔쾌한 결단을 내려 천변에 응하셔야 합니다."

하였고, 공조 판서 정광세(鄭光世)와 병조 판서 신윤무(辛允武)는 모두 '중론이 이와 같으니 꼭 추복해야 한다'고 하였다.

　상이 이르기를,

　"전일에 모여 논의했던 신하 중에 오늘 오지 않은 자가 있으니, 마땅히
　　다시 논의하여 처리해야 할 것이다."

히니, 부제학 이자화(李自華)는 아뢰기를,

　"요즈음 보건대, 대간이 이 일로 여러 달 복합하는데도 들어주지 않아
　　나라 사람들의 마음이 분하고 답답한 지 이미 오래이니, 상께서 잘못하
　　신 것이 많습니다. 소릉의 일을 대신들이 모두 추복해야 한다고 말하
　　니, 망설이며 미루는 것은 옳지 않습니다."

하였고, 도승지 경세창(慶世昌)은 아뢰기를,

　"오늘 신하들의 의견을 구하는 것은 전적으로 태묘의 재변 때문입니다.
　　대간이 소릉의 일로 5개월이 되도록 복합하고 있고, 지금 좌우의 대신
　　들도 한 입에서 나온 듯이 모두 추복해야 한다고 하니, 속히 흔쾌하게
　　결정하셔야 합니다."

하였고, 직제학 이항(李沆)은 아뢰기를,

　"소릉이 죄 없이 폐위당한 것을 누가 모르겠습니까? 사람들은 모두 여
　　러 해 쌓인 지하의 원한을 지금은 씻어 주어야 한다고 하는데, 상께서
　　는 들어주지 않으십니다. 이 때문에 사람들의 마음이 분하고 답답하니,
　　재변이 꼭 태묘에서 난 것이 어찌 까닭이 없겠습니까? 사람의 마음이
　　이와 같다면 하늘의 뜻도 따라서 알 수 있습니다. 반드시 오늘 결정하
　　셔야 합니다."

하였고, 집의 성운(成雲)은 아뢰기를,

　"만약 추복하지 않을 것 같으면 신하들의 의견을 구하는 의미가 어디에
　　있습니까? 이 일에 대해서는 국론(國論)이 다 그러하니 망설여 미루실
　　필요가 없습니다."

하였고, 장순손(張順孫)은 아뢰기를,

　"전일에 신이 성희안, 김응기와 함께 유순정의 초상에 조문을 갔다가
　　이 일을 논의한 적이 있습니다. 성희안은 추복하는 것이 마땅하다고 하
　　였고, 김응기 역시 전의 논의는 잘못되었다고 하였습니다."

하였고, 지평 유관(柳灌)은 아뢰기를,

"오늘 많은 신하를 인견하여 정사의 잘못에 대해 의견을 구하셨는데, 국가의 일로 어찌 소릉의 일보다 더 큰 것이 있겠습니까? 반드시 오늘 결정하셔야 합니다."

하였고, 지평 김희수(金希壽), 교리 김정국(金正國)·홍언필(洪彥弼)·권벌(權橃), 헌납 김선(金璇), 정언 이원화(李元和), 수찬 소세양(蘇世讓)·김안세(金安世), 박사 이청(李淸)은 모두 소릉의 추복을 오늘 결정하라고 청하였는데, 상이 답하지 않았다.

전교하였다.

"의견을 구하는 자리에 참석한 재상은 빈청에 머물러 있으라. 성희안, 유순, 노공필, 육조의 참판 이상, 한성부 당상을 명소(命召)하여 소릉의 추복에 대한 일을 다시 논의하여 아뢰도록 하라."

송일은 논의하기를,

"소릉을 추복하는 것이 인정과 도리에 마땅하다는 것을 신도 알고 있습니다. 다만 '종묘에 고하는 것이 난처하다'는 전날의 의계(議啓)는 변경할 수 없습니다. 그러나 조정의 공론이 이와 같으니, 어찌 한두 대신의 논의에 구애되겠습니까? 대저 논의는 국시(國是)를 좇는 것이 마땅합니다."

하였고, 노공필은 논의하기를,

"소릉을 추복하는 것이 미안하다는 점에 대해 신이 전에 의견을 올렸거니와, 아직도 의혹을 풀지는 못하였습니다."

하였고, 김응기, 강혼, 신윤무, 윤금손, 정광세, 심정이 논의하기를,

"소릉의 일에 대해 전날 올린 의계는 잘못 생각한 것입니다. 지금 다시 생각하니, 의리에 매우 합당합니다."

하였고, 신용개, 장순손, 김전, 박열, 강징, 유담년, 손주, 성세순이 논의하기를,

"마땅히 소릉의 위호를 추복해야 한다고 전에 한 논의에서 이미 다 말하였습니다. 다만 종묘에 고하는 것이 난처하다는 논의 때문에 신들이 별묘를 세우자는 논의를 한 것이지 부묘(祔廟)할 수 없다고 말한 것은 아닙니다. 폐위한 것이 선왕의 본의가 아닌 이상 추복하고 종묘에 고할 때 어찌 고할 말이 없을 것을 걱정하겠습니까? 이제 만약 추복한다면 종묘 제도가 다시 바르게 될 것이며, 후세에서도 선왕의 본의가 아니었

음을 알게 될 것입니다."

하였고, 이자건(李自堅)은 논의하기를,

"소릉을 추복함이 온당하다는 것은 신이 경연에서 면대하여 아뢴 것입니다. 지금 말을 바꿀 수 없습니다."

하였고, 유순은 논의하기를,

"소릉의 추복은 의리에 합당합니다. 그러나 신이 처음 논의할 때에는 다만 종묘에 고하는 말을 어떻게 해야 옳을지 몰랐기 때문에 난처하다는 것으로 논의했던 것입니다. 그 후에 중론을 들으니, 모두 마땅히 추복해야 한다고 하였습니다. 그렇다면 고하는 말도 반드시 적절한 말이 있을 것입니다. 국가의 큰일은 마땅히 일치된 의견을 취해야 하니, 청컨대 중론을 택한 다음 성상께서 결단을 내리소서. 만세를 염려함이 성상의 재결에 달려 있습니다."

하였고, 성희안은 논의하기를,

"소릉이 폐위된 것은 이미 오래전 일이니, 지금 재변의 원인을 지적하여 추복하지 않은 때문이라고 하는 것은 참으로 옳지 않습니다. 다만 추복하고자 하는 대중의 마음은 바로 천성에서 격발된 것이니, 만약 성상의 윤허를 막는다면 인심이 편치 않을 것입니다. 이것이 어찌 천도(天道)를 순순히 받드는 뜻이겠습니까? 신은 종묘에 고하는 문제가 불가능하다는 것으로 전의 논의에 그저 동의했으나 지금은 마땅히 예관으로 하여금 깊이 살피고 헤아리게 하여 부묘하고 능을 새로 쓰는 데 따르는 모든 의식과 절차를 인정과 예법에 맞도록 힘써서 추복하여 여망(輿望)을 흔쾌하게 해야 합니다."

하였다. 전교하기를,

"이제 소릉의 추복에 대한 논의를 보니, 인정과 의리에 모두 합당하다. 내가 처음부터 추복하는 것이 인정에 합당하다는 것을 몰랐던 것은 아니다. 그러나 그 사이에 어찌 가볍지 않은 일이 없었겠는가. 나라의 큰일은 임금이 독단(獨斷)해서는 안 되니, 반드시 많은 신하들에게 의견을 물어 여망이 하나로 정해진 뒤에 채택하는 것이 역시나 옳지 않겠는가. 이 일은 사안의 본질과 관련이 깊은 문제인데, 국사를 도모하는 대신이 어찌 우연히 생각이 나서 추복하자는 논의를 올렸겠는가. 종묘에 고할 말은 예관으로 하여금 깊이 살피고 헤아리게 하여 예에 맞도록 힘써서 추복하는 것이 매우 옳을 것이다."

하였다.

을해일(6일)에 전교하였다.

"종묘에 고하는 일은 '선왕의 본의가 아니었다.'는 뜻으로 예조로 하여금 참작해서 하게 하라."

병자일(7일)에 송일을 산릉총호사(山陵摠護使)로 삼았다. -실록에 나온다.

○ 같은 달 무인일(9일)

송일이 아뢰기를,

"산릉의 장소를 가려 정할 때에는 예조 당상, 관상감 제조, 정승, 승지가 모두 가서 살피니, 이것은 그 일을 중대하게 여겨서입니다. 그런데 지금 소릉의 일은 예조 당상과 관상감 제조만 안산(安山)[19]으로 떠나고 신과 승지는 가지 않았으니, 이것은 반드시 예조와 관상감에서 먼저 본 뒤에 신들이 마땅히 가서 다시 살피기 위해서입니다. 다만 왕복하는 동안이나마 선후(先后)께서 묻히신 곳이 오랜 세월 황폐하고 구석진 곳에 처해 있었기에 마음에 편치 않아 신은 내일 떠나고자 합니다."

하니, 전교하였다.

"신설하는 산릉이면 정승과 승지도 예조, 관상감과 함께 일시에 가서 살펴야 할 것이다. 소릉은 본래 다른 곳에 있다가 해구(海口)로 천장(遷葬)한 것인데, 만약 본래의 능을 복원하여 설립할 것이라면 또한 마땅히 능을 배알해야 할 것이요, 해구에 그대로 둘 수도 없으니, 먼저 예조와 지리학(地理學)으로 하여금 가서 살피게 한 뒤에 경도 가는 것이 좋겠다." -실록에 나온다.

○ 같은 달 경진일(11일)

우의정 송일, 예조 판서 신용개 등이 현릉(顯陵)[20]으로 가서 살펴보고 이어 그림으로 그려 입계(入啓)하기를,

"현릉의 청룡(靑龍)[21] 안쪽에 산이 있는데, 인좌신향(寅坐申向)으로 천장하기에 적합한 곳입니다. 신릉(新陵)과 구릉(舊陵)[22]의 사이가 27보로 정

19 **안산** 원래 소릉이 있었던 곳이다. 12쪽 주2 참조.

20 **현릉** 문종의 능으로 동구릉에 있다.

21 **청룡** 묘혈(墓穴)을 중심으로 왼쪽으로 뻗은 산을 말한다. 묘혈 뒤에 자리 잡은 주산(主山)은 내룡(內龍)이라고 하고, 오른쪽으로 뻗은 산은 백호(白虎)라고 한다.

22 **신릉과 구릉** 신릉은 신설할 문종 비 현덕왕후의 능을 말하고 구릉은 문종의 능인 현릉을 말한다.

자각(丁字閣)을 두 능의 중앙에 옮겨 세울 수 있으니, 이와 같이 하면 참봉(參奉)과 수호군(守護軍)을 더 늘려 정할 필요가 없습니다."

하니, "매우 좋다."고 전교하였다.

관상감 제조 김응기가 아뢰기를,

"신이 소릉 때의 장지(葬地) 및 예전 능에 가서 살펴보니, 모두 풍수상 가장 꺼리는 땅이라 그대로 쓰기에는 마땅하지 않았습니다."

하니, "알았다."고 전교하였다.

양사(兩司)에서 아뢰기를,

"소릉을 추복하는 전지(傳旨)를 고쳐 짓게 하여 슬프고 측은한 뜻을 극진하게 하소서."

하니, "전지는 과연 고쳐 짓는 것이 좋겠다."고 전교하였다. 이어 전교하였다.

"소릉을 천장할 때에 의칭(衣稱)²³을 바꿔야 마땅할 것이나 50여 년이 지난 뒤라서 바꾸는 것도 어려울 것이다. 내재궁(內梓宮)²⁴이 만약 온전하고 튼튼하다면 외재궁(外梓宮)만 바꾸도록 하라. ─실록에 나온다.

○ **같은 달 신사일(12일)**

송일 등이 실록각(實錄閣)을 열고 현덕왕후의 호를 상고하여 아뢰었다. 소릉의 국기일(國忌日)을 복원하라고 명하였다. 정부에 하교하였다.

"우리 조종께서는 효성으로 선조를 받드셨으니, 상제를 대하는 듯한 공경은 종묘에 더욱 독실하셨다. 생각건대 오직 소릉께서는 폐위되어 종묘의 제사를 받지 못하신 지 여러 해가 되었다. 지난번 경연에서 강관(講官)이 아룀으로 인하여 실록을 상고해 보라고 명하였는데, 그 결과 추폐하자는 논의는 선왕의 본의에서 나온 것이 아니었고 당시 대신들의 그릇된 요청에 못 이겨 추폐한 것임을 알았다.

추복할 뜻을 의신(議臣)에게 물었더니, 종묘에 고할 말이 난처하다는 의견이 있었다. 그러므로 주저하며 결단을 내리지 못하고 있었는데, 대간과 시종이 번갈아 글을 올려 논계하기를, '자고로 왕후의 친가가 반역을 꾀하다가 처형을 당한 경우가 비일비재하나 왕후가 모역에 가담하지 않았으면 폐위하지 않았습니다. 하물며 권자신의 모역은 소릉이

23 **의칭** 염할 때 쓰이는 습의(襲衣) 일습을 말한다. 칭(稱)은 의복 한 벌을 나타내는 단위이다.

24 **내재궁** 재궁은 왕이나 왕후의 유해를 안치한 관을 이르는 말로, 내재궁은 내관(內棺)이고, 아래의 외재궁은 외곽(外槨)이다.

홍서하고 15년이 지난 뒤의 일이니 더 말할 게 있겠습니까? 하늘에 계신 소릉의 영령이 품은 억울함과 원통함을 어찌 말로 다 할 수 있겠습니까? 역대 제왕 중에 배위 없이 종묘의 제향을 받는 이는 없는데, 오직 문묘만이 홀로 제향을 받으시니 신하와 자식으로서 어찌 차마 마음에 편안하겠습니까? 지금 추복하는 의리는 실로 당시 대신들의 그릇된 논의를 바로잡고, 광묘의 본심을 나타내기 위한 것입니다.' 라고 하면서 이렇게 청하기를 달을 보내고 해를 넘기도록 하였으니, 나 역시 마음에 측은하고 슬펐다.

그러나 즉시 중론을 따를 수 없었던 것은 선조께서 이미 정한 일이고 성묘조 때에도 글을 올려 추복을 청한 자가 있었으나 끝내 추복하지 않은 일이었기 때문이니, 이 어찌 가볍게 결단할 수 없는 큰일이어서가 아니었겠는가? 나도 매번 비궁(閟宮)에 친히 제사를 올릴 때면 문묘께서 홀로 흠향하시는 것을 보고 마음이 몹시 아팠다.

지금 종묘의 나무에 벼락이 친 변이 어떤 일에 대한 징조라고 비록 지적할 수는 없으나, 어찌 원인이 없이 그런 것이겠는가? 내가 실로 두려워서 조정 신하들을 명소(命召)하고 나의 실책에 대해 의견을 구하였더니, 모두 말하기를, '재변이 태묘에 나타난 것이 어찌 종묘 제도에 결함이 있어서가 아니겠습니까? 이제 하늘의 견책에 응답하고자 하신다면 속히 소릉을 추복하는 것이 좋겠습니다.' 하고, 다시 대신에게 논의하니, 조정의 논의가 모두 '마땅히 의심할 것 없이 추복해야 한다.' 는 것이었다. 이처럼 논의가 모두 일치되고 국시(國是)가 이미 정해졌기에 예관에게 명하여 옛 전례(典禮)를 강구하고 인정과 예법에 맞도록 힘써서 다시 태묘에 고하고 위호를 추복한 다음 문묘에 배향하여 만세의 공론을 펴고자 한다. 이에 나라 안팎에 효유(曉諭)하는 것이니, 모두 들어 알도록 하라." —실록에 나온다.

○ **같은 달 임오일(13일)**
상이 소릉에 지내는 망제(望祭)의 향축(香祝)을 친히 전하였다. —실록에 나온다.

○ 4월 갑진일(6일)

천릉도감(遷陵都監)에서 아뢰기를,

"시책(諡冊)과 시보(諡寶)는 전에 배설했던 것을 쓰겠습니다."

하니, "알았다."고 전교하였다. ―실록에 나온다.

○ 같은 달 신해일(13일)

천릉도감의 송일, 김응기, 신용개 등이 아뢰기를,

"들으니 소릉은 내재궁만으로 장사를 치른 데다 바닷가로 천장할 때에는 석회, 가는 모래, 황토 세 가지를 혼합한 회삼물(灰三物)로 다지지도 않았다고 합니다. 그렇다면 반드시 재궁이 없이 해골만 있을 것입니다. 일반 사람들이 천장할 경우, 해골이 있으면 해골을 거두어 장사를 치르니, 이 사례에 따라 행하는 것이 어떻겠습니까? 만약 해골이 없으면 어떻게 처리해야겠습니까? 대저 신도(神道)는 모두 허(虛)를 상징하는 것이니, 만약 해골이 없다면 혼(魂)을 모셔 염장(斂葬)하는 것이 어떻겠습니까?"

하니, "멀리서 헤아릴 수 없으니, 가서 살펴보고 잘 행하라."고 전교하였다.

을묘일(17일)에 백관이 모두 변복(變服)하니, 소릉을 열기 때문이다. ―실록에 나온다.

○ 같은 달 병진일(18일)

천릉도감에서 아뢰었다.

"어제 묘시(卯時)에 능을 열었는데, 내재궁과 외재궁은 모두 있으나 다만 햇수가 오래되다 보니 부패하여 대렴과 소렴은 완전히 바꾸고, 새 재궁에 새 의칭(衣稱)을 더 써서 염습하였으며, 신시(申時)에 이르러 발인하였다고 합니다."

기미일(21일)에 현덕왕후의 재궁(梓宮)을 현궁(玄宮)에 내렸다.

새 현릉(顯陵)은 옛 현릉의 동쪽에 있다. 두 능 사이에 있던 소나무 한 그루가 까닭 없이 금방 말라 죽었으므로 사람들이 이 나무를 베어 버렸다. 그러자 가렸던 것이 바로 트여 두 능 사이를 가로막는 것이 다시는 없게 되었다. 사람들은 모두 정령(精靈)이 감응한 바라고 하였다.

　5월 계유일(6일)에 상이 종묘에 행차하여 부묘제(祔廟祭)를 거행하였다.
—실록에 나온다.

○ 같은 달 기미일(21일)

　현덕왕후의 능을 옮겨 모셨다. —《승정원일기》에 나온다.

○ 숙종대왕 무인년(1698, 숙종24) 9월 신축일(30일)

　전 현감 신규(申奎)가 상소하기를,

　"신이 삼가 들으니, 사람의 마음이 만족하면 신의 이치도 편안하고, 신의 이치가 편안하면 하늘의 마음도 기뻐하니, 이 때문에 하늘과 신과 사람이 서로 일체가 되면 피차에 감응하는 것이 북과 북채가 서로 응하는 것보다 빠르다고 합니다. 사람의 마음이 만족하지 않고서 신의 이치가 편안한 경우는 없으며, 또한 신의 이치가 편안하지 않고서 하늘의 마음이 제대로 기쁜 경우는 없습니다.

　요 근래 재앙이 거듭 이르고 농사가 큰 흉년이 들다 보니, 이어 기근이 겹치고 나라 전역에 전염병이 돌아 백성이 반 넘게 귀신이 되었습니다. 임금께서 걱정하시고 대신들이 애를 써서 비록 미천한 지아비와 지어미의 억울함일지라도 조금이나마 사람의 마음을 만족하게 할 수 있는 것이 있으면 추가로 억울함을 풀어 주고 위안하는 도를 곡진히 베풀지 않음이 없었습니다. 그런데 하물며 당당히 임금과 후비(后妃)라는 존귀한 몸으로 살아서는 가슴에 맺힌 한이 있고 죽어서는 높여 받드는 예전이 없어 세월이 멀어질수록 여론이 더욱 한스럽게 여기는 경우야 말해 무엇 하겠습니까?

　신이 삼가 살펴건대, 옛날 우리 세조 혜장대왕(惠莊大王)은 하늘이 내신 성군(聖君)으로서 천 년에 한 번 있을 운세를 만나 화란(禍亂)을 평정하시니 하늘이 명하고 인심이 귀의하였습니다. 노산(魯山)은 어린 나이에 보위에 올라 스스로 부족하다는 것을 알아 하늘의 명에 응하고 사람의 뜻을 따라 요(堯) 임금이 순(舜) 임금에게 선위한 것을 본받아 별궁으로 물러나니, 상왕(上王)으로 일컬었습니다. 세조께서 겸허한 마음으로 사양하였으나 이루지 못하고 종묘사직의 부탁으로 하는 수 없이 보위에 오르셨으니, 온화하고 순조로우며 예를 갖춰 사양한 미덕은 당요(唐堯)와 우순(虞舜)의 성대함과 맞먹습니다. 또한 선위를 받고 반포한 교서의 내용을 살펴보면 만세에 떳떳이 말할 수 있는데 불행하게도 육신(六臣)의 변란[25]이 뜻밖에 나오고, 권람(權擥)과 정인지(鄭麟趾) 등이 은밀히 협찬하는 논의가 또 따라서 격동시켜 세조께서 상왕을 보호하려는 은혜를 끝까지 지키지 못하게 하였으니, 이것은 육신의 복위 계획이 그저 노산을 해치기에 알맞았을 뿐입니다. 충신과 지사들의 감회가 지금까지도 가시지 않고 있는 것은 성상께서 통촉하신 바라 생각건대 벌써 이해하고 계시어 어리석은 신이 자세히 진달할 필요도 없을 것입니다. 운수는 길고 짧음이 있고[26] 일은 기휘(忌諱)에 관계되어 한 조각 외로운 무덤이 저 멀리 외지고 황폐한 곳에 있어 50여 년 동안을 향화(香火)가 미치지 못하였습니다.

중종께서 등극하여 비로소 폐지되었던 전례(典禮)를 거행하시고, 특별히 승지를 보내 제물을 갖추어 치제(致祭)하셨습니다. 그 후에 노산을 위해 후사를 세우자는 논의가 이약빙(李若冰)의 상소에서 처음 발의되었으나 그 당시의 대신이 바르게 논의하지 못하여 심지어 과감히 바른 말을 한 사람으로 하여금 거의 헤아릴 수 없는 죄를 받게 할 뻔하였으니, 참으로 애석한 일이었습니다. 선조 때에는 또 관찰사 정철(鄭澈)의 장계로 인하여 묘표(墓表)를 개수하고 제사에 1품의 의식을 썼으니, 우리 열성께서 먼 조상을 섬겨 근본에 보답하는 은전이 이에 이르러 유감이 없게 되었으며, 오랜 세월 지하에서의 한(恨)도 거의 위로가 되어 풀렸을 것입니다.

그렇지만 어리석은 신이 헤아려 보건대 그래도 미진한 바가 있습니다. 대저 왕위에 올랐던 임금으로서 폐출당한 자로 한(漢)나라의 창읍왕(昌邑王)과 제(齊)나라의 울림왕(鬱林王) 및 우리나라의 연산과 광해 같은 이는 모두 혼암한 덕과 어그러진 도로 스스로 천명(天命)을 끊은 만큼 그 칭호와 지위를 깎아내리고 죽이지 않는 것으로 대우하여 제(帝)를 왕(王)으로 강등하고 왕을 군(君)으로 강등하였으니, 이것만도 다행이라 하겠습니다. 그러나 선위한 임금이 일찍이 말할 만한 실덕(失

25 **육신의 변란** 1456년(세조2)에 일어난 단종을 복위하려고 했던 모의를 말한다. 육신은 이개(李塏), 하위지(河緯地), 유성원(柳誠源), 성삼문(成三問), 유응부(兪應孚), 박팽년(朴彭年)으로, 이들을 사육신(死六臣)이라 한다.

26 **운수는……있고** 대본은 '運有脩壞'인데,《국역 연려실기술》1집 제4권 〈단종조고사본말 복위하고 봉릉하다〉에 실린 신규(申奎)의 상소에는 '運有循環'으로 되어 있고,《숙종실록》24년 9월 30일조 기록에는 대본과 같이 '運有脩壞'로 되어 있다.

德)이 없으면서도 혹은 한때의 임시방편에서 나오기도 하고 혹은 말하기 어려운 사세(事勢)에 몰리기도 하여 자리를 사양하고 한가로운 자리로 물러앉은 경우가 주나라와 한나라 이래로 어느 시대인들 없었겠습니까마는, 존호의 칭호를 깎아내렸다는 말은 듣지 못하였으니, 어찌 선위한 일은 쫓겨난 것과 다르고, 사양한 자취는 적대한 원수와 다르기 때문이 아니겠습니까?

신이 굳이 멀리서 전대(前代)를 끌어댈 것도 없습니다. 명나라 고황제(高皇帝)가 원나라 순제(順帝)에 대해서나 우리 태조대왕이 공양왕(恭讓王)에 대해서, 살았을 때 대우하고 죽었을 때 장사 지내는 것을 모두 제왕의 예로써 하였습니다. 역성혁명(易姓革命)의 때에도 오히려 이와 같았는데, 하물며 왕실의 지친(至親)으로서 선위를 주고받는 성대한 일을 거행하였는데 도리어 왕의 칭호를 없앤다는 것이 옳겠습니까?

노산군이 임금으로 한 나라에 임하여 다스린 기간이 짧지 않았고, 나라 사람들이 모두 사랑하고 추대할 줄을 알아 이미 왕위에서 물러난 뒤에도 오히려 상왕으로 일컬었으니, 당시에는 왕의 칭호가 삭제된 적이 없었습니다. 가령 육신이 변란을 도모하는 거사가 없었고, 노산이 천명을 끝까지 누렸다면 장례나 제사에 반드시 왕의 예를 썼을 것은 단연코 의심이 없습니다. 오직 저 육신이 천명을 알지 못하고 함부로 복위를 꾀했다가 단지 화를 재촉했을 뿐입니다. 노산이 또한 다시 어찌 그 사이에 관여하였겠습니까? 관고(貫高)의 변란에 조오(趙敖)는 연좌되지 않았으니,[27] 그것은 그 모의를 알지 못하였기 때문입니다. 그렇다면 당시에 노산이 왕의 칭호를 다시 일컫지 못했던 것은 혹 사세가 그렇게 된 데에 원인이 있지만 또한 어찌 오늘날의 성상을 기다린 것이 아니겠습니까? 무슨 말인고 하니, 성상께서 이미 육신의 절의(節義)를 가상하게 여겨 특별히 정표하여 기리고, 사당을 세우도록 허락하고 성대히 사액(賜額)하셨습니다. 이것은 육신의 홀로 바친 충정과 장한 뜻이 성상께 인정을 받아 후세에 영원히 더욱 빛을 발하게 된 것입니다. 아, 저 옛임금을 위하여 절의에 죽은 육신은 이미 성상의 특별히 기리는 은총을 입었는데, 하물며 육신의 옛 임금으로서 그 모의를 알지 못했고 일찍이 덕에 하자가 없었는데도 오히려 죽어서 편안함을 얻지 못하고 제사에

27 **관고의……않았으니** 조오는 조왕(趙王) 장오(張敖)로 장이(張耳)의 아들이고, 관고는 장오의 신하이다. 한 고조(漢高祖)가 조왕 장오를 욕보이자 관고가 이에 격분하여 고조를 살해하려다가 발각되어 장오도 함께 체포되었는데, 장오가 전혀 관여하지 않았음이 입증되어 죄를 받지 않은 일을 말한다. 《사기 권89 장이진여열전》

왕의 예를 쓰지 못하는 것은 유독 전하께서 안타깝게 여기실 부분이 아니겠습니까?

시대는 바뀌고 일은 과거지사가 되어 봉분은 이미 평평해지고 쑥대가 무성하며 여우와 토끼들이 뛰어다니니, 춘풍에 우는 두견새 소리[28]는 길이 시인들의 소재가 되고, 보리밥 올리는 한식날에는 공연히 시골 늙은이들의 탄식 소리를 삼키게 하여 아무리 세월이 흘러도 슬픈 한을 달래기 어려웠습니다. 그 지방 사람들은 서로 전하기를, '귀신의 울음 소리가 때때로 들린다.' 하니, 저 한없이 억울한 영혼이 지하에서 똘똘 뭉치고 깊어져 백세토록 변화하지 않고 있는지 어찌 알겠으며, 또 하늘에 계신 조종의 영령이 성대히 오르내리실 적에 추레한 고혼(孤魂)을 다 슬퍼하지 못함이 있는지 어찌 알겠습니까?

지금 만약 왕의 칭호를 추복(追復)하고 제사에 왕의 예를 쓰며, 침원(寢園)을 봉분하고 수호군(守護軍)을 더 두며, 별도로 사당을 세우고 의물(儀物)을 갖추기를 한결같이 명나라에서 경태제(景泰帝)를 추복한 고사(故事)[29]와 같게 한다면, 법제에 헤아려 보더라도 참람함이 되지 않을 것이고 옛날에 참고해 보더라도 인정이나 예절에 정말로 부합될 것이니, 신의 이치가 위로될 수 있어서 하늘의 마음이 기뻐할 것이며, 사람의 마음도 반드시 흡족해할 것입니다.……"

하니, 상이 답하였다.

"이 일은 지극히 중대하니, 널리 의견을 물어서 처리하지 않을 수 있겠는가?" -《예조등록》에 나온다.

○ 10월 을축일(24일)

영중추부사 남구만(南九萬)이 논의하였다.

"광묘께서 난을 평정한 일은 비록 선위(禪位)를 받았다고 하나 사실은 혁제(革除)[30]한 것이고, 비록 처음에는 높여 상왕을 삼았다고 하나 나중에는 끝까지 보전해 주지 못하였습니다. 그러니 지금 우리 뒤를 이은 왕 입장에서는 오직 마땅히 어버이를 위하여 휘(諱)하고 높은 이를 위하여 휘할 따름이며, 우리 후세의 백성 입장에서도 오직 마땅히 나라를 위하여 휘할 따름입니다. 오늘날 다만 노산의 억울함을 풀어 주어야 한다는 것만 알고, 어버이와 높은 이와 나라에 대해서 마땅히 휘해야 한다는 것을 알지 못한다면《춘추(春秋)》의 의리에 너무도 멀지 않겠습니까?

조종조의 일 중에 중묘(中廟) 때의 기묘사화(己卯士禍)와 명묘(明廟) 때의 을사사화(乙巳士禍) 같은 일은 남곤(南袞), 심정(沈貞), 이기(李芑), 윤원형(尹元衡) 등의 기만에서 나온 것이고, 또 이 일은 임금이 신하를 죄준 것입니다. 후왕에 이르러 그 억울함을 풀어 주고 관작을 다시 회복시켜 주는 것은 진실로 조종의 덕에 빛이 나는 것일뿐더러 조종의 뜻과 사업을 이어 나가는 도리에 해될 것이 없습니다. 그러나 노산의 일에 이르러서는 실로 그 당시의 사세가 서로 핍박한 데에 원인이 있었던 만큼 육신이 격동시켜 일으켰다거나 권람과 정인지가 은밀히 협찬했다는 것에 죄를 돌릴 수 없으니, 또한 기묘년(1519, 중종14)과 을사년(1545, 명종 즉위년)에 억울하게 죽은 신하들과 비교가 되지 않습니다. 그 일의 말하기 어려움이 이와 같고 보면 이미 지난 과거의 일을 비록 감출 수는 없으나 다만 논의를 감히 해서는 안 되고 그대로 놔두어야 할 따름입니다. 그런데 이제 와서 그 일을 들춰내고 시비를 분명하게 말하여 변통할 바를 두고자 하면서 말하기를, '이와 같이 하면 탕(湯) 임금에게 빛남이 있을 것이고, 반드시 참덕(慙德)의 혐의가 없을 것이다.'31 하니, 진실로 무슨 말인지 모르겠습니다.

또한 왕의 호를 회복하고 나면 별묘에 모시는 것은 더욱 근거할 데가 없습니다. 지금 비록 이미 조천할 대수에 이르렀지만 그 위차를 말한다면 마땅히 노(魯)나라에서 소목의 차서를 순조롭게 하여 제사 지낸 고사32를 따라 신위를 광묘의 윗자리로 올려야 할 것이니, 하늘에 계신 광묘의 영령께서 만일 옛날 일을 생각하신다면 반드시 놀라고 두려워하여 묘정(廟庭)을 오르내리실 때에 능히 편안하지 못하실 것이며, 노산도 반드시 수심에 싸이고 두려워하여 위차에 따른 향기로운 제사를 즐거워하지 않을 것입니다. 신의 이치와 사람의 마음이 어찌 큰 차이가 있겠습니까?

또한 이미 대례(大禮)를 거행하고 나면 마땅히 특례로 태묘에 고하고 중외에 교서를 반포해야 하는데, 당시 화변(禍變)이 일어난 까닭을 만약 사실에 의거한다면 감히 말할 수 없는 것이 있을 것이고, 만약 숨기는

31 이와……것이다 탕 임금에게 빛남이 있다는 말은 주나라 무왕이 탕 임금의 자손인 은(殷)나라 주왕(紂王)을 정벌하는 것이 옛날 탕 임금이 하(夏)나라 걸왕(傑王)을 정벌한 의리와 같아 탕 임금의 의리를 더욱 드러내는 것이 된다는 의미이다. 《서경 주서(周書) 태서(泰誓)》 참덕은 부끄러워하는 마음으로, 탕 임금이 걸왕을 추방하고 나서 후세에 정벌하는 자들이 자신을 구실로 삼을까 두려워하면서 부끄러워하는 마음을 가진 것을 말한다. 《서경 주서 중훼지고(仲虺之誥)》 여기에서는 노산을 추복하는 일이 세조를 더욱 빛내는 일이 되고, 세조에게 참덕의 혐의가 없게 될 것이라는 말이다.

32 노나라에서……고사 노나라 민공(閔公)의 뒤를 이어 서형(庶兄)인 희공(僖公)이 즉위하였는데, 후에 희공의 아들 문공(文公)이 즉위하여 희공의 신위를 민공 위에 두자, 희공이 민공의 서형이지만 원래는 민공의 신하였던 만큼 위차는 희공이 민공의 아래에 있어야 한다 하여《춘추》에서 '상하의 위차를 위배한 제사[逆祀]'라는 평을 받았다. 그런데 문공의 아들 정공(定公) 8년에 마침내 이를 바로잡아 희공의 신위를 민공 아래로 내린 고사를 말한다. 《춘추좌씨전 정공 8년》

바가 있다면 이것은 실상이 없는 꾸민 글이니, 그래서야 어디 신이든 사람이든 감동시킬 수 있겠습니까? 옛날 선묘조 때에 연신(筵臣) 박계현(朴啓賢)이 성삼문의 충정을 논했다가 왕의 노여움을 크게 격발시켜 처벌을 받을 상황이었는데, 상신(相臣) 홍섬(洪暹)의 해명으로 중지되었습니다. 선정신 이이(李珥)가 《일기》[33]에 이르기를, '《춘추》에 나라를 위해 휘한다 하였으니, 이것은 또한 예나 지금이나 공통된 의리이다. 박계현이 경솔하게 때가 아닌 말을 발설하여 주상께서 잘못된 일을 하실 뻔하였으니, 몽매하여 일을 알지 못한다고 이를 만하다.' 하였습니다. 지금의 관점으로 말하면 육신을 장려하는 것은 아무 문제가 없을 듯한데도 선정의 말이 오히려 이와 같았으니, 더구나 노산의 위호를 회복하는 일이겠습니까? 이 일을 당송 이전의 시대에서 상고해 보면 증거 삼을 만한 것이 없고, 오직 명나라 때 경태제의 위호를 회복한 일이 있을 뿐입니다. 그러나 그 일은 사건의 과정이 노산과는 현격한 차이가 있는 만큼 견줄 것이 못 됩니다. 명나라 말기에 이르러 홍광(弘光)이 건문(建文)의 시호를 추존하여 올린 일[34]이 바로 이 일과 유사합니다만, 생각건대, 그때의 조정 정책은 모두 마사영(馬士英)의 손에서 나왔기 때문에 혼란이 극심하였습니다. 그러므로 건문의 복호(復號) 뿐만 아니라, 사친(私親)을 추존하여 황제로 삼고, 열조 이래 지위를 지녔던 여러 신하들에게 어질고 간사함을 따지지 않고 모두 아름다운 시호를 추증하였으니, 천하가 기롱하고 비웃어 마지않았습니다. 결국은 1년도 못 되어 왕 자신은 사로잡히고 나라는 멸망하였으니, 이것이 어찌 후세에 본받아 행할 전례가 되겠습니까?

과거 현인들이 노산의 일을 두고 모두 매우 슬퍼하여 임금에게 아뢴 자가 많았으나, 혹 묘역(墓域)을 수축하자고 청한다거나, 혹 치제(致祭)하기를 청한다거나, 혹 후사(後嗣)를 세우기를 청하기는 했어도, 일찍이 복위(復位)를 언급한 자는 없었습니다. 오직 지난날 윤휴(尹鑴)가 이 문제를 청하였다가 벼슬길이 막혔는데, 지금 어찌 다시 윤휴가 했던 말을 답습한단 말입니까?"-《예조등록》에 나온다.

33 일기 율곡(栗谷) 이이가 17년간 경연에서 강론한 내용을 수록한 《경연일기(經筵日記)》로 《석담일기(石潭日記)》라고도 한다. 한국문집총간 45집에 수록된 《율곡전서(栗谷全書)》 권29에도 실려 있다.

34 홍광이……일 홍광은 명나라 말기에 복왕(福王) 유숭(由崧)이 남경(南京)에서 스스로 황제에 즉위하고 세운 연호이다. 유숭은 신종(神宗)의 제3자 상순(常洵)의 아들로 상순이 이자성(李自成)의 난에 죽자 복왕에 습봉(襲封)되었다. 《명사 권120 제왕열전(諸王列傳)》 건문(建文)은 명나라 혜종의 연호이다. 38쪽 주30 참조. 홍광이 건문을 혜종으로 추존한 사실은 《사략(史略)》 권9 〈명 복왕(明福王)〉에 보인다.

○ 같은 달 정묘일(26일)

행 판중추부사 최석정(崔錫鼎)이 말하기를,

"노산이 화를 당한 것은 여러 재상들의 은밀한 협찬에서 이루어진 것입니다. 신비(愼妃) 운운.[35] 나라 사람들이 지금까지 가엾게 여기고 있는데도 위호를 추복하자는 논의는 오래도록 듣지 못하였으니, 어찌 《춘추》의 '존귀한 이를 위해 휘한다.'는 것과 《예기》의 '폐지된 것은 감히 거행할 수 없다.'는 의리가 지극히 엄중하기 때문이 아니겠습니까? 신의 어리석은 생각으로는 위호를 추복하는 것은 비록 감히 경솔하게 논의할 수 없다고 하더라도, 다만 생각건대, 노산은 일찍이 보위에 올랐었고 강등된 것은 혼미한 덕 때문이 아니었습니다. 신비 운운.[36] 그런데 지금 그 신주가 오래도록 여염의 집에 있으면서 아래로 천한 서민과 같은 취급을 받고 있으니 끝내 미안한 바가 있습니다. 만약 지금 관에서 사당을 세워 사계절 시제 때에 관리를 보내 제사를 지내게 한다면 신민들의 맺힌 한을 조금은 위로할 수 있을 것이고, 또한 《예기》와 《춘추》의 대의에도 해가 되지 않을 것입니다. 삼가 상께서 재결하소서."

하였고, 영돈녕부사 윤지완(尹趾完)이 말하기를,

"지금 하문하신 두 건의 일[37]은 곧 영원토록 바꿀 수 없는 정론(正論)인데, 오직 그 일이 지극히 중대하고 또 이것이 열성께서 행하지 않은 일이었기 때문에 사람들이 감히 발설하지 못했던 것입니다. 다행히 근자에 강개한 말이 소원(疏遠)한 신하에게서 나왔는데, 성상께서 사람이 미천하다 하여 소홀히 여기지 않고 척연히 감동하여 이렇게 널리 의견을 구하는 거조가 있으시니, 아, 우리 열성께서 행하지 못했던 미흡한 전례가 오늘을 기다렸던 것은 실로 하늘의 뜻이지 어찌 사람이 도모한 것이겠습니까? 절문(節文)을 강구하도록 명하여 성대한 의식을 능히 완비하는 것은 오직 성상의 결단에 달렸습니다. 삼가 상께서 재결하소서."

하였다. ─《예조등록》에 나온다.

○ 예조에서 아뢰기를,

"낭청을 파견하여 지방에 있는 유신(儒臣)에게 의견을 물은 결과 좌참찬 윤증(尹拯)은 '초야에 묻혀 있는 미천한 신이 거듭 은명(恩命)을 받고

---

35 신비 운운 신비는 신수근(愼守勤)의 딸로 중종의 첫째 비이다. 반정 이후 신수근이 역적으로 몰려 죽자 반정 공신들의 청으로 폐위되었다. 여러 번 복위가 논의되었으나 영조 때에 비로소 복위되었다. 시호는 단경왕후(端敬王后)이다. 전 현감 신규(申奎)의 상소에 노산의 복위와 신비의 복위를 거론하였기 때문에 최석정도 두 가지 문제를 함께 말했는데, 여기에서 신비의 복위에 대한 내용은 생략한 것이다. 운운의 내용은 다음과 같다. "신비가 폐출된 것은 공신들의 협박적인 강청에서 나온 것입니다.〔愼妃被黜 出於勳臣之脅請〕"《숙종실록 24년 10월 24일조》

36 신비 운운 운운의 내용은 다음과 같다. "신비는 지존(至尊)의 배필이었고 폐출된 것은 자신의 죄 때문이 아니었습니다.〔愼妃配體至尊 廢黜不以其罪〕"《숙종실록 24년 10월 24일조》

37 두 건의 일 노산을 추복하는 일과 신비를 추복하는 일을 말한다.

바야흐로 삼가고 조심하며 처벌을 기다리고 있는데, 뜻하지 않게 예관이 멀리서 임하여 위호를 추복하는 두 건의 논의에 대해 의견을 구하신다고 하였습니다. 명을 듣고 깜짝 놀라 매우 송구스럽기 그지없었습니다. 신이 전후로 받은 은명은 모두가 분수에서 벗어난 것이라 피눈물을 흘리며 징성을 아뢰고 시종 감히 받들지 못하고 있는 만큼 조정에 일이 있다 하여 어찌 감히 번번이 논의의 끝자리에 참여하여 분수와 의리를 범할 수 있겠습니까? 이 때문에 종전에 여러 차례 융숭한 명을 받았지만 끝내 감히 우러러 답하지 못했으니, 제 나름으로 생각건대 성상께서도 이미 굽어 살펴 환히 알고 계실 것입니다. 더구나 두 건의 논의는 실로 국가의 막중하고 막대한 일입니다. 200년 동안 억울하게 맺혔던 기운이 오늘날에 펴질 수 있게 된 것은 밝으신 열성의 영령이 위에 계시고, 전하의 한결같은 마음이 위로 천지에 통했기 때문입니다. 성대한 덕이요 비상한 거사인 만큼 오로지 성상의 결단에 달려 있을 뿐입니다. 신의 보잘것없고 미천한 분수가 이미 앞에서 진달한 바와 같은 데다 병으로 혼미하기까지 하여 아는 것이 전혀 없으니, 더욱 어찌 감히 논설하여 참람한 죄에 거듭 빠지겠습니까? 미천한 사람에게까지 묻는 조정의 뜻을 헛되이 욕되게만 하였으니, 황공하고 두려워 대답할 바를 알지 못하겠습니다.' 하였습니다. 감히 아룁니다."

하니, "알았다."고 전교하였다. -《예조등록》에 나온다.

○ 같은 날

호조 참의 권상하(權尙夏)가 말하였다.

"보잘것없는 미천한 신이 초야에 엎드려 있는 중에 조정의 대례(大禮)에 대해 외람되이 성상의 하문을 받드니, 신은 참으로 황공하고 두려워 몸 둘 바를 모르겠습니다. 신은 조심스럽게 생각건대, 지난해에 육신의 사우(祠宇)를 표창한 것은 성상의 진정한 마음에서 나온 것으로, 참으로 천고의 성대한 덕을 실현한 일이었습니다. 그런데 지금 다시 노산의 위호를 추복하는 일로 널리 조정의 신하에게 하문하시고 지선(至善)의 논의를 강구하시니, 대성인의 거조가 보통을 훨씬 넘는다고 이를 만합니다.

대개 정난(靖難) 때에 노산이 겸양의 덕으로 전위(傳位)하여 일찌감치 상왕으로 높여졌으니 애초에 폐위되어 쫓겨난 임금과는 같지 않고, 나중에 처한 조처는 사실 세조대왕의 본의가 아니었습니다. 이 때문에 세조대왕께서 비록 부득이 육신에게 죄를 주기는 하였으나, '당세의 난신(亂臣)이요 후세의 충신(忠臣)'이라고 기리기까지 하셨으니, 인종조(仁宗朝) 때 연신(筵臣) 한주(韓澍)는 세조의 이 하교를 경연 중에 진달하면서 아뢰기를, '세조대왕께서 그들의 자취가 후세에 민멸될 것을 염려하셨기 때문에 이러한 뜻 깊은 말씀을 하여 후세의 자손들을 깨우치신 것입니다.' 하였습니다. 그 후로 중묘조(中廟朝) 때에 한산 군수(韓山郡守) 이약빙(李若氷)이 상소하여 노산을 위해 후사를 세울 것을 청하니, 중묘께서 하교하시기를, '이와 같은 말은 지극히 귀한 것이다.' 하셨습니다. 이것으로 미루어 보건대, 열성의 은미한 뜻을 알 수 있습니다.

비록 명나라의 일로 말하더라도, 신종조(神宗朝) 때 국자 사업(國子司業) 왕조적(王祖嫡)이 건문(建文)의 연호를 추복할 것을 청하였으니, 건문은 성조(成祖)에게 애당초 선위한 군주가 아니었는데도 왕조적의 말이 오히려 이와 같았습니다. 이 일이 오늘날 논하고 있는 의리에 또한 하나의 방증이 될 수 있을 듯합니다.

지금 만약 세조께서 높여 받든 전례를 따라 위호를 추복하여 선위를 받던 당시의 본뜻을 밝힌다면, 귀신이나 사람에게 유감이 없을 것입니다. 그러나 종묘의 예는 엄숙한 데다 이미 열성조에서 행하지 않은 중대한 사안인 만큼 어리석은 신의 견해로 어찌 감히 그 사이에서 가부를 논하겠습니까?"—《예조등록》에 나온다.

○ **같은 달 기사일**(28일)

비망기(備忘記)를 내렸다.

"내가 가만히 생각하니, 광묘(光廟) 초기에 노산을 높여 받들어 태상왕(太上王)으로 삼았고, 또 한 달에 세 번씩 문안하는 예를 행하도록 명하셨다. 불행하게도 끝에 내린 처분은 아마도 광묘의 본의가 아닌 듯하며, 그 근원을 강구해 보면 원인이 육신에게 있었다. 육신에 대해 이미 그들의 충절을 기렸고 보면 그 옛 임금의 위호를 추복함에 있어 다시 어떤 혐의와 장애가 있는지 알지 못하겠다. 그리고 명나라 경태제의 일은 비록 서로 유사하지는 않더라도 또한 본받아 행할 만한 일이다. 이에 나는 지금 추복하는 것이 광묘의 성대한 덕에 더욱 빛남이 있을 것으로 여긴다.

아, 일진에 신규의 상소를 펼쳐 읽다가 반도 못 읽어 슬픈 감회가 저절로 마음속에 간절해지기는 했어도 일찍이 중대한 일을 경솔하게 논했다는 것으로 털끝만큼도 불평한 의사를 두지는 않았다. 이것이 연석(筵席)에서 널리 의견을 구한 까닭이다. 아, 신도(神道)와 인정(人情)은 서로 그렇게 먼 것이 아니니, 하늘에 계신 조종의 영령이 어둡고 그윽한 가운데 기뻐하여 이렇게 서로 감동하는 이치가 있는 것이 아니겠는가.

소원한 신하로서 지극히 중대한 일을 거론하였으니, 천년에 한 번 있는 일이라고 할 수 있다. 그런데 이러한 일을 끝내 시행하지 않는다면 다시 어느 때를 기다리겠는가. 아, 왕가(王家)[38]의 일은 자연 필부와는 같지 않으니, 이 때문에 혹 왕의 직권으로 결단을 내리고 논의에 구애받지 않은 경우가 예로부터 있었다. 사안이 진실로 시행할 만하다면 어찌 결정을 못 내리고 질질 끌 필요가 있겠는가. 예관으로 하여금 속히 성대한 의식을 거행하게 하라." -《예조등록》에 나온다.

○ 예조에서 아뢰기를,

"이번 노산대군의 위호를 추복하는 일로 예관으로 하여금 속히 성대한 의식을 거행하게 하라는 명이 있었습니다. 묘호와 시호 및 부인의 시호, 휘호, 능호를 반드시 먼저 의정(議定)한 뒤에야 기타 응당 행할 절목을 차례로 거행할 수 있습니다. 의정할 길일을 일관으로 하여금 택하게 하였더니, 오는 11월 6일이 길하다고 합니다. 대신 및 정부의 당상과 육조의 참판 이상과 관각(館閣)의 당상을 마땅히 명초(命招)하여 회의해야 할 것입니다. 그리고 삼가 비망기의 내용을 보니, 명나라 경태제의 일을 본받아 행할 만하다고 하교하셨습니다.《명사》를 상고해 보니, 경태황제의 위호를 추복한 것은 처음 헌종(憲宗) 때에 있었는데, 그때에는 오히려 묘호가 없었고 그 후에 비로소 추상하였습니다. 지금 묘호 문제를 어떻게 해야겠습니까? 감히 여쭙니다."

38 **왕가** 대본은 '天王家'인데,《국역 연려실기술》1집 제4권 〈단종조고사본말 복위하고 복릉하다〉에 의거하여 '夫王家'로 바로잡아 번역하였다.

하니, 전교하기를,

"아뢴 대로 하라. 묘호는 의정하는 것이 좋겠다."

하였다. 빈청(賓廳)에서 존시(尊諡)를 올렸다. -《예조등록》에 나온다.

공의온문순정안장경순돈효 대왕(恭懿溫文純定安莊景順敦孝大王)이고, 묘호는 단종(端宗)이다. 의덕단량제경 정순왕후(懿德端良齊敬定順王后)이다.

○ 11월 정해일(16일)

계복(啓覆)[39]에 입시했을 때이다. 영의정 유상운(柳尙運)이 아뢰기를,

"단종대왕과 정순왕후께서 태상위에 계실 때 세조조께서 올린 존호[40]가 있습니다. 지난날 정탈할 때에 이미 하교를 받들었는데, 대개 그 당시 높여 받들었던 아름다운 뜻을 밝혀 드러내기를 원하셨습니다. 지금 신주를 쓸 때 마땅히 이 존호를 추상한 시호 위에 먼저 써야 할 듯한데, 이번에 올리는 책보는 바로 시보(諡寶)입니다. 존호와 시호는 다른 만큼 이번에 올리는 책보에는 이 존호를 나란히 써서는 안 될 듯합니다. 그러므로 감히 진달합니다."

하였다. 상이 이르기를,

"신주를 쓸 때에는 마땅히 존호 4자를 나란히 써야 할 것이고, 보전(寶篆)의 경우 대신의 뜻은 어떠한가?"

하니, 유상운이 아뢰기를,

"신의 생각으로는 존호와 시호가 이미 다르니 나란히 써서는 안 될 듯한데, 존호를 올릴 당시에 책보를 함께 올렸는지를 지금 상고할 수 없는 상황에 신주를 쓸 때에만 쓰는 것이 어떤지 몰라서 이 문제를 여쭈었던 것입니다."

하였다. 예조 판서 최규서(崔奎瑞)는 아뢰기를,

"신덕왕후(神德王后)를 부묘할 때에 선정신 송준길(宋浚吉)은 시책(諡冊)을 추가로 보충하지 않을 수 없다고 하였으나 그 당시에 대신이 추가로 보충하는 것을 몹시 어렵게 여겨 마침내 거행하지 않았습니다. 이번에 존호를 추상하지 않는 것은 기유년(1669, 현종10)에 시책을 추가로 보충하지 않은 것과 다름이 없을 듯합니다."

하고, 유상운은 아뢰기를,

39 계복 복심(覆審)을 임금에게 아뢰는 것이다. 복심이란 사죄(死罪)를 신중하게 심리하기 위하여 한 번 심리가 끝난 사건을 다시 심리하는 것을 말한다. 초복(初覆), 재복(再覆), 삼복(三覆)의 세 번의 복심 과정이 있고, 복심 때마다 임금에게 아뢰도록 되어 있다.

40 세조조께서 올린 존호 단종이 상왕으로 있을 때에 단종에게 올린 존호인 '공의온문(恭懿溫文)' 4자와 정순왕후(定順王后)에게 올린 '의덕(懿德)' 2자를 말한다.

"그 당시에 대신이 진달한 것은, 대개 국조의 시책이 대부분 흩어져 없어졌으므로 신덕왕후의 시책을 우선은 추가로 보충하지 말고 후일을 기다려 보충하자는 뜻이었습니다. 이번에는 그때와 다르고, '공의온문' 4자는 바로 세조조께서 올린 것이니, 존호는 이번에 추상해서는 안 됩니다."

하니, 상이 이르기를,

"시책의 머리글은 으레 '머리를 조아려 재배합니다.[稽首再拜]'라는 말을 쓰는데, 이 역시 매우 편치 않다."

하였다. 유상운이 아뢰기를,

"존호의 보(寶)는 생시에 올리는 것이고, 시호의 보는 대행(大行)⁴¹하신 후에 올리는 것이니, 사리에 있어 나란히 써서는 안 될 듯하고 신주를 쓸 때에만 쓰는 것이 마땅할 듯합니다. 그러나 신은 아는 것이 없으니, 다른 대신에게 하문하시는 것이 어떻겠습니까?"

하니, 상이 이르기를,

"신주를 쓰는 것은 생시에 올린 존호를 쓰도록 이미 하교하였고, 보는 함께 써서는 안 될 듯하다. 다른 대신에게 물은 다음 품정(稟定)하도록 하라."

하였다. 최규서가 아뢰기를,

"부알례(祔謁禮) 및 존호보전(尊號寶篆)에 관한 일을 도성에 있는 대신에게만 하문합니까, 지방에 있는 대신에게도 모두 하문합니까?"

하니, 상이 이르기를,

"지방에 있는 대신에게도 모두 하문하는 것이 좋겠다."

하였다. ─《예조등록》에 나온다.

○ 같은 달 경자일(30일)

대신과 비국 당상을 인견(引見)하는 자리에 입시했을 때이다. 상이 이르기를,

"수의(收議)한 예조의 초기가 방금 입계되었는데, 인견하는 때와 마침 마주쳤기에 의견을 물은 다음 강정(講定)하려고 '알았다.'는 것으로 하비(下批)하였다. 태묘에 올려 부묘할 때에는 비록 영녕전에 부알하는 예

41 **대행** 멀리 가서 돌아오지 못한다는 의미로, 왕이나 왕후가 별세한 것을 말한다.

가 없지만, 이번에 새로 부묘하는 신주는 곧장 영녕전에 올리는 것인 만큼 사안의 본질이 태묘에 새로 부묘하면서 영녕전에 부알하지 않는 것과는 다르니, 의당 부알례가 있어야 하겠다. 그러나 아래 위차에 해당하는 신위를 받들어 묘정으로 내리는 한 가지 절차는 행하지 않는 것이 마땅하다. 그리고 생시에 올린 존호는 신주를 쓸 때에만 쓰고 시보에는 함께 쓰지 않는 것이 좋겠다."

하니, 판부사 최석정은 아뢰기를,

"열성조의 책보는 남아 있지 않은 것이 많으나 추가로 보충하지 않았으니, 지금 이 신주를 올려 부묘할 때 생시에 올린 존호는 책보가 없더라도 무방할 듯합니다."

하고, 예조 판서 최규서는 아뢰기를,

"대신의 수의대로 부알례를 묘정 아래 동쪽과 서쪽에서 행하면 위차가 아래에 있는 열성조의 신실은 끝내 두렵고 불안한 바가 있을 것입니다. 이것이 선정신 송준길이 기유년(1669, 현종10)의 부알례 때 상소를 올려 논설했던 이유입니다. 또한 이미 태묘에 부묘하지 않는 이상 '부알'이라고 일컫는 것도 불가한 점이 있으니, 사세가 끝내 몹시 편치 않습니다."

하고, 영의정 유상운은 아뢰기를,

"신이 평소 예의(禮意)에 어두워 하문을 받으면 억측으로 답변을 드리니, 매번 몹시 황공합니다. 장차 올려 부묘하면 진실로 마땅히 부알해야 합니다. 그러나 단지 묘문(廟門)을 지나가기만 하는 것 때문에 부알례를 행하는 것은 예에 어떠한지 잘 모르겠습니다. 지금 조천하는 신주를 태묘에 부알한다고 일컫는 것도 미안할 듯하고, 수의한 것 중에 '과알(過謁)'이라는 말이 있는데, '과알' 2자는 사실에 의거한 말이기는 하나 예가(禮家)에 출처가 없습니다."

하니, 상이 이르기를,

"조천하는 신주는 대수가 다한 지 너무 오래되어 태묘에 부묘하지 않고 곧장 영녕전에 올리는 것인 만큼 이미 일반적인 예와는 다르고, 마음으로도 허전하다. 남 영부사가 '태묘를 지나면서 조알(朝謁)하지 않는다.……' 한 것[42]이 참으로 나의 본뜻이니, 이 때문에 부알하는 한 가지 절차를 행하고자 하는 것이다."

42 남 영부사가……것 남 영부사는 남구만이다. 남구만이 "위차로는 조천할 신주에 해당하지만 사실은 새로 부묘되는 것입니다. 연(輦)이 태묘의 신문(神門) 앞을 지나면서 한 번 들어가 조알(朝謁)하는 것을 하지 않고 그냥 지나쳐 바로 조묘(祧廟)에 봉안된다면, 곰곰이 생각건대 신(神)의 마음에 서운함이 없겠으며, 또 깊이 생각건대 우리 조종의 마음에 만약 후손이 억울하게 있다가 신원된 것을 기뻐하신다면, 혹시라도 한 번 서로 만나 보지 못하고 지나간 것을 섭섭해함이 없겠습니까." 라고 한 것을 말한다. 《숙종실록 24년 10월 29일조》

하였다. 응교 김진규(金鎭圭)는 아뢰기를,

"상께서 재신에게 하문하셨는데, 신도 소회가 있습니다. 그러므로 황공하오나 감히 진달합니다. 오늘날 거행하는 것은 변례(變禮)에 해당하므로 모두 의리로 시행해야 하는데, 태묘에 부알하는 것은 미안한 점이 있을 듯합니다. 대개 이미 조천된 신주는 태묘에 들어가는 예가 없으니, 부알은 참으로 부당하고, 과알이라고 하는 것도 이미 옛 예법이 아닌 데다 국조의 전례도 아니어서 더욱 근거할 만한 예문이 없습니다. 영녕전에는 추부(追祔)하는 것이니, 부알례를 두는 것이 마땅합니다. 지금 만약 부알례를 영녕전에만 거행하고 종묘에는 부알이든 과알이든 행하지 말고 대신을 보내 고유한다면 마땅할 듯합니다.

그리고 아래 위차에 해당하는 신위를 받들어 묘정으로 내리는 한 가지 절차는 더욱 옳지 않습니다. 시험 삼아 사대부의 가례(家禮)로 말해 보겠습니다. 널을 받들어 사당으로 가 조조(朝祖)할 때에 비록 자손 중에 먼저 죽어 반부(班祔)[43]한 신주가 있더라도 아래로 내리는 절차는 없으니, 이것이 아래 위차의 신위를 받들어 묘정으로 내려서는 안 되는 하나의 증거가 될 만합니다."

하고, 예조 판서 최규서는 아뢰기를,

"묘문을 지나면서 조알하지 않는 것이 서운하다는 것은 바로 인사(人事)로 미루어 말한 것인데, 만약 인사로 미루어 본다면 아래 위차의 신위를 묘정으로 받들어 내리는 절차가 전혀 없는 것도 미안할 듯합니다. 경중의 구분을 돌이켜보면 과연 어떤 것을 취해야 할지 모르겠습니다."

하니, 상이 이르기를,

"영부사의 수의 가운데 아래 위차의 신위를 받들어 묘정으로 내리는 한 가지 절차를 말했는데, 이것은 일찍이 이미 행한 전례[44]가 있기 때문에 행하지 않고자 한다. 그러나 부알은 예의 뜻에 크게 해롭지 않을 것이다."

하였다. 예조 판서 최규서가 아뢰기를,

"부알로 칭합니까, 아니면 글자를 바꿉니까?"

하니, 상이 이르기를,

"부알로 칭하면 대단히 미안한가?"

하자, 영의정 유상운은 아뢰기를,

43 반부 대를 이을 사람이 없는 사람의 신주를 조상의 사당에 함께 모시는 일이다.

44 이미 행한 전례 1690년(숙종16)에 인조의 계비인 장렬왕후(莊烈王后)를 부묘할 때에 아래 위차의 신위인 효종과 현종 신위를 뜰 아래로 내리는 절차가 없었던 것을 말한다.

"종묘에 부묘하는 신주가 아닌데 부알로 칭하는 것은 미안한 듯합니다."

하고, 행 호조 판서 민진장(閔鎭長)은 아뢰기를,

"예조 판서가 진달한 말이 참으로 옳습니다. 아래 위차의 감실을 열지 않으면 비록 신위를 받들어 묘정으로 내리지 않더라도 미안한 점은 없을 듯합니다. 만약 '부알'이라는 2자가 불가하다면 옛날에 '묘현(廟見)'이라는 문자가 있었으니, '묘알(廟謁)'로 일컬으면 좋을 듯합니다."

하고, 영의정 유상운은 아뢰기를,

"만일 신도와 인정에 종묘를 지나면서 조알하지 않는 것이 미안하다면 조천하는 신주가 종묘를 조알할 때에 세종대왕 이상의 감실은 감실의 앞문을 열고 아래 위차의 감실은 열지 말며, '묘알'로 여창(臚唱)을 한다면 혹 괜찮을 듯합니다."

하였다. 상이 이르기를,

"묘알할 때 3실 이상의 묘문만 열도록 하고, '부(祔)'자는 올려 부묘한다는 뜻이 있는데, 이미 태묘에 올려 모시지 않는 이상 '부'자를 쓸 수는 없으니, '묘알'이라고 일컫는 것이 좋겠다."

하였다. ―《예조등록》에 나온다.

추숭 追崇

45 의경세자 1438-1457. 성종의 생부로, 추존된 덕종(德宗)이다. 이름은 장(暲), 자는 원명(原明)이다. 세조의 첫째 아들로 태어나 1455년(세조1)에 왕세자에 책봉되었으나 20세의 나이로 즉위하지 못하고 승하하였다. 의경은 성종이 즉위하여 올린 추시(追諡)이다. 《국역 연려실기술 1집 제5권 세조조고사본말 덕종고사》

46 수빈 성종의 생모로, 인수왕비(仁粹王妃)이다. 1437년(세종19)에 수빈에 책봉되었다. 1504년(연산군10)에 68세의 나이로 승하했다. 시호는 소혜왕후(昭惠王后)이다. 《국역 연려실기술 1집 제5권 세조조고사본말 덕종고사》

○ **성종대왕 경인년**(1470, 성종1) **1월 정유일**(18일)

이에 앞서 고령군(高靈君) 신숙주(申叔舟)가 의경세자(懿敬世子)[45]의 추숭과 수빈(粹嬪)[46]의 칭호 등의 일을 청하여, 춘추관으로 하여금 옛날의 제도를 상고하도록 했는데, 이때에 이르러 춘추관에서 상고하여 아뢰니, 전직 정승, 의정부, 육조의 참판 이상을 명소(命召)하여 논의하게 하였다. 대비 —정희왕후(貞熹王后 세조 비)이다.—가 전교하였다.

"이 일이 우리 조정에서는 전례(前例)가 없으니, 여러 재신들은 부디 뇌동(雷同)하지 말고 각기 소견을 진술하라."

하동군(河東君) 정인지(鄭麟趾), 봉원군(蓬原君) 정창손(鄭昌孫), 고령군 신숙주, 상당군(上黨君) 한명회(韓明澮), 능성군(綾城君) 구치관(具致寬), 영의정 홍윤성(洪允成)은 논의하기를,

"제왕이 들어와 대통(大統)을 계승한 경우 의리로는 사친(私親)을 돌아볼 수 없다는 것을 선유(先儒)가 이미 분명하게 논변하였으니, 의경세자를 황백고(皇伯考)로 일컫고 이름을 부르지 않으며, 전하를 효질(孝姪)로 일컫는 것이 의리에는 마땅합니다. 그러나 낳아 주신 부모는 그 의리가 또한 크기에 추숭의 전례(典禮)에 대한 선유의 논설 역시 상세합니다.

의경은 이미 세자의 지위에 있었고 다른 작호(爵號)가 없으니, 존숭할 수 있습니다. 마땅히 왕으로 추숭하여 시호를 올리고 별도로 묘(廟)를 세워 불천위(不遷位)의 시조(始祖)로 삼으며, 묘(廟)와 능(陵)은 시호에 따라 호를 삼되 종(宗) 자는 일컫지 말며, 관(官)에서 제전(祭奠)을 갖추게 하고, 제사를 주관할 만한 사람을 별도로 의논하여 그로 하여금 세습하도록 해야 합니다. 수빈은 의경에게 이미 동궁(東宮)의 배필이 되었으니, 또한 마땅히 남다른 칭호를 올려서 책봉하여 비(妃)로 삼되, 다만 대(大) 자를 일컬을 수 없습니다. 국상(國喪)이 끝나기를 기다려 예물을 갖추어 책봉을 올리는 것이 실로 정리(情理)와 예문(禮文)에 합당할 것입니다."

하였다. 영성군(寧城君) 최항(崔恒), 청송군(青松君) 심회(沈澮), 창녕군(昌寧

君) 조석문(曺錫文), 남양군(南陽君) 홍달손(洪達孫)은 논의하기를,

"제도를 정하는 것은 모름지기 옛날의 전례(典禮)에 의거해야 되고, 예를 논의하는 것은 요컨대 사람의 정리에 연유합니다. 신이 삼가 신안 호씨(新安胡氏)의 설을 살펴보았더니, '정자(程子)가 말하기를,「남의 후사가 된 자는 자기를 후사로 삼은 분을 부모라고 하고, 낳아 준 부모를 백숙부모라고 한다.」하였으니, 이것은 세상의 큰 의리이고, 사람의 큰 윤리로 변경할 수 없는 것이다. 그러나 자기를 낳아 준 의리는 지극히 존귀하고 지극히 크니, 비록 전적으로 정통(正統)에 마음을 써야 하지만 어찌 사은(私恩)을 완전히 끊을 수 있겠는가? 마땅히 사안의 본질을 헤아려 별도로 남다른 칭호를 세우되, 만약「황백고 모국대왕(皇伯考某國大王)」이라고 하고, 그 자손으로 하여금 작위를 세습하여 제사를 받들게 한다면 대통에도 혐의스러운 잘못이 없을 것이고, 낳아 준 부모에게도 또한 존숭하는 도리를 극진히 하는 것이 될 것이다.'하였습니다. 청컨대 옛 제도에 의거하여 의경세자를 추봉(追封)하여 의경왕(懿敬王)으로 삼고 황백고로 일컬으며, 축문에는 효질(孝姪)로 일컫고, 월산대군(月山大君)으로 하여금 제사를 받들게 하며, 수빈을 봉하여 왕비로 삼는 것이 마땅할 것입니다. 이와 같이 한다면 사람의 정리에도 편안할 것이고 옛날의 예절에도 합당할 것입니다."

하였다. 상락군(上洛君) 김질(金礩), 좌의정 윤자운(尹子雲), 우의정 김국광(金國光), 우찬성 노사신(盧思愼), 형조 판서 함우치(咸禹治), 병조 판서 이극배(李克培), 호조 판서 서거정(徐居正), 이조 참판 정난종(鄭蘭宗)은 논의하기를,

"예에, 후사가 된 사람은 그 아들이 되니, 비록 사친을 돌아볼 수는 없으나 역대의 제왕이 방계의 지손(支孫)으로서 들어가 대통을 계승한 경우 자기를 낳아 준 부모를 높여 추숭하지 않은 이는 없었습니다. 그러니 의경은 마땅히 왕으로 추숭하여 시호를 올리고, 별도로 사당을 세워 황백고로 일컬으며, 수빈은 왕비로 일컫고 휘호를 더해야 합니다."

하였다. 공조 판서 양성지(梁誠之)는 논의하기를,

"신이 삼가 살피건대, 한나라 애제(哀帝)와 송나라 영종(英宗)을 낳은 부모[47]는 모두 번방(藩邦)의 왕이며 번방의 왕비였으나 모두 황제로 일컫

47 한나라……부모 한나라 애제의 생부는 정도공왕(定陶恭王)으로 원제(元帝)의 둘째 아들이며 성제의 동생이다. 성제를 이어 즉위한 애제가 공황제(共皇帝)로 추존하였다. 송나라 영종의 생부는 복안의왕(濮安懿王)으로 인종(仁宗)의 종형이다. 인종을 이어 즉위한 영종이 복안의황으로 추존하였다.

고 황후로 일컬었습니다. 하물며 의경세자는 정당한 왕세자였고, 수빈
은 세자의 정비(正妃)였으니, 의경세자는 마땅히 종(宗)으로 일컬어 왕
에 봉하고, 묘를 승격하여 능으로 하며, 별도로 사당을 세우고, 축문에
는 '황백고(皇伯考)'와 '질자 신(姪子臣)'으로 일컬으며, 수빈은 왕대비
에 봉하는 것이 어떻겠습니까?"

하였다. 예조 참판 이승소(李承召)는 논의하기를,

"의묘(懿廟)는 마땅히 한나라 정도공왕(定陶恭王)과 송나라 복안의황(濮
安懿皇)의 고사에 따라 추봉하여 왕으로 삼고, 별도로 사당을 세워 의식
과 제도 및 향사(享祀)를 한결같이 종묘와 같게 하며, 축문에는 '고(考)'
라고 일컫고 '효자 국왕(孝子國王)'이라고 일컬으며, 또 월산대군에게
특별히 큰 작위를 더하여 그 제사를 주관하게 하는 것이 편합니다. 또
어머니가 자식으로 인해 귀하게 되는 것은 고금(古今)의 공통된 예이니,
수빈은 마땅히 봉하여 왕대비로 삼아야 합니다."

하였다. 병조 참판 이영은(李永垠)은 논의하기를,

"신이 고문(古文)을 상고해 보니, '후사가 된 사람은 그 아들이 된다.' 하
였습니다. 전하께서 예종을 이어 대통을 계승하여 '효자 사왕 신(孝子嗣
王臣)'으로 일컬었으니, 의경에 대해서는 마땅히 추숭하여 왕으로 삼되
종(宗)으로는 일컫지 말아 예종과 구별하고, 별도로 사당을 세워서 이
를 향사(享祀)하되, 축문에는 '황백고'로 일컫고 또 '국왕 신(國王臣)'으
로 일컬으며, 수빈은 다만 왕비라고만 일컬어 왕대비와 구별하는 것이
편합니다."

하였다.

논의를 올리자 신숙주 등의 의견을 따랐다. —실록에 나온다.

○ 같은 달 신축일(22일)

전직 정승, 의정부, 육조, 춘추관의 2품 이상에게 명하여 빈청에 모여
의경세자의 시호, 묘호, 능호와 수빈의 휘호를 논의하게 하였다.

고령군 신숙주, 상당군 한명회 등이 논의하여 아뢰기를,

"의경세자의 시호는 온문의경왕(溫文懿敬王)과 인순의경왕(仁順懿敬王)
이고, 묘호는 의경묘(懿敬廟)와 의묘(懿廟)이고, 능호는 의경릉(懿敬陵)과

경릉(敬陵)입니다. 수빈의 휘호는 자수왕비(慈粹王妃)와 인수왕비(仁粹王妃)입니다."

하였다. 논의를 올리자 전교하였다.

"의경세자의 시호는 온문의경왕으로 하고, 묘호는 의경묘로 하고, 능호는 경릉으로 하며, 수빈의 휘호는 인수왕비로 일컬어 올리라." —실록에 나온다.

○ 신묘년(1471, 성종2) 1월 정유일(24일)

의경왕을 추존하였다. 상이 면복(冕服)을 갖추어 입고 백관을 거느려 인정전(仁政殿)의 뜰로 나아갔다. 의경묘(懿敬廟)에 영성부원군 최항을 보내 옥책(玉冊)을 올리고, 영의정 윤자운을 보내 금보(金寶)를 올린 다음 이어 향례(享禮)를 행하였다. 책문(冊文)에 운운하였다. —실록에 나온다. 책문은 《열성책문(列聖冊文)》 중에 보인다.

○ 계사년(1473, 성종4) 9월 무신일(20일)

의경묘가 완성되었다. 의장(儀仗)을 갖추어 의경왕의 신주와 영정을 봉안하고, 월산대군 이정(李婷)으로 하여금 봉사(奉祀)하게 하였다. 봉안사(奉安使)는 영의정 신숙주이고, 부사(副使)는 청천부원군(淸川府院君) 한백륜(韓伯倫)이다. —실록에 나온다.

○ 갑오년(1474, 성종5) 8월 을미일(13일)

정원에 전교하기를,

"내가 중국 조정에 주청(奏請)하여 의경왕을 추봉하고자 한다. 비록 인준을 받지 못하더라도 다만 나의 어버이를 위하는 마음을 다하는 것이니, 진실로 안 될 것은 없을 것이다. 여러 원상(院相)에게 논의하게 하라."

하니, 신숙주, 한명회, 홍윤성, 조석문, 김질, 윤자운, 성봉조(成奉祖)는 논의하기를,

"전날 태감(太監)⁴⁸ 중에 이 일을 말하는 사람이 있었는데, 그때에 신들은 조심스런 생각에 전하께서 들어와 대통을 계승하셨으므로 의리상 사친을 돌아볼 수 없으니, 즉위한 초년에 대번에 왕으로 추봉하기를 청

48 **태감** 중국 내시부(內侍府)의 관원이다.

하는 것은 실로 미안한 일이라고 여겼습니다. 이제 즉위한 지 이미 여러 해 되었으니, 주청하는 것이 어떻겠습니까?"

하고, 정인지, 정창손은 논의하기를,

"대통을 계승하면 사친을 돌아보지 않는 것이 예(禮)입니다. 태감이 비록 주청하라는 말을 했더라도 본조에서 주청하면 반드시 예부(禮部)에 내리는데, 예부에서는 옛 전례에 의거하여 반드시 주청을 따르지 않을 것이니, 한갓 무익할 뿐만 아니라 우리 조정을 두고 예를 모른다고 할 것입니다. 또한 본조가 개국한 처음에 사대(四代)를 왕으로 추봉할 때에도 주청은 하지 않았습니다. 일이 비록 같지 않으나 왕으로 추봉하는 것은 마찬가지이니, 주청할 필요가 없습니다."

하였다. 상이 신숙주 등의 의견을 따랐다.

무술일(16일)에 우의정 김질을 주문사(奏聞使)로 삼았다. —실록에 나온다.

○ 9월 정묘일(15일)

주문사 김질 등이 주본(奏本)을 받들고 경사(京師)로 갔다. 주본에 이르기를,

"조선 국왕 신 휘(諱)는 삼가 아룁니다. 신이 용렬하고 어리석은 몸으로 특별히 성은을 입어 선대의 왕업을 지키게 된 지 몇 해가 되었습니다. 돌아보건대 낳아 준 아버지 휘는 선조이신 혜장왕(惠莊王 세조) 신 휘의 적자로 명을 받아 세자가 되었으나 불행하게도 일찍 서거하였습니다. 이제 신이 이미 왕의 작위를 받았고 처도 왕비가 되었는데, 낳아 준 아버지는 세자로 일컫고 어머니는 명호(名號)가 없습니다. 이에 온 나라의 신민(臣民)들이 일컫는 말이 순하지 못하여 자식 된 마음에 진실로 미안한 바가 있습니다.

그러나 신은 이미 선신(先臣) 양도왕(襄悼王 예종) 신 휘의 후사가 되었으므로 의리상 사친을 돌아볼 수 없고, 또 천위(天威)를 두려워하여 지금까지 말을 꺼내지 못하고 있었습니다. 조심스럽게 생각하건대 천륜으로 맺어진 부모는 은혜와 의리가 또한 중하여 높여 드러내고 싶은 마음을 스스로 그만둘 수 없습니다. 이에 감히 죽음을 무릅쓰고 번거롭게 아룁니다. 엎드려 바라건대 성자(聖慈)께서 작위를 내려 주시고 시

호를 내려 주시어 보잘것없는 정성을 펼쳐 효의 도리를 넓힐 수 있게
해 주시기를 지극히 바라 마지않습니다."

하였다. −실록에 나온다.

○ **을미년**(1475, 성종6) **1월 기묘일**(29일)

주문사 김질 등이 경사에서 돌아왔다. 그 칙서에 이르기를,

"주문을 보니, 왕의 친부(親父) 휘는 앞서 세자에 봉해졌으나 일찍 서거
하였고 생모 한씨(韓氏)는 현재 생존해 있는데 모두 명호를 두지 못했으
니, 비록 남의 후사가 된 자는 의리상 사친을 돌아볼 수 없으나, 낳아
준 부모를 높여 드러내고 싶은 마음은 스스로 그만둘 수 없다는 내용이
었다. 이 주문으로 인하여 왕의 효성과 정성을 잘 알았다. 이에 특별히
고(故) 세자 휘를 추봉하여 조선 국왕으로 삼아 시호를 회간(懷簡)으로
하고, 한씨를 봉하여 회간왕비(懷簡王妃)로 삼아서 낳아 준 부모를 높여
드러내려는 뜻을 이루어 주노라. 그리고 고명(誥命)과 아울러 왕비의 관
복(冠服)을 반급(頒給)하니, 삼가 생각하라."

하였다. 상이 인정전에 나아가 백관의 하례를 받았다. −실록에 나온다.

○ **2월 경진일**(1일)

예조에서 아뢰기를,

"의경왕의 시호와 인수왕비의 존호를 가상(加上)하는 사유[49]를 종묘사
직에 고하소서."

하니, 그대로 따랐다. −실록에 나온다.

○ **같은 달 신묘일**(12일)

상이 의묘(懿廟)에 나아가 분황제(焚黃祭)를 의식과 같이 지내고, 백관에
게 한 품계씩 가자(加資)하라고 명하였다.

○ **같은 달 을사일**(26일)

상이 면복을 갖추어 입고 인정전 계단 위로 나아가서 백관을 거느리고
회간대왕(懷簡大王)의 시책(諡冊)을 의식과 같이 올렸다. 초헌관(初獻官) 월

49 **사유** 대본에는 없는데, 《성종실
록》 6년 2월 1일조 기록에 의거하
여 보충 번역하였다.

산대군 이정, 아헌관(亞獻官) 인산부원군(仁山府院君) 홍윤성, 종헌관(終獻官) 하성부원군(河城府院君) 정현조(鄭顯祖)가 시책을 받들고 의묘에 나아갔다. 오시(午時)에 상시제(上諡祭)를 의식과 같이 지냈다. 책문에 운운하였고, 악장에 운운하였다. ―책문과 악장은 이미 《열성책문》의 등본에 실었다. 실록에 나온다.

○ 같은 달 병오일(27일)

인수왕대비가 선정전(宣政殿)의 발을 드리운 별탑(別榻)에 나아갔다. 여집사(女執事)가 산선(繖扇)을 받들고 의장(儀仗)을 진열하기를 의식과 같이 하였다. 상이 백관을 거느리고 인정전 뜰에 나아가 절하고 책보(冊寶)를 올렸다.…… ―아래 책보조(冊寶條)에 보인다.

○ 4월 신축일(23일)

사재감 부정(司宰監副正) 정효종(鄭孝終) 등 5인이 윤대(輪對)하였다. 정효종이 의경왕을 종묘에 부묘해야 하는 의리를 극진히 진달하였다. ―실록에 나온다.

○ 9월 임술일(16일)

회간대왕의 부묘에 대한 가부를 논의하였다. 영의정 정창손, 좌의정 한명회, 창녕부원군 조석문, 무송부원군(茂松府院君) 윤자운, 우의정 윤사흔(尹士昕), 광산부원군(光山府院君) 김국광(金國光), 영중추부사 김수온(金守溫), 판중추부사 이석형(李石亨)은 논의하기를,

"한당(漢唐) 이후로 제왕이 방계[50]의 지손에서 들어와 대통을 계승한 경우 사친을 돌아보지 않고 별도로 사당을 세워 종성(宗姓)으로 하여금 제사를 주관하게 하였습니다. 지금 회간대왕은 월산대군이 제사를 모셔 영원토록 체천하지 않는 시조위가 되었으니, 종묘에 부묘하는 것은 옛 제도가 아닙니다. 전하의 효성이 망극(罔極)하여 종묘에 부묘하고자 하는 뜻이 지성(至誠)에서 나온 것이니, 신들이 어찌 우러러 성상의 뜻을 깊이 알고 대왕을 존숭하여 종묘에 부묘하고 싶지 않겠습니까? 그러나 일에는 처리하기 어려운 것이 있습니다. 만약 종묘에 부묘하고 전하께

[50] **방계** 대본은 '房'인데, 《성종실록》 6년 9월 16일조 기록에 의거하여 '旁'으로 바로잡아 번역하였다.

서 친부(親父)로 제사를 모시면서 황백고로 일컬으면 부묘한 의미가 없고, 황고로 일컬으면 예종에게 이미 황고로 일컬은 만큼 중첩해서 일컬을 수 없는 것입니다. 명의(名義)는 지극히 중한 것이니, 이로써 만세에 교훈을 드리우기는 어렵습니다. 신들이 반복하여 생각해 보아도 마땅한 줄을 알지 못하겠습니다."

하였다. 남원군(南原君) 양성지(梁誠之)는 논의하기를,

"신이 원나라와 고려의 고사를 두루 상고해 보았는데, 모두 낳아 준 부모를 추존하여 태묘에 부향(祔享)하였으니, 지금 전하께서 회간대왕을 종묘에 부묘하시는 것은 정리나 예문에 합당합니다. 그러나 다만 황백고로 일컬어 대통을 계승한 의리를 엄히 하시고, 예종의 위로 올려 부묘하여 한 형제간의 서열을 보존해 두는 것이 편할 것입니다."

하였다. 좌참찬 서거정(徐居正), 무령군(武靈君) 유자광(柳子光), 판한성부윤 권함(權瑊), 호조 참판 정난종(鄭蘭宗), 행 첨지중추부사 이봉(李封)은 논의하기를,

"백고(伯考)로 일컬었으면 당연히 조카[姪]로 일컬어야 합니다. 지금 회간대왕을 종묘에 부묘하는 것은 본래 낳아 준 부모를 높이기 위한 것인데 백고로 일컫고 또 조카로 일컫는다면 의리에 편안하겠습니까? 만약 이 명호를 피하여 높여 황고로 일컫고 또 효자로 일컫는다면, 예종에게는 장차 무엇으로 일컬을 것입니까? 지금 논의하는 자들은 말하기를, '마땅히 회간을 높여 부묘하여 고(考)로 일컫고 자(子)로 일컫되, 예종에게는 백고(伯考)로 고쳐 일컫고 조카로 고쳐 일컬어야 합니다.' 라고 하니, 이것은 예문에 합당하지 않을 뿐만 아니라 정리에도 차마 하지 못할 일입니다. 이미 예종의 뒤를 계승해 놓고 고(考)의 명호가 둘이 되는 것을 피하자고 이와 같은 일을 하겠습니까? 논의하는 자들은 또 말하기를, '지금 의묘에서는 이미 백고로 일컫고 조카로 일컫고 있습니다. 종묘에서도 이 예를 쓰는 것이 무슨 안 될 것이 있습니까?' 라고 하니, 이 또한 그렇지 않습니다. 별도로 사당을 세운 것은 남의 후사가 되어서는 낳아 준 부모를 사사로이 할 수 없는 의리를 명백히 하기 위한 것이니, 백고로 일컫고 조카로 일컫는 것은 바로 올바른 예법입니다. 지금 이미 높여 고(考)로 삼아 부묘하면서 이 규례를 들어 백고로 일컫

고 조카로 일컫겠습니까? 이것이 신이 어렵다고 여기는 까닭입니다."

하였다. 행 호군 김뉴(金紐)는 논의하기를,

"남의 후사가 된 자는 사친을 돌아볼 수 없다는 것은 영원히 바뀌지 않는 법입니다. 옛날에 한나라 광무제(光武帝)가 별도로 사친(四親)의 묘사(廟祠)를 세워 남돈령(南頓令) 이상 용릉절후(舂陵節侯)까지 세사를 지냈고, 송나라 영종(英宗)은 조서(詔書)를 내려 복왕(濮王)을 받들어 모실 전례(典禮)를 논의하게 하였는데, 사마광(司馬光) 등이 논의하기를, '마땅히 고관대작으로 높이고 황백고로 일컬어 이름을 부르지 않아야 한다.' 하였으며, 여씨(呂氏 여해(呂海))는 정자(程子)의 논설을 인용하여 말하기를, '남의 후사가 된 자는 자신을 후사로 삼은 분을 부모라고 하고 자신을 낳아 준 부모를 백숙부모라고 한다. 그러나 낳아 준 의리는 지극히 존귀하고 지극히 크니, 비록 전적으로 정통에 마음을 써야 하지만 어찌 사은(私恩)을 다 끊을 수 있겠는가? 요컨대 마땅히 사안의 본질을 헤아려서 별도로 남다른 칭호를 세워야 한다.' 하였습니다.

지금 성상의 지극한 정성과 위대한 효성에 신하치고 그 누가 감동하지 않겠습니까? 그러나 신의 생각에, 소종(小宗)을 대통에 합할 수는 없다고 여깁니다. 전하께서 국토와 백성을 예종께 받았으니, 대통의 전수와 부향(祔享)의 위계는 칼로 자른 듯 분명하여 어지럽힐 수 없습니다. 또한 예종을 황고로 일컬은 이상 이것은 사친을 돌아볼 수 없는 것이며, 사친이 백숙(伯叔)이 되는 것입니다. 백숙이 되면 의리상 부묘할 수 없습니다. 만약 두 분 다 황고로 일컫는다면 잘못이 작지 않습니다. 더구나 예종이 먼저 임금이 된 이상 지금 비록 회간왕으로 높였더라도 서열을 예종의 위에 둘 수 없고, 회간왕도 일찍이 북면하여 예종을 섬긴 적이 없는 만큼 예종 또한 형의 위에 있는 것은 옳지 않으니, 소목(昭穆)의 위차를 마땅하게 처리할 수 없습니다. 그러나 회간왕이 이미 왕에 봉해진 이상 월산대군으로 하여금 제사를 모시게 해서도 안 될 일입니다. 그러니 그대로 별묘를 세워 사관(祀官)을 설치하고 관원을 보내 치제(致祭)하게 하되, 가끔 종묘 의식과 똑같이 친히 제사 지내는 것만 못합니다. 이와 같이 한다면 대통에 혐의가 없을 것이고 망극한 은혜를 갚을 수 있어 공적인 의리와 사적인 은혜를 양쪽 다 온전하게 할 수 있을 것입니다."

하였다. 서평군(西平君) 한계희(韓繼禧), 서하군(西河君) 임원준(任元濬), 지중추부사 성임(成任), 현복군(玄福君) 권찬(權攢)은 논의하기를,

"남의 후사가 된 자는 자신을 후사로 삼은 부모를 부모로 삼고, 자신을 낳아 준 부모를 백숙부모로 삼습니다. 그러므로 이미 예종을 황고로 일컫고 회간(懷簡)을 백고로 일컬은 이상 바꿀 수 없습니다. 지금 회간께서 황제의 명을 받아 왕이 되셨으니 의리상 마땅히 부묘해야 하고, 백고의 칭호도 마땅히 그대로 두어야 합니다. 어찌 별묘에서는 백고로 일컬을 수 있고, 태묘에 부묘하면 백고로 일컬을 수 없단 말입니까? 옛날에도 백고로 부묘한 경우가 한둘이 아닙니다. 더구나 공정왕(恭靖王 정종)은 세종 때에 백고로 일컬었으니, 지금 부묘한 데서 백고로 일컫는 것이 무슨 문제가 있겠습니까? 어떤 사람은 말하기를, '공정왕은 본래가 백고였으니 백고로 일컫는 것이 당연하지만, 어찌 친부(親父)를 부묘해 놓고 백고로 일컫는단 말인가?' 라고 합니다. 그러나 이것은 부묘하는 것은 낳아 준 부모를 존숭하기 위한 것이고, 백고로 일컫는 것은 대통의 계승을 중하게 여기는 것으로, 나란히 말할 수 없는 문제라는 것을 알지 못한 것입니다. 신들은 부묘하는 것과 칭호가 정리와 의리에 모두 지극한 것으로, 둘 다 구애될 바가 없다고 여깁니다."

하였다. 공조 참의 이륙(李陸)은 논의하기를,

"부묘의 일은 모름지기 정리와 예문을 참작해야 합니다. 지금 정리로 인하여 왕으로 추존하였으니, 또한 예를 지켜 부묘하지 않는 것이 진실로 정리와 예문에 합당합니다. 또 지난 시대의 제왕이 번왕으로서 들어와 대통을 계승한 경우 낳아 준 부모에 대해 비록 그 칭호를 높이기는 했어도 일찍이 부묘한 적은 없었습니다. 신의 생각으로는 예전 그대로 별도로 사당을 세우는 것이 편합니다."

하였다. 대사간 정괄(鄭佸), 사간 박숭질(朴崇質), 정언 최신한(崔信漢)은 논의하기를,

"자식이 부모에 대해 정은 비록 끝이 없지만 예는 실로 중합니다. 지금 회간왕의 부묘를 논의하는 것이 지극한 정에서 말미암은 것임을 신들이 모르는 바 아니나 다만 종묘의 예는 오로지 정만으로 대처할 수는

없습니다. 주상께서 예종의 뒤를 이으신 이상 사친을 부묘하는 것은 예에 옳지 않습니다."

하였다. 대사헌 윤계겸(尹繼謙), 집의 이형원(李亨元), 장령 이숙문(李淑文), 지평 서근(徐近)·윤혜(尹惠)는 논의하기를,

"예로부터 방계의 지손이 들어와 내통을 계승한 경우에는 사친을 돌아볼 수 없었습니다. 삼가 살펴보건대, 한나라 애제(哀帝)는 낳아 준 정도왕(定陶王)을 추존하여 공황(共皇)으로 삼고 경사(京師)에 사당을 세웠으며, 송나라 영종(英宗)은 낳아 준 복안의왕(濮安懿王)을 높이고 별도로 사당을 세웠으니, 이것은 이미 시행된 성법(成法)입니다. 지금 회간대왕은 이미 추숭하는 예를 정하였으니, 별도로 사당을 세워 월산대군으로 하여금 제사를 주관하게 하는 것이 진실로 한나라와 송나라의 고사에 부합됩니다. 태묘에 올려 부묘하는 것은 의리에 미안합니다."

하였다. 문성군(文城君) 유수(柳洙), 광성군(光城君) 김겸광(金謙光), 거창군(居昌君) 신승선(愼承善), 이조 참판 이파(李坡), 형조 참판 정문형(鄭文炯), 한성부 좌윤 안빈세(安貧世), 행 호군 고태필(高台弼), 영가군(永嘉君) 권경(權擎), 여천군(驪川君) 이몽가(李蒙哥), 파산군(巴山君) 조득림(趙得琳), 행 호군 윤잠(尹岑), 행 사직 홍익성(洪益誠)은 논의하기를,

"회간왕은 세조의 적자로 이미 왕세자에 봉해졌고, 비록 왕위에 오르지는 못했으나 천자가 이미 왕으로 추존하는 것을 허락하였으니, 한나라 거록(鉅鹿)의 남돈군(南頓君) 및 송나라 복안의왕이 친속 관계가 먼 것과는 비교할 수 없습니다. 따라서 태묘에 들이는 것이 마땅합니다. 그러나 이미 예종을 황고(皇考)로 일컬으므로 한 사당에서 나란히 두 분의 고(考)를 일컫는 것이 의리에 문제가 되고, 또 소목의 차서에 있어서도 결단하여 대처하기 어려운 점이 있습니다. 마땅히 태묘를 별도로 세워 황고로 일컫고, 왕자(王子)로 주관하게 하지 말며, 모든 묘제(廟制)와 사전(祀典)을 한결같이 종묘 의식대로 한다면, 거의 정리와 예문에도 합당할 것입니다."

하였다. 지중추부사 허형손(許亨孫), 행 사직 김한(金澣), 행 호군 김종순(金從舜), 행 부사직 안극사(安克思), 행 사과 유계번(柳季藩), 행 부사직 이원효(李元孝), 행 부호군 조지(趙祉), 행 부사용 유효진(柳孝眞), 행 호군 정효항

(鄭孝恒), 첨지중추부사 박숙진(朴叔蓁), 행 호군 심린(沈潾), 이조 참의 심한
(沈瀚), 장례원 판결사(掌隷院判決事) 김극뉴(金克忸), 행 호군 한충인(韓忠
仁)·권종손(權宗孫)·전자종(全自宗), 행 사용 송의(宋衣)는 논의하기를,

"회간왕은 세조조 때 주청으로 왕세자가 되었으니, 다른 왕자와 예가
다릅니다. 이제 주상께서 들어와 대통을 계승하여 왕으로 추봉할 것을
주청하고 고명을 받은 이상 회간왕이 비록 재위하지는 못했으나 이미
왕이 된 것이니, 참으로 부묘하는 것이 당연합니다. 논의하는 자들이
혹 선후로 의심을 하나, 예종이 대군으로서 회간이 동궁으로 계시던 때
에 정월 초하루, 동지, 생신이면 몸소 하례(賀禮)를 행하였으니, 회간대
왕은 군주의 도리가 있었고, 예종은 신하의 도리가 있었습니다. 이것은
노나라 희공(僖公)이 민공(閔公)을 북면하여 섬겼던 예(禮)51는 아닙니
다. 그러니 지금 회간왕을 예종의 위에 부묘하는 것은 참으로 의심할
바가 없습니다."

하였다. 행 호군 황치신(黃致身), 밀산군(密山君) 박거겸(朴居謙), 곤산군(昆
山君) 배맹달(裵孟達), 철성군(鐵城君) 박식(朴埴), 행 부사맹 홍약치(洪若治),
병조 참의 성귀달(成貴達), 참지 이병정(李秉正), 행 상호군 안인후(安仁厚),
부호군 정자원(鄭自源), 대사성 권륜(權綸), 예조 참의 안관후(安寬厚), 행 사
직 임수겸(林守謙)·홍경손(洪敬孫)·이계전(李季專)은 논의하기를,

"전하께서 예종의 대통을 이어받아 이미 황고로 일컬은 이상 회간대왕
은 마땅히 황백고로 일컬어 부묘해야 합니다."

하였다. 지중추부사 이극균(李克均)은 논의하기를,

"회간대왕은 세조께서 이미 왕의 예로 명하여 장례하였고, 또 중국 황
제로부터 왕으로 추봉을 받았으니, 회간을 양도(襄悼 예종)의 위에 올리
는 것은 명분이 바르고 말이 순합니다."

하였다. 호조 판서 이극증(李克增), 공조 판서 김교(金嶠), 죽성군(竹城君)
박지번(朴之蕃), 한성 우윤 이전수(李全粹)는 논의하기를,

"회간대왕을 예전 그대로 별묘에 모신다면 5세에 그치는 것이 아니라
스스로 대종(大宗)이 되어 대대로 영원히 향사(享祀)할 수 있고, 만약 부
묘한다면 비록 황백고로 일컫더라도 문제될 것은 없습니다."

하였다. 예조 참판 이극돈(李克墩)은 논의하기를,

51 **노나라……예** 희공(僖公)은 민
공의 서형(庶兄)으로 민공의 뒤를
이어 즉위하였다. 39쪽 주32 참조.
예종이 먼저 왕위에 오르고 예종
의 형인 회간왕이 나중에 왕으로
추봉된 것에 비하여 말한 것이다.

"회간왕은 비록 세조의 원자(元子)로서 마땅히 대통을 계승해야 하지만, 일찍이 왕위에 오른 적이 없고 보면 왕으로 추봉하여 부묘하는 것도 미안합니다. 선유가 이르기를, '낳아 준 의리는 지극히 존귀하고 지극히 크다.' 하였는데, 전하께서 이미 추숭하여 대왕으로 삼았고, 천자가 또 시고(諡誥)와 책명(策命)을 내려 주었으며, 또 별묘를 세워 제사를 받들고 천만세토록 체천하지 않는 신주로 삼았으니, 받들기를 지극히 하고 높이기를 지극히 한 것입니다. 이에 성상의 정성과 효도가 조금은 펴질 수 있게 되었으니, 굳이 부묘한 뒤에야 높임을 극진히 하는 것은 아닙니다. 마땅히 별묘를 세워 제사를 모셔야 합니다."

하였다. 좌찬성 노사신(盧思愼)은 논의하기를,

"회간대왕은 세조의 적자로 이미 봉하여 세자가 되었습니다. 불행히 세상을 일찍 떠나 미처 왕위에 오르지는 못했으나 정통의 전함은 마땅히 대왕에게 있어야 합니다. 더구나 지금 천자의 고명(誥命)을 받아 추봉되어 왕이 되었으니, 종묘에 올려 부묘하는 것은 이치상 참으로 당연합니다. 예에 이르기를, '대부는 제후를 조묘(祖廟)로 모실 수 없다.' 하였고, 한나라의 선유도 이르기를, 《춘추》의 의리에 임금을 신하의 집에서 제사하지 않는다.' 하였습니다. 그런데 지금 마침내 별도의 장소에 사당을 세우고 신하로 하여금 제사를 주관하게 한다면 예를 벗어나고 분수를 범함이 이보다 더 큰 것이 없습니다. 논의하는 자들은 이 점을 애석하게 여기지 않고 종묘에 올리는 것을 꺼리고 아끼니, 무엇을 말하는 것인지 알지 못하겠습니다. 회간대왕께서 성궁(聖躬)을 낳고 기르신 공덕은 더 이상 성대할 수 없는 데다 또 이미 천자의 명을 받아 왕이 되신 이상 종묘에 올려 부묘하는 것이 어찌 불가함이 있겠습니까? 그런데도 제사를 주관할 사람이 없는 데에 사당을 맡기려 하니, 어찌 낳아 준 이를 존숭하는 아름다운 뜻이겠습니까? 때를 만나 법을 만들고 때를 인하여 마땅함을 제정하는 것이니, 종묘에 올려 부묘하는 것이 정리와 의리에 있어 중도에 합당하다고 봅니다."

하였다. 지중추부사 이계손(李繼孫), 예조 판서 이승소(李承召)는 논의하기를,

"역대의 제왕이 방계의 지손으로서 들어와 대통을 계승한 경우 낳아 준 부모에 대하여 비록 존숭(尊崇)하기를 다하기는 했어도 일찍이 부묘한

적은 없었습니다. 그렇고 보면 지금 부묘하는 일은 경솔하게 논의할 수 없을 듯합니다. 그러나 한나라 애제는 아버지를 추존하여 정도공황(定陶恭皇)으로 삼았고, 송나라 영종은 아버지를 추존하여 복안의황(濮安懿皇)으로 삼으면서도 일찍이 추숭하여 제(帝)로 삼지는 않았습니다. 그렇다면 진실로 부묘할 것이냐 말 것이냐를 논의해서는 안 될 것입니다. 그러나 지금 의경왕은 천자가 추봉하여 조선 국왕으로 삼았으니, 정도(定陶)나 복왕(濮王)과는 사안의 본질이 같지 않습니다. 그러니 일국의 존숭하는 예를 온전히 누리는 것이 마땅한데 신하와 자식이 그 사이에서 헤아려 덜어내는 것은 정리와 예문에도 미안한 바가 있습니다. 칭호에 이르러서는 만약 부묘하게 되면 마땅히 형제간의 차서에 의하여 일컬어야 합니다."

하였다. 지돈녕부사 이철견(李鐵堅), 이조 판서 정효상(鄭孝常), 유성군(楡城君) 선형(宣炯)은 논의하기를,

"양도대왕(襄悼大王)을 황고로 일컬었으니, 그 후사가 된 의리가 이미 드러났고, 회간대왕을 황백고로 일컬으면 고(考)를 둘로 하지 않은 의리 또한 명백해집니다. 이러한 정리와 예문에 의거하면 종(宗)으로 일컫고 부묘하는 것이 모두 문제될 게 없습니다."

하였다. 예문관 직제학 홍귀달(洪貴達), 전한 노공필(盧公弼), 응교 이맹현(李孟賢), 부응교 유순(柳洵), 교리 최숙정(崔淑精)·최한정(崔漢禎), 부교리 성현(成俔), 수찬 이명숭(李命崇)·이우보(李祐甫)·정지(鄭摯), 부수찬 구달손(丘達孫)은 논의하기를,

"남의 후사가 된 자는 사친을 돌아볼 수 없으니, 이것은 고금의 바꿀 수 없는 의리입니다. 순 임금이 천하를 소유하여 전욱(顓頊)을 조(祖)로 하고 요 임금을 종(宗)으로 하였습니다. 요 임금을 어버이가 아닌데도 종으로 삼은 것은 주고받은 의리가 중하기 때문입니다. 광무(光武)가 천하를 얻은 것은 제위를 빼앗아 훔친 왕망(王莽)의 뒤를 이은 것이므로 한나라에서 천하를 직접 받은 것은 아니었습니다. 그러나 이미 유씨(劉氏)의 대통을 이었기 때문에 남돈군(南頓君) 이상을 별도로 사당을 세워 제사 지냈습니다. 순 임금은 위대한 성인이고, 광무는 중흥을 이룩한 영명한 군주입니다. 어찌 사친(私親)에게 박(薄)하여서 그렇게 한 것이겠

습니까? 진실로 소종(小宗)을 대통(大統)에 합할 수 없기 때문이었습니다. 후세에 방계의 지손으로서 들어와 대통을 계승한 자가 비록 혹 낳아 준 이를 추존하여 태묘에 부묘한 경우가 있었으나, 모두 당시에 비난을 받고 후세에 기롱을 취하였으니, 그것을 끌어다 성조(聖朝)의 법을 삼아서는 안 됩니다.

대저 예는 종묘를 받드는 것보다 막중한 것이 없고, 종묘의 의리는 반드시 보위에 올라 일을 행하여 은택을 백성에게 베풀고 통서를 후손에게 전해 준 연후에야 마침내 그 제사를 흠향할 수 있는 것입니다. 회간왕은 비록 천자의 작명(爵命)을 받아 위호가 열성과 차이가 없으나 전하의 타고난 효심과 애모의 정성으로 이룩한 것일 뿐이요, 보위에 올라 일을 행하여 은택을 백성에게 베풀고 통서를 후손에게 전해 준 것에 비할 것은 아닙니다. 그렇다면 회간왕을 종묘에 올려 부묘하는 것은 아마도 미안할 듯합니다. 전하께서 예묘(睿廟)를 일컬어 황고라 하셨고, 회간을 일컬어 황백고라 하셨으니, 지금 만약 부묘하고서 황백고로 일컫는다면 이것은 백숙부가 되는 것인데, 백숙부가 되면 어찌 종묘에 들여 부묘하는 것이 옳겠으며, 황고로 일컫는다면 이것은 한 종묘에 두 분의 황고가 있게 되는 것입니다. 제왕의 일은 반드시 만세에 전하여 폐단이 없은 뒤에야 시행할 수 있습니다. 남의 후사가 되어 사친을 돌아볼 수 없는 것은 만세의 변치 않는 전례이고, 사친을 올려 부묘하는 것은 한때의 인정입니다. 어찌 한때의 인정으로 만세의 변치 않는 법을 폐할 수 있겠습니까?

신들은 바라건대, 광무가 4대를 봉사한 예에 의하여 별묘를 그대로 두고 관원을 보내 치제하되, 향사하는 횟수와 제수 물품의 정도를 종묘에 견주어서 한다면 또한 지나침이 되지 않을 것입니다. 이와 같이 하면 대통에는 고가 둘이 되는 혐의스러운 잘못이 없게 되고, 낳아 준 부모에게는 망극한 은혜를 다하게 될 것입니다."

하였다. ─실록에 나온다.

○ 같은 달 계해일(17일)

대왕대비가 전교하기를,

"회간왕(懷簡王)의 부묘는 논의가 일치하지 않으니, 마땅히 조목조목 다시 논의해야 할 것이다.

첫째, 어떤 사람은 황백고로 일컬으면 부묘할 수 없다고 하고, 어떤 사람은 황백고로 일컬으면 부묘할 수 있다고 하니, 그 이유를 묻는다.

둘째, 어떤 사람은 말하기를, '전례는 모두 이와 같지 않았다.' 하는데, 회간은 명을 받아 세자가 되었고, 명을 받아 왕이 되었으며, 또 본래 대종(大宗)이었다. 예종은 비록 명을 받아 왕이 되었더라도 먼저 회간에게 신하의 예를 행하였고, 더구나 회간은 본래 적형(嫡兄)이니, 예종의 위에 부묘하는 것이 무슨 문제가 되는가?

셋째, 어떤 사람은 말하기를, '별도로 사당을 세워 관원을 보내 치제(致祭)해야 한다.' 하는데, 그렇다면 몇 대가 되어야 대수가 다하는가?

넷째, 공정대왕(恭靖大王 정종)의 소목의 차례이다.

다섯째, 회간을 부묘하면 공정왕을 조천하는 문제가 편치는 않으나, 공정왕이 만약 본래 조천하지 않는 신주인데 회간이 들어옴으로 인해 옮기는 것이라면 그만이지만, 자연 차례가 되어서 옮기는 것이면 어찌 통함이 없겠는가?"

하니, 정창손(鄭昌孫), 조석문(曹錫文), 윤자운(尹子雲), 윤사흔(尹士昕), 김국광(金國光), 김수온(金守溫), 이석형(李石亨)은 논의하기를,

"제1조에 대한 신들의 의견은 이렇습니다. 지금 별묘를 두고 황백고로 칭하자는 것은 월산대군 이정(李婷)이 제사를 주장하기 때문에 황백고로 일컫는 것입니다. 종묘에서는 예종을 이미 황고로 일컬었는데 회간에게 다시 황백고로 일컬으면 이것은 둘을 높이는 것으로 의리에 미안합니다. 또 황백고로 일컬으면 축문은 당연히 효질(孝姪)로 일컬어야 하니, 더욱 미안합니다.

제2조에 대한 신들의 의견은 이렇습니다. 만일 부득이 종묘에 부묘해야 한다면 회간대왕의 서열을 예종의 위에 정하는 것은 문제가 없을 듯합니다. ─제3조는 나온 데가 없다.

제4조와 제5조에 대한 신들의 의견은 이렇습니다. 옛날 제도의 종묘에서는 형제를 함께 1실로 삼았으니, 공정대왕(恭靖大王 정종)과 공정대왕(恭定大王 태종)은 함께 1실이 되어 소(昭)가 되고, 지금 비록 회간을

종묘에 부묘하더라도 예종과 더불어 또한 1실이 되니, 공정대왕(恭靖大王)은 조천 대상이 아닙니다."

하였다. 이륙(李陸)은 논의하기를,

"제1조에 대한 신의 의견은 이렇습니다. 예에, '후사가 된 자는 그 아들이 된다.' 하였습니다. 상께서는 이미 예종의 후사가 되셨으니, 의리에 있어 사친(私親)을 돌아볼 수 없습니다. 그러므로 회간왕을 황백고로 삼지 않을 수 없으니, 이것은 정통(正統)을 중히 여긴 까닭입니다. 이미 정통을 중히 여긴 이상 어찌 사친을 부묘할 수 있겠습니까? 그렇다면 '황백고로 일컬으면 부묘할 수 있다'는 말은, 신은 감히 알지 못하겠습니다. 만약 세종께서 공정(恭靖)을 황백고로 일컬은 것을 예로 든다면, 공정은 이미 왕위에 올랐던 적이 있었던 만큼 왕으로 추존한 회간에 비할 일은 아닌 듯합니다.

제2조에 대한 신의 의견은 이렇습니다. 회간왕이 비록 명을 받아 세자가 되었지만 불행하게도 일찍 서거하셨습니다. 그리하여 세조대왕이 마침내 예종으로 명을 청하여 세자를 삼았고, 예종이 마침내 명을 받아 왕이 되었으니, 이것은 예종이 이미 적통이 되고 대종이 된 것입니다. 또 회간이 세자로 계실 때에 예종이 비록 대군(大君)이었지만, 세자와 대군 사이에는 아직 임금과 신하의 분수가 없는 만큼 신하의 예를 행했다고 말할 수 없습니다. 지금 회간왕을 부묘함이 법에 이미 합당하지 않은 이상 위차의 상하는 논의할 필요도 없습니다.

제3조에 대한 신의 의견은 이렇습니다. 이미 대군으로 제사를 주관하게 한 이상 회간은 마땅히 시조가 되어 조천하지 않습니다. 어찌 다시 제사 지내는 대수를 논할 필요가 있겠습니까? 고려의 성종(成宗)이 대종(戴宗)을 부묘한 경우는 옛날의 제도를 상고하지 않고 했던 일로 진실로 법을 삼아서는 안 됩니다. 또 생각건대, 회간을 부묘하면 공정을 조천하는 문제가 편치 않다는 의견도 근거가 없습니다. 회간을 만약 부묘해야 한다면 공정은 본래 조천하지 않는 신주가 아닌 만큼 으레 당연히 조천해야 합니다. 그러나 지금 회간을 부묘하는 것이 이미 합당하지 않고 보면 무엇 때문에 공정의 조천 여부를 염려하겠습니까? 대개 사람의 정리는 낳아 준 이에게 후하기 마련이므로 성인이 예를 만들어 이를

방지한 것입니다. 지금 성상께서 모든 시행을 요순을 본받아 하시는데, 유독 이 문제에만 성인의 제도를 따르지 않는다면 만세에 법을 드리우는 방법이 아닙니다."

하였다. 노사신(盧思愼)은 논의하기를,

"제1조에 대한 신의 의견은 이렇습니다. 예종대왕을 이미 황고로 일컬은 이상 회간대왕은 부묘하지 않더라도 백고로 일컬으니, 지금 태묘에 부묘하고 황백고로 일컫는 것은 예에 실로 합당합니다. −제2조, 제3조, 제4조는 나온 데가 없다.

    제5조에 대한 신의 의견은 이렇습니다. 예에, '형제는 소목을 함께 하여 반열로서 부묘한다.' 하였으니, 회간과 예종은 함께 1세가 됩니다. 공정대왕이 조천 대상이 아니라는 논의는 예문을 상고하지 않았을 뿐입니다."

하였다. 김겸광(金謙光), 신승선(愼承善), 정문형(鄭文炯), 이숭원(李崇元), 이파(李坡), 안빈세(安貧世), 윤잠(尹岑), 고태필(高台弼)은 논의하기를,

"신들은 앞서 논의할 때, 부묘하는 것은 옳지 않으니 별도로 사당을 세워 일체 종묘의 제도대로 하는 것이 편하다고 하였습니다. 그러니 부묘하는 절목(節目)은 논의할 바가 아닙니다."

하였다. 이철견(李鐵堅), 박건(朴楗)은 논의하기를,

"신들의 의견은 이렇습니다. 고명(誥命)을 받아 제후(諸侯)가 되었다면 당연히 제후의 제사를 받아야 하고, 예에 '대부는 제후를 조묘(祖廟)로 모실 수 없다.' 하였으니, 처음에 의묘(懿廟)를 대군의 집에 세운 것은 아직 고명을 받지 않았을 때였거니와 지금은 대군이 제사를 받들 수 없습니다. 게다가 회간왕은 예종에 대하여 임금과 신하의 관계가 아니니, 종묘에 부묘하되 예종의 위에 서열을 정하고 황백고로 일컫는 것이 어떻겠습니까?"

하였다. 황효원(黃孝源)은 논의하기를,

"신의 의견은 이렇습니다. 천자의 명으로 왕에 봉해지면 종묘에 부묘하지 않을 수 없습니다. 묘 안에서 옛날에도 백고로 일컬은 전례가 있거니와, 하물며 의묘에게 이미 백고로 일컫고 있는 데이겠습니까? 예라는 것은 사람의 정리에 맞추어 이를 위해 조절하고 꾸미는 것인 만큼 권도

(權道)를 써서 중도(中道)를 얻으면 예의 정상적인 법이 됩니다. 따라서 백고로 일컫고 종묘에 부묘하는 것은 예에 진실로 마땅합니다. 또한 예종은 대군으로서 회간을 계승하여 세자가 되었으니, 예종의 위에 위차를 정하는 것도 또한 진실로 당연합니다. 옛적에 주공(周公)이 예를 제성할 때에 오늘과 같은 일이 없었습니다. ㄱ 당시에 오늘과 같은 일이 있었다면 상상하건대 반드시 차례로써 정하였을 것입니다."

하였다. 정괄(鄭佸), 박숭질(朴崇質), 최신한(崔信漢)은 논의하기를,

"신들의 의견은 이렇습니다. 회간왕을 종묘에 부묘하는 것이 편치 않은 다섯 가지 사유가 있습니다. 첫째는 남의 후사가 된 자는 사친을 돌아볼 수 없다는 것입니다. 둘째는 방계의 지손으로서 들어와 대통을 계승한 임금이 사친을 부묘한 경우가 역대에 없다는 것입니다. 셋째는 예종을 이미 황고로 일컬은 이상 회간왕을 무엇으로 일컬어야 옳을지 그 칭호가 매우 난처하다는 것입니다. 넷째는 만약 예종의 위에 부묘한다면 예종이 세조께 직접 전위(傳位)를 받은 이상 회간왕이 아무리 일찍이 세자였다 하더라도 정위(正位)에 끼어들 수 없고, 만약 예종의 아래에 부묘한다면 단지 장유(長幼)의 순서를 잃을 뿐만 아니라 전하께서 예종의 뒤가 되셨으므로 그 사이에 끼게 된다는 것입니다. 다섯째는 별묘에 있으면 영원히 조천하지 않는 신주가 되는데, 종묘에 부제(祔祭)하면 대수가 다했을 때 마땅히 조천해야 한다는 것입니다. 예전 그대로 두고 부묘하지 않는 것이 편하겠습니다."

하였다. 윤계겸(尹繼謙), 이형원(李亨元), 이숙문(李淑文), 서근(徐赾), 윤혜(尹惠)는 논의하기를,

"신들은 앞서 논의할 때, 회간대왕을 부묘하는 것은 옳지 않다고 하였습니다. 지금 감히 다시 논의할 수 없습니다."

하였다. 홍귀달(洪貴達), 최경지(崔敬止), 유자빈(柳自濱), 노공필(盧公弼), 배맹후(裵孟厚), 이칙(李則), 김중형(金仲衡), 최숙정(崔淑精), 최한정(崔漢禎), 이인문(李仁文), 이명숭(李命崇), 이우보(李祐甫), 정지(鄭摯)는 논의하기를,

"대왕대비의 교지에, '어떤 사람은 말하기를 「별도로 사당을 세워 관원을 보내 치제해야 한다.」 하는데, 그렇다면 몇 대가 되어야 대수가 다

하는가?' 하셨습니다. 신들의 의견은 이렇습니다. 종묘의 7실(室) 가운
데 태조, 태종, 세종, 세조가 모두 조천하지 않는 신주이니, 지금 회간
대왕을 종묘에 부묘하면 으레 3세 만에 옮겨야 합니다. 그러나 만약 별
묘로 하면 자연히 1사(祀)가 되어 종묘의 조천하는 제도와는 같지 않으
니, 영원토록 모실 수 있습니다."

하였다. 김개(金漑), 윤필상(尹弼商), 이극배(李克培), 박중선(朴仲善), 박응
(朴應)은 논의하기를,

"신들은 이렇게 생각합니다. 전하께서는 예종의 뒤를 이어 들어와 대통
을 계승하셨고, 이미 예종을 황고로 삼아 명분과 의리가 이미 정해졌습
니다. 그러니 회간대왕은 비록 낳아 준 의리가 지극히 중하고 지극히
크더라도 백고로 일컬으면서 대종에 합할 수는 없습니다. 그러므로 신
들이 전날 논의할 때 부묘하는 것은 근거가 없다고 하였던 것입니다.
그러나 혹시라도 회간대왕을 부묘할 경우 형제는 1실을 함께 하니 공정
대왕(恭靖大王)은 조천할 이유가 없고, 회간왕은 부묘하더라도 타고난
서열을 쓴다면 예종의 위에 서열을 정하는 것이 문제가 없을 듯합니다.
다만 명을 받은 시기에 선후가 있는 것도 감히 경솔하게 논의할 수 없
으니, 예관으로 하여금 옛날의 제도를 고찰한 다음 충분히 토론하여 시
행하게 하소서."

하였다. 배맹달(裵孟達), 임수겸(林守謙), 홍경손(洪敬孫), 권륜(權綸)은 논의
하기를,

"신들은 이렇게 생각합니다. 회간대왕은 세조 때에 이미 세자에 봉해졌
으니 안으로 받든 바가 있고, 황제께서 특별히 고명(誥命)을 하사하셨으
니 위로 품주(稟奏)한 바가 있습니다. 이제 전하께서 친자(親子)로서 대
통을 계승하셨으니, 이치상 당연히 부묘해야 합니다. 더구나 예에 '대
부는 제후를 조묘로 모실 수 없다.'는 글이 있고 보면 월산대군이 봉사
(奉祀)하는 것은 편치 못합니다."

하였다. 서거정(徐居正), 권감(權瑊), 유자광(柳子光), 정난종(鄭蘭宗), 이봉
(李封)은 논의하기를,

"남의 후사가 되면 사친을 돌아보지 못하는 것이 천하의 공통된 의리이
며, 영원히 바꿀 수 없는 정론(正論)입니다. 한나라 광무제가 중흥한 것

은 천하를 한나라에서 직접 받은 것은 아니나 모두 유씨(劉氏)의 통서를 계승하였기 때문에 남돈령(南頓令) 이상에 대해서는 별도로 사당을 세웠습니다. 또 선제(宣帝)가 도원(悼園)을 설치하고, 송나라의 영종(英宗)이 복원(濮園)을 설치한 것도 또한 친부모를 사사로이 하지 못한 것입니다. 복왕(濮王)에 대해 논의할 때, 대유(大儒) 사마광(司馬光) 등은 부모로 일컬을 수 없다고 하였고, 구양수(歐陽脩)와 한기(韓琦)만이 유독 부모로 일컬어야 한다는 의견이면서도 부묘하자는 논의는 대략이라도 언급하지 않았습니다. 그러나 당시의 여론은 구양수와 한기의 의견을 그르다고 하였습니다. 부모로 일컫는 것도 오히려 불가한데, 하물며 부묘하는 것이겠습니까? 가령 방계의 지손으로 들어와 계승한 자가 백숙(伯叔) 사이가 아니고 기공복(期功服)에 해당하는 소원한 친족에서 나왔다면 그의 아버지와 할아버지와 증조부를 추존하여 한결같이 모두 종묘에 부묘하겠습니까?

전하께서는 이미 예종의 뒤가 되셨으니, 예종이 대종(大宗)이고 회간은 소종(小宗)이 됩니다. 어찌 소종을 대종에 합하여 부묘하는 이치가 있겠습니까? 전하께서 명을 청하여 추봉하신 것은 일시적으로 부모를 드러내 높이는 정성이고, 남의 후사가 되어 사친(私親)을 돌아보지 않는 것은 천하의 공통된 의리입니다. 어찌 일시적인 임시 편의로 천하의 공통된 의리를 폐할 수 있겠습니까? 지금 전하께서 이미 예종을 황고로 일컬었고, 회간왕을 백고로 일컬었는데, 만약 회간을 부묘하게 되면 백고로 일컫는 것도 불가하고, 아울러 황고로 일컫는 것도 불가합니다. 지금 회간을 부묘하면 이미 자기 부모인데, 어찌 부모를 두고 백부라 하고 조카라 하겠습니까? 만약 모두 고(考)로 일컫는다면 천하에 두 분을 부모로 높이는 의리는 없습니다.

차서(次序)를 논할 것 같으면 회간이 비록 장남이지만 명을 받은 것은 나중이니 예종의 위에 서열을 정할 수 없으며, 예종이 비록 먼저 왕위에 올랐으나 회간이 하루도 북면하여 신하의 예를 행한 적이 없었으니 예종의 아래에 서열을 정할 수도 없습니다. 회간의 서차는 위에 두나 아래에 두나 또한 모두 미안합니다.

전하께서 친부모를 높여 이미 위호를 추숭하셨으니 반드시 부묘한 뒤에야 정성과 공경을 펼 수 있는 것은 아닙니다. 지금은 저 사대부가 남의 후사가 되어서 가묘(家廟)를 세우더라도 오히려 사친을 부제(祔祭)하지 않는데, 하물며 소목의 순서를 중하게 여기는 종묘에서 삼가고 엄하게 하지 않을 수 있겠습니까? 신들은 종묘에 부묘하지 않는 것이 편하다고 생각합니다."

하였다. 구치홍(具致洪), 이순숙(李淳叔), 박숙진(朴叔蓁), 김서통(金瑞通), 전자종(全自宗), 권종손(權宗孫), 유효진(柳孝眞), 송의(宋衣), 정자제(鄭自濟), 최효원(崔孝源), 권인(權引), 이침(李枕), 이숙정(李叔楨), 박훤(朴萱), 원맹수(元孟穟), 이령(李聆), 심한(沈翰), 반충인(潘忠仁), 심린(沈潾), 권체(權體), 정효항(鄭孝恒), 정형(鄭亨), 조지(趙祉), 이원효(李元孝), 이신효(李愼孝), 유계(柳季), 안극사(安克思)는 논의하기를,

"신들은 삼가 이렇게 생각합니다. 세종조 때에 공정대왕(恭靖大王)을 황백고로 일컫고 공정대왕(恭定大王)을 황고로 일컬어 함께 1실로 삼아 종묘에 부묘하였으니, 이제 추존한 회간대왕을 황백고로 일컫고 양도대왕을 황고로 일컬어 함께 1실을 삼아 부묘한다면 후사가 된 의리와 친부모를 드러내 높이는 정리가 나란히 행해질 수 있을 것입니다."

하였다. 이승소(李承召)는 논의하기를,

"삼가 생각건대, 남의 후사가 된 자는 그 아들이 되니, 의리상 사친을 돌아보지 못하는 것은 대종을 높이는 것입니다. 그러나 천륜으로 맺어진 부모도 지극히 중하여, 사사로운 은혜를 다 끊을 수 없기 때문에 역대의 제왕이 방계의 지손으로 들어와 계승한 경우 거의 모두 사친을 추존하여 혹 황(皇)으로 일컫기도 하고 혹 황제로 일컫기도 하였으나 부묘에 이르러서는 감히 경솔하게 논의하지 못하였습니다. 회간대왕은 비록 추존하여 왕이 되었지만 부묘할 수 없는 것은 이러한 뜻에 연유합니다.

그러나 지금 상황으로 논하건대, 만약 천자의 명이 없었다면 부묘 여부는 진실로 논의할 수 없겠으나 천자께서 특별히 크나큰 은혜를 내려 추봉하여 조선국왕을 삼고 회간(懷簡)이라는 시호를 내려 주어 작위를 봉한 대우가 선왕과 터럭만큼의 차이도 없고 보면, 선왕과 더불어 나란히 종묘에 계시어 왕의 대례(大禮)를 받으심이 옳습니다. 그럼에도 불구하고 별묘에 모셔 선왕과 더불어 나란히 계시지 못한다면, 이것은 천자

는 명하여 조선왕을 삼았는데 우리나라에서는 왕의 예(禮)로 높이지 않는 것이니, 신하와 자식의 마음에 편안하겠습니까?

어떤 사람은 말하기를, '소종을 대종에 합할 수 없다.'라고 하는데, 신의 생각은 이렇습니다. 한나라의 애제와 송나라의 영종은 모두 소원한 종친으로서 들어와 대통을 계승한 것이고, 또 직위를 봉해 줄 윗사람이 없었던 만큼 그 아버지를 추존하여 왕으로 삼은 것은 바로 사사로이 스스로 높인 결과이지 정통(正統)에 전적으로 뜻을 둔 것은 아닙니다. 그러나 지금 회간왕은 세조의 적자로서 명을 청하여 세자가 되었으니, 실로 소원한 종친에 비할 바가 아니며, 또 천자가 봉하여 조선국왕을 삼았으니, 역시 사사로이 스스로 높인 결과에 비할 바가 아닙니다.

또 중원(中原)의 예를 논의하는 대신들이 어찌 남의 후사가 된 자는 사친을 돌아볼 수 없다는 의리를 모르고 추봉하여 왕으로 삼았겠으며, 또 어찌 왕으로 봉하면 당연히 왕의 예로 높여야 한다는 것을 모르고 감히 왕으로 봉하였겠습니까? 어떤 사람은 말하기를, '번왕(藩王)이 청하는 것은 중국에서 반드시 예의로 결정하지 않는다.'라고 하는데, 신의 생각은 이렇습니다. 우리나라는 기자(箕子)가 봉해진 이래로 대대로 예의를 지켰고, 중국도 반드시 예의를 지닌 나라라 하여 매우 중하게 대우하여 여러 번국의 위에 두었으니, 지금 추봉하는 명을 내리면서 또한 어찌 우리나라를 경시하여 가볍게 근거 없는 일을 하였겠습니까?

어떤 사람은 말하기를, '옛날의 제왕 중에 사친을 높인 경우가 있다는 말은 들었지만, 부묘한 경우가 있다는 말은 듣지 못하였다.'라고 하는데, 신의 생각은 이렇습니다. 한나라 선제(宣帝)가 아버지 사황손(史皇孫)을 추존하여 도황고(悼皇考)로 삼아 원읍(園邑)을 두고 침묘(寢廟)를 세웠는데, 태묘(太廟)와 도궁(都宮)의 제도는 없었으니, 원침(園寢)이 바로 묘(廟)입니다. 《한서(漢書)》〈위현성전(韋玄成傳)〉에 이르기를, '고조(高祖)로부터 아래로 선제에 이르기까지는 고조의 아버지인 태상황(太上皇)과 선제의 아버지인 도황고와 더불어 각각 능 곁에 묘를 세우고, 또 각각 침(寢)을 두고 편전(便殿)을 두어 침에서는 일제(日祭)를 지내고, 묘에서는 월제(月祭)를 지내고, 편전에서는 시제(時祭)를 지냈다.'하였고, 또 이르기를, '지금의 종묘는 장소를 달리하여 소목이 순서대로 있

지 못하니, 마땅히 고조묘(高祖廟)에 들여서 소목을 예법대로 해야 한
다. 태상황, 효혜제(孝惠帝), 효문제(孝文帝), 효경제(孝景帝)의 묘는 모두
대수가 다하였으니 마땅히 훼철해야 하고, 황고묘(皇考廟)는 아직 대수
가 다하지 않았으니[52] 예전대로 두어야 한다.' 하였습니다. 그렇다면 선
제 이후로 모두 도고(悼考)를 친묘(親廟)에 나란히 모셔 제사 지낸 것이
니, 소목의 대열에 든 것이 분명합니다. 후세의 명철한 군주로 선제만
한 이가 없으며, 당시의 어진 신하로 병길(丙吉)과 위상(魏相) 같은 자가
앞뒤로 서로 바라볼 정도로 많았으니, 어찌 《예경(禮經)》에 실린 것을
몰랐겠습니까마는 감히 이렇게 한 것은 또한 사람의 정리를 따라서 한
것입니다. 그 뒤로 위(魏)나라 장제(莊帝) 같은 이는 아버지 팽성왕(彭城
王)을 추존하여 황제(皇帝)로 삼아 종묘에 들였고, 고려 성종은 아버지
를 대종(戴宗)으로 추존하여 부묘하였습니다. 장제는 쇠퇴해 가는 말엽
의 임금이라 굳이 말할 것은 없지만, 성종이야말로 고려의 현명한 군주
였습니다. 이렇게 본다면 사친을 추존하여 부묘하는 것은 과거에 없었
던 일이 아닙니다. 그런데도 없다고 말하는 것은 단지 상고하기를 분명
하게 하지 못한 것일 뿐입니다.

　어떤 사람은 말하기를, '부묘하면 어떤 친속으로 일컬어야 하는가?'
라고 하는데, 신의 생각은 이렇습니다. 부모로 일컫는다, 백부로 일컫는
다는 논의는 송나라의 복왕(濮王)에 이르러서 최고조에 달했습니다. 사
마광, 왕규(王珪), 여회(呂誨) 등은 낳아 준 아버지를 백고(伯考)로 일컫
고자 하고, 한기, 구양수 등은 부모로 일컫고자 하여 서로 힐뜯다가 왕
규 등이 축출되고 나서야 복왕에 대한 논의가 비로소 그쳤습니다. 지금
백고로 일컫는다는 설을 상고해 보면 다름 아닌 '남의 후사가 된 자는
그 아들이 된다.'는 일설에서 만들어진 말일 뿐입니다. 《예경》에는 본래
낳아 준 아버지를 백고로 일컫는다는 설이 없을뿐더러 더구나 역대의
방계의 지손으로서 대통을 계승한 이는 모두 낳아 준 아버지를 황고(皇
考)로 일컬었습니다. 선제와 광무제의 명철함으로도 오히려 감히 개칭
하지 못했고 보면 다만 논의하는 자들이 이렇게 분분히 정해지지 않은
논의를 한 것일 뿐 실제로는 한 번도 백고로 일컬은 적이 없었던 것입니
다. 이 때문에 구양수는 '황백(皇伯)으로 일컫는 것은 이전 세대를 낱낱

52 **황고묘는……않았으니** 황고묘
는 선제(宣帝)의 아버지인 도황고
(悼皇考)를 모신 사당이다. 이 내
용은 원제(元帝) 때에 종묘의 정
비를 논의하라는 조서에 따라 논
의한 것으로, 도황고는 원제에게
조고(祖考)가 되기 때문에 아직
훼철할 대수가 되지 않았다는 말
이다. 《한서 권73 위현성전》

이 상고해도 모두 전거가 없다.' 하였으니, 구양수의 이 말은 이기기를 좋아하여 일부러 한 말이 아니라 바로 실제에 근거하여 말했던 것입니다. 사마광과 구양수는 모두 송나라의 명신(名臣)으로 문장과 덕행은 서로 우열을 가릴 수 없을 정도인데, 그들의 말이 같지 않은 것은 각자 소견이 있었기 때문일 뿐입니다. 낭시에 구양수를 지목하여 사설(邪說)이라고 한 것이 또한 어찌 공론이겠습니까?

다만 정자(程子) 역시 백숙부모로 일컬어야 한다고 말한 것은 진실로 의심해 볼 만한데, 증자고(曾子固)의 〈복왕에 대한 논의를 논하다〔論濮議〕〉에 또 이르기를, '왕을 고(考)로 일컬어야 한다는 집정(執政)의 논의는 옳다. 왕을 백고로 일컫고자 하는 것은 고루하다. 그러나 대개 양쪽의 말은 각자 자기의 사견을 따른 것으로 서적을 상고해 근거할 줄은 몰랐으니, 모두 배우지 못한 허물이다.' 라고 했고 보면 증자고의 말은 곧 구양수의 뜻입니다. 보통 사람의 생각으로 보면 누가 정자의 말이 증자고의 말보다 낫다고 하지 않겠습니까? 그러나 주자(朱子)가 《강목(綱目)》을 편수하면서는 정자의 말을 선제가 도고(悼考)를 추존한 사실 아래에 붙이고, 《명신언행록(名臣言行錄)》을 편찬하면서는 증자고의 말을 여회에 대한 기록에 붙여 양쪽 설을 남겨 두고 삭제하지 않았으니, 이것은 대개 감히 저쪽을 버리고 이쪽을 취할 수 없어서 후세의 공론을 기다린 것입니다. 더구나 여회는 구양수를 지목하여 간사하다고 하면서 시종 탄핵하고 공격한 사람입니다. 주자가 증자고의 말을 증자고에 대한 기록에 두지 않고, 여회에 대한 기록에 붙인 의도는 어찌 여회의 논의가 정리에 지나친 말이라고 여겨 은근히 억제하는 뜻을 보인 것이 아니겠습니까? 이로 말미암아 말하면 비록 별묘에 모시더라도 오히려 고로 일컬어야 마땅한데, 하물며 부묘하면서 백고로 일컫는 것이 옳겠습니까?

어떤 사람은 말하기를, '예종은 어떤 친속으로 일컬어야 하는가?' 하는데, 신의 생각은 이렇습니다. 회간왕의 제례는 대저 복왕(濮王)에 의거하여 할 것입니다. 그러나 영종(英宗)은 어려서부터 궁중에서 양육되어 태자로 봉해졌으니, 영종은 인종(仁宗)에 대하여 은혜와 의리가 모두 중합니다. 그러나 지금 전하께서 대통을 계승하신 것은 바로 한때의 공의(公議)로 인하여 옹립된 것이니, 어찌 영종과 비교할 수 있겠습니까? 신은 감히 멀리 역대의 일을 끌어댈 수는 없고 우선 우리 조정의 일로 밝혀 보겠습니다. 공정왕(恭靖王)은 태종에 있어 일찍이 세자로 봉해졌고, 일찍이 선위(禪位)했다고 일컬어지고 있습니다. 그러나 태종이 공정을 일컬어 백(伯)이라고 하고, 세종이 백고(伯考)라고 일컬은 것은 천륜(天倫)의 지친(至親)으로 정리를 인하여서 일컬은 것입니다. 이제 예종을 백고라고 하고 회간왕을 황고라고 하여 나란히 종묘에 향사한다면, 이쪽을 중하게 하고 저쪽을 가볍게 하여 정통(正統)의 높임을 훼손하는 것이 아니라 실로 천륜에 순조롭고 사람의 정리에 합당함이 있는 것입니다.

다만 논의하는 자들이 이미 예종을 황고로 일컬었다가 도리어 백고로 일컫는 점 때문에 깊이 의심하는데, 신의 생각은 이렇습니다. 회간왕은 천륜으로 맺어진 부모인데도 전날 오히려 백고로 고쳐 일컬었는데, 예종은 의리로 합한 분입니다. 지금 다시 백고로 일컫는 것이 또한 무슨 어려움이 있겠습니까? 또한 후사가 된 자는 그 아들이 되는 만큼 친속의 존비(尊卑)를 돌아보지 않고 모두 고(考)로 일컬어야 하지만, 당나라 예종(睿宗)이 중종(中宗)을 백(伯)이라고 일컫고, 송나라 태종이 태조를 백이라고 일컬은 것은 형제 사이에는 서로 후사가 되지 못하기 때문입니다. 형제 사이의 친속도 오히려 고쳐 일컫기가 어려운데, 부자 사이의 중함에 이르러서 백으로 고쳐 일컫는다면 또한 도리어 가볍게 되지 않겠습니까? 당나라 선종(宣宗)은 목종(穆宗)에게는 아우이고, 경종(敬宗), 문종(文宗), 무종(武宗)에게는 숙부입니다. 그 당시 축문에 감히 '아무 친[某親]'이라고 일컫지 못하고 단지 사황제(嗣皇帝)라고 일컬었습니다. 지금도 이에 의거하여, 공정(恭靖)과 문종(文宗)을 모두 일컬은 바가 없는데,[53] 만약 예종을 고쳐 일컫기가 어렵다면 단지 '사왕 신(嗣王臣)'으로 일컬어도 문제가 없을 것입니다."

하였다. —실록에 나온다.

○ 같은 달 정묘일(21일)

예조에 전지를 내렸다.

"의리로는 대통을 계승한 것보다 더 중한 것이 없고, 정리로는 부모를 높이는 것보다 더 간절한 것이 없다. 내가 예종의 뒤를 계승하여 이미

53 공정과……없는데 공정은 태종과 형제간이고 문종은 세조와 형제간이다. 태종이 공정에 대해서와 세조가 문종에 대해서 일컬은 호칭이 없다는 말이다.

예종을 황고로 삼았으니, 이것은 대통을 계승한 것을 중히 여긴 의리이고, 회간왕을 백고로 일컬어 월산대군으로 하여금 제사를 주관하게 한 것은 바로 남의 후사가 되어서는 사친(私親)을 돌아보지 않는 의리였다. 다만 생각건대, 내가 아주 어렸을 적에 회간왕께서 훙서하셨으니, 망극한 은혜를 돌이켜 생각하면 어찌 크나큰 슬픔을 감당할 수 있겠는가? 얼마 전에 매우 간절한 마음을 호소하여 천자께 주청하였더니, 천자께서 시호를 내려 왕으로 삼으셨고, 또 우리 인수왕비(仁粹王妃)를 봉하면서 특별히 관복을 내려 주셨다. 아아, 황제께서 명하여 은총을 내리는 것과 내가 가지는 감회에 있어 어찌 돌아가신 분과 살아 계신 분 사이에 차이가 있겠는가?

돌이켜 생각하건대, 예에 '대부는 제후를 조묘(祖廟)로 모실 수 없다.' 하였으니, 대군이 회간을 고(考)로 삼아 제사 지내는 것이 잘못된 예라는 것은 분명하다. 하지만 종묘에 부묘하자면 또한 논의해야 할 것들이 있겠기에 부득이 동반(東班)의 3품 이상과 서반(西班)의 당상관(堂上官) 이상으로 하여금 대궐 뜰에 모여 충분히 논의해 보도록 한 것인데, 각자 소견을 고집하여 갑은 옳다 하고 을은 아니다 하면서 논의가 일치되지 못하고 있으니, 사리에 어두운 데다 식견도 천박한 내가 어찌 제대로 절충할 수 있겠는가?

옛적에 한나라 선제(宣帝)는 중흥을 이룩한 임금으로 선유(先儒)들이 은(殷)나라의 고종(高宗)과 주(周)나라의 선왕(宣王)에 비유하기까지 하였는데, 도고(悼考)를 추존하여 황고로 삼고 경사(京師)에 묘를 세웠고, 우리나라의 경우 고려 성종(成宗)은 대종(戴宗)을 경종(景宗)의 위로 올려 부묘하였는데, 일대(一代)의 명신(名臣)인 이제현(李齊賢)은 성종을 찬양하여 바로 종묘를 세우고 사직을 정한 것으로써 현군(賢君)으로 평가하였다. 한당(漢唐)으로부터 송나라에 이르기까지 몇 천백 년이 되는지 모르지만 그동안 방계의 지손으로서 대통을 계승한 분이 한둘이 아니었다. 혹은 손자로서, 혹은 숙질(叔姪)로서, 혹은 형제로서, 혹은 소원한 종친으로서 계승하였는데, 대통을 계승한 의리가 비록 중하지만 끝내 낳아 준 이를 높여 받드는 예를 폐하지 않았으며, 비록 부향(祔享)하는 제도가 다르고, 등급의 차등에 마땅함을 달리 하기는 하였지만 높은 이를 높이고 친한 이를 친히 함에 있어 정리와 의리를 둔 바는 똑같았다.

송나라 조정의 여러 유자(儒者)들이 복왕(濮王)의 일을 논의할 적에 서로 주장이 어긋났지만, 만약 최고의 경지를 추구한다면 호씨(胡氏)의 설[54] 역시 지극하지는 못하다. 내가 생각건대, 예는 정리에서 나오고 일은 의리로 제정되는 것이다. 대통을 계승한 것이 중하기 때문에 예종을 고(考)로 일컬었고, 부모를 존숭하는 것이 크기 때문에 회간을 종묘에 부묘하는 것이다. 그러나 회간을 백고라고 하는 것은 혐의를 분별하기 위한 것이다.

논의하는 자들이 '회간을 예종의 위에 올릴 수 없다.' 하는데, 만약 천속(天屬)의 차례로 말한다면, 회간은 예종의 적형(嫡兄)이다. 이제 예종을 회간의 위에 올린다면 예종의 영령이 기꺼이 편안할 수 있겠는가? 더구나 회간왕이 저군(儲君)으로 있을 때에 예종은 대군이었다. 임금과 신하의 분수가 이미 정해진 것이라고 말할 수 있으니, 이제 예종의 위에 올리는 것은 정리와 의리에 합당한 만큼 민공(閔公)과 희공(僖公)이 임금과 신하로서 자리가 바뀌었던 것[55]에 비할 바가 아니다.

한편으로는 대통을 계승한 의리를 엄하게 하고, 한편으로는 부모를 존숭하는 예를 중하게 하며, 한편으로는 천속의 서열을 돈독하게 하여 은혜와 의리가 나란히 행해지고 정리와 예문도 갖추어지게 되니, 여러 고전(古典)을 상고해도 어긋나지 않고 사람의 정리를 참작해도 역시 들어맞는다. 더구나 대왕대비께서 매양 이로써 나에게 간곡하게 부탁하시어 나의 절박한 심정으로 부득이한 것이니, 오직 너희 예조는 내 뜻을 잘 알아 부묘하는 제반 일을 마련하여 아뢰도록 하라." ─실록에 나온다.

○ 10월 임오일(6일)

의정부, 육조의 참판 이상이 모여 논의한 결과 회간대왕의 묘호를 '장(章)', '효(孝)', '안(安)'으로 의망하여 아뢰니, "다시 다른 호를 의망하라."고 전교하였다. 다시 '덕(德)', '순(順)', '헌(憲)'으로 의망하여 아뢰니, 마침내 '덕(德)'으로 결정하였다. 이어 전교하기를,

"부묘하는 일에 대해, 정인지(鄭麟趾), 조석문(曺錫文), 윤사흔(尹士昕), 김국광(金國光)은 '공정대왕(恭靖大王)을 임시로 서협실(西夾室)에 옮겨

54 호씨의 설 호씨는 신안 호씨(新安胡氏)를 말한다. 앞서 1470년(성종1) 1월 18일 추숭 문제를 처음 논의할 때에 영성군(寧城君) 최항(崔恒) 등이, 제도는 옛날의 전례(典禮)에 의거하고 예는 사람의 정리(情理)를 따라야 한다는 의견을 올리며 신안 호씨의 설을 인용하였는데, 그 설의 요점은 '별도로 남다른 칭호를 세우고, 그 자손으로 하여금 작위를 세습하여 제사를 받들게 한다'는 것으로, 남다른 칭호란 '황백고 모국 대왕(皇伯考某國大王)'을 말한다. 51쪽 본문 참조.

55 민공과……것 노(魯)나라 희공은 민공(閔公)의 서형으로 민공의 뒤를 이어 즉위하였으나 후에 희공의 아들 문공이 즉위하여 희공을 민공 위에 부묘한 것을 말한다. 39쪽 주32 참조.

야 한다.' 하고, 정창손(鄭昌孫), 한명회(韓明澮), 김질(金礩), 윤자운(尹子雲)은 '종묘를 더 지어야 한다.' 하여 그 의견이 같지 않으니, 다시 헤아려서 아뢰라."

하니, 정창손 등은 아뢰기를,

"만약 종묘를 너 짓게 되면 조종의 신주를 임시로 마련한 신실로 옮겨야 하니 마음에 미안하고, 공정대왕을 대수가 다하지 않았는데 대번에 서협실로 옮기는 것도 예에 어긋납니다. 그러나 이 두 가지 일로 경중을 비교하자면 차라리 종묘를 더 짓는 것이 낫습니다. 더구나 조천하지 않는 신주가 지금 벌써 4위나 되고 보면 앞으로 먼 후세에는 반드시 더 지어야만 할 것입니다."

하고, 정인지 등은 아뢰기를,

"공정대왕은 비록 협실로 나가더라도 향사를 받는 것은 똑같습니다. 지금 논의가 이처럼 일치하지 않으니, 성상께서 참작하여 처리하기에 달렸을 따름입니다."

하였다. 정인지 등의 의견을 따랐다. —실록에 나온다.

○ **같은 달 정해일(11일)**

예조에서 회간대왕을 종묘에 부묘하기 위해 마땅히 행해야 할 사항을 아뢰었다. —실록에 나온다.

○ **병신년(1476, 성종7) 1월 계축일(8일)**

회간대왕의 옥책보(玉冊寶)를 선포하였다. 눈이 내려 권정례(權停例)로 하였다. 책문(冊文)에 운운하였다. —이미 열성조의 책문 등본에 기재되어 있다. 실록에 나온다.

○ **같은 달 갑인일(9일)**

상이 백관을 거느리고 의묘(懿廟)에 나아가 고동가제(告動駕祭)를 행하였다. —실록에 나온다.

○ 같은 달 을묘일(10일)

상이 회간대왕의 신주를 받들어 태실에 올려 부묘하고, 춘향대제(春享大祭)를 행하였다. 백관이 배행(陪行)하여 제사 지내기를 의식대로 하였다. ―실록에 나온다.

○ 인조대왕 신미년(1631, 인조9) 12월 병술일(18일)

비망기를 내렸다.

"성인의 효는 부모를 높이는 것을 훌륭하게 여기고 군주의 다스림은 효도와 공경을 우선으로 삼으니, 고묘(考廟)를 오래도록 누추한 여염에 둘 수 없고 종묘의 예위(禰位)가 길이 빈 신실로 되는 것도 안 될 것이다.[56] 당조(唐朝)[57]의 고사(故事)에 '만약 살아 계실 때와 돌아가신 후의 예를 달리한다면 죽은 이를 섬기기를 살아 계실 때와 같이 한다는 뜻이 없게 된다.' 하였다. 우리나라의 이전 규례를 제멋대로 하는 논의에 구애되어 결단하지 못한다면, 아버지를 잊고 할아버지를 아버지로 하였다는 비난이 있을 것이다. 할아버지를 높여 윤리를 펴고 효도를 다하여 예에 맞게 하는 것이 오로지 추숭(追崇)에 달려 있다.

아, 지난번에 한두 명의 대신이 예가 아닌 논의를 잘못 주장하고 두세 명의 경좌(卿佐)가 법이 아닌 전례(典禮)를 함부로 고증하여 말하기를, '아버지와 아들이 그 친속을 끊어야 한다.' 라고 하여 후세의 남의 후사가 되는 규례를 고집하였고, '존숭을 함부로 해서는 안 된다.' 라고 하면서 사리에 가깝지 않은 글을 지어 억지로 끌어다 합하였다. 이것은 대통을 이은 것과 후사가 되는 것이 서로 다르고 가깝고 소원함에 차이가 있다는 것을 알지 못한 것이고, 또 선조(宣祖)께서는 아들이 없다가 아들이 있게 되고 과인에게는 예위가 없다가 예위가 있게 되어 저승과 이승이 나란히 빛나고 정리와 예법이 모두 극진해지는 것을 알지 못한 것이니, 통탄스러움을 이길 수가 있겠는가?

이 일은 알기가 어려운 것이 아닌데, 조정에 있는 신하들은 혹은 천리(天理)를 궁구하지 않고 자기 소견만 고집하며, 혹은 예문(禮文)을 살피지 않고 남의 말만 경솔히 믿으며, 혹은 사정(私情)에 이끌려 이기는 것을 훌륭하게 여기며, 혹은 근거 없는 논의에 겁을 내어 침묵하는 것

56 고묘를……안 될 것이다 고묘는 인조의 생부인 정원대원군(定遠大院君)의 사당을 말하고, 예위는 아버지의 신위를 말한다. 인조가 광해군을 폐위하고 할아버지인 선조를 이어 즉위하였기 때문에 종묘에 예위가 비었다고 한 것이니, 장차 정원대원군을 추숭하여 종묘에 들이기 위해 한 말이다.

57 당조 대본은 '唐廟' 인데,《인조실록》9년 12월 17일조 기록에 의거하여 '唐朝' 로 바로잡아 번역하였다.

을 능사로 여기며, 혹은 아무 생각 없이 한갓 의미 없는 예문만을 좇으며, 혹은 어리석어 실제로 전혀 터득한 것이 없어서 10년이 지나도록 깨닫지 못하고 한결같이 고집을 부리고 있으니, 이것이 어찌 사람의 정리이겠는가? 원인은 나의 불효에 있다. 추숭하는 대례(大禮)를 이루기 전에는 내가 한 시각도 마음이 편할 수 없으니, 어찌 단지 사사로운 뜻일 뿐이겠는가? 천리와 강상(綱常)에 관계되는 일이니, 예관으로 하여금 속히 의논하여 정하게 해서 미진함이 없도록 하라."

이에 승지 김상(金尙)·정세규(鄭世規) 등이 '더없이 중요한 일을 청(廳)에 신들만 있어서 용이하게 처치할 수 없다.'는 뜻으로 입계하자, "무식한 말 하지 말고 속히 해조에 내리라."고 전교하였고 또 전교하기를,

"비망기를 내릴 일이 있으니, 좌부승지 정지우(鄭之羽)를 정원으로 오라 하라."

하였다. 비망기에,

"임금의 명은 덮어 두는 물건이 아니고, 정원은 예를 논의하는 곳이 아니다. 어제 내린 전교를 승지들이 모여 논의한다는 핑계를 대며 끝내 거행하지 않았으니, 매우 놀라운 일이다. 모두 먼저 파직한 뒤에 추고하여 위를 업신여긴 죄를 징계하라."

하고, 이어 "예조의 당상을 명초하라."고 전교하였다. 예조 판서 최명길(崔鳴吉)이 명을 받들어 대궐에 나아가 회계하기를,

"오늘날 거행하려는 예는 경전에 증거 삼을 만한 말이 없고, 사적(史籍)에 비길 만한 데가 없습니다. 의심스러운 일은 결단하지 말고, 예는 사치스럽게 하기보다는 차라리 검소하게 해야 하니, 후하게 하는 예를 단행하여 혹 후세 사람의 기롱을 초래하기보다는 차라리 힘써 절충하는 논의를 하여 나중에 후회가 없도록 하는 것이 낫습니다.

신들의 의견은 대략 한나라 광무제의 고사를 본떠 별도로 사당을 세우고 제후의 예로 지내는 제사를 따르면, 할아버지, 아들, 손자의 순서가 정연하여 어지럽지 않을 것이고, 할아버지에 대한 제사와 아버지에 대한 제사의 예도 모두 질서가 있어 허물이 없게 될 것이니, 다만 종묘에 들이지 않고 소목의 대열에 넣지 않아 겸손의 뜻만 붙여두면 된다는 것입니다. 그러나 제사를 지내는 일은 진실로 담당한 유사가 있고, 전

례(典禮)를 정하는 것은 마땅히 대신이 있으니, 추숭하는 것의 옳고 그름과 별묘를 세우는 것의 마땅하고 부당함을 여러 대신들에게 두루 물어서 결정해야 비로소 마땅한 본질을 얻을 수 있을 것입니다."

하니, 상이 답하기를,

"아뢴 대로 하라. 그러나 추숭하는 것은 실로 옛 예법에 맞고 종묘에 들이는 것은 정통(正統)을 보다 더 빛나게 하는 일인데, 경들이 정밀하게 살필 생각은 하지 않고 막으려고만 하니, 지극히 부당하다."

하였다.

이귀(李貴)가 마침내 별묘를 세우자는 예조의 주장을 공격하여 무너뜨릴 뜻으로 차자를 올렸다. 다음은 그 대략이다.

"일을 논하는 데에는 본말이 있고 예를 논하는 데에는 선후가 있는 법입니다. 그런데 일은 근본을 잃었고 예는 먼저 할 것을 잃었으니, 사람들의 의혹은 더욱 심해져서 결론 나기가 쉽지 않습니다. 오늘날의 일은 예위(禰位)는 없는데 고조위(高祖位)는 둘이 있으니,[58] 이야말로 종묘의 더할 수 없이 중대한 변례(變禮)입니다. 만약 이 예를 정하게 되면 추숭하는 것도 그 안에 포함되고 종묘에 들이는 것도 그 안에 포함될 것입니다. 상고 시대 이후로 주공(周公)이 처음 종묘 제도를 확립하여 삼왕(三王)을 왕으로 추존하였고, 조감(組紺) 이상은 제후로서 역시 천자가 된 자손의 종묘에 들어갔습니다.[59] 그렇다면 아버지를 높이는 것을 나라를 받은 것보다 더 중하게 여긴 것이 분명합니다. 그러므로 고수(瞽瞍)가 살인을 저지르면 순(舜) 임금은 몰래 고수를 업고 도망하여 천하를 헌신짝 버리듯 버렸을 것[60]이라고 한 것입니다.

오늘날 조정의 신하들 중에 전하께서 선조께 나라를 받았다는 이유로 대원군을 종묘에 들일 수 없다고 말하는 사람은 도대체 무슨 생각이란 말입니까? 예로부터 임금이 만약 남의 후사가 된 것이 아니고 곧장 할아버지, 아들, 손자가 서로 계승하는 순서를 이어받았다면 아버지를 높이고 할아버지를 이어받아 부자간의 큰 윤리를 펴지 않은 분이 없었으니, 예를 들어 오랑캐인 원(元)나라의 성종(成宗)은 비록 법으로 삼기에 부족하나[61] 당종(唐宗)이 상왕(相王)에게 양위(讓位)한 것과 송 태조(宋太祖)가 희조(僖祖)를 추숭한 것과 건문제(建文帝)가 의문왕(懿文王)을

58 **고조위는 둘이 있으니** 인종(仁宗)과 명종(明宗)이 형제로 1실이 되기 때문에 한 말인 듯한데, 인종과 명종은 인조에게 증조(曾祖)가 된다. 따라서 이귀가 고조라고 한 것은 착오인 듯하다.

59 **삼왕을……들어갔습니다** 《중용장구(中庸章句)》 제18장에 "무왕이 말년에 천명을 받으셨는데, 주공이 문왕과 무왕의 덕을 이루어 태왕(太王)과 왕계(王季)를 추존하여 왕으로 높이고, 위로 선공(先公)을 천자의 예로 제사 지냈다."라고 하였는데, 여기에서 삼왕은 무왕의 3대인 문왕, 왕계, 태왕을 말한다. 조감은 태왕의 아버지이니, 《중용장구》의 "위로 선공(先公)을 천자의 예로 제사 지냈다."라는 대목에 대한 주자의 주에 "선공은 조감 이상으로부터 후직(后稷)까지이다."라고 하였다.

60 **고수가……것** 고수는 순 임금의 아버지이다. 이 이야기는 《맹자》 〈진심 상〉에 나온다. 고수가 살인을 저지르는 가상의 상황을 설정하여 법관인 고요(皐陶)는 법을 집행할 뿐이고 순 임금은 자식으로서 아버지를 중히 여길 뿐임을 말한 것이다.

61 **오랑캐인……부족하나** 원나라 성종(成宗)은 세조(世祖)의 손자로 이름은 철목이(鐵穆耳)이다. 아버지 진금(眞金)은 세조의 제2자로 황태자에 봉해졌으나 일찍 죽어 왕위에 오르지 못했다. 아들 성종이 할아버지인 세조의 뒤를 이어 즉위하자 아버지 진금을 황제로 추존하고 묘호를 '유종(裕宗)'이라고 하였다. 《원사 권18 성종본기》

추숭한 것에 대해 선유는 잘못이라고 말하지 않았으니, 장유(張維)가 말한 비록 적통의 원자(元子)라도 왕위에 오르지 못했으면 종묘에 들일 수 없다는 설과 어쩌면 이리도 상반됩니까?

최명길이 또 말하기를, '한나라는 주나라의 예를 징험하여 황(皇)이라 하고 제(帝)라 하지 않았다.' 하였는데, 이것은 한나라 때의 별묘를 가리켜 말한 것입니다. 선제(宣帝)는 소제(昭帝)의 후사가 되었기 때문에 별묘를 세우고 제로 일컫지 못한 것이지만, 전하께서는 이미 남의 후사가 된 것이 아니고 곧장 할아버지의 통서를 이어받으셨습니다. 그러니 어찌 종묘에 들이는 것을 혐의하여 반드시 별묘를 세우려 한단 말입니까?

최명길이 또 말하기를, '오늘날의 예는 경전에 증거 삼을 만한 말이 없고, 사적(史籍)에 비길 만한 데가 없다.' 하였는데, 주자(朱子)가 할아버지를 예위로 삼은 것으로 위(衛)나라 첩(輒)을 비판한 일, 주공이 조감을 주나라의 종묘에 들인 일, 《의례(儀禮)》에 '즉위하지 못한 할아버지와 아버지를 증조의 사당에 들인다.' 라고 한 일, 주자가 '송 태조가 4대조를 추숭한 것은 당연하다.' 라고 한 일, 당종이 상왕에게 양위한 일, 건문제가 의문왕을 추숭한 일 같은 것은 증거 삼을 수 없고 믿을 수 없다고 말할 수 있겠습니까? 주공과 정자(程子)와 주자의 말은 비록 법으로 삼기에 부족하더라도 명나라가 이미 행한 전례도 법으로 삼을 수 없단 말입니까? 최명길의 생각은, 별묘를 세우는 것과 종묘에 들이는 것을 두고 비록 차이가 있다고 말은 하나 요점은 부자의 윤리를 잃지 않는다는 것입니다. 그렇기 때문에 조정의 논의를 거스르고 싶지 않아 이렇게 구차한 논리를 펴고 있는 것이니, 애석하기 그지없습니다.

어리석은 신의 망녕된 생각으로는, 별묘의 옳고 그름과 종묘에 들이는 것의 마땅하고 부당함에 대해 번거롭게 논의할 필요가 없고, 바로 예로부터 종묘에 예위가 있었는지 없었는지와 고조위가 둘인 것이 가한지 불가한지에 대해 특히 최명길에게 다시 회계하게 한 뒤에 묘당과 여러 대부들에게 물어 속히 대례를 정해야 한다는 것입니다. 그러면 매우 다행이겠습니다."

예조에서 회계하기를,

"인용하여 비유한 바가 합당하지 않은 듯하니, 《맹자》에서 인용한 고수의 일 같은 것은 더욱 의심스럽습니다. 그러나 광무제를 인용한 한 조항[62]은 참으로 그렇습니다. 광무제는 남의 후사가 된 것이고 전하께서는 할아버지의 후사가 되신 것이니, 일이 본디 같지 않습니다. 그러니 단지 그 별묘의 제도만을 취하여 증거를 삼는 것은 십분 들어맞는 것이라고 여길 것은 아닙니다. 지금 예를 말하는 자들이 예(禰) 자를 보는 것은 그 경중이 각각 달라서 결론이 나기가 가장 어렵습니다. 고조위가 둘이라는 혐의도 참으로 있으니, 우선 전례가 완전히 결정되기를 기다려 별도로 논의하여 처리하겠습니다."

하니, 상이 답하기를,

"아뢴 대로 하라. 그리고 회계의 내용 중에 이른바 '결론이 나기가 가장 어렵다.'라는 등의 몇몇 조어는 매우 마땅하지 않다. 추고해야 마땅하나 오늘은 우선 그냥 두겠다. 후에는 이같이 무식한 말은 하지 말라."

하였다. 이귀가 또 차자를 올려 아뢰기를,

"삼가 대신의 회계를 보니, 오늘날의 예에 대한 논의를 일체 성묘조의 고사에 따른다고 하였는데, 매우 잘못되었습니다. 성묘조 때에는 의리가 전적으로 대통에 있었으니, 비록 존호는 올렸으나 월산대군으로 봉사(奉祀)하게 하였습니다. 그러므로 종묘에 들이기 전에는 의경왕으로 일컫고 존호로 일컫지 않아도 괜찮았습니다. 지금은 성상께서는 남의 후사로 나간 일이 없어 황고(皇考)로 일컬었으니, 호를 올림에 있어 대행왕[63]에게 종(宗) 자 묘호를 일컫는 예를 따르는 것이 무슨 안 될 일이 있다고 예조에서는 매번 이론을 새로 만들어 내고, 대신은 또 주견이 없이 막중한 대례로 하여금 끝내 근거 없는 데로 돌아가게 한단 말입니까? 너무도 이상하지 않습니까? 처음에는 예경을 몰라 한갓 남의 입만 쳐다보다가 10년이나 되도록 임금의 부자간의 대륜을 어지럽힌 것이 과연 누구의 책임이란 말입니까? 그런데 지금 대례가 이미 정해진 뒤에 또 앞서의 잘못을 합리화하려고 '오늘 다투다가 내일 그만두면 대단히 싱겁다는 소리를 면치 못하겠지.'라고 여겨 이 때문에 억지로 근거 없는 예를 끌어다 대어 영합한다는 이름을 면하기를 바라고 근거 없는 논의를 사나운 호랑이처럼 두려워하여 이에 한두 글자 줄이고 삭제하는

62 **광무제를……조항** 여기에 수록된 이귀(李貴)의 차자에는 이에 대한 내용이 없으나 《인조실록》 9년 12월 22일조에 실린 이귀의 차자에는 "한나라의 선제와 광무제는 모두 남의 후사가 되었기 때문에 사친을 높이고자 하여 억지로 별묘를 세웠습니다. 만일 광무제가 원제(元帝)의 친손자였다면 어찌 자기 아버지의 적서(嫡庶)를 논했겠으며 종묘에 들이지 않았겠습니까?"라고 한 내용이 실려 있다.

63 **대행왕** 왕이 죽고 나서 아직 시호가 정해지지 않은 기간 동안에 부르는 칭호이다.

것으로 책임을 때울 입지를 삼으니, 신은 적이 통탄스럽습니다. 삼가 바라건대 성명께서는 근거 없는 논의에 흔들리지 마시고 일체 대행왕의 예에 의거하여 속히 종 자 묘호를 일컬어 나중에 후회하는 일이 없게 하소서."

하였는데, 해조에 계하(啓下)하였다. 회계하기를,

"8자의 존호에서 시호로 2자를 잘라 칭호로 삼는 것은 미안한 듯합니다. 신들이 반복하여 생각해 보았는데, 옛사람들이 혹 능호로 그 임금을 호칭한 경우가 있으니, 예를 들면 세종을 영묘(英廟)로 일컫고 세조를 광묘(光廟)로 일컫는 것이 또한 이런 의미입니다. 지금 만약 이를 본떠 장릉대왕(章陵大王)으로 일컫는다면 비록 엉성하고 간략하기는 하나 그래도 전혀 근거할 바가 없는 데에 이르지는 않을 것입니다. 그래도 만약 미안하다고 여긴다면 우선 따로 칭호를 만들지 말고 단지 숭은전 대왕(崇恩殿大王)으로 일컫는 것도 혹 한 가지 방법일 것입니다. 청컨대 다시 대신에게 묻는 것이 어떻겠습니까?"

하니, 전교하기를,

"회계에 진달한 말은 더욱 타당하지 않으니, 시행하지 말라."

하였다. 이귀가 차자를 올려 아뢰기를,

"오늘날의 예는, 전하께서 남의 후사로 나간 것이 아니기 때문에 곧장 황고로 일컬었고 또 대왕으로 일컬었습니다. 그렇다면 대행왕의 바른 예법에 의거해 마땅히 종 자 묘호로 일컬어야 함은 저 해와 별처럼 분명하여 조금도 의심할 것이 없습니다. 그런데 처음 시호를 논의할 때, 예관은 잊어버리고 자세히 살피지 않았고 성상께서 하문하시게 만든 뒤에도 대죄하지 않고서 감히 근사하지도 않은 성묘조의 옛 규례를 끌어다가 잘못을 합리화하고 죄를 면할 수단으로 삼았습니다. 전하께서도 그 곡절을 자세히 알지 못하시고 알았다는 하교를 내리시기까지 하여 질질 끌고 미뤄 이런 상황에 이르는 결과가 되고 말았습니다.

추숭하는 대례가 어떤 일이며 종 자 묘호 한 가지 사항 또한 절목 가운데의 일이 아닙니까? 비록 순서를 가지고 말하더라도 반드시 종 자를 일컫은 뒤에 종묘에 들이고, 종묘에 들인 뒤에 시호를 청하는 것입니다. 그러므로 대행왕의 초상이면 반드시 3일 안에 종 자를 일컫고 신주와 명정에 쓰니, 오늘날처럼 먼저 시호를 일컫고도 종 자를 일컫지 않는다는 말은 듣지 못했습니다. 성묘조 때에 중국에 청하여 허가가 난 뒤에 종묘에 들였던 것은 오늘날의 일과 서로 판이합니다. 예종은 왕의 동생으로서 칭신(稱臣)했기 때문에 성묘께서 즉위한 처음에 뭇 신하들이 존호를 올리자고 청했습니다. 그러나 성묘께서 하교하시기를, '의리로는 대통을 전적으로 하니, 사친을 돌아볼 겨를이 없다. 상을 마친 뒤에 하라.' 하셨습니다. 3년이 지난 뒤에 비로소 추숭하고 별묘를 세운 것은 의리상 대통을 전적으로 하여 근본이 둘이 되는 것을 혐의스럽게 여겼기 때문이니, 왕이라고 일컫고 대(大) 자를 일컫지 않으며 시호를 일컫고 종 자를 일컫지 않은 상태에서 반드시 중국에 청하여 허가가 나기를 기다렸던 것은 당연합니다.

대신이 이 예를 오늘날에 시행하고자 한다면 이것은 전하를 남의 후사가 된 임금으로 여기는 것이고 전하께서도 남의 후사로 자처하시는 것입니다. 만약 남의 후사로 자처하신다면 황고로 일컫고 대왕으로 일컫는 것이 잘못된 예에 가깝지 않겠습니까? 이미 황고로 일컫고 또 대왕으로 일컫고 나서 종 자 묘호를 일컫지 않는다는 것은 예경(禮經)에서 헤아려 볼 때 근거할 만한 것이 있습니까? 더구나 종 자 묘호는 중국 조정에 알리지 않고 바로 우리 조정에서 사사로이 일컫는 호입니다. 성묘조 때의 변례는 곧 취하여 법으로 삼을 수 없는 것인 만큼 대신들의 이른바 차례차례 거행하자는 말을 신은 실로 믿을 수 없습니다. 만약 대신들이 논의한 바와 같이 일체 성묘조 때 의경세자(懿敬世子)라는 옛 칭호로 일컬었던 예대로 한다면 지금 역시 옛 칭호 그대로 정원(定遠) 혹은 대원군(大院君)이라는 칭호로 일컫다가 중국 황제의 명을 기다리는 것이 옳을 것입니다. 어찌 꼭 시호 가운데 위나 아래의 글자를 취하여 혹은 장효(章孝)로 일컫거나 혹은 경덕(敬德)으로 일컬어 구차하고 간략한 예가 되게 한단 말입니까? 심지어 해조에서 말한 것처럼 장릉으로 일컫거나 숭은전으로 일컫는 것은 더욱 말이 되지 않습니다.

오늘날 추숭하는 것에 무슨 윤리를 어지럽히고 예에 배반되는 일이 있다고 대행왕에게 이미 행하고 있는 정해진 제도를 버리고 반드시 성묘조께서 남의 후사가 된 변례를 끌어다 대려고 한단 말입니까? 말이 순하지 못하고 의리가 바르지 못합니다. 이것이 신이 결사적으로 다투기를 마지않는 까닭입니다. 삼가 바라건대, 전하께서는 전후의 근거 없는 수의(收議)에 꺾이지 마시고 속히 종 자로 일컫는 예를 정하시어 식자들의 기롱이 없게 하소서. 그러면 매우 다행이겠습니다."

하니, 예조에 계하하였다. 예조에서 회계하기를,

"앞서 올린 차자 가운데 이른바 '중국 황제의 명이 내리기 전에 무슨 왕으로 일컬어야 하는가?'라고 한 문제에 대해서는 신들이 실로 생각이 여기에 미치지 못하였고, 8자의 존호에서 단지 2자만 일컫는 것도 몹시 편치 않다고 의심하였습니다. 그러므로 대신들이 수의한 뒤에 별도로 회계하였으나 결재가 내리지 않은 것입니다. 대개 대신의 회계에 차차 거행하자고 청한 것은 황제의 명이 내리기를 기다리고자 한 것이니, 참으로 의도하는 바가 있고, 중신의 차자에 '나라 안에서 쓰는 사적인 호를 어찌 꼭 황제의 명을 기다려야 하는가?'라고 한 것은 지금 당장 일컫는 것을 중하게 여긴 것이니, 그 말 또한 일리가 없지 않습니다. 요컨대 결론은 같으나 다른 것은 다만 늦고 빠른 차이일 뿐입니다. 해조의 직분은 오직 받들어 행하는 데에 있을 뿐, 가부와 시기를 결정하는 일에 이르러서는 위로 성상께서 계시고 아래로 대신이 있으니, 신의 조에서 감히 마음대로 결정할 바가 아닙니다."

하니, "차자의 내용대로 시행하되, 미진한 일이 없도록 하라."고 답하였다.

이에 예조의 계청으로 인하여 대신 및 정부의 동벽(東壁)과 서벽(西壁),[64] 관각(館閣)의 당상, 육조의 참판 이상이 빈청에 모여 종 자 묘호를 의정(議定)하였다. -《승정원일기》에 나온다.

○ 삼공(三公)이 아뢰기를,

"신들이 '조정에서 이미 별묘의 예를 정하였으니, 성묘조의 옛 규례대로 우선 중국에 청하여 허가가 나기를 기다리자.'는 뜻으로 이미 복계(覆啓)하였고, 지금 다시 해조의 계사로 빈청에 모였으나 뭇 논의가 일치되지 않고 있으니, 신들은 감히 선뜻 의계(議啓)할 수 없습니다."

하니, 답하기를,

"장릉으로 일컫는 것은 근거가 없으니, 종 자 묘호를 의정하는 것을 그만둘 수 없다."

하였다. 삼공이 마침내 종 자 묘호를 의정하여 올렸다. ―《승정원일기》에 나온다.

○ 빈청에서 아뢰었다.

"이번의 전례는 실로 전에 없는 변례이기 때문에 성상께서 매번 근거가 없다고 하교하셨습니다. 신들이 비록 견문이 좁으나 또한 일찍이 경서와 사서를 찾아 살피고 나름대로 서로 강론하고 토론하였으니, 어찌 감히 억견을 근거 없이 지어내어 함부로 논의를 어지럽히겠습니까? 신들이 경서와 사서 가운데 근거할 만한 글을 들어 다시 대략 진술하겠습니다.

《예기》〈상복소기(喪服小記)〉에 이르기를, '아버지가 사(士)이고 아들이 천자나 제후이면[65] 제사는 천자나 제후의 예로 지내되, 시동(尸童)의 복식은 사의 복식으로 한다.' 하였습니다. 복식도 오히려 더할 수 없는데, 하물며 명위(名位)를 더하겠습니까? 《의례》에 이르기를, '제후의 아들이 공자(公子)의 신분인데, 공자의 자손이 봉지(封地)가 있어 국군(國君)이 된 경우에는 대대로 이 사람을 시조로 하고 공자를 시조로 하지 않는다.' 하였는데, 소(疏)에 이르기를, '시조는 봉지를 받은 임금이니, 별자(別子)를 제사할 수 없다.' 하였고, 또 이르기를, '공자가 대부의 신분인 자는 선군의 사당에 합부(合祔)할 수 없다.' 하였습니다. 이것은 경전에 명시된 글입니다.

탕 임금의 손자 태갑(太甲)과 주 평왕(周平王)의 손자 환왕(桓王)은 모두 손자로서 할아버지를 계승하였는데, 낳아 준 부모를 위해 추숭하고 종묘에 들인 일을 보지 못했습니다. 한 선제(漢宣帝)가 도고(悼考)를 추존하였는데, 정자(程子)는 이에 대해 예법을 잃고 윤리를 어지럽혔다고 하였고, 범진(范鎭)은 소종을 대종에 합했다고 기롱하였습니다. 애제(哀帝)가 정도공왕(定陶恭王)을 추존하려고 하자 사단(師丹)이 말하기를, '아들이 아버지에게 작위를 주는 의리는 없다.' 하였습니다. 광무제가 사친(四親)의 사당을 용릉(春陵)에 세우고 명호(名號)를 더한 바가 없는 것에 대해 주자가 칭송하였는데, 제자 하숙경(河叔京)이 말하기를, '이

65 **아버지가……제후이면** 대본은 '父爲天子諸侯'인데, 《예기》〈상복소기〉에 의거하여 '父爲士 子爲天子諸侯'로 바로잡아 번역하였다.

66 **백승** 후한 유연(劉縯)의 자(字) 인데, 그는 광무제의 장형(長兄)이 다.《후한서 권1상 광무제기》

67 **복왕의 논의** 복왕을 받들어 모 실 전례(典禮)에 대한 논의이다. 복왕은 송나라 영종(英宗)의 본생 부이다.

일은 참으로 잘한 것이나 백승(伯升)[66]의 아들을 후사로 삼는 것만 못합니다.' 하니, 주자가 말하기를, '이 의논이 가장 바르다.' 하였습니다. 이것은 전대의 득실입니다.

정자가 복왕(濮王)의 논의[67]에 대해 말하기를, '중요한 것은 사안의 본질을 헤아려 살펴야 한다는 것이니, 별묘를 세우고 호칭을 특별하게 하여 자손으로 하여금 작위를 이어받아 제사를 받들게 한다면 대통에도 둘로 가르는 잘못이 없고 본생부모에게도 존숭의 도를 극진히 하는 것이다.' 하였고, 사마광은 말하기를, '진한(秦漢) 이래로 방계의 지손에서 들어와 대통을 계승하여 자기 부모를 황제와 황후로 추존한 경우가 있는데, 모두 당세에서는 비난을 받았고 후세에서는 기롱을 취하였으니, 법으로 삼을 수 없다. 다만 고관대작으로 존숭하는 것이 마땅할 뿐이다.' 하였으니, 소종을 대종에 합할 수 없음을 보여 준 것이 이처럼 엄격하고 단호하였습니다. 이미 자손이 작위를 이어받아 제사를 받든다고 하였고 보면 사묘(私廟)를 만들어 지자(支子)가 제사를 주관하는 것이 분명하고, 이미 비난을 받고 기롱을 취했다고 하였고 보면 추숭하여 종묘에 들일 수 없는 것이 분명합니다. 이것은 선유의 정론입니다.

대개 사대부가에서는 할아버지와 손자가 서로 뒤를 잇지 않지만, 제왕가에서는 오로지 종통을 중히 여기므로 형이 동생을 계승하고 숙부가 조카를 계승하더라도 왕위를 물려받은 뒤에는 곧 군신의 의리와 부자의 도가 있는 것입니다. 《춘추전(春秋傳)》에 이르기를, '민공(閔公)은 동생으로서 먼저 즉위하였고, 희공(僖公)은 형으로서 민공을 계승하였다.' 하였는데, 선유가 '민공과 희공은 문공(文公)에게 마땅히 할아버지와 아버지가 되어야 한다.' 라고 하였으니, 이것은 희공은 마땅히 동생을 예묘(禰廟)로 삼아야 하고, 문공도 숙부를 조묘(祖廟)로 삼아야 한다는 것입니다. 주자가 〈주묘소목도(周廟昭穆圖)〉를 지었는데, 효왕(孝王)이 의왕(懿王)을 소(昭)로 삼았으니, 이것은 숙부가 조카를 예묘로 삼은 것이고, 이왕(夷王)이 효왕을 목(穆)으로 삼았으니, 이것은 종손(從孫)이 종조(從祖)를 예묘로 삼은 것입니다. 예묘에 정해진 위치가 없다는 것을 여기에서 볼 수 있습니다. 공자는 말하기를, '그 자리에 오르고 그 예를 행하며 그 음악을 연주한다.' 하였으니, 그 자리에 오르지 못했으면 그 통서에 참여할 수 없고, 그 통서에 참여되지 못하면 그 사당에 끼어들 수 없는 것입니다.

지금 만약 사사로운 은혜로 대위(大位)를 추숭한다면 종통에 눌리는 바가 있을 뿐만 아니라 종묘 제도에도 장애되는 바가 있습니다. 소목의 순서는 승부(陞祔)하는 신위가 있으면 마땅히 조천해야 하는데, 승부해서는 안 될 사친(私親)을 승부하려고 하면 조천해서는 안 될 조위(祖位)를 당장 조천해야 합니다. 이렇게 되면 조(祖)를 높이고 종(宗)을 공경하는 도리에 어긋남이 있을까 두렵습니다.

덕종대왕은 비록 즉위하시지는 못했으나 명을 받아 책봉되어 일찍이 세자가 되셨으니, 예에서 이른바 '마땅히 즉위하여 임금이 될 자'로, 지금의 사례와는 서로 같지 않은 듯합니다. 어떤 사람은 말하기를, '성상께서 선묘의 손자로서 선묘의 후사가 되신 것은 남의 후사가 된 것과 차이가 있다.' 하는데, 신들은 아무리 생각해도 그렇다고 확신할 수 없습니다.

우리 성상께서는 혼란을 다스려 반정하셨습니다. 성상의 인효(仁孝)와 공덕(功德)을 중국 조정에 주문(奏聞)하고 들어와 대통을 이어받았으니, 위로 할아버지의 몸을 계승하여 종묘의 비자(祕子)가 되신 것입니다. 그렇고 보면 남의 후사가 된 것과 이치는 실로 같으나 의리는 더욱 중하니, 명분이 바르고 예법이 순하여 일이 전고에 빛났습니다. 전례를 강정하여 준행해 온 지가 지금 벌써 8, 9년이 되었습니다. 우리나라는 본래 의논이 풍부하여 예를 논하는 것이 본래 옳고 그름을 따져 결론이 나지 않는 취송(聚訟)과 같다 보니 혹 다른 논의가 있을 수도 있습니다. 그러나 이 문제는 그 얼마나 중대한 의례인데 경솔하게 굽혀 고치겠습니까? 송 호부(宋戶部)[68]가 어떤 사람인지는 알지 못하나 그의 말에도 '의로써 일으킨 논의'라고 하였습니다. 막중한 예를 의로써 일으켜 정할 수 있겠습니까. 우리나라는 평소 예의의 나라로 일컬어 왔고 또 문헌에도 있습니다. 지금 마침내 경사(卿士)와 도모하지도 않고 여론의 비판도 돌아보지 않은 채 임의로 곧장 행하여 중국 조정에 주청한다니, 신들의 의혹이 이에 이르러 더욱 심해졌습니다.

중국 조정은 바깥 번국(藩國)의 일에 대해 반드시 세밀하게 충분히

68 송 호부 명나라 호부 낭중 송헌(宋獻)으로, 최유해(崔有海)에게 인조의 생부인 정원대원군의 추숭 문제를 거론한 사람이다. 《인조실록 8년 12월 4일조》

헤아리지 않으니, 비록 억지로 따라 준다 하더라도 천하에 알려지면 안목을 갖춘 자의 비판적인 논의에는 어찌 대처할 것입니까? 삼가 바라건대 밝으신 성상께서는 깊이 생각하고 정밀하게 살펴 중정(中正)의 예를 얻도록 힘쓰시고, 속히 중국 조정에 주청하라는 명을 거두어 주소서."
―《승정원일기》에 나온다.

○ 장령 김장생(金長生)이 상소하였다.

"신이 삼가 예를 살펴보니, 남의 후사가 된 자는 그 자식이 되는 것이라, 임금에 이르러서는 형이 동생을 계승하고, 숙부가 조카를 계승한 경우도 모두 부자간의 도리가 있었습니다. 노나라 희공은 형이고 민공은 동생이지만 《춘추》 경문(經文)에 '희공을 올려 부묘하였다.' 하였으니, 공자의 깊은 뜻을 상상할 수 있습니다. 전문(傳文)에 '역사(逆祀)[69]이니 어찌 옳겠는가. 자식이 아무리 훌륭한 성인이어도 아버지보다 먼저 제사를 받지는 못한다.' 하였으니, 대개 민공은 동생이지만 아버지와 동렬이고 희공은 형이지만 아들과 동렬이기 때문입니다. 《공양전(公羊傳)》에서는 '그야말로 역사이니, 예묘를 우선하고 조묘를 뒤로 한 것이다.' 하였고, 《곡량전(穀梁傳)》에서는 '역사하면 소목이 없게 되고, 소목이 없으면 할아버지가 없게 된다.' 하였으니, 대개 할아버지와 아버지는 아니지만 할아버지와 아버지라고 하는 것은 신하와 자식이 같은 규례를 적용받아 서로 계승한 순서로 부자간을 삼기 때문입니다.

한 선제(漢宣帝)가 소제(昭帝)의 뒤를 계승하여 자기를 낳아 준 아버지를 높여 황고(皇考)로 삼자, 범씨(范氏)가 말하기를, '선제는 소제에게 손자가 되니 자기 아버지를 황고로 일컬어도 되겠지만, 논의하는 사람들이 끝내 옳게 여기지 않는 것은 소종을 대종의 통서에 합하였기 때문이다.' 하였고, 정자가 또 말하기를, '선제가 자기를 낳아 준 아버지를 황고로 일컬었으니, 윤리를 어지럽히고 예법을 잃은 것이 참으로 심하다.' 하였으니, 선제가 손자의 항렬로서 위로 조부의 통서를 계승한 이상 사친을 고위(考位)로 삼을 수 없다는 것입니다. 과연 범씨와 정자의 설과 같다면 지금 성상께서도 대원군에 대해 고(考)로 일컬을 수 없는 것이 분명하니, 대개 성상께서 선묘에게 비록 친손자이지만 이미 대

69 **역사** 상하의 위차를 위배한 제사를 말한다. 39쪽 주32 참조.

위(大位)에 올라 위로 선묘의 통서를 이으신 이상 명호(名號)와 윤서(倫序)는 다시 논의할 것이 없기 때문입니다. 만약 논의하는 자들의 말처럼 하여 이미 대통을 계승해 놓고 또 사친을 고로 일컬으면 이것은 정통에 전일할 수 없어 근본이 둘이라는 혐의가 되니, 예법을 해치고 윤리를 어지럽힘이 너무 심하지 않겠습니까?《통전(通典)》에도 이르기를, '황제의 친속에서는 형제라도 제전(祭奠)의 글은 모두 애사(哀嗣)라고 칭한다.' 하였으니, 이것은 형제라는 이유로 높일 이를 높이는 것을 해치지 않는 것입니다. 지금 예관의 뜻은 고(考)와 자(子)로 칭호를 정하고자 하는 것인데, 일단 아버지와 아들로 정해지면 반드시 삼년상을 치러야 합니다. 어찌 들어와 대통을 계승하고서 사친을 위해 삼년복을 입는 이치가 있겠습니까?

또 예관은 정자가 밝혀 말한 본뜻을 살피지 못하고 마침내 말하기를, '고라고 칭하고, 또 황(皇) 자를 더하여 명위(名位)가 너무 높아졌기 때문에 정자가 예를 잃었다고 말한 것이지, 고 자를 쓴 것이 잘못되었다는 것은 아니다.' 라고 합니다. 저 황이라는 글자는 바로 '크다〔大〕', '드러난다〔顯〕'는 뜻의 글자로, 허자(虛字)입니다. 정자의 뜻은 단지 '방친(傍親)에게 고 자를 더할 수 없다'는 것 때문에 이와 같이 밝혀서 말한 것입니다. 송나라의 제유(諸儒)도 복왕(濮王)의 논의에 대해 역시 고 자를 더할 수 없다는 주장으로 구양수 무리와 다투어 변론하였고, 나중에서야 정자가 한 말이 분명하여 천만세의 정론이 되었습니다. 그러니 어찌 정자의 정론을 어겨 가면서 따로 의견을 만들어 내 성세(聖世)의 중대한 의례로 하여금 조금이라도 미진한 일이 있게 할 수 있겠습니까?

예관의 뜻은 고위(考位)가 비어 있다는 것으로 말하고 있습니다만, 제왕가에서는 단지 대통을 계승하는 것만을 위주로 합니다. 따라서 숙부가 조카를 계승하고 형이 아우를 계승하더라도 역시 아버지와 아들의 도리가 있는 것이니, 어떻게 고위가 비었다고 말할 수 있겠습니까? 그렇다면 전하는 선묘에 대해 비록 아버지와 아들이라는 이름은 없으나 아버지와 아들의 의리는 있는 것입니다. 예관이 이러한 의리는 살피지 않고 따로 다른 뜻을 만들어 내어 돌고 돌아 점점 잘못되어 가니, 신은 적이 의혹스럽습니다. 지금 마땅히 정자의 설에 따라 숙부로 일컫고 조카로 일컫는 것이 명분과 의리에 분명한 근거가 있어 의심할 것이 없을 듯합니다. 이렇듯 국가의 중대한 일을 만약 혹시라도 잘못 정한다면 후세에 반드시 논란하는 자가 있을 것입니다. 신이 언관의 자리에 있고 또 의심스런 바가 있어서 감히 묵묵히 있을 수 없습니다. 삼가 바라건대, 전하께서는 신의 의견을 채택해 주소서." —김장생의 문집에 나온다.

○ 처음에 사신 최유해(崔有海)가 등주(登州)에 있을 때, 호부 낭중 송헌(宋獻)과 예를 논하였는데, 송 호부가 최유해에게 편지를 보내 말하였다. "내가 동모(東牟)[70]에 있을 때에 조선의 사신과 매우 즐겁게 지냈습니다. 그대 나라의 예의를 자세히 들으니, 천하의 제일이었습니다. 또 살피건대, 국왕은 소경왕(昭敬王)의 손자로 의리를 펼쳐 나라를 안정시켰는데, 별세하신 아버지를 당 현종(唐玄宗)이 아버지를 높였던 것처럼 하지 못했으니, 통한을 머금는 것은 당연한 일입니다. 위에서는 돌아가신 부모에게 효도를 다하고자 하고 아래에서는 법도를 지켜 가장 알맞은 예(禮)를 가려 행하려고 하니, 진실로 세상에 드문 아름다운 일입니다.

그러나 내가 헤아려보건대, 어찌 의리로 일으킨 예가 없겠습니까? 하늘에는 해가 둘인 법이 없고 사람에게는 존위가 둘인 법이 없는데, 이미 남의 후사가 되고 또 낳아 주신 부모를 높인다면 이것은 근본이 둘이 되는 것입니다. 근본을 둘로 하고서도 혐의스러움을 알지 못한다면[71] 불의(不義)를 어찌 하겠습니까? 그러나 만약 후사 된 바가 없다면 아버지와 아들 사이의 큰 윤리는 하늘과 땅처럼 자리가 정해진 것입니다. 소목(昭穆)을 순서대로 하지 않는다면 예가 아닌 것을 어찌하겠습니까?

대종을 굳게 지켜 소종을 강등하는 것은[72] 의리로 은혜를 가리는 것입니다. 임금이 지자(支子)를 취하여 들어와 대통을 계승하게 한 경우에는 임금과 신하의 의리가 중하여 감히 사적인 부모를 대종에 올릴 수 없습니다. 그러나 만약 나라를 받은 은혜가 없고 직접 큰 공렬(功烈)을 힘써 이루어 곧장 조부의 통서를 이은 경우라면 아버지를 높여 할아버지를 계승하게 하는 것이야말로 할아버지를 높이고 인륜을 펴는 것이니, 사사로운 은혜를 따르는 따위가 아닙니다. 나라를 세우면 조(祖)라고 하고, 중간에 나라를 빛내면 종(宗)이라고 하는데, 대대로 영원히 체

70 **동모** 대본은 '同年'인데, 《연려실기술》 권22 〈원종조고사본말〉에 의거하여 '東牟'로 바로잡아 번역하였다.

71 **알지 못한다면** 대본은 '不之'인데, 《연려실기술》 권22 〈원종조고사본말〉에 의거하여 '不知'로 바로잡아 번역하였다.

72 **대종을……것은** 대본은 '特重大宗者 降於小宗'인데, 위 자료에 의거하여 '特重大宗 降於小宗者'로 바로잡아 번역하였다.

천하지 않는다는 점에서는 같습니다. 공로가 있는 조와 나라를 빛냄이 있는 종을 어찌 등급을 매길 수 있겠습니까?

왕으로 추존하는 것[73]이 누구나 인정하는 효도라는 것과 천자의 예로 제사를 지내는 것이 성인의 가르침에 나타나 있는 만큼 신하가 임금의 뜻을 받들어 따라 주는 것도 한 방법입니다. 형이 동생을 이었다 해서 아버지와 아들로 일컫는 것은 천륜에 어긋납니다. 명나라에서 정한 제도가 어찌 후대에 영원히 본받을 제도가 아니겠습니까? 큰 벼리가 바로잡히면 수많은 조목들은 정비가 되는 법이니, 마음에 구하여 편안하면 될 것입니다.

몇 년 몇 월에 자칭 금릉병부(金陵病夫)는 운운합니다.”

당시에 최유해가 시의(時議)에 겁을 먹고 감히 공개하지 못했는데, 연평부원군 이귀가 마침 이 편지를 얻어 보고 마침내 차자를 올려 진달하였다. 최유해 역시 상소를 올려 스스로 해명하였는데, 전교하기를,

“최유해는 예를 논한 막중한 글을 숨기고 아뢰지 않아 중국의 공론으로 하여금 알려지지 못하게 하였으니, 심히 잘못된 일이다. 먼저 파직한 뒤에 추고하라.”

하였다. 이때 대간이, 최유해가 감히 조정의 막중한 예를 사적으로 중국 사람과 논의했다 하여 사판(仕版)에서 삭제할 것으로 논죄하였다. 이에 이귀가 차자를 올려 최유해를 변론하니, 상이 답하기를,

“차자를 보고 모두 잘 알았다. 나의 뜻은 이미 유시하였으니, 경은 깊이 생각하라.”

하고, 이어 비답[74]을 내렸다.

“경들이 이 일을 강력하게 주장하였지만 나는 어리석어 지식이 없는 데다 반대하는 사람이 많은 것을 두려워하여 대례(大禮)를 정하지 못하였다. 지금 송 호부가 예를 논한 글을 보았는데, 서로 말을 맞추지 않았어도 같다고 이를 만하니, 오늘에서야 비로소 경들이 예에 대해 식견이 있다는 것을 믿게 되었다.

대개 이 일은 과거의 역사에서 찾아보아도 그 유례가 없는데, 비슷하지도 않은 사실을 끌어대어 틀어막고 억누르기를 너무나도 심하게 하였다. 사람들이 혹 추숭이라는 말만 해도 눈을 부릅뜨고 대들며 제멋대

73 왕으로 추존하는 것 주나라 무왕이 천자가 되고 나서 선대인 태왕(太王)과 왕계(王季)를 왕으로 추존하고, 그 이상의 선조를 천자의 예로 제사 지냈는데, 공자가 이에 대해 ‘천하가 인정하는 효[達孝]’라고 평한 것을 말한다. 《중용장구 제18장, 제19장》

74 비답 1630년(인조8) 12월 8일에 이귀가 호부 낭중 송헌의 글을 올리면서 정원대원군의 추숭을 결정하라고 촉구한 차자에 대한 비답이다. 참고로 위의 최유해를 변론한 차자는 12월 11일에 올렸다. 《인조실록》

로 배격하니, 이것이 어찌 우연한 생각에서이겠는가? 양사에서 최유해를 탄핵한 것도 깊은 뜻이 있으니, 내가 실로 부끄러운 한편 그의 사람됨을 경박하게 여긴다.

아, 부모를 높이고자 하는 것은 자식의 상정(常情)이다. 할 수 없어서 못하는 것과 재물이 없어서 못하는 것도 지극히 가슴 아픈 일이나 할 수 있는데도 높이지 못하는 것 역시 지극히 가슴 아픈 일이니, 이런 마음이 진실로 없다면 사람이 아닌 것이다. 비록 그러나 사람들이 모두 분개하여 성을 내고 함부로 쏟아내는 말들이 벌 떼처럼 일어난다면 이것은 높이려다 도리어 욕을 끼치는 것이다. 그리고 선군(先君)은 덕이 없었고 나 역시 이렇다 할 공이 없었다. 조정 신하들이 감히 말은 하지 못하면서 감히 성을 내는 이유는 실로 이 점에 있다. 내가 어찌 감히 중론을 배격하고 억지로 청할 수 있겠는가? 명나라의 공론이 비록 이와 같다 하더라도 나는 감히 뻔뻔하게 입을 열 수가 없다. 경은 이러한 뜻을 알아 나로 하여금 신하들에게 죄를 짓게 하지 말라." ―이귀의 《경연일기(經筵日記)》에 나온다.

○ **갑술년**(1634, 인조12) **7월 정미일**(23일)

비망기를 내렸다.

"종묘에 예위가 없는 문제와 나라에 종묘가 둘이 있게 되는 문제는 예에도 미안하고 법에도 근거가 없다. 더구나 중국 조정에서 왕으로 추봉하는 은전이 이미 내렸으니, 종묘에 들이는 문제는 더욱 논의할 것이 없다. 예관으로 하여금 규례를 살펴 거행하게 하여 우매한 과인으로 하여금 재차 천하와 후세에 웃음거리를 남기게 하지 말라."

○ **같은 달 경술일**(26일)

예조에서 아뢰기를,

"전교하셨습니다. 삼가 생각건대, 전하께서는 성효를 타고나시어 추숭하는 예가 이루어진 뒤로 명호(名號)와 의물(儀物)을 조금도 부족함이 없게 하였으니, 높이 받드는 도리에 있어 지극하다고 할 만하며, 성상의 마음에도 이미 극진히 하셨습니다. 이미 결정된 일이야 해조에서 오로지 전력을 다해 봉행해야 하겠지만, 태묘에 들이라는 하교가 또 내림에 이르러서는 이야말로 막중한 일인 만큼 반드시 널리 논의하여 처리해야 합니다. 해조에서 어찌 감히 혼자 담당하여 행할 수 있겠습니까? 신들의 생각으로는 별묘(別廟)에 모셔 제사를 주관하시는 것도 돌아가신 부모를 섬기는 효성으로는 이미 지극한 것이니, 태묘에 들이는 일에 이르러서는 가볍게 논의할 수 없을 듯합니다. 대개 나라의 큰일은 반드시 대신의 의정(議定)을 거쳐야 합니다. 더구나 이처럼 막중하고도 막대한 예이겠습니까? 대신에게 논의하여 정탈(定奪)하시는 것이 어떻겠습니까?"

하니, 전교하였다.

"명분이 이미 정해졌고 추봉하는 은전도 내렸다. 태묘에 들이는 것을 막는 것은 실로 불경에 해당되건만 본조는 저 괴이한 논의를 두려워하여[75] 대신들에게 미루니, 심히 해괴한 일이다. 막중하고도 막대한 일을 확실하지도 않은 몇 마디 말로 막아서는 안 될 것이다. 황제의 명이 내렸어도 부묘하는 것이 불가한 이유와 예위가 비어 있어도 정리와 예법에 흠이 없는 이유를 하나하나 예법에 근거하여 서계(書啓)하라. 그리고 저 괴이한 논의가 지금도 그치지 않아 본조로 하여금 이와 같이 두려워하게 하니, 저 무리들의 소행이 몹시 한심스럽다." -《승정원일기》에 나온다.

○ **같은 달 신해일(27일)**

예조가 아뢰기를,

"신들이 회계에 만번 죽을 것을 무릅쓰고 구구한 견해를 대략 진달하였는데, 엄한 비답이 갑자기 내려 말씀이 매우 준엄하시니, 신들은 황공하고 두려워 벌벌 떨면서 어찌할 바를 모르겠습니다. 신 조익(趙翼)은 당초 예를 논의할 때에 소견이 같지 않아서 시비를 논변하고 할 말을 다해 숨김이 없었습니다만, 지금은 마침 예관(禮官)의 자리에 있어 추숭하는 절목을 받들어 행하고 있으니, 대개 지금의 사체(事體)는 전날과 아주 다릅니다. 전날 논의가 처음 발론되었을 때에는 신하들이 각자 소견을 진술하여 득실을 논할 수 있었으나 지금 명호가 이미 정해졌고 추

75 **저……두려워하여** 대본은 '本曹怪論'인데, 《인조실록》 12년 7월 26일조 기록에 의거하여 '本曹畏彼怪論'으로 바로잡아 번역하였다.

봉하는 은전이 이미 내린 상황인 만큼 신하로서 누가 감히 떠받들지 않겠습니까?

그러나 태묘에 들이는 한 가지 절목에 이르러서는 또한 논의할 점이 있을 듯합니다. 대개 별묘(別廟)에 봉안하더라도, 예수(禮數)와 의물(儀物)을 한결같이 태묘와 같게 하여 조금도 폄하되고 강등한 것이 없게 하면, 나머지 높여 받드는 도리는 조금도 부족함이 없는 것이니, 반드시 태묘에 들인 다음에야 극진함이 되는 것은 아니거니와 태묘에 들이게 되면 또 조천(祧遷)해야 하는 난처한 일이 있습니다. 게다가 옛날의 종묘 제도는 궁을 달리하였으니, 동당이실(同堂異室) 제도는 바로 후세에 만든 것입니다. 그렇다면 예위가 비록 태묘와 다른 곳에 있더라도 해가 되지는 않습니다.

이렇게 생각하면 아마도 이와 같이 하는 것이 혹 변례를 적절히 처리하는 것과 비슷할 듯합니다. 예를 들면 명나라 세종황제(世宗皇帝)가 흥헌제(興獻帝)를 추숭할 때에 장총(張璁)과 계악(桂萼)이 처음부터 끝까지 그 일을 주관하였는데, 태묘에 들이자는 논의에 이르러서는 장총과 계악도 역시 그르게 여겨 따르지 않았으니, 흥헌제를 높여 황고(皇考)라 하고, 그 묘를 예묘라 일컬으면서도 태묘에 들이는 것은 오히려 불가하다고 하였습니다. 그러므로 아마도 별묘에 봉안하는 것이 태묘에 들이는 것보다는 마땅한 측면에서 더 나을 듯합니다. 신들의 구구하고 망령된 헤아림은 이와 같은 데에 불과하나, 이것은 국가의 막중한 일인 만큼 해관(該官)이 감히 마음대로 결단할 바가 아니고, 모름지기 대신과 함께 논의해서 정해야 합니다. 그러므로 감히 얕은 견해를 다 진달하지 않고 대신에게 논의하기를 청했던 것입니다. 지금 서계하라는 하교를 받들고 감히 소회를 숨길 수 없어 황공한 마음으로 감히 아룁니다."

하니, 전교하였다.

"추봉하는 은전이 이미 내렸고 예위 또한 비어 있으니, 예로 볼 때 마땅히 태묘에 들여야 한다. 그런데도 본조에서 처리를 미루고 있으니, 이것은 폄하하고 강등하는 것이 아니고 무엇인가? 부묘해야 하는데 부묘하지 않으면 예를 잃음이 이보다 더 무거운 것이 없으니, 어찌 해가 없을 리가 있겠는가? 대수가 이미 다하면 비록 주공(周公)의 효성으로도 감히 더 향사(享祀)하지 못하는 법이다. 어찌 조천하는 것을 중하게 여겨 아버지를 아버지로 모시지 않는 사람이 있겠는가? 성묘는 이미 조천하지 않는 신위로 되었기 때문에 고조로 일컫지 않으니, 예위를 부묘하더라도 달리 조천할 일은 없다. 그리고 중국 조정의 일은 지금과 현격히 다른데도 본조에서 사리를 살피지 못하고 이를 들어 증거로 삼았으며, 또 장총과 계악을 예를 아는 사람으로 여기고 있으니, 심히 가소롭다." −종묘에 들인 날짜는 〈부묘조(祔廟條)〉에 보인다. 《승정원일기》에 나온다.

추부 追祔

○ **현종 기유년(1669, 현종10) 1월 무술일(4일)**

행 판중추부사 송시열(宋時烈)이 아뢰기를,

"신덕왕후(神德王后) 강씨(康氏)는 바로 태조의 왕비입니다. 승하하신 뒤에 정릉(貞陵)에 장사 지냈고, 국초에는 오히려 고려의 제도를 써서 조석으로 재(齋)를 올렸는데, 태조대왕께서 매우 간절히 그리워하시어 언제나 정릉에 재 올리는 경쇠 소리를 들은 뒤에 수라(水剌)를 드셨다 하니, 태조대왕의 심정을 알 수 있습니다. 그런데 지금은 능침이 파묻혀 제릉(齊陵)[76]만 못하고 또 종묘에 배향되지 못하였으니, 예에 어떠한지 모르겠습니다."

하니, 상이 이르기를,

"나라의 기일 중에 신덕의 기일이 쓰여 있지 않았는데, 처음에 무슨 일로 인하여 이렇게 된 것인지 모르겠다."

하자, 송시열이 아뢰기를,

"이와 같이 우러러 아뢰는 것이 지극히 황공하오나, 태조대왕께서 개국하신 뒤에 정도전 등이 태종대왕을 무함하고 신덕왕후의 아들을 세워 세자로 삼았는데, 일이 실패하여 신덕왕후의 소생인 장혜(章惠)와 소도(昭悼) 두 공[77]이 비명에 죽었습니다. 그 뒤에 신덕왕후의 능소를 성동(成洞)으로 옮겼으니, 이런 까닭으로 태묘에 배향되지 못했다고 합니다."

하였다. 상이 이르기를,

"신덕왕후는 다른 계비와 같지 않다."

하니, 송시열이 아뢰기를,

"이런 말씀을 우러러 아뢰기 매우 미안하나, 고려 때에는 경처(京妻)와 외처(外妻)가 있었던 까닭에 태조께서 잠저(潛邸)에 계실 때에 신덕왕후를 경처로 삼으신 것입니다. 태조대왕께서 은혜와 예의를 극진히 다하셨는데, 지금까지 태묘에 배향되지 못한 것은 진실로 미안한 일입니다. 사안의 본질이 중대하니 널리 조정 신하들과 논의하여 태묘에 배향하고 능의 제도를 고쳐 여러 능과 동일하게 하는 것이 어떻겠습니까? 신

---

76 제릉 태조의 첫째 비인 신의왕후(神懿王后)의 능이다. 신의왕후는 증(贈) 영문하부사(領門下府事) 안천부원군(安川府院君) 한경(韓卿)의 딸이다. 태조가 보위에 오르기 전에 승하하였다. 처음에 시호를 절비(節妃)라고 하였다가 1398년(태조7)에 신의왕후로 추존(追尊)하였고, 1408년(태종8)에 태조가 승하하자 신위를 종묘 제1실에 봉안하였다.

77 장혜와 소도 두 공 장혜는 무안대군(撫安大君) 이방번(李芳蕃)의 시호로 태조의 제7자이다. 처음 시호는 공순(恭順)이었는데, 뒤에 문종(文宗)의 시호를 피하여 장혜(章惠)로 고쳤다. 소도는 의안대군(宜安大君) 이방석(李芳碩)의 시호로 태조의 제8자인데, 1392년(태조1)에 정도전 등의 추대로 세자가 되었다. 두 사람 모두 1398년(태조7)에 일어난 1차 왕자의 난에 희생되었다. 대본은 '昭悼二公'인데,《연려실기술》권1〈태조조고사본말 정릉폐복(貞陵廢復)〉에 의거하여 '章惠' 2자를 보충하여 번역하였다.

은 감히 만번 죽을 것을 무릅쓰고 우러러 진달합니다."

하자, 상이 이르기를,

"내가 천천히 다시 생각해 보고 여러 대신들과 논의하여 처리하겠다."

하였다. ―《예조등록》에 나온다.

○ 같은 달 경신일(26일)

행 판중추부사 송시열이 상소하여 부묘의 일을 거듭 논하였다. ―상소에 대한 비답을 내리지 않았다.

○ 2월 무진일(5일)

옥당이 차자를 올렸다. 부제학 이민적(李敏迪), 응교 남이성(南二星), 교리 윤심(尹深)·이규령(李奎齡), 부교리 김만균(金萬均), 수찬 홍주국(洪柱國), 부수찬 김만중(金萬重) 등이 아뢰기를,

"삼가 아룁니다. 천하의 일은 전에 폐지했다가 뒤에 거행하는 것도 있고, 또 한때 굽혔다가 만세에 펴지는 것도 있으니, 다만 그 일의 시비와 당부를 살필 뿐입니다. 옛날 제왕은 비록 법제와 제도를 구비했던 주나라와 한나라의 성대한 때라도 문구가 빠지고 법전이 누락되어 오히려 후왕이 뒤미처 거행하기를 기다렸으니, 예를 들면 주나라 성왕이 선공(先公)을 추숭하여 높인 일은 무왕이 미처 행하지 못했던 것이고, 한나라의 세종묘(世宗廟)의 제도는 위유(韋劉) 여러 유자들[78]의 논의에서 다시 정해진 것이 많습니다. 이것이 바로 선왕의 뜻을 이루고 선왕의 일을 계술한 것으로 대효(大孝)의 근원이 되는 것입니다. 그러므로 사람의 마음에 편안할 수 없는 것은 먼 옛날의 일이라 하여 버려두는 바가 있어서는 안 되며, 하늘의 이치상 없앨 수 없는 것은 조종(祖宗)이 행하지 않은 일이라 하여 어렵게 여기는 바가 있어서는 안 되니, 이것은 사리가 매우 분명하여 역대로 통용된 의리입니다.

이번 신덕왕후의 능묘에 관한 논의는 대신이 이미 그 단서를 발론하였고 성명께서도 그 말에 감동하시어, 원릉(園陵)의 제도 및 관리를 두고 기물을 갖추는 것을 장차 여러 능과 같게 하도록 하셨으니, 성인의 넓은 효성을 누군들 흠앙하지 않겠습니까? 다만 삼가 들으니, 경연(經

78 **한나라의……유자들** 세종묘는 한나라 효무황제(孝武皇帝)의 묘이다. 한 선제(漢宣帝) 때에 이르러 효무황제의 공덕을 기려 세종묘로 높인 것이다. 이후 위현성(韋玄成)과 유흠(劉歆) 등이 묘제(廟制)에 대해 건의한 기록이 보이는 것으로 보아 위유는 위현성과 유흠의 병칭인 듯한데 세종묘의 제도와 관련해서는 자세하지 않다.

筵)하는 중에 성상께서 부묘 봉사에 관한 한 가지 절차를 오히려 어렵게 여기는 뜻이 있다고 들었습니다. 신들은 삼가 생각건대, 신덕왕후께서는 신의왕후께서 승하하신 뒤를 담당하셨고, 성조(聖祖)께서 나라를 세우신 날을 만나 천자의 고명(誥命)을 받으셨으며, 일국의 국모(國母)로서 중곤(中壼)의 사리에 계신 세월이 몇 년이 됩니다. 지금 선유(先儒) 이색(李穡)이 지은 〈정릉비(定陵碑)〉를 상고하면 또한 '먼저 모씨를 부인으로 맞이하고 뒤에 모씨를 부인으로 맞이하였다.' 하였으니, 본부인과 둘째 부인의 차별이 있었던 것은 아니며, 권근(權近)이 지은 〈흥천사비(興天寺碑)〉에서도 봉함을 받아 곤위에 있었던 실상을 볼 수 있습니다. 또한 〈용비어천가〉는 세종조에 이루어진 것인데도 '신덕왕후'라고 쓰여 있으니, 이것이 또한 위호를 폐하지 않은 분명한 증거입니다. 어찌 다시 근거를 고찰한 뒤에야 알 수 있는 것이겠습니까? 승하하신 뒤에 이르러서는 존호와 시호를 올리는 것을 예관(禮官)에서 폐하지 않았고 향사(享祀)의 의식과 축판(祝板)이 오히려 향실(香室)에 보존되어 있어 태종대왕께서 친히 향축(香祝)을 전하셨으니, 높고 융성한 그 위호와 축식(祝式)은 지금까지 폐지되지 않았고 원릉의 석물(石物)을 갖추어 설치하는 것도 지극히 높여 받들었습니다.

생전에는 정비(正妃)가 되었고 사후에는 존호를 받았으며, 중국 조정에서 고명을 받아 성스러운 태조의 배필이 되셨는데, 유독 태묘에 배향되지 못하는 것이 어찌 인정에 편치 않고 천리에 대단히 어긋나 성스러운 조정의 부족한 전장(典章)이 되고 천고의 유한(遺恨)이 되는 것이 아니겠습니까? 신들은 그 당시 예법을 논의한 신하가 무엇 때문에 이토록 어긋나게 했는지 알지 못합니다만, 알기 어려운 일에 대해서는 그 잘잘못을 뒤늦게 강론할 필요가 없습니다. 선조조(宣祖朝) 신사년(1581, 선조 14) 연간에 대신과 삼사가 또한 일찍이 건의하여 청한 적이 있었으나 성대한 예식을 미처 거행하지 못하고 오늘날에 이르렀습니다. 일이란 참으로 시기가 있는 법이니, 이는 진실로 성스러운 조정이 오늘날 해야 할 책무입니다.

소릉(昭陵)의 복위[79]는 여러 조정을 거쳐 중묘조 때에 비로소 거행하였으니, 조종이 거행하지 않은 바라 하여 어렵게 여겼던 적이 없으며,

[79] **소릉의 복위** 소릉은 문종(文宗)의 비 현덕왕후(顯德王后) 권씨(權氏)의 능호이다. 1441년(세종23)에 단종을 낳고 승하하였는데, 문종이 즉위한 해인 1450년 7월 1일에 왕후로 추숭되었다. 처음에는 안산(安山) 소릉에 장사 지냈으나, 1457년(세조3)에 폐위하여 능을 바닷가로 옮겼다가 1513년(중종8)에 복위하여 현릉(顯陵)으로 개장하였다. 《국역 연려실기술 1집 제4권 문종조고사본말 소릉의 폐위와 복위》

또한 먼 옛날의 일이라 하여 버려 둔 적도 없었습니다. 비록 옛날 일을 가지고 말하더라도 한당(漢唐) 이래로 송나라의 가법(家法)은 가장 순정(純正)하다고 일컬어지는데, 원우황후(元祐皇后)의 위호를 회복[80]한 것을 정자(程子)도 옳게 여겼습니다.

더구나 지금 신덕왕후는 존호가 폐지되지 않았고 정릉의 의물(儀物)도 아직까지 왕후의 형식을 보존하고 있으니, 소릉을 고쳐 봉한 것이나 원우의 위호를 회복한 것처럼 중대하고 어려운 일이 아닙니다. 다만 부족한 전례를 뒤늦게 거행하고 다시 한 단계 나아가 마음과 꾸밈을 갖추어 다하는 것일 뿐입니다. 이렇게 한 다음에야 천리에 합하고 인정에 순응하게 될 것입니다. 일반적으로 국가의 전례와 제사는 비록 관계되는 것이 지극히 중대하지만 미처 겨를이 없었을 수도 있고, 생각이 미치지 못했을 수도 있습니다. 따라서 수백 년을 거치면서 능히 거행하지 못한 것은 그래도 평계할 데가 있으나 논의가 이미 일어나 여론의 의사를 막기 어렵게 된 일에 이르러서는 의리를 헤아려 결단하여 거행하지 않을 수 없습니다. 청컨대 대신과 예관으로 하여금 속히 의정(議定)하여 대례를 완전하게 하소서."

하니, "윤허하지 않는다."고 답하였다. ―《예조등록》에 나온다.

○ 8월 신유일(1일)

조정이 정청(庭請)하였다. ―당일부터 시작하여 연달아 다섯 번을 아뢰었다.―
영의정 정태화(鄭太和), 행 판중추부사 정치화(鄭致和) 등이 백관을 거느리고 아뢰기를,

"신들이 여러 재신(宰臣)과 빈청(賓廳)에 모여 입이 아프도록 애써 청하고 있는 지 벌써 며칠이 지났건만 성상의 비답을 받들 때마다 단지 윤허하지 않는다고만 하교하시니, 이것은 실로 신들의 부족한 성의와 형편없이 졸렬한 글이 성상의 마음을 움직이기에 부족한 소치입니다. 이에 신들은 머리를 모으고 서로 돌아보며 더욱 황공하고 부끄러우면서도 답답한 심정을 견딜 수 없습니다.

이번 신덕왕후를 부묘하는 일은 천리에 질정해도 당연하고 인정에 참작해도 어긋나지 않을 뿐만 아니라 진실로 고금 천하에 바뀌지 않을

80 **원우황후의 위호를 회복** 원우는 송 철종(宋哲宗)의 연호로, 원우황후는 철종 비 맹씨(孟氏)를 말한다. 철종 때 폐위되었다가 휘종(徽宗)이 즉위한 초기에 복위되었다. 《송사 권243 후비열전 하》

떳떳한 법입니다. 삼사(三司)의 신하가 날마다 논계하고, 재야의 선비들이 서로 이어 소장을 올리니, 온 나라의 공론을 여기에서 알 수 있습니다. 전하의 성스럽고 명철함으로 천리와 인정에 미처 통촉하지 못한 바가 있어 여론을 강하게 거부하기를 이렇듯 오래도록 하시는 것입니까?

아, 밝으신 성상께서 어렵게 여기시는 뜻을 신들 또한 모르는 바는 아니나 사안이 종묘에 관계되고 예가 떳떳한 법에 관계되기에 신들이 부득불 윤허를 받을 것을 기약하고 번거롭게 해 드리는 것도 피하지 않는 것입니다. 하물며 전하께서 능침을 복구하고 재각(齋閣)을 세우는 등의 일에 대해 이미 결단하여 쾌히 윤허하신 마당에 부묘를 청하는 것에 이르러 유독 어렵게 여기시니, 이것이 여론이 갈수록 격렬해지는 까닭입니다.

신들은 이에 백관을 거느리고 모두 대정(大庭)에 나아가 다시 이렇게 호소합니다. 삼가 바라건대, 밝으신 성상께서는 속히 윤허를 내리시고 서둘러 부묘의 예를 거행하시어 신명과 사람의 바람에 답하소서."

하니, 답하였다.

"계사의 뜻을 내가 모르는 바는 아니나, 다만 신중을 기해야 하기 때문에 윤허하지 못하는 것이다." −《예조등록》에 나온다.

○ 같은 달 을축일(5일)

조정이 정청하였다. 영중추부사 이경석(李景奭), 영의정 정태화, 좌의정 허적(許積) 등이 백관을 거느리고 아뢰기를,

"오늘날 다투고 있는 일은 바로 백세토록 바뀌지 않을 떳떳한 법인 동시에 바른 의리요 중대한 윤리라는 것을 전후의 계사에서 이미 갖추어 아뢰었습니다. 그런데 어제 받든 성상의 비답에 또 윤허하지 않는다고 하교하셨으니, 신들은 너무도 안타깝고 답답한 심정을 견딜 수 없습니다. 당연한 의리이고 모두 동의하는 공론임을 전하께서도 이미 통촉하고 계신데, 아직도 신중을 기한다 하시며 즉시 윤허하시지 않는 것은 무엇 때문입니까? 성상께서 마음에 신중하게 여기시는 원인이 먼 옛날의 일이라서 가볍게 고치기가 어려운 점을 두고 하시는 말씀이라면, 능침과 재각을 중건한 것도 전대에 행하지 않은 일을 행한 것입니다. 어

찌하여 유독 부묘의 의례에 대해서만 어려워하십니까? 조종에 관계되는 일이라 뒤에 와서 논의하기가 혐의스러움을 두고 하시는 말씀이라면, 실록을 상고해 보더라도 그 일이 조종의 본의에서 나온 것이 아니었음을 알 수 있습니다. 부족한 전례를 뒤에 와서 고치는 것인데 또한 무슨 혐의할 것이 있겠습니까? 능침의 제도와 부묘의 의식은 본시 다름이 없는 것으로 장차 차례차례 거행해야 할 전례인데도 오히려 시비와 가부가 정해지지 않은 일처럼 보시니, 이 점을 신들이 의심하는 것입니다. 일에 임하여 신중한 것이 비록 성인으로서 자세히 살피는 도리이기는 하나 의심할 것이 없는 일을 지나치게 신중하게 한다면 그 또한 《역(易)》에서 말하는 '건단(乾斷)'이나 '쾌결(夬決)'의 의리와는 다릅니다. 삼가 바라건대, 밝으신 성상께서는 다시 망설이지 마시고 성대한 의식을 속히 거행하여 신명과 사람들의 바람을 위로하소서."

하니, 답하였다.

"신중을 기하는 뜻이 끝내 스스로 옳다고만 할 수 없고, 경들도 이렇게까지 청하니, 내 뜻을 버리고 애써 따르겠다. 계사대로 시행하라." -8월 4일에 예문관 봉교 조사석(趙師錫) 등이 차자를 올리고, 같은 달 5일에 감찰 한공필(韓公㻶) 등이 소장을 올려 입계하였다. 《예조등록》에 나온다.

○ 같은 달 을해일(15일)

예조에서 아뢰기를,

"이번 부묘할 때에 신덕왕후께 추상(追上)할 휘호를 대신 및 정부의 동벽과 서벽, 육조의 참판 이상, 관각의 당상이 빈청에 모여 의정하여 아뢰어야 합니다. 따라서 전례에 의거하여 정원으로 하여금 탈 없는 날을 품지(稟旨)한 다음 명초(命招)하여 거행하게 하는 것이 어떻겠습니까?"

하니, "아뢴 대로 시행하라."고 계하하였다. -《예조등록》에 나온다.

○ 같은 달 경진일(20일)

추상할 휘호는 '순원현경(順元顯敬)'이다. -《예조등록》에 나온다.

○ 같은 달 병술일(26일)

예조의 계사에,

"부묘할 길일을 일관으로 하여금 택하게 하였더니, 오는 9월 29일, 10월 1일과 5일이 길하다고 합니다. 이 가운데 10월 5일은 이미 동향대제를 지내는 날로 잡아 보고하였습니다. 과거 신묘년(1651, 효종2)과 신축년(1661, 현종2) 두 해에 치른 부묘제[81]는 추향대제를 지내는 날에 겸하여 거행하였습니다. 이번에는 어느 날로 정하여 거행합니까? 감히 여쭙니다."

하니, "10월 1일로 정하여 거행하라."고 전교하였다. ―《예조등록》에 나온다.

○ 9월 을미일(5일)

예조에서 아뢰기를,[82]

"인견하실 때, 영의정 정태화와 좌의정 허적이 아뢰기를, '종전의 부묘 때는 묘정에서 부알(祔謁)하는 예법이 있었으니, 대왕(大王)은 서쪽 뜰에서, 왕후는 동쪽 뜰에서 설행하였습니다. 그런데 이번에 거행하는 신덕왕후의 부묘 의례는 300년이라는 세월의 공백을 두고 거행하는 것인 만큼 태조(太祖) 제1실 이외에 나머지 각 신실에는 의당 부알례를 거행하는 일이 없어야 하고 단지 제1실에만 거행해야 합니다. 따라서 뜰 가운데에서 부알례를 거행하는 것은 또한 미안한 듯합니다. 신들의 뜻은 월대(月臺) 위의 제1실 앞에 신좌(神座)를 설치하여 거행해야 마땅할 듯한데, 감히 억견으로 정하지 못하겠습니다. 또한 신주를 쓸 장소는 이미 명하신 것이 있으니, 하교하신 대로 거행하겠습니다. 그런데 신주를 쓴 다음에 전(奠)을 올리는 일, 종묘에 들이기 전에 봉안할 처소, 봉안한 뒤에 제(祭)를 올리는 일, 일반적으로 부묘 예절에서는 휘호를 올린 뒤에 신주를 쓰는 것이 당연한 순서이나 지금은 형편상 먼저 신주를 쓰고 난 뒤에 책보(冊寶)를 올려야 하는 등의 일이 모두 변례(變禮)에 관계됩니다. 예조 판서 박장원(朴長遠)이 방금 입시하여 직접 하교를 받들었으니, 그로 하여금 다른 대신 및 유신에게 널리 물어 속히 정탈(定奪)하게 하소서.' 라고 진달하였습니다. 이렇게 아뢴 대로 다른 대신 및 유신에게 논의한 뒤에 여쭈어 정하는 것이 어떻겠습니까?"

---

81 신묘년과······부묘제 신묘년은 인조를 종묘에 부묘할 때이고, 신축년은 효종을 종묘에 부묘할 때이다.

82 예조에서 아뢰기를 대본에는 없으나 문맥을 고려하여 보충하였다.

하고, 또 아뢰기를,[83]

"'윤허한다'고 전교하셨습니다. 대신에게 논의한 결과 영중추부사 이경석은 '이 예는 신이 감히 가볍게 논의할 수 없으나 월대 위의 제1실 앞에 신좌를 설치하여 거행하는 것에는 마땅히 이의가 없습니다. 신주를 쓴 뒤에는 마땅히 전을 올려야 할 듯하고, 종묘에 들이기 전에 봉안할 처소는 대궐 안의 빈 전각으로 하는 것이 마땅할 듯하며, 봉안한 뒤에 제를 올리는 일은 늦추어서는 안 될 듯합니다. 그리고 신주 쓰는 것을 먼저 하고 책보 올리는 것을 뒤에 하는 것도 형편상 마땅히 그래야 할 듯한데, 신은 감히 가볍게 논의할 수 없습니다. 삼가 상께서 재결하소서.' 하였습니다.

행 판중추부사 정치화는 '이번 신덕왕후의 부알례는 제1실 앞에서만 거행해야 하니, 월대 위에 신좌를 설치하는 것은 문제될 것이 없을 듯합니다. 신주를 종묘에 들이기 전에는 마땅히 궁궐의 정결한 빈 전각에 봉안해야 할 듯하고, 신주를 쓰고 전을 올리는 것과 봉안한 뒤에 제를 올리는 것은 모두 거행하지 않을 수 없습니다. 그리고 먼저 신주를 쓰고 뒤에 책보를 올리는 것은 비록 순서에는 어긋나지만 형세로는 그렇게 하지 않을 수 없을 것입니다. 그러나 이 한 절목은 대단히 큰 변례에 관계되니, 신은 감히 억견으로 의견을 올릴 수 없습니다. 삼가 상께서 재결하소서.' 하였습니다.

좌참찬 송준길은 '조정의 막대한 예에 대해 수의하는 거사가 매번 시골에 있는 어리석고 누추한 신에게 미치니, 신은 참으로 황송하여 몸 둘 곳이 없습니다. 이번 변례의 절문에 대해서는 여러 대신이 갖추어 모두 진달하였으니 신은 달리 할 말이 없고, 오직 임시로 봉안할 처소에 대해서 의견을 올립니다. 신주를 쓰는 날부터 종묘에 들이는 날까지 그 사이 날짜가 얼마나 걸릴지 신은 모르겠습니다만, 만약 단지 하룻밤만 지낼 따름이라면 별도로 다른 장소를 구할 필요가 없을 듯합니다. 그렇지 않으면, 신이 일찍이 듣건대 병자호란 이후에 종묘 열성의 여러 신주 가운데 불행히 고쳐 써야 할 것이 있어 대궐 안 빈 전각에서 고쳐 썼다고 합니다. 그 당시에 반드시 임시로 봉안한 장소가 있었을 것이니, 이번에도 그곳을 사용하는 것이 더욱 마땅할 듯합니다. 삼가 상께서 재결하소서.' 하였습니다.

83 하고 또 아뢰기를 원문은 위의 예조 계사와 합해져 있으나 편의상 분리하였다. 이하 이러한 형식은 동일하게 처리하였다.

행 판중추부사 송시열은 병으로 수의하지 못했습니다. 대신과 유신의 뜻이 이와 같으니, 상께서 재결하시는 것이 어떻겠습니까?"

하니, "대신들의 의견대로 시행하라."고 전교하였다. ─《예조등록》에 나온다.

○ 같은 날

예조에서 아뢰기를,

"이번 신덕왕후의 부묘 때 쓸 옥책문을 예문관으로 하여금 지어 올리게 하는 일은 이미 정탈하여 계하되었습니다. 신들이 가만히 들으니, 외부의 논의에 혹 말하기를, '이번 부묘하는 날을 맞아 시책문도 갖추지 않을 수 없다.' 하는데, 당초의 시책문은 태조대왕의 명으로 지은 것입니다. 그때 지은 글을 지금에 와서 찾을 수도 없을 뿐만 아니라, 책보를 추상(追上)한다는 것도 대단히 편치 못한 일입니다. 지난 신묘년(1651, 효종2)에 '난리 때 잃어버린 종묘 각 신실의 책보는 물력이 조금 완비되기를 기다려 만들어서 보완해야 한다'는 하교가 있었고 보면, 이 일은 훗날 당연히 해야 할 일일 듯합니다. 그러나 신덕왕후의 책보를 먼저 부묘할 때 추가로 보완해야 할 것인지는 신들이 마음대로 결정할 수 없습니다. 이러한 일은 사안의 본질이 중대한 만큼 대신 및 유신에게 논의하여 강정(講定)하는 것이 어떻겠습니까?"

하고, 또 아뢰기를,

"답하시기를, '아뢴 대로 하라.'라고 전교하셨습니다. 대신 및 유신에게 논의한 결과 영중추부사 이경석은 '신은 병이 심하여 정신은 흐릿하고 식견은 도무지 헤매기만 하니, 이러한 예절에 대해 어찌 감히 가볍게 논의하겠습니까. 오직 일의 형세로 말한다면, 세대가 이미 오래된 분을 새롭게 높이고 받드는 일인 만큼 의장(儀章)이 갖추어지지 않는 것은 당연한 이치이니, 갖출 수 없는 것이 아니라 감히 갖추지 못하는 것입니다. 억지로 해서 예에 맞는 것을 보지 못했습니다. 어리석고 천박한 신의 견해가 이와 같으니, 삼가 상께서 재결하소서.' 하였습니다.

영의정 정태화는 '신은 이 일에 대해 일찍이 소회를 대략 진달하였으나 상세히 다 말하지는 못했습니다. 지금 수의하는 날을 맞아 감히 그 말을 마치지 않을 수 없습니다. 신덕왕후께 시호를 올리던 처음에 반드시 옥책이 있었을 것이나 그 당시의 책문은 상고할 데가 없습니다. 만약 지금 추가로 갖출 뜻으로 새로 글을 짓는다면 실로 시책의 상규가 아니니, 신은 그것이 어떠할지 모르겠습니다. 또 생각건대, 임진년(1592, 선조25) 이래로 여러 차례 변란을 겪었기 때문에 종묘 안의 제1실에서 제8실까지는 옥책이 하나도 남아 있는 것이 없으니, 신덕왕후의 시책이 없는 것도 이와 다를 것이 없습니다. 신의 생각으로는 이번 부묘 때에 새로 가상한 휘호의 책보를 먼저 받들어 올리고, 시책은 종묘 각 신실의 없어진 옥책과 함께 일시에 자연스럽게 의정하는 것이 옳을 듯합니다. 그러나 신은 본래 학식이 없는 데다 예문에 어두우니, 어찌 스스로 억견을 옳다 할 수 있겠습니까? 오직 널리 물어 성상의 판단으로 결정하시기에 달려 있습니다. 삼가 상께서 재결하소서.' 하였습니다.

좌의정 허적은 '신이 삼가 살펴보니, 신묘년(1651, 효종2) 인조대왕을 부묘할 때에 인열왕후(仁烈王后)의 옥책과 시책을 불행히도 난중에 유실하였는데, 옥책문은 베껴 써서 개비하였으나 시책문은 초본까지 함께 잃어버렸습니다. 그 당시에도 추가로 지어야 하느니 마느니 논의가 정해지지 않았는데, 전교로 인하여 대신에게 논의한 결과 결코 추가로 고쳐서는 안 된다고 주장한 사람은 영의정 김육(金堉)이었고, 그 사유를 갖추어 고하고 고쳐 짓는 것은 문제가 없다고 주장한 사람은 영중추부사 이경여(李敬輿)였습니다. 각각 소견을 고집하여 서로 양보함이 없어서 다시 논의하라는 명이 내릴 즈음에 마침 전사(傳寫)해 놓았던 사람에게서 초본을 얻게 되어 그것을 썼습니다. 두 신하는 모두 학문이 깊고 넓다는 것으로 세상 사람들의 추대를 받았는데도 견해가 다름이 이와 같았으니, 대개 대례 가운데 변례는 중도를 얻기가 어렵기 때문입니다. 하물며 신같이 학문이 보잘것없고 예에 어두운 자가 어찌 능히 정도와 권도 사이에서 쉽사리 논의할 수 있겠습니까? 그러나 이미 하문을 받들었으니, 또한 감히 모른다고 말할 수는 없습니다. 가만히 생각건대, 신덕왕후께 시호를 올리던 처음에 만약 책문이 있었다면 반드시 태조대왕의 명으로 제체(齊體)[84]라는 말을 썼을 것이고, 종묘에 고한 뒤에 시행했을 것입니다. 그런데 지금에 와서 추가로 갖춘다면 너무도 미안한 일이 아니겠습니까? 김육이 헌의 및 계사에 이른바 「지금 고친 책문을

84 **제체** 남편과 한 몸이라는 의미로 아내라는 뜻이다.

선왕의 명으로 간주하는 것도 잘못된 것이고, 전하의 분부를 받들었다는 것도 안 될 일입니다. 그렇다고 책문 안에 유실된 사유를 기재한다면 이것은 바로 고사(告辭)이지 시책의 체제가 아닙니다.」라고 한 것은 아마도 바꿀 수 없는 논의일 것이니, 지금 책문을 고치는 것이 미안한 것도 이와 다를 것이 없습니다. 하물며 이번에 추상하는 휘호는 이미 책도 있고 보(寶)도 있는 만큼 의장의 도수(度數) 또한 갖추어지지 않았다고 말할 수 없습니다. 또 신이 삼가 들으니, 종묘 제1실에서 제8실까지는 열성의 책보가 여러 차례 변고를 겪어 하나도 남아 있는 것이 없다고 합니다. 훗날 마땅히 인조의 수교(受敎)를 받들어 의정하는 일이 있어야 할 것이니, 신덕왕후의 시책을 추가로 갖출 것인지는 그때 다시 논의하는 것도 혹 하나의 방법일 것입니다. 그러나 보잘것없는 말이라 족히 채택할 것도 못 됩니다. 오직 널리 물어서 성상의 결단으로 정하는 것에 달려 있습니다. 삼가 상께서 재결하소서.' 하였습니다.

행 판중추부사 정치화는 '삼가 예조의 계사를 보니, 외부의 논의가 이번 신덕왕후를 부묘할 때에 시책도 갖추지 않을 수 없다고 하였다는데, 이러한 논의는 어디에 근거한 것인지 모르겠습니다. 당초에 이미 시호를 올렸을 텐데 세대가 오래되어 옥책이 남아 있지 않은 것은 종묘 각 신실의 책보가 난리를 겪으면서 없어진 것과 다름이 없습니다. 지금에 와서 추상하는 것은 몹시 편치 않을 듯합니다. 그러나 이처럼 막중한 예절에 대해 신은 감히 억견으로 의견을 올릴 수 없습니다. 삼가 상께서 재결하소서.' 하였습니다.

좌참찬 송준길은 '신은 본래 식견이 없는 데다가 조정의 예법에 대해서는 더욱 어둡습니다. 그런데도 매번 하문을 받고, 그때마다 번번이 억견으로 답을 하게 되니, 황송하고 부끄럽기 짝이 없습니다. 이번 신덕왕후의 시책을 추가로 보완하는 일은 막중하고도 막대하여 실로 어떻게 하여야 알맞을지 모르겠습니다. 그렇지만 가만히 생각해 보면, 개국한 초기에는 예악과 문물이 구비되지 못했을 터이니 시책 문자가 있었는지는 참으로 기필할 수 없습니다. 설령 있었다가 유실되었다 하더라도 지금 수백 년을 부족한 채로 있어 온 전례(典禮)를 수개(修改)하는 것인 만큼 그에 관계된 모든 예절이며 의장들은 모두 일반적인 규례와 달라야 할 것이니, 마땅히 후한 쪽을 따라야지 줄이는 쪽으로 따라서는 안 될 것입니다. 만약 「종묘 안에도 불행히 구비되지 못한 곳이 많은데 이에 대해서만 어찌 꼭 구비하려고 하는가.」라고 한다면, 사리로 볼 때 당연히 그렇지 않은 점이 다분히 있습니다. 구비되지 못한 것을 이번 일로 인해 추가로 구비하는 것이 옳지, 당연히 구비해야 할 것을 저 구비되지 못한 것으로 인해 구비하지 않는 것이 어찌 옳겠습니까? 별도로 사신(詞臣)에게 명하여 글을 소급하여 짓되 사실을 갖추어 기술하도록 하는 것을 그만둘 수 없을 듯합니다. 문장을 짓는 사이에 말을 구사하는 것은 글을 짓는 자의 능력에 달려 있는 만큼 자연 자상하고 원만하게 할 수 있을 것이니, 무엇을 걱정하겠습니까? 어리석은 신의 억견이 이와 같으니, 삼가 상께서 재결하소서.' 하였습니다.

행 판중추부사 송시열은 병으로 수의하지 못하였습니다. 대신과 유신의 의견이 이와 같으니, 상께서 재결하시는 것이 어떻겠습니까?"

하니, "지금은 우선 여러 대신들의 의견대로 시행하라."고 전교하였다. ─ 《예조등록》에 나온다.

○ **같은 달 갑인일(24일)**

예조의 계목(啓目)에,

"계하된 문건을 첨부하였습니다. 대신에게 논의한 결과 영중추부사 이경석은 '신은 늙어서 정신이 흐릿하니 변례를 어찌 감히 논의하겠습니까? 그러다 보니 전에도 억견으로 헤아려 찬정(撰定)함을 면하지 못하였습니다. 지금이라고 어찌 전과 다르겠습니까? 신이 가만히 반복하여 생각해 보건대, 먼저 고한 뒤에 책보를 올리는 것이 절차로는 옳으나 오늘날의 일은 변례에서 나온 것인 만큼 예에 변통이 없을 수 없으니, 대개 그렇게 하지 않을 수 없어서입니다. 절목이 이미 우주(虞主)와 연주(練主)가 있는 예와 달라 비록 먼저 고하고자 해도 의거하여 고할 데가 없습니다. 억지로 안배하여 할 경우 비록 따로 날을 잡는다 하더라도 신주를 썼다가 곧바로 고쳐 써야 하니, 유독 미안한 결과가 되지 않겠습니까? 신은 감히 가볍게 논의할 수 없습니다. 삼가 상께서 재결하소서.' 하였습니다.

영의정 정태화는 '당초 예조에서 마련한 절목은 신이 이미 참여하여 들은 것이고, 어제 도감에서 올린 회계에서도 신의 뜻을 진달하였으므로 지금 받든 하문에 다시 달리 논의할 것이 없습니다. 삼가 상께서 재결하소서.' 하였습니다.

　좌의정 허적은 '신덕왕후의 신주를 쓰는 절목은 이미 일반적으로 거행하는 예와는 다르고, 변례는 논의가 일치하지 않는 것이 당연합니다. 아직 올리지 않은 휘호를 먼저 쓰고 뒤에 책보를 올리는 것은 과연 선후의 순서를 잃은 것에 대한 미안함이 없지 않으니, 옥당의 유신이 올린 차자는 참으로 일리가 있습니다. 그러나 신의 어리석은 생각으로는 신주를 쓰는 예법은 중대한 예이니, 신주를 쓰자마자 곧바로 고치는 것도 매우 미안합니다. 이렇게 하나 저렇게 하나 미안하기로는 마찬가지이니, 오직 미안한 정도가 어떠한가를 참작하고 헤아려서 처리해야 할 것입니다. 일찍이 신묘년에 신은 찬례(贊禮)로서 인열왕후의 신주를 고쳐 쓰는 예에 배참(陪參)했습니다. 일이 사가(私家)의 앞면에 분을 바른 신주와 다르기 때문에 할 수 없이 칼이니 사포니 하는 물건들을 섞어 써서 깎아 제거하고 갈아 바로잡았는데, 그 당시에 두렵고 불안했던 마음이 지금도 마음에 남아 잊을 수가 없습니다. 응당 고쳐 써야 하는 신주는 비록 미안함을 피하여 이 때문에 안 고칠 수는 없으나 지금은 잠시 선후의 순서 때문에 예에 없는 예를 억지로 적용하여 신주를 쓰자마자 곧바로 고쳐 써서 깎아 제거하고 갈아 바로잡는다면 문(文)이 질(質)을 이겨 예가 지나치면 마음이 떠난다는 것에 가깝지 않겠습니까. 이에 대한 미안함이 어찌 도리어 선후의 순서가 조금 어긋나는 것보다 심하지 않겠습니까? 신은 이에 대해 또 한 가지 할 말이 있으니, 휘호를 청하는 문제입니다. 방금 실록을 상고해 보았는데, 만약 태묘에 청한 뒤에 휘호를 먼저 쓴 뜻을 신주를 쓰는 글에 겸하여 진술하면 비록 신주를 쓰는 것을 먼저 하고 책보를 올리는 것을 뒤에 하더라도 예절에 크게 해롭지는 않을 듯합니다. 신주를 쓰고 책보를 올리는 예절에 이르러서는 절목이 본래 번다하지 않으니, 하루에 함께 거행하더라도 시간에 쫓겨 허둥댈 염려는 없을 듯합니다. 신은 예에 대해서는 본래 어두운데, 매번 하문을 받들 때마다 번번이 억견을 진달하여 일은 근거가 없고 말은 채택하기에 부족하니, 송구하고 부끄럽기 짝이 없습니다. 삼가 성상의 재결을 기다립니다.' 하였습니다.

행 판중추부사 정치화는 '이번 신덕왕후의 신주를 쓰는 한 절목에 관해 지난날 하문했을 때에 신은 이미 신주 쓰는 것을 먼저 하고 책보 올리는 것을 뒤에 하는 것이 비록 순서에는 어긋나지만 형세로는 그렇게 하지 않을 수 없다는 뜻으로 우러러 답하였습니다. 신덕 두 글자를 먼저 썼다가 곧바로 고쳐 쓰는 예가 신은 합당한 것인지 모르겠습니다. 그러나 신은 본래 예문에 어두워 감히 가볍게 논의할 수 없습니다. 삼가 상께서 재결하소서.' 하였습니다.

행 판중추부사 송시열은 지방에 있습니다. 대신의 뜻이 이와 같으니, 상께서 재결하시는 것이 어떻겠습니까?"

하니, "논의한 대로 시행하라."고 계하하였다. —《예조등록》에 나온다.

○ 같은 날

이조 판서 조복양(趙復陽)이 서계(書啓)하였다.

"신이 명을 받들어 강화(江華)의 사각(史閣)으로 가서 보니 추숭하고 부묘했을 때의 의궤(儀軌)는 없었습니다. 그런데 기왕 사고(史庫)를 열었고 또 이미 치계(馳啓)한 터라 삼가 인조조의 임신년(1632, 인조10)과 을해년(1635)[85] 두 해의 실록을 살펴보았습니다. 그 결과 추숭하고 부묘하는 예절 가운데 시호를 청하고 종묘에 고하는 한 가지 사안에 대해서는 나온 데가 없는데, 임신년 4월[86] 임신일(5일)에 예조에서 올린 계사에 '추숭하고 옥책을 올리는 의주(儀註)를 방금 마련하였습니다. 그런데 성묘조 때의 의주에는 「옛날 신주에 옥책을 올린 뒤에 비로소 신주를 고쳐 쓴다.」 하였고, 광해군 때에는 「먼저 새 신주를 쓰고 나서 새 신주에 옥책을 올린다.」 하였습니다. 어느 것이 옳은지 모르겠으니, 대신에게 논의하소서.' 라고 하였고, 대신이 성묘조의 고사를 따라야 한다고 하여 따랐습니다. 그리고 5월 기해일(2일)에는 승화전(承華殿)에서 추숭하고 책보를 올리는 예를 거행하였고, 갑자일(27일)에 상이 승화전에 나아가 대왕대비의 신주를 숭은전(崇恩殿)으로 옮겨 봉안하였으며, 을해년 3월 기사일(19일)에는 상이 숭은전에 나아가 신련(神輦)에 모셔 태묘에 들이고 이튿날 부묘례를 거행하고 대사면을 행한 것으로 되어 있습니다. 기록이 단지 이와 같고, 시호를 청하고 종묘에 고하는 예절을

85 **인조조의 임신년과 을해년** 임신년은 인조의 생부인 정원대원군(定遠大院君)을 원종(元宗)으로 추숭한 해이고, 을해년은 원종을 종묘에 부묘한 해이다.

86 **4월** 대본은 '三月'인데,《인조실록》10년 4월 5일조 기록에 의거하여 '四月'로 바로잡아 번역하였다.

기록한 데는 모두 없었습니다. 감히 아룁니다.”

예조의 계목에,

“계하된 문건은 첨부하였습니다. 이 서계를 보니, 강화의 사고 안에는 임신년(1632, 인조10)의 추숭 의궤가 없고, 상고한 실록에도 시호를 청하고 종묘에 고하는 의절을 기록한 데가 없다고 하였습니다. 이번 신덕 왕후의 시호를 청하고 종묘에 고하는 의절은 상고하여 근거할 만한 데가 없어서 결정에 어려움이 있습니다. 신들의 의견으로는 빼놓음으로써 흐지부지 절차가 없기보다는 차라리 시호를 청하는 것과 휘호를 추상하는 뜻을 종묘에 미리 고하는 제사의 축문 안에 첨가하여 넣는 것이 낫지 않을까 싶습니다만, 사안이 중대한 만큼 대신에게 속히 논의하여 품정(稟定)하는 것이 어떻겠습니까?”

하니, “아뢴 대로 윤허한다.”고 계하하였다. 또 아뢰기를,

“전교하셨습니다. 대신에게 논의한 결과 영중추부사 이경석, 영의정 정태화, 좌의정 허적, 판중추부사 정치화는 ‘이미 본떠서 행할 만한 전례가 없으니, 예조의 계목대로 시행하는 것 외에 달리 논의할 것이 없습니다. 그런데 신덕 두 글자의 시호는 바로 초상 때에 올린 것이니, 지금 고사(告辭)에 청(請) 자의 뜻을 쓰는 것은 마땅하지 않습니다. 과거에 올린 시호와 추상한 휘호를 신주에 쓰고 부묘하는 까닭을 말을 만들어 짓는 것이 마땅할 듯합니다. 삼가 상께서 재결하소서.’ 하였습니다.

행 판중추부사 송시열은 지방에 있습니다. 대신의 뜻이 이와 같으니, 상께서 재결하시는 것이 어떻겠습니까?”

하니, “논의한 대로 시행하라.”고 계하하였다. ―《예조등록》에 나온다.

추상 존호追上尊號

○ **성종대왕 을미년**(1475, 성종6) **1월 을축일**(15일)

공정대왕(恭靖大王)의 아들 무림군(茂林君) 이선생(李善生) 등이 상서(上書)하기를,

"예종대왕께서 기축년(1469, 예종1)에 공정대왕의 묘호를 일컬어 희종(熙宗)이라 하고, 장차 세조대왕과 동시에 부묘하라는 성명(成命)을 이미 내리시고는 갑자기 승하하셨습니다. 성상께서 즉위하신 지 지금 7년인데, 아직까지 시행되지 않고 있어 신들은 그저 애가 탈 뿐입니다."

하였는데, 묵살하고 내리지 않았다. —실록에 나온다.

○ **숙종 신유년**(1681, 숙종7) **5월 경오일**(18일)

예조에서 아뢰기를,

"교정청(校正廳)의 계사에 '어첩(御牒)'을 방금 수정하였습니다. 그런데 열성의 묘호 가운데 공정대왕의 묘호만이 빠져 있었고, 전후의 실록을 상고할 때에도 역시 나온 데가 없었습니다. 많은 사람들이 모두 의혹을 가졌으나 오래된 조종조의 일이라서 감히 상세히 알 수가 없었습니다. 신들이 고 해평부원군(海平府院君) 윤근수(尹根壽)의 집에 소장(所藏)하고 있는 소설(小說)을 얻어 보았는데, 거기에 「지난해에 내가 대언(代言)을 맡아 은대(銀臺)에 있으면서 마침 양도대왕조(襄悼大王朝)의 《승정원일기》를 살펴보게 되었는데, 하루는 전교에, 공정대왕은 종사(宗社)에 득죄한 것도 아닌데도 묘시(廟諡)가 없으니, 이것은 부족한 전장(典章)이다. 이제 시호를 올리는 것이 마땅하다고 하고, 마침내 시호를 안종(安宗)이라고 하였는데, 그 후로 그대로 공정이라 일컫고 안종이라는 시호는 끝내 폐지하고 일컫지 않았으니 무슨 까닭인지 모르겠다. 마땅히 본조의 전고(典故)에 널리 통달한 자를 기다려 상량해 보아야 할 것이다.」라는 내용이 있었습니다. 윤근수는 선묘조의 중신으로 《승정원일기》에 있는 이러한 기록을 직접 보았을 것이니, 그 말은 믿을 수 있는 증거로 삼을 만합니다. 조종의 묘호는 사안의 본질이 중대합니다. 일찍

이 안종으로 논의하여 올린 사실이 있다는 것을 이미 알게 된 이상 여전히 빠진 채로 놔두어서는 안 될 것입니다. 그러나 또한 고증을 삼을 수 없는 사적인 기록을 가지고 선뜻 수백 년 동안 빠져 있었던 묘호를 정한다는 것도 어렵습니다. 청컨대 예관으로 하여금 속히 대신들에게 논의하여 징틸하게 해서 미진하다는 후회가 없도록 하는 것이 어떻겠습니까?' 하니, '아뢴 대로 하라.'고 전교하셨습니다.

대신에게 논의한 결과 영의정 김수항은 '공정대왕의 묘호만 빠져 있는 것은 사실 많은 사람들이 의심하지 않을 수 없는 일입니다. 그런데 어떤 사람은, 공정대왕은 지극히 겸손한 덕이 있어 의장(儀章)과 칭호에 관한 모든 것을 덜고 낮추기에 힘썼으니, 묘호를 올리지 않은 것도 대왕의 유지(遺旨)를 따라 받든 데서 나온 것이라고 말하나 이 역시 벼슬아치들 사이에 유전된 말로 사실 여부는 알 수 없습니다. 예종조에 안종이라는 묘호를 추상했다는 것에 이르러서는 신은 진실로 식견이 고루한 후생이라 이전에 들은 바가 없지만, 해평부원군 윤근수는 명종과 선조 양 조정의 명신으로서 《은대일기(銀臺日記)》를 직접 보고 그 일을 집에 보관하는 개인적인 글에 밝혀 놓기까지 하였으니, 그 말의 신빙성은 다른 유전된 말에 비할 것이 아닙니다. 그러나 생각건대, 단지 사가(私家)의 기록을 근거로 수백 년 뒤에서 단정하여 곧장 어판(御版)을 수정하여 고치는 것은 아마도 사안의 본질을 중대하게 여기는 뜻이 아닐 듯합니다. 실록을 상세히 상고하여 처리하도록 해야만 미진하다는 후회가 없을 것입니다. 삼가 상께서 재결하소서.' 하였습니다.

행 판중추부사 김수흥(金壽興), 행 판중추부사 정지화(鄭知和), 좌의정 민정중(閔鼎重), 우의정 이상진(李尙眞)은 영의정과 의견이 같습니다. 영중추부사 송시열은 지방에 있어 수의하지 못하였습니다. 대신의 뜻이 이와 같으니, 상께서 재결하시는 것이 어떻겠습니까?"

하니, "논의한 대로 시행하라."고 전교하였다. -《예조등록》에 나온다.

○ 7월 경진일(29일)

예조에서 아뢰었다.

"이번 7월 23일, 대신과 비국 당상을 인견하는 자리에 입시했을 때에 부교리 오도일(吳道一)이 아뢰기를, '제왕의 묘호는, 진(晉)나라 이전은 공렬이 있는 제왕을 제외하고 반드시 모두 묘호가 있었던 것은 아니나 당(唐)나라 이후로는 나라를 다스린 임금으로 묘호가 없는 임금은 없었습니다. 그러니 우리 공정대왕의 묘호를 빠뜨리고 거행하지 않은 것은 참으로 막대한 흠전(欠典)이 됩니다. 당초에 묘호를 논의하지 않은 것이 무엇 때문인지 비록 알 수 없으나 아직까지 추상하자는 논의를 한 일이 없는 것은 대개 지금까지 해 온 대로 따르기만 하여 생각이 미치지 못한 데서 나온 것입니다. 국가의 사체는 아무리 작은 일이라 하더라도 진실로 터럭 하나라도 의리에 미진함이 있으면 한 시대의 인심을 만족시킬 수 없고 후세의 비판적 논의를 끊을 수 없습니다. 하물며 이러한 종묘의 더없이 중한 전례이겠습니까? 신덕왕후를 부묘하는 일은 여러 대의 조정이 지금까지 해 온 대로 답습하여 미처 거행하지 못했던 것인데, 선조(先朝)에 와서야 비로소 거행하였습니다. 지금도 상께서 스스로 마음을 결정하시고, 대신에게 물어 속히 부족한 전장을 거행한다면 명분을 바로잡는 일로 이보다 더 큰 일은 없을 것입니다.' 하니, 상께서 이르시기를, '열성이 모두 묘호가 있는데 유독 공정대왕에게만 빠뜨리고 거행하지 않았으니, 진실로 흠전이라 하겠다. 해조로 하여금 대신에게 수의하여 품처하게 하는 것이 옳을 것이다.' 라고 전교하셨습니다.

대신에게 논의한 결과 행 판중추부사 김수홍은 '예에 「시호는 행실을 더듬은 것이고 묘호는 공로를 표출한 것이다.」 하였으니, 이것은 천지와 일월의 의리를 본받아 공덕을 후세에 표출하기 위한 것입니다. 삼대 시대에는 단지 시법(諡法)만 있었습니다. 그렇기 때문에 공이 있는 왕에게는 조(祖)를 붙이고 덕이 있는 왕에게는 종(宗)을 붙여 특별히 묘호를 세우는 것은 시호를 짓는 일반적인 전례와 아주 다릅니다. 한나라가 흥기하고 나서 서경(西京) 시절에 존칭을 얻은 왕은 세 분입니다. 세조 이후로 연달아 묘호를 올렸지만 헌제(獻帝) 초에 화제(和帝) 이하는 오히려 종으로 일컫기에 걸맞지 않다 하여 제거하였습니다. 그러다가 당나라가 대대로 대를 이어 왕이 되면서부터는 으레 묘호를 가상하고 자의(字義)의 좋고 나쁨을 모두 시법에 부쳤는데, 송나라를 거쳐 지금까지 그 법을 준행하여 고치지 않았으니, 비록 재위 기간이 짧은 임금이나 나중에 추숭한 임금이라 하더라도 모두 하나의 종 자를 잃지 않아 마침내 높이고 보답하는 성대한 전례가 되었습니다. 우리 성스러운 조정에서도 이 제도를 써서 열성이 승하한 뒤에는 곧 응당 행할 성대한 전례로 삼았습니다. 공정대왕만 유독 묘호가 빠져 있는 것은 비록 당시에 어떠한 곡절이 있었는지는 자세하지 않습니다만, 공정대왕은 책명(冊名)을 받아 세자의 자리에 오르셨고, 이어 부왕의 선위를 받아 3년 동안 나라를 다스리다가 선위하고 물러나셨습니다. 태종께서 즉위하여 높여 상왕으로 삼으셨고, 세종께서 선위를 받은 뒤에 두 분 성군을 지성으로 높이고 받들었던 것은 고금의 장고(掌古)에 기록되어 미담으로 전해지고 있습니다. 승하하시자 중국 조정에서 제사와 시호를 내려 은혜와 예식을 최고로 갖추었으니, 비록 평소 지극히 겸손한 덕으로 일마다 줄이고 덜었다 하더라도 옛사람이 이른바 「성대한 덕과 위대한 업적은 호가 아니면 선양할 수 없다.」라고 한 것을 끝내 거행하지 않았으니, 이것은 실로 성대한 조정의 부족한 전례이거니와 중간에 추상하자는 논의가 있었다가 거행되지 못한 것은 더욱 그 까닭을 알지 못하겠습니다. 지금 우리 성상께서는 경건히 옛 교훈을 받들고 성대한 덕업(德業)을 발양하여 폐지되고 실추된 것을 닦고 밝히며 조종을 더욱 빛내기 위한 모든 것들에 이르지 않는 바가 없으신 만큼 여러 사람의 논의를 널리 채택하여 300년 동안 미처 하지 못한 전례를 속히 거행하려 하시니, 어찌 신명과 사람의 바람에 흡족히 들어맞지 않겠습니까? 다만 생각건대, 묘호를 추상하는 것은 사안의 본질이 지극히 중대하니, 여러 신하들에게 거듭 명하여 논의를 모아 정하는 것은 아마도 그만둘 수 없을 듯합니다. 삼가 상께서 재결하소서.' 하였습니다.

　행 판중추부사 정지화는 '우리 조정의 열성은 모두 묘호가 있는데, 공정대왕에게만은 빠뜨리고 거행하지 않았습니다. 지금까지 해 온 대로 답습하여 미처 하지 못한 것이라면 진실로 미흡한 전례가 되니, 이번의 추상하자는 논의는 예에 마땅할 듯합니다. 그러나 여러 대의 조정을 거치며 미처 하지 못했던 것을 또한 가볍게 논의하여 결정할 수는 없으니, 예를 아는 유신에게 널리 하문하여 거행하는 것이 실로 신중함을 다하는 도리에 합합니다. 삼가 상께서 재결하소서.' 하였습니다.

좌의정 민정중은 '신이 삼가 살펴보건대, 한나라 경제(景帝) 초년에 많은 신하들의 논의로 고제(高帝)에게는 태조 묘호를, 문제(文帝)에게는 태종 묘호를 올렸으나 혜제(惠帝)에 대해서는 단지 효혜황제(孝惠皇帝)로만 일컬었습니다. 지금 우리 태종대왕 역시 한나라의 문제와 같다고 보면 당시의 정론을 대개 알 수 있으니 부족한 전례라고 말할 수는 없을 듯합니다. 그러나 문종대왕 이후의 열성이 모두 묘호가 있거니와 심지어 덕종과 원종대왕을 추숭할 때에도 역시 묘호를 올렸고 보면 다시 당나라의 제도를 따라 쓴 듯합니다. 한 종묘 안에서 한나라와 당나라의 제도를 섞어 쓰는 것은 진실로 미안합니다. 지금 공정대왕에게 묘호를 추상하는 것은 고금의 예법에서 찾아보더라도 예에 어긋나는 점은 볼 수 없습니다. 그러나 생각건대, 묘호를 의정하는 것은 참으로 막중하고 막대한 일이거니와 여러 대의 조정에서 미처 하지 못한 것을 뒤에 와서 거행하는 것은 더욱 드문 전례인 만큼 한두 사람의 말로 가볍고 쉽게 결정해서는 안 될 것입니다. 반드시 조정의 논의를 널리 물어 모두의 의견이 일치된 뒤에 거행한다면 신중함을 다하는 도리에 합할 것입니다. 삼가 상께서 재결하소서.' 하였습니다.

영의정 김수항, 우의정 이상진은 병으로 수의하지 못하였고, 영중추부사 송시열은 지방에 있어 수의하지 못하였습니다. 대신의 뜻이 이와 같으니, 상께서 재결하시는 것이 어떻겠습니까?"–《예조등록》에 나온다.

○ 같은 달 무인일(27일)

주강(晝講)에 입시하였을 때이다. 참찬관(參贊官) 이유(李濡)가 아뢰기를, "지난번 연신(筵臣)의 주달로 인하여 공정대왕의 묘호를 해조로 하여금 대신에게 논의하여 품처하게 하라는 명이 있으셨습니다. 이 일은 여러 대의 조정에서 하지 못한 미흡한 전례인데, 지금 마침내 소급하여 거행하게 되었으니, 어찌 성덕(盛德)의 일이 아니겠습니까? 다만 생각건대, 묘호를 소급하여 논의하는 것은 사안의 본질이 막중하여 대군을 추봉한 일[87]과는 같지 않습니다. 그런 만큼 한 연신의 말로 인하여 규례를 따라 대신에게 논의하는 것으로 끝내서는 안 되니, 마땅히 공경(公卿)으로 하여금 빈청(賓廳)에 모여 논의하도록 하는 거사가 있어야 할 듯합니다."

[87] 대군을 추봉한 일 세조 때 강등되었던 노산군(魯山君)을 대군으로 추봉한 일을 말한다. 공정대왕의 묘호 논의가 있기 바로 전인 1681년(숙종7) 7월 21일에 추봉하였다. 참고로 1698년 11월 6일에 이르러 노산대군을 복위하고 단종(端宗)이라는 묘호를 올려 영녕전(永寧殿)에 신위를 봉안하였다. 《숙종실록》

하였다. 시독관(侍讀官) 오도일(吳道─)이 아뢰기를,

　"이것은 바로 소신이 연석에서 아뢴 일인데, 지금 이 말을 들으니, 과연 옳습니다. 신 한 사람의 말로 단지 해조로 하여금 대신에게 논의하여 품처하게 하는 것은 실로 그 일을 중요하게 하는 뜻이 부족합니다."

하고, 지사(知事) 김석주(金錫胄)는 아뢰기를,

　"이 일은 중대하니, 대신 및 2품 이상, 예조의 당상, 삼사의 장관으로 하여금 모여 논의하게 하는 것이 마땅하겠습니다."

하니, 상이 이르기를,

　"묘호를 소급하여 논의하는 것은 사안의 본질이 과연 대군을 추봉한 일과는 다르니, 승지의 말이 참으로 옳다. 정원은 아무 탈이 없는 날에 여러 대신 및 육경과 예관, 삼사의 장관을 모두 패초하여 빈청에서 모여 논의하게 하는 것이 좋겠다."

하였다. ─《예조등록》에 나온다.

○ 예조에서 아뢰기를,

　"공정대왕께 추상할 묘호를 대신에게 논의하여 품처하라는 명이 내려 대신에게 이미 수의하여 왔는데, '대신 이하는 빈청에 모여 논의하라.'는 명을 지금 보았습니다. 이 수의는 써서 들이지 말아야 합니까? 감히 이렇게 우러러 여쭙니다."

하니, "써서 들이지 말라."고 전교하였다. ─《예조등록》에 나온다.

○ 8월 을사일(25일)

　빈청에서 계사를 올렸다.

　"신들이 명을 받들어 빈청에 와서 공정대왕의 묘호를 추상하는 일로 겸 이조 판서 김석주, 행 형조 판서 남용익(南龍翼), 행 예조 판서 여성제(呂聖齊), 행 대사헌 조사석(趙師錫), 호조 판서 정재숭(鄭載嵩), 예조 참판 안진(安縝), 홍문관 부교리 박태손(朴泰遜), 사간원 정언 권지(權持)와 서로 논의하였습니다. 그 결과 김석주는 '조(祖)는 공이 있는 왕을 일컫고 종(宗)은 덕이 있는 왕을 일컬어 모두 조천하지 않는 신주로 삼는 것은 옛날의 제도입니다. 오직 우리 공정대왕께서는 일찍이 사직(社稷)을 안정시킨 공이 있고, 또 나라를 선위한 덕이 있으니, 아무리 아름다운 칭호를 추상하더라도 누가 감히 그 사이에 다른 논의를 하겠습니까? 다만 종묘 칠세(七世)의 제도[88]로 말하면, 우리 덕종(德宗)을 추숭하는 예가 이루어진 날을 당해 공정대왕의 묘주는 이미 조천되었습니다. 200년이 지난 지금에 이르러 장차 묘호를 다시 어디에 시행한단 말입니까? 국가의 제도가 전고(前古)에 탁월하니, 영녕전(永寧殿)의 건설은 바로 훼묘(毁廟)한 신주를 봉안하기 위한 것입니다. 후릉(厚陵)과 현릉(顯陵)[89] 이하는 응당 칠실(七室)을 벗어나 있어 모두 체천된 만큼 모셔다가 1년에 한 번 향사하는 예를 거행하면 됩니다만, 이미 끊어진 의식(儀式)을 체천한 뒤에 수정하는 것에 이르러서는 옛날의 예와 한참 차이가 날 듯합니다. 오직 밝으신 성상께서 널리 묻고 면밀히 생각하여 처리하시기에 달려 있습니다.' 하였습니다.

남용익, 조사석, 정재숭은 '우리 조정의 열성은 모두 묘호가 있는데, 유독 공정대왕에게만은 이 예가 빠졌습니다. 반드시 까닭이 있을 것이나 그 사이에 연대가 오래되어 증거 삼을 만한 글이 없습니다. 비록 가볍게 논의할 수는 없더라도 왕위에 오르셨고 수명을 다하셨으며, 게다가 중국 조정의 시호도 받은 만큼 유독 묘호가 없는 것은 진실로 미흡한 전례가 됩니다. 지금이라도 소급하여 거행하는 것이 사의(事宜)에 합당할 듯합니다.' 하였습니다.

여성제, 안진, 박태손, 권지는 '우리 조정의 열성에게 모두 묘호를 올렸는데, 유독 공정대왕만 묘호가 없으니 빠진 전례를 소급하여 거행하는 것이 실로 사의에 합당합니다. 그러나 막중한 전례를 감히 가볍게 논의할 수 없으니, 오직 성상께서 널리 물어 처리하시기에 달려 있습니다.' 하였습니다.

신 수항, 신 수홍, 신 지화, 신 정중, 신 상진[90]의 의견은 다음과 같습니다. '제왕이 묘호를 두는 것은 당나라와 송나라 이래로 모두 그렇게 하지 않은 이가 없으니, 이를 준행하여 역대(歷代)의 정해진 제도가 되었습니다. 우리 조정의 열성도 모두 묘호를 두었는데, 유독 공정대왕에게만 빠져 있어 칭호가 없습니다. 당초에 묘호를 올리지 않은 까닭을 비록 알 수 없지만, 지난날 강도(江都)의 실록을 상고한 것을 보아도 명

88 칠세의 제도 시조를 모신 신실과 문세실(文世室), 무세실(武世室)은 영원히 조천하지 않는 묘이고, 여기에 현왕의 4대를 합하여 7세를 종묘에 모시는 제도이다. 우리나라의 종묘는 처음 건설될 당시에 7실로 지어져 인종 때까지 유지되었고, 명종 때에 신실이 부족하자 4실을 증축하여 11실이 되었는데, 《종묘의궤》가 편찬된 숙종 때까지 11실을 유지하다가 영조 때 4실을 증축하고 현종 때 4실을 증축하여 지금의 종묘 19실이 되었다.

89 후릉과 현릉 후릉은 정종의 능호이고, 현릉은 문종의 능호이다.

90 신……상진 계사를 아뢴 빈청의 주역들로, 영의정 김수항, 행판중추부사 김수홍·정지화, 좌의정 민정중, 우의정 이상진인데, 자기 자신을 지칭할 때에는 성을 붙이지 않고 이름만 말하는 것이니, '신들의 의견'이라는 말과 같다. 《숙종실록 7년 8월 25일조》

백하게 증거가 될 만한 글이 없습니다. 예종대왕께서 특별히 밝은 분부를 내려 종(宗)으로 일컫는 예를 거행하고자 하신 것에 이르러서는 그 뜻이 매우 성대하였는데, 결국 취소되어 시행되지 못하고 만 것은 참으로 이해할 수 없습니다. 그 당시 여러 신하들이 대답한 말은 너무나도 윤서(倫序)가 없고 옳지도 않으니, 더욱 놀랄 만하거니와 근거로 삼을 수도 없습니다. 대저 곡절이 어떠하였든 묘호를 올리는 것이 이미 여러 조정에서 공통적으로 시행했던 성대한 의식이었고, 덕종과 원종 두 대왕을 추숭하여 종묘에 들일 때에도 모두 종 자 묘호를 올렸고 보면 공정대왕만 묘호가 없는 것은 실로 대단히 미흡한 전례라 하겠습니다. 따라서 지금에 이르러 아름다운 칭호를 추상하는 것이 진실로 성조(聖朝)의 계술(繼述)하는 도리에 합치된다는 것에는 다른 논의가 있을 수 없습니다. 다만 생각하건대 고금의 종묘 제도가 비록 같지는 않으나, 지금의 조묘(祧廟)는 실상 옛날의 종묘에서 훼묘하는 의리를 본뜬 것인 만큼 조천한 지 이미 오래된 뒤에 묘호를 추상하는 것은 변례에 관계되며, 사안의 본질 역시 중대합니다. 따라서 신들의 고루한 식견으로 결단하여 정할 문제가 아닙니다. 오직 밝으신 성상께서 지방에 있는 원로 대신 및 예를 아는 사람에게 널리 물어서 충분히 강론한 다음에 처리하시기에 달려 있습니다. 삼가 상께서 재결하소서.'"

전교하였다.

"사관을 보내 송 영부사(宋領府事 송시열)에게 물어보도록 하고, 박세채(朴世采) 등 세 신하의 처소[91]에도 예관을 보내 물어 논의하는 것이 좋겠다."ㅡ《예조등록》에 나온다.

○ 9월 갑자일(15일)

가주서 조석주(趙錫周)가 서계하기를,

"신이 명을 받들어 공홍도(公洪道) 서원현(西原縣) 화양동(華陽洞)의 영중추부사 송시열이 사는 곳으로 달려가 성상께서 하문하시는 뜻을 전유(傳諭)하였더니, '소신은 곧 죽을 목숨으로 정신과 식견이 혼미하여 일상사도 열에 여덟아홉은 잊어버리니, 더구나 국가의 전고(典故)에는 더욱 어둡기만 합니다. 지금 외람되이 하문을 받드니, 더욱 우러러 대답할

91 **박세채……처소** 《숙종실록》 7년 1월 21일조에 옥당관을 소대(召對)할 때에 영부사 송시열이 함께 입시하여 박세채, 이상(李翔), 윤증(尹拯)을 불러 고문(顧問)에 대비할 것을 청하였는데, 여기의 세 신하란 이들을 말하는 듯하다.

바를 알지 못하겠습니다. 그러나 한두 가지 옛날 노인에게서 오래전에 들은 말이 있으니 이것만은 감히 성상께 아뢰어 성상께서 채택하시는 가운데 하나로 갖추지 않을 수 없습니다.

대개 국가를 처음 세운 초기에 불행하게도 간신 정도전의 변란이 있었고, 태조대왕께서 이로 인해 한 고조(漢高祖)가 고향인 풍패(豐沛)를 그리워한 것과 같은 마음을 견디지 못하여 잠시 동안 고향인 북지(北地 함흥(咸興))로 옮겨 머무르셨으며, 마침내 보위(寶位)를 공정대왕에게 선위하셨습니다. 공정대왕은 멀어서 아침저녁 문안하는 예를 어겼고, 또 공이 많고 덕이 성대하여 만백성의 마음이 귀의한 태종대왕이 있다고 스스로 생각하고 즉위하신 초기에 바로 덕으로 사양하려는 뜻을 가지셨습니다. 그러나 태종대왕께서 겸손히 물러나 받들지 않으시니, 20여 개월 동안 부지런히 애쓰셨지만, 그 사이에 은택을 내리고 반사하는 권한이나 모심을 받고 존엄하게 임하는 의절을 예전 잠저(潛邸)에 계실 때보다 더한 것이 없으셨습니다. 태종대왕께서는 이와 같음을 안타깝게 여기시고 마침내 우러러 밝은 명을 받들어 드디어 한가히 물러나시려는 뜻을 이루도록 하셨습니다. 그러다가 승하하시자 태종대왕께서는 평소 겸손하셨던 마음을 가슴 깊이 알아 승하하셨을 때에 차마 높여 받드는 호를 억지로 더하지 못하셨던 것입니다. 공정대왕의 진실하고 공손하며 능히 사양한 덕과 때를 알고 형세를 안 명철함은 천고에 뛰어났으니, 태종대왕께서 짐짓 그 마음을 가슴 깊이 알아 살아 계실 때나 돌아가신 뒤나 조금도 차이가 없게 하고자 하신 것은 또한 마음에 기인한 우애[92]가 아니었겠습니까?

세종 이하 열성께서도 태종대왕의 마음으로 마음을 삼아 감히 성대한 의식을 소급하여 거행하지 못하였던 것입니다. 그러나 지극한 덕을 추모하는 신민의 마음은 오래되어도 그치지 않았는데, 오늘날에 빠진 의식을 거행하여 온 나라 신민의 마음을 위로한다면 어찌 성대하고 아름다운 일이 아니겠습니까? 당시에는 태종대왕께서 비록 공정대왕의 평소 마음을 가슴 깊이 알아주신 것이겠지만, 함께 태묘에 올라 홀로 휘호를 누리는 때에 미쳐서는 틀림없이 편안하지 않은 바가 있으셨을 것입니다.

92 **마음에 기인한 우애** 대본은 '因心之敎'인데, 《숙종실록》 7년 9월 14일조 기록 및 한국문집총간 108집에 수록된 《송자대전(宋子大全)》 권26 〈공정대왕존호의(恭靖大王尊號議)〉에 의거하여 '因心之友'로 바로잡아 번역하였다. 이 말은 《시경(詩經) 대아(大雅) 황의(皇矣)》의 "오직 이분 왕계가 마음으로부터 우애하여[維此王季 因心則友]"라는 구절에서 나온 말로, 이 구절은 주나라 태왕의 장자인 태백(太伯)이 소자인 왕계(王季)에게 군주의 자리를 양보하였는데, 왕계가 태백에게 억지로 노력해서 하는 우애가 아닌 마음에서 우러나는 자연스러운 우애를 다하여 받들었다는 내용이다.

93 옛날……달랐는데 희조는 송 태
조(宋太祖)의 고조이다. 태조의 4
대로 선조(宣祖), 익조(翼祖), 순
조(順祖), 희조가 추숭되었는데,
희조는 주나라의 후직(后稷)과 같
게 여겨 농향위(東向位)에 모셨
고, 순조는 영종(英宗) 부묘 때, 익
조는 흠종(欽宗) 때에 조천
되었다. 효종(孝宗) 때에 이르러
희조와 선조를 조천하고 태조를
동향위에 모셔야 한다는 의견이
제기되었는데, 이에 대한 논의를
두고 한 말이다.

옛날 송나라 조정에서 희조(僖祖)와 태조(太祖)의 협제(祫祭) 때의 동향위(東向位)를 두고 논의하면서 여러 사람들의 의견이 서로 달랐는데,[93] 주자가 이르기를, 「한갓 두 묘(廟)의 위령(威靈)으로 하여금 서로 강약을 다투어 비교하게 하고, 배척받는가 의심하여 방황하고 서성거리게 함이 있는 것과 같아 사람으로 하여금 마음 아파하고 슬퍼하기를 스스로 그만둘 수 없게 한다.」 하였습니다. 더구나 지금 존호를 더하느냐 마느냐 하는 문제는 어찌 협제 때 잠시 동향위에 있는 문제일 뿐이겠습니까? 이것이 오늘날에 있어서 마땅히 깊이 생각하고 또 깊이 생각해야 할 것입니다. 여러 신하들의 논의는 혹 다시 시행할 데가 없다는 것을 의심하는데, 이것은 그렇지 않습니다. 영녕전에 이미 조천된 신주가 있고, 능침에는 한식(寒食)에도 항상 축사(祝辭)가 있었으니, 이것이 어찌 시행할 만한 곳이 아니겠습니까? 신은 산속의 외지에 엎드려 있어 온갖 세사에 일절 관여하지 않고 있는데, 오늘 종묘의 일이 중대하고 또 밝으신 성상께서 초부(樵夫)에게 하문하여 주신 성대한 마음에 감동하여 죽음을 무릅쓰고 아룁니다. 황공하기 그지없어 처벌이 이르기만을 기다립니다.' 하였습니다. 감히 아룁니다."

하니, 전교하였다.

"우리 조정의 열성은 모두 묘호가 있다. 하물며 공정대왕의 위대한 공과 성대한 덕으로 아름다운 칭호가 지금까지 빠져 있었으니, 어찌 국가의 일대 미흡한 전례가 아니겠는가? 묘호를 추상하는 것이 조금도 불가할 것이 없다. 해조로 하여금 즉시 거행하도록 하라." -《예조등록》에 나온다.

○ 같은 달 정묘일(18일)

빈청의 계사에,

"공정대왕의 묘호를 신들과 2품 이상, 관각 당상이 일제히 모여 삼가 이렇게 의정하여 들입니다. 다만 생각건대, 열성의 시호는 모두 8자를 썼는데, 유독 공정대왕에게만 단지 '온인순효(溫仁順孝)' 4자를 올려 미흡한 전례가 됨을 면하지 못하였습니다. 이제 묘호를 추상하는 날을 맞아 시호 4자를 가상(加上)하는 것이 진실로 전례에 합당할 것입니다. 모든 사람들의 논의가 이와 같아 감히 여쭙니다."

하니, "4자를 가상하는 것이 마땅하다."고 전교하였다. -《예조등록》에 나온다.

공정대왕의 묘호는 '정종(定宗)'이고, 가상할 시호는 '의문장무(懿文莊武)'이다.

○ 10월 경자일(21일)

주강(晝講)에 입시하였을 때이다.

"시강관 송광연(宋光淵)이 아뢰기를, '……지금 밝으신 성상께서 빠진 전례를 능히 거행하여 묘호를 추상하셨으니, 이것은 실로 세상에 드문 성대한 일입니다. 어떤 사람들은 위판을 깎아 삭제하고 고쳐 쓰는 것을 미안하게 여기고 있는데, 묘호와 시호를 추상하는 일이 이미 있은 이상 위판을 고쳐서 쓰는 것이 실로 사의(事宜)에 합당합니다. 일찍이 효묘조(孝廟朝) 때 인열왕후(仁烈王后)를 부묘할 때에도 휘호를 가상하고 위판을 고쳐 쓴 일이 있었습니다.' 하였습니다. 영의정이 방금 입시하였으니, 하문하여 처리하는 것이 어떻겠습니까?……"

하였다. -이 아래의 내용은 신주 제도조(神主制度條)에 있다. 《예조등록》에 나온다.

○ 11월 임자일(3일)

대신과 비국 당상을 인견하는 자리에 입시했을 때이다. 영의정 김수항이 아뢰기를,

"공정대왕께 묘호와 시호를 추상하는 예는 길일을 이미 택하였습니다만, 생각건대, 정안왕후(定安王后)의 휘호는 단지 '정안' 2자뿐입니다. 대왕의 시호를 이미 가상한 이상 일체 가상하는 것을 그만둘 수 없을 듯합니다. 신덕왕후의 부묘 때에도 4자의 시호를 가상하였으니, 지금도 이에 의거하여 거행해야 할 것입니다. 그리고 휘호를 올린 이상 마땅히 책보가 있어야 하는데, 16일 전은 형편상 미처 주선할 수가 없으니, 날짜를 조금 미루고 속히 의정하는 것이 마땅할 듯합니다. 신들이 일찍 생각이 미치지는 못했으나, 외부의 논의도 모두 이와 같으니, 이것은 의심할 것이 없는 일입니다. 그러므로 감히 이렇게 우러러 진달합니다."

하니, 상이 이르기를,

"왕후의 휘호를 일체 가상하는 것은 사안의 본질로 볼 때 당연하다. 내일 아침에 참석할 관원을 명초하여 즉시 휘호를 의정하게 하는 것이 좋겠다."

하였다. -《예조등록》에 나온다.

○ **11월 을묘일(6일)**

정안왕후에게 추상할 휘호는 '온명장의(溫明莊懿)'이다.

가상 존시 加上尊諡

○ **명종대왕 병오년**(1546, 명종1) **4월**[94] **갑오일**(8일)

예조에서 종묘 제도로 서계하기를,

"…… —내용은 위의 종묘 제도조(宗廟制度條)에 보인다.— 선후(先后)의 시호는 으레 6자를 쓰는데, 장경왕후(章敬王后)께서는 중종보다 먼저 훙서(薨 逝)하시어 하상(下喪)[95]이라는 이유로 단지 2자만 썼습니다. 지금 부묘 할 때를 맞았으니, 반드시 4자를 더하여 6자의 시호를 만들어야 합니 다. 가상할 4자를 먼저 정한 뒤에야 옥책 등의 일을 조치할 수 있으니, 전례도 이와 같았습니다."

하니, "아뢴 대로 하라."고 전교하였다. —실록에 나온다.

○ **인조 기축년**(1649, 인조27)

예조 참판 허계(許啓)가 상소하여 휘호를 올릴 것을 청하였는데, 이 문 제로 상신(相臣) 김상헌(金尙憲)이 논의하기를,

"우리 대행대왕[96]의 성대한 덕과 위대한 공렬은 전고에 뛰어난 것이니, 온 나라의 신민이라면 어느 누가 구구하나마 해와 같고 하늘과 같은 공 덕을 칭송하고 싶은 마음이 없겠습니까? 그러나 대행대왕의 시종 겸손 하신 덕이 신하들을 감동시켰기에 감히 아름다운 칭호를 올리자고 청 하지 못하는 것입니다. 이것이 비록 신하와 자식의 입장에서 극진하지 못한 것에 대한 서운함이 남겠지만, 그러나 이러한 뜻을 사책(史冊)에 쓴다면 어찌 몇몇 글자를 추상하여 아름답게 하는 것보다 더 빛나지 않 겠습니까. 삼가 상께서 재결하소서."

하고, 또 논의하기를,

"'선왕의 뜻이 아니니, 계술(繼述)하는 의리에 어긋날까 두렵다.' 하신 성상의 하교가 지당하십니다. 신이 다시 무엇을 논의하겠습니까? 삼가 상께서 재결하소서."

하였다. —김상헌의 문집에 나온다.

---

94 4월 대본은 '三月'인데, 《명종 실록》 1년 4월 8일조 기록에 의거 하여 '四月'로 바로잡아 번역하 였다.

95 하상 손아랫사람의 초상을 이 르는 말이다.

96 대행대왕 왕이 죽고 나서 아직 시호가 정해지지 않은 기간 동안 에 부르는 칭호로, 여기에서는 이 해 5월 12일에 승하한 인조를 가 리킨다.

○ **숙종 계해년(1683, 숙종9) 3월 신유일(19일)**

치사신(致仕臣) 송시열이 차자를 올렸다.

"……신이 삼가 생각해 보니, 존호를 올리는 것은 옛 제도가 아닙니다. 그러나 본조에서는 세조대왕부터 처음 시작되었고, 선조대왕에 이르러 또 대호(大號)를 올렸습니다. 당시에 있었던 조정의 논의를 깊이 싱고해 볼 수는 없으나, 이미 신하와 아들이 임금과 아버지에게 이러한 대호를 올려서 최고로 높이는 의식을 극진히 하는 것이 그만둘 수 없는 일이라고 말한다면, 나라를 건국하여 통서를 드리운 태조대왕 같은 경우에 그 훌륭하고 위대한 공렬이야말로 어떠합니까? 그런데 높이 받드는 도리가 도리어 세조와 선조 두 분만 못하니, 모르겠습니다만 두 분의 겸손하고 효성스런 마음이 흠향하시는 즈음에 편안할 수 있겠습니까? 그러나 두 분께 기왕 올린 존호를 소급해서 고칠 수는 없는 것이고, 차라리 태조대왕께 소급해서 가상하여 두 분의 효심을 편안하게 하는 것이 더 마땅하지 않겠습니까? 그러나 이 사안은 지극히 중대한 만큼 신이 감히 단정지어 말할 수 없습니다. 삼가 바라건대, 특별히 예관으로 하여금 조정의 신하들에게 논의하여 가부를 정하게 해서 채택하거나 물리치신다면 다행스럽기 그지없겠습니다."

전교하였다.

"이번의 전 영부사가 올린 별단 가운데 존호를 추상하는 한 가지 일은 사안의 본질이 중대하다. 모레 시임 대신과 원임 대신, 2품 이상, 삼사 및 유신을 모두 명초하여 빈청에 모여 의계(議啓)하게 하라." ―《예조등록》에 나온다.

○ **같은 달 계해일(21일)**

빈청에서 계사를 올렸다.

"삼가 우리 태조대왕께서 나라를 창업하여 통서를 드리우신 공덕이 크고 환한데, 당시에 올린 휘호가 8자에 그쳤고, 그 후로는 열성이 이것을 준행하여 정식으로 삼았습니다. 그러나 오직 세조대왕과 선조대왕께서 즉위해 계시는 동안에 존호를 받으셨는데, 승하하신 뒤에 올리는 휘호 8자도 옛 규례를 준행하여 올리고 아울러 존호와 함께 썼습니다. 그렇기 때문에 글자 수가 태조묘보다 더 많게 된 것입니다.

　과거의 역사를 상고해 보니, 휘호의 글자 수를 많게 하는 것은 당나라 때에 시작되어 송나라와 명나라 때에 왕성하였는데, 당 선종(唐宣宗)과 송 신종(宋神宗)의 휘호는 당 고조(唐高祖)나 송 태조(宋太祖)보다 글자 수가 더 많았습니다. 이것으로 보면 최고로 높여 받드는 도리가 글자 수의 많고 적음에 구애되지는 않은 듯합니다. 그러나 가정(嘉靖) 연간에 명나라에서 태조와 태종의 휘호를 고쳐 올릴 때에 태조에게는 별도로 4자를 더 올렸는데, 이것이 증거가 될 수는 있습니다. 그러나 이처럼 막중하고 막대한 예는 신들의 얕은 견해로 감히 논의할 수 있는 바가 아닙니다." —《예조등록》에 나온다.

전교하였다.

"태조대왕의 훌륭하고 성대한 공렬로도 아름다운 칭호가 도리어 세조와 선조 두 분만 못하니, 이 점이 유현(儒賢)이 진달하여 청한 까닭이다. 옛일에서 찾아보더라도 근거할 만한 것이 없지 않고 보면 더 높이는 전례가 있어야 마땅하다. 다만 헌의 가운데 대신 및 한두 유신의 의견만이 나의 뜻과 바로 일치하니, 가볍게 논의하기는 어려울 듯하다." —《예조등록》에 나온다.

○ 같은 달 경오일(28일)

치사신 송시열이 상소하였다.

"삼가 아룁니다. 신이 함부로 종묘의 예를 논하고 나서 밤낮으로 황공하고 두려워 용납될 곳이 없는 것과 같았으니, 신은 그저 죄를 뉘우치기에도 겨를이 없어야 마땅합니다. 그러나 다시 생각건대, 당초에 올린 내용이 자상하지 못하여 조정의 논의가 일치하지 못하는 결과를 낳고 말았으니, 이 역시 신의 죄입니다. 지금 여러 논의를 인하여 신의 주장을 다 말할까 합니다.

　지금 여러 신하들이 널리 당나라와 송나라의 고사를 인용하여 말하였는데, 신처럼 식견이 어두운 자는 이해하기 어렵습니다. 그러나 《예기》에 이르기를, '예에는 적은 것을 귀하게 여기는 경우가 있고, 많은 것을 귀하게 여기는 경우가 있다.' 하였으니, 많고 적은 것이 마땅한 바가 있습니다. 그러나 명나라와 본조의 휘호로 말하면 분명히 많은 것을 귀하게 여기는데, 지금 세조와 선조 두 분의 존호가 도리어 태조의 존호보다 많으니, 주자가 말한 '손자는 할아버지 때문에 굽힌다〔孫以祖 屈〕'는 의리에 어떠하겠습니까?

옥당에서 올린 말은 명백하면서도 근거가 있습니다. 그러나 위판에 쓰인 것을 보면 존호와 시호가 뒤섞여 배열되어 정돈되지 않았고 게다가 쓰여 있는 8자 중에 4자가 존호[97]이고 보면 시호는 단지 4자뿐입니다. 그렇다면 열성의 시호는 모두 8자인데 태조의 시호만 4자이니, 열성의 여러 신위가 도리어 더 융성하여 모두 불안한 점이 있는 것입니다.

또한 성인이 주나라를 따르겠다고 한 의리로 보면, 명나라에서 이미 행한 가상하는 것을 전례로 삼았는데, 오늘날에 이 법을 버리고 쓰지 않는 것은 참으로 마음 아프고 통탄스러운 일입니다.[98] 유독 이 한 가지 일만 그러한 것이 아닙니다. 인심에 나아가 찾아보면 모두 유추해 볼 수 있으니, 이것은 오늘날 임금과 신하, 윗사람과 아랫사람이 모두 알지 않아서는 안 됩니다.

또한 정자(程子)가 시호를 논하면서 '사실에 맞지 않으면 바르지 않은 것이다.'하였습니다. 태조께서 나라를 세워 통서를 드리우신 지 지금 300년인데, 튼튼하고 견고하게 나라를 유지해 준 것은 실로 위화도 회군(威化島回軍)에 기초하니, 그 대의(大義)는 해와 별처럼 밝습니다. 그런데 지금 존호에 모두 이에 대한 의미가 없어 신은 매양 서운하게 여겼습니다. 그러므로 신의 생각에 '소의정륜(昭義正倫)'등의 글자로 추상하면 이미 정자의 뜻에도 부합하고, 세조와 선조 두 분의 영령을 위로하여 위축되고 불안한 뜻이 없게 함이 오로지 이 일에 달렸다고 여겼습니다. 그러므로 일전에 감히 죽음을 무릅쓰고 말한 것입니다. 그러나 함부로 논한 죄는 실로 신에게 있으니, 지극히 황공하기 그지없습니다."—《예조등록》에 나온다.

○ 4월 임오일(10일)

주강에 입시했을 때이다. 행 사직 박세채가 아뢰기를,
"신하가 군부(君父)를 추숭하여 높이고 기려 찬미하는 것은 천리와 인

97 존호와……존호 존호는 생전에 받은 호이고 시호는 사후에 받은 호이다. 태조가 상왕으로 있을 때 '계운신무(啓運神武)'라는 존호를 올렸고, 승하하고 나서 '지인성문(至仁聖文)'이라는 시호를 올렸는데, 위판에는 '지인계운성문신무(至仁啓運聖文神武)'로 되어 있다. 《국역 국조보감 5집 제46권 숙종조6》

98 성인이……일입니다 성인은 공자(孔子)를 말한다. 《중용장구》제28장에 "내가 주나라의 예를 배웠으니, 오늘날 쓰고 있는 것이라나는 주나라를 따르겠다."하였다. 당시에 주나라의 제도가 시왕(時王)의 제도였듯이 현재 명나라의 제도가 시왕의 제도이니 반드시 따라야 한다는 뜻이다. '명나라에서 행한 것'은 대본에 '皇明所引'으로 되어 있는데, 《송자대전》권18〈희정당주차(熙政堂奏箚)〉에 의거하여 '皇明所行'으로 바로잡아 번역하였다.

정의 지극함에서 나오는 것이니, 바로 만세에 통행하는 도리입니다. 주공(周公) 같은 성인도 반드시 문왕과 무왕의 덕을 완성하여 태왕(太王)과 왕계(王季)를 왕으로 추숭하고, 이러한 도리로 선공(先公)에게까지 미쳤으며, 〈아(雅)〉를 지어 기리고 찬미하는 뜻을 이루기에 이르렀으니, 그 도리야말로 지극하다고 이를 만합니다. 다만 당초 의정할 때에 반드시 자세하면서도 신중하게 하여 논의에 조금도 미비한 바가 없게 한 뒤에야 신하의 도리를 다하는 것이 됩니다.

옛날 송나라 신종조(神宗朝) 때에 존호를 올리려 하자 사마광(司馬光)이 상소하여 존호를 올리는 것이 옳지 않음을 진달하였고, 신종이 사마광의 의견을 옳게 여겨 존호를 받지 않았습니다. 주자가 그 훌륭함을 칭송하여 말하기를, '임금이 만약 스스로 이치를 터득하지 않았다면 반드시 이와 같지 못했을 것이다.' 하였으니, 이 경우는 바로 생시에 올리는 존호입니다. 시호에 이르러서는 한나라 때에 오히려 질박함에 가까워 단지 '효문(孝文)', '효경(孝景)'이라고만 일컬었고, 당나라 때에는 예문(禮文)이 점점 번다해져 또한 존호를 많이 추상하였습니다. 그 후에 안진경(安眞卿)이 상소하여 본시(本諡)만 따를 것을 청하였으나 그 말이 행해지지는 못했습니다.

치사신 송시열이 전후로 차자를 올려 마침내 오늘날 시호를 논의하는 일이 있게 되었고, 대개 종묘의 예는 중한 데다가 논의가 완전히 정해져 거행을 앞두고 있는 상황에서 신의 구구한 견해를 이와 같이 우러러 진달하니, 극도로 외람됩니다. 다만 마침 열성의 행장을 얻어 보았는데, 태조께서 상왕으로 계실 때에 이미 '계운신무(啓運神武)'의 존호를 올렸고, 승하하신 뒤에 '지인계운성문신무(至仁啓運聖文神武)'의 시호를 올렸으며, 태종의 경우에도 그러하였습니다. 이에 대해 역대의 제도에는 비록 근거할 만한 글이 없으나 존호를 그대로 시호로 삼은 뜻은 분명한 듯합니다. 그러므로 신은 어제 송시열 및 영의정 김수항(金壽恒)과 함께 이 일에 대해 언급하였고 또한 모두 이 점을 인정하였습니다. 다만 송시열은 비록 그렇다 하더라도 존호는 존호이고 시호는 시호이니, 시호 4자를 추상하지 않을 수 없다고 하였습니다. 그러나 신의 어리석은 생각에는 존호를 이미 그대로 시호로 삼았더라도 세조 이하[99]의 8자 시호 역시 모두 이를 인하여 나온 것인 만큼 굳이 추상하지 않더라도 괜찮다고 여깁니다.

위화도 회군의 의리에 이르러서는, 송시열은 '이 일은 참으로 태조의 가장 큰 공덕이거니와 더구나 오늘날의 시세(時勢)에 있어서는 더욱 마땅히 천명해야 한다. 성삼문은 일찍이 압록(鴨綠)에서 회군한 대의는 해와 별보다 더 밝다고 하였고, 문정공(文正公) 김상헌(金尙憲)도 상소에 이 일을 찬미한 말이 있다. 그러니 이번 시호를 논의할 때 그러한 의미를 첨가하여 넣지 않으면 안 된다.' 하였습니다. 그런데 논의하는 자들 중에 어떤 사람이 '제왕의 시호는 반드시 나라를 열어 창업하였거나 덕을 닦아 수성(守成)한 실상을 가지고 지어야 한다. 회군한 것과 같은 한 대목에 이르러서는 잠저(潛邸) 때의 일로 따로 송축하고 찬미해야 할 일이니, 성삼문과 김상헌의 말 정도면 되는 것이다. 만약 존호나 시호 가운데에 첨가하여 넣는다면 그것이 어떠한지는 알지 못하겠다.' 하자, 송시열이 또 말하기를, '예를 들어 요 임금의 덕을 칭송하여 흠명문사(欽明文思)라고 하였고, 순 임금의 덕을 칭송하여 준철문명(濬哲文明)이라고 하였다. 아무리 소싯적 일이라도 그것이 불가한지는 알지 못하겠다.' 하였습니다. 논의하는 자가 또 말하기를, '덕은 본성으로 지닌 것이라 당연히 이와 같겠지만, 사업은 성공하기 전과 성공한 후의 전후의 구분이 있기 마련이다.' 하였습니다.

대개 상세하고 신중하게 하지 않아서 일을 해치는 경우는 있으나 자세하고 신중하게 하고서 도리어 일을 해치는 경우는 없습니다. 범사도 오히려 그러한데, 하물며 이번 시호를 논의하는 큰일이겠습니까? 지금 비록 완전히 정해졌더라도 만약 존호를 그대로 시호로 삼은 것을 중요하게 여겨 굳이 글자 수를 더 올릴 필요가 없다고 한다면 진실로 말할 것이 없겠지만, 만약 이것을 그렇지 않다고 여겨 앞서 논의한 대로 거행한다면 논의하는 자의 말도 마땅히 자세하게 살펴야 할 것입니다.

비록 2품 이상이 다시 모여 논의하기는 어렵더라도 바라건대 여러 대신을 명초하여 이 두 가지 의견을 가지고 그 가부를 상의하게 함으로써 대례(大禮)를 중하게 하는 것이 어떻겠습니까?"

하고, 참찬관 이언강(李彦綱)은 말하기를,

"사안의 본질이 중대하니, 대신과 유신에게 일체 의견을 묻는 것이 마땅할 듯합니다."

하니, 상이 이르기를,

"우상이 들어오거든 그때 여러 대신 및 유신을 일시에 명초하여 의견을 묻는 것이 좋겠다."

하였다. —《예조등록》에 나온다.

○ 같은 달 병술일(14일)

우의정 김석주(金錫胄)가 상소하였다.

"……태조 세실에 존호를 가상하는 일은 이미 두 차례 의견을 물어 결정된 것입니다. 치사신 송시열이 전후의 차자에서 논한 것은 본래 주나라를 높이고 의리를 부지하는 데에서 나와 오늘날의 시세에 감회가 있고, 이번에 박세채가 연석에서 진달한 말은 또한 높이는 즈음에 도리어 상세하고 신중함에 어긋날까 봐 염려한 것인데, 제기한 위화도 한 가지 일은 또한 성공하기 전과 성공한 후의 전후의 구분을 잃을 염려가 있고 보면 그 말도 마땅히 버려서는 안 될 것 같습니다.

　전대(前代)에 나라를 열어 창업한 임금으로 한 고제(漢高帝) 같은 분은 공렬이 가장 성대하니, 의제(義帝)를 위해 발상(發喪)하고 흰색의 상복을 입고 군사를 일으킨 것[100]이야말로 어찌 만세에 임금과 신하의 큰 벼리를 수립한 것이 아니겠습니까? 그러나 그 당시 공렬을 추칭(追稱)한 신하들이 단지 '공으로는 고황제(高皇帝)보다 더 큰 이가 없으니 마땅히 황제의 태조묘(太祖廟)로 삼아야 한다.'[101]라고 하였을 뿐입니다. 종묘 제도가 일단 정해지자, 비록 아무 일을 들어 아무 시호를 일컬은 적은 없으나 발상 등과 같은 일은 진실로 이미 공을 드러내고 찬미한 가운데에 포함되었습니다. 지금 우리 태조묘에는 일찍이 8자의 시호를 올렸는데, 이것은 실로 우리 태종께서 한 시대의 여러 신하들과 논의하여 정한 것으로 추숭하여 높이고 아름다움을 돌리는 의리를 다한 것입니다. '태조'에도 공덕이 이미 포함되지 않은 바가 없으니, 태종조 때 올린 시호에 다시 더하는 바가 있어서는 안 될 듯합니다.

100 의제를……것 의제는 초 회왕(楚懷王) 손심(孫心)이다. 항우(項羽)에 의해 황제가 되었고, 뒤에 항우에 의해 시해되었다. 당시에 한 고제가 의제를 위해 발상(發喪)한 다음 군사들에게 소복(素服)을 입혀 항우를 토벌하는 명분으로 삼았는데, 이 역시 한 고제의 잠저 시절에 이룩한 공로이므로 한 말이다. 《사기 권8 고조본기》

101 공으로는……한다 한 경제(漢景帝) 원년에 승상 신도가(申屠嘉) 등이 문제(文帝)를 태종 세실로 받들 것을 상주(上奏)하면서 한 말로, "공은 고황제보다 큰 분이 없으니 마땅히 제왕의 태조묘로 삼아야 하고, 덕은 문황제(文皇帝)보다 성대하신 분이 없으니 마땅히 제왕의 태종묘(太宗廟)로 삼아야 합니다." 하였다. 《사기 권10 효문본기》

102 〈순응〉과 〈총수〉 아헌과 종헌 때에 연주하는 정대업(定大業) 11 장 가운데 두 장이다. 〈순응〉에서는 "고려왕이 간언을 듣지 않고 감히 난을 일으키려 하였도다. 신령한 결단을 내리시어 우리 군사 되돌리니, 하늘과 사람의 협찬이로다.〔麗王拒諫 敢行稱亂 我運神斷 我師我返 天人協贊〕" 하였고, 〈총수〉에서는 "의로운 기치를 돌리니 순조로워 돕는 이 많았도다. 하늘의 아름다운 진동하니 남녀노소 기뻐하도다. 사랑하고 위무할 이 기다렸기에 호장을 가지고 맞이하도다. 더러운 죄악을 씻어버리니 동해가 영원히 밝으리로다.〔義旗載回 順乃多助 天休震動 士女悅豫 徯我寵綏 壺漿用迎 旣滌穢惡 東海永淸〕" 하였다. 《악학궤범 권2 속악진설도설 시용속부 제악》

하물며 지금 종묘의 악시(樂詩) 가운데 〈순응(順應)〉과 〈총수(寵綏)〉[102] 같은 두 장은 모두 회군한 공렬을 담은 내용으로 제례를 올릴 즈음에 헌주(獻酒)하면서 연주하는 노래이며, 《용비어천가(龍飛御天歌)》 제9장, 제10장, 제11장 세 장은 또한 모두 오로지 이 일을 읊은 것으로 이것은 바로 〈주송(周頌)〉의 여러 편 및 〈문왕(文王)〉, 〈생민(生民)〉이 제향의 예를 올리는 데에 사용되는 것과 더불어 나란히 아름다운 데이겠습니까. 지금 비록 몇 글자 더 올리는 일이 없더라도 서운할 것은 없을 듯합니다. 신은 삼가 들으니, 태실의 묘주(廟主)는 모두 신주 앞면에 분을 칠해 쓰는 분면(粉面)의 제도를 쓰지 않는다고 합니다.……" −이 이하는 신주 제도조에 보인다. 《예조등록》에 나온다.

○ 같은 달 무자일(16일)

인견하는 자리에 입시했을 때이다. 상이 이르기를,

"전 참의 박세채가 진달한 시호에 대한 논의는 우상이 들어오면 의견을 물어서 처리하려고 하였다. 지금 우상이 이 문제로 이미 상소를 올렸는데, 경들 역시 반드시 이 상소를 보았을 것이다. 상소 가운데 이른바 축판에만 쓰자는 일은 마땅히 순서대로 물을 것이고, 당초 박세채가 진달한 일은 경들 생각에 어떠한가? 대신과 여러 신하들은 각자 자기 소견을 진술하는 것이 좋겠다."

하니, 영의정 김수항은 나아가 아뢰기를,

"박세채가 진달한 것과 우의정 김석주의 소본(疏本)을 신들이 모두 보았습니다. 대개 송시열의 말은 '태조대왕이 존호와 시호를 합하여 8자인 것이 세조대왕 이후 열성의 시호와 다른데, 당초 이것으로 규정을 삼았다 하더라도 시호가 4자인 것은 실로 흠전이다.' 라는 것입니다. 그러므로 신들 역시 그러하다고 여겨 시호를 추상하자는 뜻으로 의견을 올렸고, 태종대왕의 시호를 살펴본 결과 역시 4자였기 때문에 신들이 의견을 아뢸 때에 태종대왕께도 일체 가상하자는 뜻으로 의견을 올려 윤허를 받은 것입니다.

박세채의 말은 '태조대왕의 시호가 비록 4자이나 승하하셨을 때에 존호를 합하여 가상하였으니, 이것은 존호를 그대로 시호로 삼은 듯하다. 따로 가상할 일이 없다.'라는 것인데, 그러나 평상시에 올린 존호와 승하하셨을 때에 올린 시호는 각자 다릅니다. 또한 열성의 지문(誌文)과 행장(行狀)을 보니, 세조대왕께서 승하하신 뒤에 시호 8자를 올렸는데, 평상시에 올린 존호의 글자 수가 이미 많았지만 역시 8자를 가상하였습니다. 비록 존호를 그대로 시호로 삼았다고 하더라도 세조대왕의 시호에 비하면 글자 수가 도리어 적으니, 신의 생각으로는 시호를 추상하는 것은 그만둘 수 없을 듯합니다.

위화도 회군의 일은, 송시열의 뜻으로는 '소의정륜(昭義正倫)' 등의 말을 첨가하여 넣자는 것인데, 이러한 문자는 시법(諡法)에 어긋나니, 만약 시호를 추상하게 된다면 마땅히 이 일과 서로 근사한 글자의 뜻을 취하여 정해야 할 것입니다. 김석주는 상소에서 '회군 한 가지 일은 악장에 갖추어 실려 있고 옛 시호에 포함되어 있으니 추상할 필요가 없다.'라고 하고, 박세채는 또한 '잠저 때의 일은 추가로 송축할 필요가 없다.'라고 하여 의견이 비록 각자 다르나 또한 한통속으로 논할 수도 없습니다. 게다가 시호가 4자 부족한 것은 끝내 미안한 바가 있으니, 이 일을 주제로 삼아 추상한다면 무슨 불가할 이치가 있겠습니까? 이러한 일은 단지 사안의 본질이 맞고 안 맞고를 살펴서 의정하는 것이 옳습니다. 외정의 논의가 달라 일치하기가 어렵기는 하나 어찌 이 때문에 구애되어 완전히 결정된 중대한 예를 다시 고칠 수 있겠습니까?"

하였고, 영부사 김수흥은 나아가 아뢰기를,

"신은 이미 의계할 때에 참여하였으니, 다른 의견은 없습니다. 송시열이 진달한 바는, 존호와 시호를 합하여 8자로 만든 것을 몰라서가 아니라 존호는 존호이고 시호는 시호로 각자 같지 않기 때문에 가상하자는 것이고, 가상할 거면 회군의 의미를 담아 추상하자는 것입니다. 그런데 '소의정륜' 등의 글자는 시법에 어긋나니, 마땅히 시호로 쓰는 글자 가운데 이러한 의미가 있는 글자를 택하여 가상해야 할 것입니다. 이미 의정한 뒤에는 취소할 수 없는 것이고, 또 공정대왕(恭靖大王)의 시호도 이미 추상하였는데, 지금 태조와 태종께 하는 것이 달라서는 옳지 않습니다."

하였고, 좌의정 민정중은 나아가 아뢰기를,

"예는 참으로 알기 어려운 것입니다. 하물며 종묘의 중대한 예를 신처럼 몽매한 자가 어찌 억견으로 단정할 수 있겠습니까? 그러나 이미 하문을 받았기 때문에 감히 진달합니다. 당초 모여 논의할 때에 열성의 시호가 글자 수의 많고 적음이 같지 않다는 이유로 오랜 세월이 지난 뒤에 와서 추상하는 것은 미안한 듯하다고 여겨 이러한 뜻으로 우러러 진달하였더니, 상께서도 중대하고 어렵게 여겨 시행하지 말라고 하셨습니다. 그 후에 송시열이 재차 차자를 올려 '시호가 4자인 것은 미안하다. 당초에 존호를 합하여 8자로 하였고 후세에 비록 이 규례를 따라 본떴으나, 세조대왕 이하는 글자 수가 모두 많은데 유독 태조대왕과 태종대왕만 4자인 것은 실로 흠전이다.' 하였습니다. 이런 관점으로 보면 송시열의 말이 옳습니다. 그래서 신들이 다시 논의할 때에 추상하자는 뜻으로 의견을 올려 윤허를 받았고, 또한 명나라에서 이미 행한 일도 있습니다. 그러니 추상하는 한 가지 사안은 그만둘 수 없을 듯합니다. 사리로 말하더라도 의리에 크게 해가 되지 않는 이상 이미 정한 예를 중간에 고치는 것은 미안합니다.

회군의 일은 처음에 김만길(金萬吉)의 수의(收議)에서 나왔는데, 신은 사적으로 말하기를, '잠저 때의 일은 거론할 필요가 없다.' 하였습니다. 그러나 그 후에 송시열을 만나 물어보니, '첨가하여 넣지 않을 수 없다.' 하였습니다. 송시열은 노사숙유(老師宿儒)로 반드시 소견이 있을 것입니다. 신처럼 천박한 사람이 어찌 알겠습니까?"

하였고, 예조 판서 남이성(南二星)은 나아가 아뢰기를,

"이미 의견을 올릴 때에 소회를 진달하였으니, 어찌 다른 의견이 있겠습니까? 박세채가 '미천했을 때의 일은 시호로 추상할 필요가 없다.' 라고 말한 것과 심지어 김석주가 상소에서 '종묘의 악장에 이미 찬미하였으니 시호에 첨가하여 실을 필요가 없다.' 라고 말한 것에 대해 신은 옳은지 알지 못하겠습니다. 당 태종의 칠덕(七德)과 구공(九功)이 악장에 실렸지만[103] 태종의 성대한 공렬을 어찌 이 때문에 다시 찬미하여 송축하지 않았겠습니까? 이것은 반드시 그렇지 않습니다. 또한 종묘의 예는 지극히 중대한 만큼 애당초 이러한 논의가 없었다면 그만이지만 이미 발론이 된 뒤이니, 금방 정했다가 금방 철회하는 것은 실로 미안

합니다."

하였고, 참판 이익상(李翊相)은 나아가 아뢰기를,

"모여 논의할 때에 이미 얕은 견해를 진달하였으니, 다른 의견은 없습니다. 종묘의 예를 애초에 이미 완전히 결정하였는데, 지금에 이르러 고치는 것은 미안한 듯합니다."

하였고, 대사성 조지겸(趙持謙)은 나아가 아뢰기를,

"종묘의 예는 지극히 중대하여 여러 번 의견을 물어 강정(講定)하였습니다. 신이 어찌 감히 번거롭게 진달하겠습니까? 그러나 신은 처음에 직명이 없어 의견을 올릴 때에 참여하지 못하였습니다. 그러므로 감히 진달합니다. 신주를 깎고 갈아내는 일은 지극히 중대하고 어려운 일입니다. 국가 초기의 일을 비록 자세히 알 수는 없으나 위화도 회군은 성인이 변란에 대처한 일입니다. 시호가 비록 4자이나 포함하지 않음이 없고, 또 종묘 악장에 실려 있으니, 지금에 이르러 추상해도 더해질 것은 없습니다. 만약 이미 정해진 예라고 말한다면 혹 행할 수도 있지만 애초에 이에 대한 논의가 없었고 보면 신은 반드시 행해야 하는지 알지 못하겠습니다."

하였다. 민정중이 아뢰기를,

"이 말은 분명하지 않습니다. 당초에 많은 사람들의 의견이 이와 같았고, 그 후에 시호가 4자인 것이 미안했기 때문에 시호를 가상하자는 논의가 있었습니다."

하니, 조지겸이 아뢰기를,

"당초에는 열성의 시호가 글자 수가 같지 않다는 것을 비록 알지 못했으나 신주를 깎고 갈아내 고쳐 쓰는 것을 가장 어렵게 여겼습니다."

하자, 김수항이 아뢰기를,

"고쳐 쓰는 문제는 먼저 시호를 추상할지 말지를 결정한 후에 차례로 강정할 일입니다. 박세채의 뜻은 '존호를 그대로 시호로 삼았으니 가상할 필요가 없다.'는 것입니다만, 세조대왕은 존호 외에 또 8자가 있으니, 이 점을 잡아 논하면 결단코 그만둘 수 없습니다."

하였다. 교리 심수량(沈壽亮)이 나아가 아뢰기를,

"종묘의 막중한 예를 어찌 감히 가볍게 논의하겠습니까? 오늘날 하문하신 바는 바로 존호를 그대로 시호로 삼을 것인가 말 것인가 하는 것입니다. 열성의 행장을 보니, 태조와 태종께서 승하하신 뒤에 시호 8자를 올렸습니다. 이것으로 보건대, 존호를 그대로 시호로 삼은 듯합니다. 세조대왕은 존호와 시호를 합하면 20자이고, 선조대왕은 존호의 글자 수가 이미 많은 데다 또 시호 8자가 있습니다. 이것으로 본다면 태조대왕의 시호가 단지 4자뿐인 것은 실로 흠전이 됩니다. 위화도 회군은 실로 대단히 위대하고도 성대한 공렬이니, 지금 만약 추상한다면 첨가하여 넣지 않을 수 없습니다. 그런데 어떤 사람은 잠저 때의 일이라 하여 어렵게 여기니, 신의 우매한 견해로는 실로 알기 어려운 바입니다."

하였고, 교리 권두기(權斗紀)는 나아가 아뢰기를,

"종묘의 이미 정해진 예를 신의 어리석은 견해로 어찌 감히 논의할 수 있겠습니까? 행장을 보건대 존호를 그대로 시호로 삼은 것은 근거할 바가 없지 않습니다. 위화도 회군은 바로 변란을 만나 의리를 밝힌 것으로 대단히 위대하고도 성대한 공렬입니다. 그런데 이미 '성신문무(聖神文武)' 등의 글자에 포함되어 있으니, 신의 어리석은 견해는 특별히 다시 더할 일은 없다는 것입니다."

하였고, 수찬 남치훈(南致熏)은 나아가 아뢰기를,

"신은 이미 얕은 견해를 진달하였는데, 지금 다시 하문을 받들었습니다. 그러므로 감히 진달합니다. 열성의 시호는 모두 8자로 시호를 올렸는데, 태조대왕의 경우는 존호와 시호를 혼합하여 올렸으니, 존호를 그대로 시호로 삼은 듯합니다. 비록 당초의 존호와 시호의 정식을 알지 못하나 신이 사관으로 있을 때에 실록을 살펴보았더니, 예종조에 세조대왕의 시호인 '인효(仁孝)' 위에 '흠숙(欽肅)' 2자를 추가하고 묘주에는 쓰지 않았습니다. 이것으로 보면 합하여 10자가 됩니다.[104] 그 제도가 일치하지 않으니, 실로 알 수 없습니다. 회군의 일은 '성문신무(聖文神武)'가 이미 포함하고 있으니 더할 것이 없습니다."

하였고, 박사 서종태(徐宗泰)는 나아가 아뢰기를,

"박세채가 진달한 '존호를 그대로 시호로 삼았다.'는 말은 이미 일리가 있고 또 근거할 바도 있습니다. 그러나 세조대왕과 선조대왕의 행장을

104 합하여 10자가 됩니다 세조의 휘호 '승천체도열문영무지덕융공성신명예흠숙인효(承天體道烈文英武至德隆功聖神明睿欽肅仁孝)' 20자 가운데 '승천체도열문영무' 8자는 1457년(세조3)에 올린 존호이고, '지덕융공성신명예흠숙인효' 12자는 승하한 뒤에 올린 것인데, 남치훈의 말은 '흠숙' 2자는 예종조 때에 추가로 올린 것으로 묘주에는 쓰지 않았으므로 사실은 10자를 올린 것이라는 말이다.

보면 존호가 이미 많은데 또 시호를 더하였습니다. 이로 보면 존호는 존호이고 시호는 시호라는 말이 옳습니다. 만약 사승(史乘)을 고찰해 본다면 알 수 있겠으나 지금 억견으로 단정하기는 어렵습니다. 회군의 일은 '성문신무'에 이미 다 포함되어 있으니 더 올릴 필요가 없다는 뜻을 처음에 이미 진달하였으므로 지금은 진달할 만한 일이 없습니다."

하였다. 상이 이르기를,

"종묘의 막중한 예에 대해 각자의 소견을 진달하였는데, 쓰고 안 쓰고는 오직 조가(朝家)에 달려 있다. 오늘날 하문한 것은 상세하고 신중하게 하려는 뜻에서 나온 것으로 충분히 강론하여 하나로 귀일시키고자 해서였지 반드시 고쳐 정하려고 한 것은 아니었다. 시호가 4자인 것은 실로 미안하니, 전에 정한 논의대로 추상하는 것이 옳을 듯하다."

하니, 김수항이 아뢰기를,

"사안의 본질이 중대하고 또 수백 년이 지난 오래된 일이니, 신중해야 한다는 말 역시 옳습니다. 그러나 애당초 이러한 논의가 없었다면 그만이지만 지금은 시호를 추상하는 한 가지 일을 그만둘 수 없을 듯합니다."

하였다. 상이 이르기를,

"박세채가 '잠저 때의 일은 첨가하여 넣을 필요가 없다.' 하고, 우상이 '악장에 이미 그러한 뜻이 있으니 추상할 필요가 없다.' 하였으니, 시호 4자만 가상하는 것이 옳을 듯하다."

하니, 김수항이 아뢰었다.

"당초 송시열의 뜻은 만약 존호를 추상한다면 회군의 의미를 첨가하여 넣자는 것입니다. 그런 만큼 지금 시호를 정하되 반드시 '소의정륜' 등의 말을 쓸 필요는 없으나 마땅히 이러한 뜻이 있는 자의(字義)를 취하여 정해야 할 것입니다." ―《예조등록》에 나온다.

○ **같은 달 신묘일**(19일)

빈청의 계사에,

"신들이 명을 받들어 빈청에 모여서 태조대왕과 태종대왕께 가상할 시호를 모두 의정하여 들입니다. 이번에 정한 글자를 《시법》에서 고찰해 보니, 임금과 부모에게 사용하였고, 글자는 있으나 주는 없었습니다.

그러므로 주를 달지 않았습니다. 또 열성의 시호 끝에는 으레 '효(孝)' 자를 썼으므로 태종대왕께 가상하는 시호 4자를 전에 올린 시호인 '광효(光孝)' 2자 위에 놓겠습니다. 감히 아룁니다."

하니, "알았다."고 전교하였다. ─《예조등록》에 나온다.

태조대왕의 시호는 '정의광덕(正義光德)'이고, 태종대왕의 시호는 '예철성렬(睿哲成烈)'이다.

제향祭享

제례(祭禮)를 첨부하였다.

○ **태종대왕 을미년**(1415, 태종15) **1월 을묘일**(16일)

우부대언(右副代言) 서선(徐選)이 예조에서 올린 종묘의 〈작헌의주(酌獻儀註)〉를 아뢰니, 상이 영의정부사(領議政府事) 하륜(河崙)을 지목하여 물었다. 하륜이 대답하기를,

"이것은 신이 알지 못하는 것이니, 바로 허조(許稠)가 지은 것입니다. 〈당송의(唐宋儀)〉에 '해당 신실(神室)에서 작헌하되, 물러나 서서 조금 서쪽에서 재배하고, 조금 동쪽에서 재배한다.'는 글이 있습니다. 전조(前朝 고려)에서 이 예를 그대로 따랐는데, 5실 이외에 또 공덕이 있어 조천하지 않은 신주까지 모두 11실이다 보니, 절하는 횟수가 너무 많아 역대의 임금이 예를 거행하기를 꺼렸습니다. 따라서 어떤 때는 한 해에 한 번 들어가기도 하고, 어떤 때는 재위 기간이 끝나도록 들어가지 않기도 하여 심지어 종묘에 들어가는 것을 세상에 드문 성대한 전례로 삼기까지 되었습니다.

삼가 황조(皇朝 명나라)에서 내려 준 예제(禮制)를 살펴보니, 주현(州縣)에서 성황(城隍)에 지내는 제사에 '참신(參神)과 사신(辭神) 두 차례 재배한다.'는 글이 있는데, 신이 태조를 부묘할 때에 상정(詳定)하여 아뢰어서 일찍이 윤허를 받아 시행한 것입니다. 지금 허조는 황조의 공후(公侯)에게 지내는 제례(祭禮)에 '한 차례 헌작을 끝내자마자 계단으로 나아가 북향하여[105] 재배한다.'는 글을 예(例)로 들어서 청하였습니다. 그러나 술을 권한다고 한 이상 마땅히 축문 읽기를 마치자마자 신위(神位)마다 재배해야 하는데, 지금은 마침내 여러 신위에 모두 잔을 올리고 나서야 절하고 권하게 되니, 순서가 맞지 않은 것 같습니다. 또 참신과 사신 때에는 모두 서향하여 절하는데, 유독 잔을 올릴 때 하는 절만 북향하는 것도 근거가 없는 것 같습니다. 이미 당송의 제도도 아니고 또 황조의 전례도 아니거니와, 또한 황조의 공후에게 지내는 제사란 백성과 사직이 없는 자를 위해 지내는 제사가 아닌 줄을 어찌 알겠습니까?"

하니, 허조가 아뢰기를,

---

105 북향하여 대본은 '北面'인데, 《태종실록》 15년 1월 16일조 기록에 의거하여 '北向'으로 바로잡아 번역하였다.

"모든 예제(禮制)의 덜고 더하는 것은 마땅함을 따라 알맞게 하는 것입니다. 어찌 함부로 사견을 행하고 옛 법을 모두 폐지하여 후세 사람들로 하여금 옛사람의 성대한 제도를 볼 수 없게 하겠습니까?"

하였다. 하륜이 아무 말도 하지 않으니, 남재(南在)가 아뢰기를,

"공자가 종묘의 예를 일컬어 '번다하면 게을러지고 소략하면 소홀해진다.' 하였습니다. 번다하지도 않고 소략하지도 않아야 오래 행할 수 있습니다."

하였다. 상이 이르기를,

"영의정의 말이 참으로 옳다."

하였다. 그러나 허조가 고문(古文)을 끌어다 근거를 대면서 여전히 고집하여 주장을 바꾸지 않았다.

그 의주(儀註)에 이르기를,

"역대로 종묘에서는 작헌한 뒤에 배례(拜禮)를 하였습니다. 당나라가 주나라 제도를 그대로 따라 매번 작헌한 뒤에 신위 앞에서 북향하여 절하였고, 송나라가 한결같이 당나라 제도대로 하였으니, 문공(文公 주자(朱子))의 《가례(家禮)》도 같습니다. 조정의 〈공후사선의주(公侯祀先儀註)〉에 '작헌한 뒤에 자리로 돌아가 북향하여 절한다.' 하였고, 전조는 당나라 제도를 따라 매번 작헌한 뒤에 신위 앞에서 북향하여 절하였으며, 본조(本朝)도 국초에는 당나라와 송나라의 제도를 따라 매번 작헌한 뒤에 신위 앞에서 북향하여 절하였습니다. 그런데 계사년(1413, 태종13)에 상정(詳定)한 의주는 '작헌한 뒤에 내려가 자리로 돌아가서 서향하여 절하는 것'으로 되어 있습니다.

가만히 생각해 보면, 작헌한 뒤에 절하는 것은 술을 권하기 위한 것인데, 북향하여 작헌하고, 서향하여 술을 권한다는 것은 전혀 근거할 데가 없습니다. 바라건대, 문공의 《가례》를 따라 5실에 작헌한 뒤에 기둥 밖 중앙에서 북향하여 재배하는 것이 예법의 뜻에 거의 합할 듯합니다."

하니, 그대로 따랐다. 또 종묘의 신실이 너무 협소하여 제사 올리기가 어려운 문제를 논의하였다. ─실록에 나온다.

○ **병신년**(1416, 태종16) **7월 임진일**(3일)

예조에서 아뢰기를,

"……종묘의 제사는 나라의 큰일인 만큼 그 예문(禮文)은 자손 대대로 영원히 준수되도록 해야 하니, 반드시 고금을 참작하여 중도(中道)에 합하도록 힘써야 합니다. 지금 5실에 작헌한 뒤에 태계(泰階)에서 재배하는 것은 당나라와 송나라의 예법에 어긋나고, 또 시왕(時王)의 제도[106]에도 어긋납니다. 홍무(洪武) 연간[107]의 예문에 비록 종묘에 대한 예문은 없으나, 사직과 문선왕묘(文宣王廟)[108]에 대한 예문에 모두 작헌(酌獻)한 뒤에 절하는 예절이 없습니다. 그렇다면 어찌 종묘의 작헌에만 유독 절하는 예절이 있겠습니까? 바라건대, 태계에서 재배하는 예를 없애고 한결같이 시왕의 제도를 따르소서."

하였는데, 전교를 받들기를,[109]

"아뢴 대로 하라.[110] 종묘의 5실에 작헌한 뒤에 태계에서 재배하는 것은 이미 정한 의식대로 하라."

하였다. ─실록에 나온다.

○ **세종대왕 신축년**(1421, 세종3) **12월**[111] **경자일**(11일)

예조에서 아뢰기를,

"본조의 〈제사식(諸祀式)〉에 이르기를, '선왕(先王)의 신주는 대축(大祝)이 꺼내고 들이며, 선후(先后)의 신주는 궁위령(宮闈令)이 꺼내고 들인다.' 하였는데, 고려 때부터 지금까지는 제사 지낼 임시에 종묘의 녹관(祿官)을 궁위령으로 삼았습니다. 그러나 삼가 옛날 제도를 상고해 보니, 당나라의 〈종묘의(宗廟儀)〉에 이르기를, '황제의 신주는 대축이 꺼내고 들이며, 황후의 신주는 궁위령이 꺼내고 들인다.' 하였고, 〈직관고(職官考)〉에 이르기를, '궁위령은 환관(宦官)으로 삼되, 3품 이상으로 한다.' 하였으며, 〈시향의(時享儀)〉에 이르기를, '축(祝)과 엄인(閹人)이 차례로 신주를 꺼낸다.' 하였습니다. 또 송나라의 태묘와 후묘(后廟)에는 궁위령이 3인인데, 내시(內侍)로 충원하였습니다. 지금부터 궁위령은 환관으로 삼으소서."

하니, 그대로 따랐다. ─실록에 나온다.

106 **시왕의 제도** 시왕은 당대의 왕이라는 뜻이다. 따라서 당시 조선이 천자의 나라로 받들고 있던 명나라의 제도를 말한다.

107 **홍무 연간** 홍무는 명나라 태조의 연호로, 명나라 건국 초기를 말한다.

108 **문선왕묘** 문선왕은 당나라 현종(玄宗) 때에 공자(孔子)를 추숭하고 올린 공자의 시호이다. 문선왕묘는 곧 공자의 사당으로 문묘(文廟)라고도 한다.

109 **전교를 받들기를** '전교를 받든다〔奉敎〕'는 것은 관사에서 상주(上奏)한 문건에 대한 왕의 판부(判付)를 보여 주는 판부식(判付式)의 한 형태로, 왕이 재가한 내용을 승지가 문건 아래에 쓰면서 앞에 붙이는 말이다. 실록에는 이 부분이 보통 '전교하기를〔傳曰〕'로 바꾸어 기록되어 있다.

110 **아뢴 대로 하라** 예조에서 올린 본래의 계사는 축문식(祝文式)에 대한 것과 작헌한 뒤에 재배하는 것에 대한 내용이었다. 이 때문에 전교에 이 두 가지에 대해 답한 것인데, 여기의 계사는 제향에 관련된 내용만 남기고 축문식에 대한 내용은 생략하였다. 따라서 아뢴 대로 하라는 것은 축문식에 대한 답이다. 《태종실록 16년 7월 3일 조》

111 **12월** 대본은 '十一月'인데, 《세종실록》 3년 12월 11일조 기록에 의거하여 '十二月'로 바로잡아 번역하였다.

○ 영녕전의 제향을 올리는 횟수와 찬품(饌品)의 가짓수 및 음악과 의장(儀仗)의 규모를 논의하라고 명하였다. 박은(朴訔)은 논의하기를,

"우리 태조께서 사조(四祖)를 추숭하여 마침내 종묘를 건설하셨고, 지금 조천에 해당하는 조상은 송나라 제도에 의하여 별묘(別廟)를 세웠습니다. 제사 시내는 시기의 횟수와 제품의 가짓수, 그리고 음악의 차등에 대해서는 신이 감히 함부로 논의할 수 없습니다만, 가만히 생각건대, 문선왕(文宣王)은 다른 시대의 추숭한 성인인데도 오히려 만세토록 문묘(文廟)에 모시고 제사를 지냅니다. 우리 사조는 성대한 조정의 시묘(始廟)에 모신 임금인 만큼 마땅히 백세토록 제사를 받들어야 합니다. 따라서 제사 지내는 시기, 제기(祭器)와 음악의 가짓수는 모두 이미 정해져 있는 문선왕의 제례(祭禮)에 따라 시행할 것이니, 이를테면 삭망제(朔望祭)는 예전 그대로 하고, 대향(大享)은 봄과 가을에만 행하며, 제품(祭品)과 음악은 모두 석전(釋奠)의 규례와 같게 하고, 이안(移安)할 때의 의장(儀仗)은 당나라의 대종(代宗)을 부묘할 때 훼철한 묘(廟)를 옮긴 제도에 따라 본 신실의 예전 의장을 사용하여 이안하는 것입니다."

하였고, 변계량(卞季良)은 논의하기를,

"고려의 여러 능서(陵署)에서도 오히려 삭망제를 갖추어 지냈습니다. 하물며 종묘 서쪽에 따로 조묘(祧廟)를 세워 사조를 봉안한 것은 높여 받들기를 지극히 한 것입니다. 그러나 제사 지내는 횟수는 종묘와 차별이 없을 수 없습니다. 삭망제는 예전 그대로 지내고, 대향은 봄과 가을에만 거행하여 사직의 규례와 같게 하며, 제품과 악기는 모두 종묘보다 조금 감해야 합니다. 주자가 사조전(四祖殿)을 논하여 말하기를, '동우(棟宇)와 의물(儀物)은 반드시 또한 종묘와 같이 성대하게 할 수 없다.' 하였습니다. 이 말은 대개 별묘는 종묘와 같을 수 없기 때문에 주자가 사리의 경중을 참작하여 말한 것이지, 별묘의 의물도 마땅히 종묘와 같이 성대해야 하는데, 송나라 조정에서 하지 못한 것을 말한 것은 아닙니다. 그렇다면 별묘의 제기와 악기를 종묘와 같게 할 수 없다는 것은 주자의 뜻이니, 신은 감히 가감할 수 없습니다."

하였다. 허조와 이지강(李之剛)은 논의하기를,

"송나라의 제도는 희조(僖祖), 순조(順祖), 익조(翼祖), 선조(宣祖)의 사조

전(四祖殿)을 태묘 서쪽 모퉁이에 별도로 세우고, 해마다 예관으로 하여금 제사를 지내게 하였으며, 3년에 한 번 협제(祫祭)를 지내되 먼저 사조전에 나아가 예를 거행하고, 다음에 태조묘(太祖廟)에 나아가 악좌(幄座)마다 예를 거행하였습니다. 바라건대 송나라의 제도에 따라 해마다 한 차례 제사를 거행하고, 3년에 한 번 별묘에 협제를 거행하소서. 주문공(朱文公)이 '희조는 조천하는 것이 옳지 않다.'는 것을 논하여 말하기를, '별도로 한 묘를 세워 사조를 모셨고 보면 별묘의 동우와 의물은 반드시 또한 태묘와 같이 성대하게 할 수 없을 것이다. 이것은 바로 명분은 조(祖)를 높인 것이 되지만 실상은 낮춘 것이다.' 하였습니다. 그렇다면 별묘의 전물(奠物)은 종묘보다 감해서는 안 될 것입니다. 또한 송나라의 제도에 별묘는 태전(太殿)의 서쪽 모퉁이에 있어서 거리가 매우 가까웠기 때문에 따로 세운 신주(神廚)가 없었습니다. 매번 협제를 지낼 때가 되면 먼저 사조전에 나아가 예를 거행하고, 다음에 태묘에 나아가 악좌마다 예를 거행하였고 보면 태묘와 별묘의 생뢰(牲牢)를 반드시 따로 준비하지는 않았을 것입니다. 지금 별묘의 전물 중에 희우(犧牛)는 두 묘(廟)에 같이 쓰고, 제사 지낼 때의 음악은 당상악(堂上樂)만 설치하소서."

하였고, 박은, 변계량, 이지강 등이 또 의견을 올리기를,

"당 현종(唐玄宗) 천보(天寶) 2년(743)에 고요(咎繇)를 추존하여 덕명황제(德明皇帝)라 하고, 양무소왕(凉武昭王)을 추존하여 흥성황제(興聖皇帝)라 하여[112] 각각 사당을 세우고 사맹월(四孟月)에 제사를 지냈으며, 숙종(肅宗) 보응(寶應) 연간에 예의사(禮儀使) 두홍점(杜鴻漸)의 요청으로 사시(四時)의 제향을 정지하였습니다. 헌조(獻祖)와 의조(懿祖)를 덕명황제와 흥성황제의 사당에 부묘한 이후의 제례(祭禮)는 상고할 데가 없습니다. 태조 이후 조천된 신주는 역대의 제도에 따라 협실에 모셔 두되, 다만 협제와 제향에 있어서는 별도로 세운 사조전과 동일하게 해서는 안 됩니다."

하였다. 허조가 또 논의하기를,

"송나라는 별도로 사조전을 세워 추숭한 조상을 모시고 예관으로 하여금 제사를 올리게 하였으며, 3년에 한 번 협제를 지내되 먼저 사조전에

112 **고요를……하여** 고요는 전욱(顓頊)의 증손으로 순 임금의 신하인 고요(皐陶)이다. 요 임금 때 이관(理官)을 지냈는데, 그 자손이 관직을 따서 이(理)를 씨(氏)로 삼았고, 은(殷)나라 말기에 그 후손 이이정(理利貞)이 난리 속에 '나무 열매[木子]'를 먹고 목숨을 구하였다 하여 이(李)로 성을 바꾸었다. 그의 11대손이 노자(老子) 이이(李耳)이고, 노자의 후손으로 농서(隴西)에 자리 잡은 한 파가 당 고조(唐高祖) 이연(李淵)의 조상이다. 따라서 고요를 추존한 것이다. 양무소왕의 이름은 호(暠)이고 자는 현성(玄盛)으로 당 고조의 7대조이다. 양무소왕은 시호이다. 《신당서 권70상 표 종실세계상》, 《진서 권87 양무소왕이현성열전》

나아가서 예를 거행하였습니다. 태조 이하 조천된 신주는 서쪽 협실에 모셔 두고, 매번 협제를 지낼 때가 되면 태조 앞에 합하여 제사를 지냈습니다. 지금 송나라 제도에 따라 별도로 영녕전을 세워 추숭한 조상을 모셨으니, 영녕전과 태조 이후 조천된 신주에 대한 제사 횟수와 전물(奠物)의 수량은 일체 송나라 제도를 따르소서."

하였다. 상이 명하였다.

"조천한 묘에는 봄과 가을에만 대향을 지내고, 생뢰와 제품(祭品)은 종묘에 견주어 하라." —실록에 나온다.

○ **숙종 정사년**(1677, 숙종3) **1월 을미일**(18일)

예조에서 아뢰기를,[113]

113 예조에서 아뢰기를 대본에는 없는데, 《승정원일기》 숙종 3년 1월 18일조 기록에 의거하여 보충하여 번역하였다.

"인견했을 때에 상께서 이르시기를, '종묘의 전알(展謁)을 1월 안에 해야 한다. 작헌례를 겸하여 거행하라고 해조에 분부하라.' 라고 전교하셨습니다. 종묘의 전알 및 겸하여 거행하는 작헌례의 길일을 일관으로 하여금 택하게 하였더니, 이번 1월 29일이 길하다고 합니다. 이 날짜로 거행하되, 일찍이 선조(先朝) 기유년(1669, 현종10)의 종묘 전알 때에는 영녕전에도 대신을 보내 작헌례를 섭행(攝行)으로 거행하였습니다. 영녕전의 전알 및 작헌례를 어떻게 해야겠습니까? 감히 여쭙니다."

하니, 전교하였다.

"영녕전에는 대신을 보내 작헌례를 섭행으로 거행하라. 그러나 또한 배알하는 거사는 없을 수 없으니, 태묘에 전알하고 작헌례를 거행한 뒤에 영녕전에는 배알만 행하는 것으로 마련하여 거행하라. 택일한 날짜가 너무 늦은 듯하니, 앞당겨 정하도록 하는 것이 좋겠다." —《예조등록》에 나온다.

친제 親祭

의주(儀註)를 첨부하였다.

○ 태조대왕 임신년(1392, 태조1)[114] 10월 갑오일(4일)

　상이 백관을 거느리고 종묘 동문 밖에 이르러 사배례를 행하고 바로 재차(齋次)로 들어갔다. 을미일(5일)에 상이 면복(冕服)을 입고 친히 술을 부어 강신(降神)하고 신위에 잔을 올렸다. 세자가 아헌(亞獻)을 하고 우정승 김사형(金士衡)이 종헌(終獻)을 하였다. 예를 마치고 대차(大次)로 돌아가 중외의 조하(朝賀)를 받았다. 평두련(平兜輦)을 타고 시가(市街)에 이르니, 성균 박사가 태학생들을 인솔하여 가요(歌謠) 3편을 올렸다. 첫째는 〈천감(天監)〉이니 천명을 받은 것을 찬미한 것이고, 둘째는 〈화산(華山)〉이니 도읍을 정한 것을 찬미한 것이고, 셋째는 〈신묘(新廟)〉이니 종묘를 세워 친히 제사 지낸 것을 찬미한 것이다. ─실록에 나온다.

○ 인조 임신년(1632, 인조10) 1월 계축일(15일)

　예조에서 아뢰기를,

　"사헌부의 계사에 운운하니,[115] '아뢴 대로 하라.' 라고 답하셨습니다. 제왕의 존귀함도 굽혀야 하는 데가 있으니, 바로 종묘입니다. 신료들이 압존(壓尊)하느라 지존(至尊)에게 공경을 펴지 못하는 것은 공경이 부족해서가 아니라 주된 바가 여기에 있기 때문이니, 《오례의(五禮儀)》 대사조(大祀條)에 신료가 몸을 굽히는 한 가지 절목이 없는 뜻을 알 수 있습니다.

　지난번 친제 때에 왕세자 이하가 반열을 돌려 몸을 굽힌 것은 대개 지극한 공경이 마음에 있다 보니 반열에 스스로 편안할 수 없는 점이 있어 자신도 모르게 압존의 혐의에 저촉된 것입니다. 그러나 대간으로서는 의심이 없을 수 없는 것이 당연합니다. 지금부터는 친제의 의주를 한결같이 《오례의》에 따라 시행하되, 만약 전하께서 오르내리실 때에 왕세자 및 반열에 있는 여러 신하들이 약간 몸을 굽혀 감히 스스로 편안하지 못한 뜻을 보이는 것이라면 마음속에서 나오는 진정을 아마도 막을 수는 없을 듯합니다. 이것으로 정식을 삼는 것이 혹 알맞을 듯한데, 신들은 학식이 몽매하여 감히 개인적인 견해를 자신할 수 없습니

---

114 임신년 임신년은 종묘가 건설되기 전이다. 《태조실록》에 종묘는 1395년(태조4) 윤9월에 완성되어 신주를 봉안하였고, 10월 4일에 태조가 친히 제향을 올린 것으로 되어 있다. 이로 보아 대본의 임신년은 을해년(1395)의 잘못인 듯하다.

115 사헌부의 계사에 운운하니 사헌부의 계사는 다음과 같다. "묘정은 예를 행하는 지엄한 곳입니다. 따라서 상께서 비록 출입하고 오르내리실 때라도 으레 압존 때문에 신료들이 몸을 굽히는 한 가지 절차는 애당초 의주에 기록도 없습니다. 그런데 지난번 친제 때에 왕세자가 반열을 돌려 몸을 굽히자 신료들도 따라서 몸을 굽혔는데, 더러 하지 않은 자도 있었습니다. 사체가 지극히 미안하니, 청컨대 예관으로 하여금 예를 상고하여 강정(講定)하도록 해서 후일 준행할 규례로 삼으소서." 《인조실록 10년 1월 12일조》

다. 대신에게 논의하여 정탈하는 것이 어떻겠습니까?"

하니, "아뢴 대로 하라."고 전교하였다. ─《예조등록》에 나온다.

오향대제五享大祭[116]의 의식

제향 3일 전에 전설사(典設司)에서 소차(小次)를 종묘의 조계(阼階) 동쪽에 서향으로 설치하고, 시신(侍臣)의 막차(幕次)를 재궁(齋宮) 뒤에 남향으로 설치하고, 왕세자의 막차를 재궁의 동남쪽에 서향으로 설치하며, 여러 향관(享官) 및 종실의 막차를 재방(齋坊) 안에, 배향관(陪享官)의 막차를 그 앞의 지형에 따라 모두 북향으로 설치한다.

2일 전에 묘사(廟司)가 자기 소속을 거느리고 종묘 안팎을 소제한다. 전설사에서 찬만(饌幔)을 동문 밖에 설치한다. 전악(典樂)이 자기 소속을 거느리고 등가악(登歌樂)을 당(堂) 위의 앞 기둥 사이에, 헌가(軒架)를 종묘 뜰에 모두 북향으로 설치한다.

1일 전에 집례(執禮)가 전하의 판위(版位)를 조계 동남쪽에 서향으로 설치하고, 음복위(飮福位)를 앞 기둥 바깥 동쪽 가까이에 서향으로 설치한다. 찬자(贊者)가 아헌관(亞獻官), 종헌관(終獻官), 진폐찬작관(進幣瓚爵官), 천조관(薦俎官), 전폐찬작관(奠幣瓚爵官), 칠사 헌관(七祀獻官), 공신 헌관(功臣獻官)의 자리를 전하의 판위 뒤 도로 남쪽에, 집사자(執事者)의 자리를 그 뒤에 등급마다 자리를 달리하여 모두 두 줄로 서향하고 북쪽을 상위(上位)로 하여 설치한다. 감찰의 자리 두 곳을 묘정에 설치하되 한 곳은 동남쪽에 서향으로, 한 곳은 서남쪽에 동향으로 설치한다. 집례의 자리는 두 곳으로, 한 곳은 당 위의 앞 기둥 밖에, 한 곳은 당 아래에 설치하되 모두 동쪽 가까이에 서향으로 설치한다. 찬자, 알자, 찬인은 당 아래의 집례 뒤 조금 남쪽에 있되 서향하고 북쪽을 상위로 한다. 협률랑(協律郞)의 자리는 당 위의 앞 기둥 바깥 서쪽 가까이에 동향으로 설치하고, 전악의 자리는 헌현(軒懸) 북쪽에 북향으로 설치한다.

배향관의 자리를 설치하되, 종친은 향관 남쪽에 소목(昭穆)의 자리를 달리하고, ─비록 신분이 귀한 사람이 있더라도 나이로써 한다.─ 문관 1품 이하는 동문 안 도로 남쪽에 등급마다 자리를 달리하여 모두 두 줄로 서향하고 북쪽을 상위로 하며, 무관 1품 이하는 서문 안에 문관과 맞추어 등급마다 자리를 달리하여 모두 두 줄로 동향하고 북쪽을 상위로 한다. 문외위(門外位)를 설치하되, 여러 향관은 동문 밖 도로 남쪽에, 종친은 향관의 동쪽에서 조금 남쪽에, 문관 1품 이하는 종친의 동쪽에 모두 등급마다 자리를 달리하여 두 줄로 북향하고 서쪽을 상위로 하며, 무관 1품 이하는 서문 밖 도로 남쪽에 등급마다 자리를 달리하여 두 줄로 북향하고 동쪽을 상위로 한다. 망예위(望瘞位)를 예감(瘞坎) 남쪽에 설치하되, 아헌관은 남쪽에서 북향하고, 집례, 찬자, 대축은 동쪽에서 두 줄로 서향하고 북쪽을 상위로 한다.

제향하는 날 제사를 행하기 전에 궁위령(宮闈令)이 자기 소속을 거느리고 신실을 열어 신악(神幄)을 정리하고 털어낸 다음 자리[筵]를 펴고 안석[几]을 설치하기를 보통 의식과 같게 한다. 전사관(典祀官)과 묘사가 각자 자기 소속을 거느리고 들어와 축판(祝版)을 각각 하나씩 각 신실의 신위 오른쪽에 올려놓고, ─각각 받침[坫]이 있다.─ 폐백 광주리[幣篚]를 각각 하나씩 각 신실의 준소(尊所)에 진설하고, 향로, 향합(香盒), 병촉(幷燭)을 신위 앞에 설치한 다음 제기(祭器)를 예식대로 설치한다. ─예식은《오례의(五禮儀)》〈서례(序例)〉에 보인다.

매 신실마다 찬(瓚)과 반(槃)을 각각 하나씩 준소의 받침대 위에 설치하고, 화롯불[爐炭]을 앞 기둥 사이에, 모혈반(毛血槃), 간료등(肝膋鐙), 소변(蕭籩), 서직변(黍稷籩)을 각각 하나씩 그 뒤에 설치한다. 복주작(福酒爵) ─받침대가 있다.─과 조육조(胙肉俎)를 각각 하나씩 제1실의 준소에 설치하고, 또 제1실의 조(俎) 하나를 찬만(饌幔) 안에 설치한다.

칠사(七祀) ─《오례의》〈서례〉에 보인다.─의 신위판을 묘정 서쪽의 조금 남쪽에 동향으로 설치하고 북쪽을 상위로 한다. 자리[席]는 모두 왕골자리[莞]로 한다. 축판을 신위 오른쪽에 설치한다. ─받침이 있다.─ 제기를 예식대로 설치한다. ─예식은《오례의》〈서례〉에 보인다.─ 배향 공신(配享功臣)의 위판을 종묘 뜰 동쪽에 서향으로 설치하고 북쪽을 상위로 한다. 제기를 예식대로 설치한다. ─예식은《오례의》〈서례〉에 보인다.

임금의 세(洗)를 조계 동남쪽에 북향으로 설치한다. ─관세(盥洗)는 동쪽에, 작세(爵洗)는 서쪽에 둔다. 반이(槃匜)[117]가 있다.─ 뇌(罍)는 세(洗)의 동쪽에 두어

117 **반이** 관세(盥洗)할 때 쓰는 용기로, 물을 받는 데 쓰는 용기가 반(槃)이고, 물을 따르는 데 쓰는 용기가 이(匜)이다.

구기〔勺〕를 얹어 놓고, 광주리〔篚〕는 세의 서남쪽에 두어 수건〔巾〕을 펼쳐 담아 놓는다. -만약 작세에 쓰는 광주리이면 또한 찬(瓚)과 작(爵)을 담아 놓는다. 받침이 있다.

아헌관과 종헌관의 세도 동남쪽에 모두 북향으로 설치하는데, -관세는 동쪽에, 작세는 서쪽에 둔다. 아헌관의 세에는 반이가 있는데, 만약 영의정이 아헌관이 되면 종헌관과 똑같이 세에 반이가 없다.- 모두 뇌는 세의 동쪽에 두어 구기를 얹어 놓고, 광주리는 세의 서남쪽에 두어 수건을 펼쳐 담아 놓는다. -만약 작세에 쓰는 광주리이면 또한 작을 담아 놓는다. 받침이 있다.

또 칠사 헌관과 공신 헌관의 세를 각각 신위 남쪽에 모두 북향으로 설치한다. 뇌는 세의 동쪽에 두어 구기를 얹어 놓고, 광주리는 세의 서남쪽에 두어 수건과 작을 펼쳐 담아 놓는다.

여러 집사(執事)의 관세를 아헌관과 종헌관의 세 동남쪽에 북향으로 설치하고, 집준자(執尊者), 집뢰자(執罍者), 집비자(執篚者), 집멱자(執冪者)의 자리는 준(尊), 뇌(罍), 광주리〔篚〕, 덮개〔冪〕의 뒤에 설치한다.

○ 어가(御駕)가 궁을 나가는 의절 -《오례의》〈서례〉에 보인다.

○ 희생(犧牲)과 제기를 살피는 의절 -《오례의》〈서례〉에 보인다.

○ 신관(晨祼)에 대한 의절

제향하는 날 축시(丑時) 5각(刻) 전 -축시 5각 전은 3경(更) 3점(點)이다. 행사는 축시 1각에 한다.-에 궁위령이 자기 소속을 거느리고 신실을 열어 신악(神幄)을 정리하고 털어낸 다음 자리를 펴고 안석을 설치하기를 보통 의식과 같게 한다. 전사관과 묘사가 들어가 찬구(饌具)를 담는다. 이를 마치면 찬인의 인도를 받아 감찰이 조계로 올라가 -여러 향관이 오르내릴 때에는 모두 조계로 한다.- 당의 위와 아래를 살펴 의식과 같게 되지 않은 것을 규찰하고 도로 나간다.

3각 전에 여러 향관 및 배향관이 각자 제 옷을 입는다. -향관은 제복(祭服)을 입고, 배향관은 조복(朝服)을 입는다.- 인의의 인도를 받아 배향관이 나뉘어 모두 문외위로 나아간다. 집례가 찬자, 알자, 찬인을 거느리고 동문으로 들어가 먼저 계단 사이 악현(樂懸)의 북쪽 배위(拜位)로 나아가 두 줄로 북향하여 서쪽을 상위로 서서 사배한 다음 각자 자리로 나아간다. 전악이 공인(工人), 문무(文舞), 무무(武舞)를 거느리고 들어가 자리로 나아간다. ─문무는 들어가 악현의 북쪽에 도열하고, 무무는 악현의 남쪽 도로 서쪽에 선다.

인의의 인도를 받아 배향관이 나뉘어 들어가 자리로 나아간다. 아헌관은 봉례(奉禮)의 인도를 받고, ─만약 영의정이 아헌이 되면 알자가 인도한다.─ 여러 향관은 알자와 찬인의 인도를 각각 받아 모두 동문 밖 자리로 나아간다.

좌통례(左通禮)가 재궁 앞으로 나아가 꿇어앉아 중엄(中嚴)[118]을 계청한다. 찬인의 인도를 받아 감찰, 전사관, 대축, 축사, 재랑, 묘사, 궁위령, 협률랑, 봉조관, 집준자, 집뢰자, 집비자, 집멱자, 칠사당과 공신당의 축사·재랑·집준자·집뢰자·집비자·집멱자가 들어가 악현의 북쪽 배위로 나아가 두 줄로 북향하여 서되 서쪽을 상위로 한다. 자리를 잡으면 집례가 "사배하시오." 하고, 찬자가 전하여 외친다. ─보통 집례의 말이 있으면 찬자가 모두 전하여 외친다.─ 감찰 이하가 모두 사배한 다음 찬인의 인도를 받아 감찰이 자리로 나아가고, 인도를 받아 여러 집사가 관세위로 나아가 관세한 다음 각자 자리로 나아간다.

1각 전에 아헌관은 봉례의 인도를 받고, 종헌관, 진폐찬작관, 천조관, 전폐찬작관, 칠사 헌관, 공신 헌관은 알자와 찬인의 인도를 각각 받아 들어가 자리로 나아간다. 찬인의 인도를 받아 묘사, 대축, 궁위령이 올라가 제1실에 나아가 들어가서 감실(龕室)을 연다. 대축과 궁위령이 신주를 받들어 내서 신좌(神座)에 설치한다. ─신악(神幄) 안에 나아가 안석 뒤에서 함을 열고 신좌에 설치한다. 선왕의 신주는 대축이 받들어 내와 백저건(白苧巾)으로 덮고, 선후의 신주는 궁위령이 받들어 내와 청저건(靑苧巾)으로 덮는다. 서쪽을 상위로 한다.─ 차례로 각 신실에 나아가 받들어 내오기를 위의 의식과 같게 한다. 이를 마치면 인도를 받아 내려가 자리로 돌아간다. 찬인의 인도를 받아 재랑이 작세위에 나아가 찬(瓚)을 씻어 찬을 닦고, 작(爵)을 씻어 작을 닦은 다음 광주리에 담아 받들고 태계(泰階)로 나아간다. 여러 축사(祝史)가 각각 맞이하여 계단 위에서 받아 준소(尊所)의 받침 위에 놓는다.

좌통례가 꿇어앉아 외판(外辦)[119]을 아뢴다. 전하가 면복을 갖추어 입고 나온다. 산선(繖扇)과 시위(侍衛)를 보통 의식과 같게 한다. 예의사(禮儀使)

[118] **중엄** 엄(嚴)은 의식을 행하기 위해 참여한 관원들에게 준비하도록 알리는 신호이다. 북을 세 번 쳐서 알리는데, 첫 번째 치는 것을 초엄(初嚴) 또는 일엄(一嚴)이라고 하고, 두 번째를 중엄 또는 이엄(二嚴)이라고 하며, 세 번째를 삼엄(三嚴)이라고 한다.

[119] **외판** 왕이 행하는 의식에서 밖의 의식 준비가 빠짐없이 갖추어졌음을 알리는 말이다. 왕세자나 왕세손이 행하는 의식인 경우에는 '외비(外備)'라고 한다.

의 인도를 받아 전하가 동문 밖에 이르면, 근시(近侍)가 꿇어앉아 규(圭)를 올린다. 예의사가 꿇어앉아 '규를 잡을 것'을 계청한다. -산선과 장위(仗衛)는 문밖에서 정지한다.- 상서원(尙瑞院)의 관원이 보(寶)를 받들어 소차 옆에 진설한다. 예의사의 인도를 받아 전하가 정문으로 들어가 -시위로 들어갈 수 없는 자는 문밖에서 멈춘다.- 판위로 나아가 서향하여 선다. -자리를 잡아 설 때마다 예의사는 물러나 왼쪽에 부복한다.

집례가 "예의사는 제사를 행할 것을 계청하시오."라고 하면, 예의사가 꿇어앉아 '유사가 삼가 갖추었음'을 아뢰고 제사를 행할 것을 청한다. 협률랑이 꿇어앉아 부복하였다가 대장기(麾)를 들고 일어나면 공인이 축(柷)을 쳐 헌가가 〈보태평(保太平)〉의 음악을 연주하고 〈보태평〉의 춤을 춘다. 음악 8곡의 연주를 마쳤을 때 집례가 "사배하시오."하면, 예의사가 '사배할 것'을 계청한다. 전하가 사배하고, 자리에 있는 사람들이 모두 사배한다. -앞서 절한 사람은 절하지 않는다.- 음악 9곡의 연주를 마쳤을 때 협률랑이 대장기를 눕히면 공인이 어(敔)를 두드려 음악이 그친다. 근시가 관세위(盥洗位)로 나아가 관세(盥洗)를 마치고 돌아와 시위(侍位)한다. 알자의 인도를 받아 진폐찬작관과 전폐찬작관이 관세위로 나아가 관세를 마치고 조계로 올라가 제1실의 준소에 나아가 북향하여 선다. 집례가 "예의사는 전하를 인도하여 신관례(晨祼禮)를 행하시오."라고 한다. 예의사의 인도를 받아 전하가 관세위에 이르러 북향하여 선다. '규를 꽂을 것'을 계청한다. -만일 꽂기가 불편하면 근시가 받아 받든다.- 근시가 꿇어앉아 대야(匜)를 가져다 일어나 물을 따르고, 또 근시가 꿇어앉아 반(槃)을 가져다 물을 받는다. 전하가 손을 씻는다. 근시가 꿇어앉아 광주리(篚)에서 수건(巾)을 꺼내 올린다. 전하가 손을 닦고 나면 근시가 수건을 받아 광주리에 올려놓는다. 예의사가 '규를 잡을 것'을 계청한다. 예의사의 인도를 받아 전하가 조계로 올라간다. -근시가 따라 올라간다.- 제1실의 준소에 나아가 서향하여 선다. 등가(登歌)가 〈보태평〉의 음악을 연주하고 〈보태평〉의 춤을 춘다.

집준자가 덮개(冪)를 들고 진폐찬작관이 울창주(鬱鬯酒)를 따른다. 근시가 찬(瓚)으로 울창주를 받는다. 예의사의 인도를 받아 전하가 신위 앞에 이르러 북향하여 선다. '꿇어앉아 규를 꽂을 것'을 계청한다. 전하가 꿇어앉아 규를 꽂는다. 자리에 있는 사람들이 모두 꿇어앉는다. -찬자가 역시 외친다.- 근시 한 사람은 향합을 받들고 한 사람은 향로를 받들어 꿇어앉아 올린다. 예의사가 '세 번 향을 올릴 것'을 계청한다. 근시가 향로를 상〔案〕에 올려놓는다. 근시가 찬을 진폐찬작관에 주고, 진폐찬작관은 찬을 받들어 꿇어앉아 올린다. 예의사가 '찬을 잡아 땅에 부을 것'을 계청한다. 이를 마치고 찬(瓚)을 전폐찬작관에게 준다. 전폐찬작관이 받아서 대축에게 준다. 근시가 폐백 광주리를 진폐찬작관에게 주고 진폐찬작관이 폐백을 받들어 꿇어앉아 올린다. 예의사가 '폐백을 잡아 폐백을 바칠 것'을 계청한다. 폐백을 전폐찬작관에게 주어 상에 올려놓는다. -보통 향을 올리고 찬을 올리고 폐백을 올리는 것은 모두 동쪽에서 서향하여 하고, 향로를 올려놓고 찬을 받고 폐백을 올려놓는 것은 모두 서쪽에서 동향하여 한다. 작(爵)을 올리고 작을 올려놓는 것도 이에 준한다.- 예의사가 '규(圭)를 잡고 부복하였다가 일어나 몸을 펼 것'을 계청한다. 전하가 규를 잡고 부복하였다가 일어나 몸을 펴고, 자리에 있는 사람들이 모두 부복하였다가 일어나 몸을 편다. -찬자가 역시 외친다.- 인도를 받아 전하가 지게문〔戶〕을 나와 차례로 각 신실에 나아가서 향을 올리고 울창주를 붓고 폐백을 올리기를 모두 위의 의식과 같게 한다. 이를 마치면, 등가가 그친다. 진폐찬작관과 전폐찬작관이 모두 내려가 자리로 돌아간다. 예의사의 인도를 받아 전하가 조계로 내려가 자리로 돌아간다.

등가가 그칠 때를 당해 여러 축사가 각각 모혈반과 간료등을 앞 기둥 사이에서 받들어 모두 들어가 신위 앞에 올려놓는다. -모혈반은 등(甑)의 뒤에 두고, 간료등은 변(籩)의 왼쪽에 둔다.- 여러 축사가 모두 간(肝)을 가지고 지게문을 나가 화롯불에 구워서 준소로 돌아간다.

○ 음식을 올리는 의절

전하가 올라가 강신(降神)하고 나면 찬인의 인도를 받아 전사관이 나가서 진찬자(進饌者)를 거느리고 신주(神廚)에 나아가 수저〔匕〕로 소고기를 가마〔鑊〕에서 떠내 하나의 솥〔鼎〕에 담고, 다음으로 양고기를 떠내 하나의 솥에 담고, 다음으로 돼지고기를 떠내 하나의 솥에 담는다. -신실마다 소고기, 양고기, 돼지고기가 각각 한 솥씩이다.- 모두 빗장〔扃〕과 덮개를 설치한다. 축사가 마주 들고 들어가 찬만(饌幔) 안에 진설한다.

알자의 인도를 받아 천조관이 나가서 찬소(饌所)에 나아간다. 봉조관(捧俎官)이 따라간다. 전하가 강신을 마치고 자리로 돌아가기를 기다린다. 집례가 "찬을 올리시오."라고 하면 축사가 빗장을 뽑아 솥 오른쪽에 기대 두고 덮개를 치운 다음 수저와 필(畢)을 솥에 얹어 놓는다. 전사관이 수저로 소고기를 떠서 생갑(牲匣)에 담고, 차례로 양고기와 돼지고기를 떠서 각각 생갑에 담는다. ─신실마다 소고기, 양고기, 돼지고기가 각각 한 갑(匣)씩이다.─ 다음에 인도를 받아 천조관이 제1실의 조(俎)를 받들고, 봉조관이 각각 생갑을 받든다. 전사관이 찬(饌)을 인도하여 정문(正門)으로 들어간다. 조를 처음 문으로 들일 때에 헌가가 〈풍안(豐安)〉의 음악을 연주한다. 여러 축사가 모두 나아가 모혈반을 거두어 조계에서 재랑에게 주어 내보낸다.

찬이 태계에 이르면 여러 대축이 계단 위에서 맞이하여 인도한다. 천조관이 제1실의 신위 앞에 나아가 북향하여 꿇어앉아 올린다. 먼저 소고기를 바치고, 다음으로 양고기를 바치고, 다음으로 돼지고기를 바친다. ─여러 대축이 올리는 것을 돕는다.─ 올리기를 마치면 생갑의 뚜껑을 연다. 차례로 각 신실에 나아가 받들어 올리기를 모두 위의 의식과 같게 한다. 이를 마치면 음악이 그친다. 알자의 인도를 받아 천조관 이하가 조계로 내려가 자리로 돌아간다.

여러 대축이 각각 소(蕭), 서(黍), 직(稷)을 가져다가 기름〔脂〕에 담그고 화롯불에 구워 준소로 돌아간다. 알자의 인도를 받아 진폐찬작관과 전폐찬작관이 올라가 제1실 준소로 나아가 북향하여 선다. 집례가 "예의사는 전하를 인도하여 초헌례(初獻禮)를 행하시오."라고 하면 예의사의 인도를 받아 전하가 조계로 올라가 제1실의 준소로 나아가 서향하여 선다. 등가가 〈보태평〉의 음악을 연주하고 〈보태평〉의 춤을 춘다. 집준자가 덮개를 들고 진폐찬작관이 예제(醴齊)를 따른다. 근시 2인이 작으로 술을 받는다. 예의사의 인도를 받아 전하가 신위 앞에 나아가 북향하여 선다. '꿇어앉아 규를 꽂을 것'을 계청한다. 전하가 꿇어앉아 규를 꽂는다. 자리에 있는 사람들이 모두 꿇어앉는다. ─찬자가 역시 외친다.─ 근시가 작을 진폐찬작관에게 주면 진폐찬작관이 작을 받들어 꿇어앉아 올린다. 예의사가 '작을 잡아 작을 올릴 것'을 계청한다. 작을 전폐찬작관에게 주어 신위 앞에 올려놓는다. 근시가 부작(副爵)을 진폐찬작관에게 주고 진폐찬작관이 작을 받들어 꿇어앉아 올린다. 예의사가 '작을 잡아 작을 올릴 것'을 계청한다. 작을 전폐찬작관에게 주어 왕후의 신위 앞에 올려놓는다. 예의사가 '규를 잡고 부복하였다가 일어나 조금 물러나서 북향하여 꿇어앉을 것'을 계청한다. 음악이 그친다.

대축이 신위 오른쪽으로 나아가 동향하여 꿇어앉아 축문을 읽는다. 이를 마치면 음악을 연주한다. 예의사가 '부복하였다가 일어나 몸을 펼 것'을 계청하면, 전하가 부복하였다가 일어나 몸을 펴고, 자리에 있는 사람들이 모두 부복하였다가 일어나 몸을 편다. −찬자가 역시 외친다.− 인도를 받아 전하가 지게문을 나간다. 차례로 각 신실에 나아가 작헌하기를 모두 위의 의식과 같게 한다. 이를 마치면 음악이 그친다. 진폐찬작관과 전폐찬작관이 모두 내려가 자리로 돌아간다. 예의사의 인도를 받아 전하가 조계로 내려가 자리로 돌아간다. 예의사가 '소차로 들어갈 것'을 계청하고, 전하를 인도하여 소차에 이르기 직전에 '규를 놓을 것'을 계청한다. 근시가 꿇어앉아 규를 받는다. 전하가 소차로 들어간다. 발[簾]을 내린다. 〈보태평〉의 춤이 물러가고 〈정대업〉의 춤이 나아간다.

처음에 전하가 자리로 돌아가기 직전에 집례가 "아헌례(亞獻禮)를 행하시오."라고 하면, 봉례의 인도를 받아 아헌관이 관세위에 나아가 북향하여 선다. '규를 꽂을 것'을 찬(贊)한다. 아헌관이 손을 씻고 손을 닦는다. 이를 마치면 '규를 잡을 것'을 찬한다. 인도를 받아 아헌관이 조계로 올라가 제1실의 준소로 나아가 서향하여 선다. 헌가가 〈정대업〉의 음악을 연주하고 〈정대업〉의 춤을 춘다. 집준자가 덮개를 들고 앙제(盎齊)를 따른다. 집사자 2인이 작으로 술을 받는다. 봉례의 인도를 받아 아헌관이 신위 앞으로 나아가 북향하여 선다. '꿇어앉아 규를 꽂을 것'을 찬한다. 집사자가 작을 아헌관에게 주면 아헌관이 작을 잡아 작을 바치고, 작을 집사자에게 주어 신위 앞에 올려놓는다. 집사자가 부작을 아헌관에게 주면 아헌관이 작을 잡아 작을 바치고, 작을 집사자에게 주어 왕후의 신위 앞에 올려놓는다. 봉례가 '규를 잡고 부복하였다가 일어나 몸을 펼 것'을 찬한다. 인도를 받아 나간다. 차례로 각 신실에 나아가 작헌하기를 모두 위의 의식과 같게 한다. 이를 마치면 음악이 그친다. 인도를 받아 내려가 자리로 돌아간다.

처음에 아헌관이 헌작(獻爵)을 마치기 직전에 집례가 "종헌례(終獻禮)를 행하시오." 하면, 알자의 인도를 받아 종헌관이 예를 행하기를 아헌의 의식과 같게 한다. 이를 마치면 인도를 받아 내려가 자리로 돌아간다. 처음에 종헌관이 이미 올라가면 찬인의 인도를 받아 칠사 헌관이 관세위로 나아가 홀(笏)을 꽂고 손을 씻고 손을 닦는다. 이를 마치면 홀을 잡고 준소로 나아간다. 집준자가 덮개를 들고 술을 따른다. 집사자가 작으로 술을 받는다. 헌관이 신위 앞으로 나아가 서향하여 꿇어앉은 다음 홀을 꽂는다. 집사자가 작을 주면 헌관이 작을 잡아 작을 바친 다음 작을 올려놓는다. 홀을 잡고 부복하였다가 일어나 조금 물러나서 꿇어앉는다. 축사가 헌관의 왼쪽으로 나아가 북향하여 꿇어앉아 축문을 읽는다. 이를 마치면 −납제(臘祭)는 차례로 올려놓기를 마친 다음 사명(司命)의 신위 앞으로 나아가 서향하여 꿇어앉는다. 축사가 축문을 읽기를 의식과 같게 한다.− 헌관이 부복하였다가 일어나 몸을 편다. 인도를 받아 자리로 돌아간다.

처음에 칠사 헌관이 관세위로 나아가기 직전에 찬인의 인도를 받아 배향 공신의 헌관이 관세위로 나아가 홀을 꽂고 손을 씻고 손을 닦는다. 이를 마치면 홀을 잡고 준소로 나아간다. 집준자가 덮개를 들고 술을 따른다. 집사자가 작으로 술을 받는다. 헌관이 신위 앞으로 나아가 동향하여 서서 홀을 꽂는다. 집사자가 작을 주면 헌관이 작을 잡아 작을 올린다. 차례로 작을 올린다. 이를 마치면 홀을 잡는다. 인도를 받아 자리로 돌아간다.

처음에 종헌관이 이미 자리로 돌아가면 알자의 인도를 받아 진폐찬작관과 천조관이 조계로 올라가 음복위(飮福位)로 나아가서 북향하여 선다. 대축이 제1실의 준소에 나아가 작에 상준(上尊)의 복주(福酒)를 따르고, 또 대축이 조를 가지고 나아가 신위 앞의 조육(胙肉)을 덜어낸다. 집례가 "예의사는 전하를 인도하여 음복위로 나아가시오."라고 하면, 예의사가 '음복위로 나아갈 것'을 계청한다. 발을 걸어 올리면 소차에서 나간다. 근시가 꿇어앉아 규를 올린다. 예의사가 '규를 잡을 것'을 계청한다. 인도를 받아 전하가 음복위로 나아가 서향하여 선다.

대축이 작을 진폐찬작관에게 주고, 진폐찬작관이 작을 받들어 북향하여 꿇어앉아 올린다. 예의사가 '꿇어앉아 규를 꽂을 것'을 계청한다. 전하가 꿇어앉아 규를 꽂는다. 자리에 있는 사람들이 모두 꿇어앉는다. −찬자가 역시 외친다.— 전하가 작을 받아 마신다. 다 마시면 진폐찬작관이 빈 잔을 받아 대축에게 준다. 대축이 받아서 받침에 다시 놓는다. 대축이 조를 천조관에게 주면 천조관이 조를 받들어 북향하여 꿇어앉아 올린다. 예의사가 '조를 받을 것'을 계청한다. 전하가 조를 받아 근시에게 준다. 근시가 조를 받들고 조계로 내려가 문을 나가서 사옹원(司饔院)의 관원에게 준다.

진폐찬작관과 천조관이 내려가 자리로 돌아간다. 예의사가 '규를 잡고 부복하였다가 일어나 몸을 펼 것'을 계청한다. 전하가 규를 잡고 부복하였다가 일어나 몸을 편다. 자리에 있는 사람들이 모두 부복하였다가 일어나 몸을 편다. —찬자가 역시 외친다.— 예의사의 인도로 전하가 내려가 자리로 돌아간다. 집례가 "사배하시오."라고 하면, 예의사가 '사배할 것'을 계청한다. 전하가 사배하고, 자리에 있는 사람들이 모두 사배한다.

집례가 "변(籩)과 두(豆)를 치우시오." 하면, 여러 대축이 들어가 변과 두를 치운다. —치운다는 것은 변과 두를 각각 하나씩 원래 있던 자리에서 조금 옮겨 놓는 것이다.— 등가가 〈옹안(雍安)〉의 음악을 연주한다. 칠사당과 공신당의 축사와 재랑이 각각 변과 두를 치운다. 치우기를 마치면 음악이 그친다. 헌가가 〈흥안(興安)〉의 음악을 연주한다. 집례가 "사배하시오."라고 하면, 예의사가 '사배할 것'을 계청한다. 전하가 사배하고, 자리에 있는 사람들이 모두 사배한다. 음악 1곡의 연주를 마치고 그친다. 예의사가 예식이 끝났음을 아뢰고, 전하를 인도하여 재궁으로 돌아간다. 문을 나가면 예의사가 '규를 놓을 것'을 계청한다. 근시가 꿇어앉아 규를 받는다. 산선(繖扇)과 시위(侍衛)는 보통 의식과 같게 한다. 전하가 재궁으로 들어가 면복을 벗는다.

집례가 "망예(望瘞)하시오." 하면 봉례의 인도를 받아 아헌관이 망예위(望瘞位)로 나아가 북향하여 선다. 집례가 찬자를 거느리고 망예위로 나아가 서향하여 선다. 여러 대축이 서직반(黍稷飯)을 가져다 백모(白茅)를 깔아 묶고, 광주리에 축판과 폐백을 담아 서계(西階)로 내려가 구덩이〔坎〕에 둔다. 집례가 "묻으시오."라고 하면 흙을 구덩이에 반 정도 채운다. 묘사가 감독하여 살핀다. 아헌관이 봉례의 인도를 받고, 여러 향관이 알자와 찬인의 인도를 각각 받아 나간다. 집례가 찬자를 거느리고 본래의 자리로 돌아간다. 인의의 인도를 받아 배향관이 나뉘어 차례로 나간다. 찬인의 인도를 받아 감찰 및 여러 집사들이 모두 악현(樂懸)의 북쪽 배위로 돌아간다. 자리를 잡으면 집례가 "사배하시오."라고 한다. 감찰과 여러 집사들이 모두 사배한다. 이를 마치면 찬인이 차례로 인도하여 나간다. 전악이 공인(工人), 문무, 무무를 거느리고 나간다. 묘사, 대축, 궁위령이 신주를 들이기를 보통 의식과 같게 한다. 집례가 찬자, 알자, 찬인을 거느리고 악현의 북쪽 배위로 나아가 사배하고 나간다. 칠사 헌관이 서문 밖 칠사당의 예감(瘞坎) 남쪽으로 나아가 북향하여 선다. 집사자가 축판을 예감에 놓는다. 묻기를 마치고 물러간다. 전사관과 묘사가 각각 자기 소속을 거느리고 예찬(禮饌)을 치운다. 궁위령이 지게문을 닫고 내려가서 바로 물러간다.

어가가 환궁한다. —《오례의》〈서례〉에 보인다.

환궁한 뒤에 하례를 의식과 같게 한다. —《오례의》〈가례(嘉禮)〉에 보인다.

종묘 알현 廟見

의주를 첨부하였다.

○ **인조 경진년**(1640, 인조18) **3월 무신일**(27일)

예조에서 아뢰기를,

"왕세자가 4년 동안 다른 나라 땅에서 지내다가 이제 막 돌아왔는데, 보름도 안 되어 곧 다시 길을 떠나게 되었습니다. 참으로 천고에 드문 변고이니, 마땅히 종묘에 하직을 고해야 하는데, 떠나기 전날 종묘에 전알하는 것이 정리와 예의에 합당할 것입니다. 대신의 뜻이 이와 같기에 감히 아룁니다."

하니, "아뢴 대로 하라."고 전교하였다. -《승정원일기》에 나온다.

○ **효종 무술년**(1658, 효종9) **3월 무오일**(21일)

예조에서 아뢰기를,

"지난 2월[120] 23일, 대신과 비국 당상을 인견하실 때에 상께서 이르시기를, '태묘의 친제를 오래도록 거행하지 못하였다. 날씨가 따뜻할 때 친히 제사를 거행하고자 하나 기력이 점점 전만 못하여 대제의 경우 전폐(奠幣)와 헌작(獻爵)을 행할 수 없는 형편이다. 따로 날을 잡든가, 혹은 삭제(朔祭)나 망제(望祭)를 인하여 전알하고자 하는데, 예에 어떠한지 모르겠다.' 하셨습니다. 좌의정 원두표(元斗杓)가 아뢰기를, '사안이 정상적인 규례가 아니니, 예관으로 하여금 품처하게 하는 것이 어떻겠습니까?' 하니, 상께서 이르시기를, '그대로 하라. 그리고 원임 대신에게도 물어서 아뢰라.' 하셨고, 여러 대신에게 수의(收議)한 결과에 대해 '논의한 대로 시행하라.' 라고 전교하셨습니다. 본 예조의 계사에 '종묘 전알을 따로 날을 잡든가, 혹은 삭제나 망제를 인하여 하는 한 가지 사안을 시임 대신에게 나아가 논의하였더니, 어떤 사람은 삭제나 망제를 인하여 예를 거행하더라도 상께서 기력이 오히려 미치지 못할 것이므로 그날 제사가 파한 뒤에 별도로 전알하는 것이 마땅할 듯하다고 하였고, 어떤 사람은 따로 날을 잡아 전알하는 것도 마땅할 듯하다고 하였습니다. 판서가 들어오기를 기다려 다시 품처하는 것이 어떻겠습니

120 **2월** 대본은 '三月'인데,《효종실록》9년 2월 23일조 기록에 의거하여 '二月'로 바로잡아 번역하였다.

까?' 하니, 전교하시기를, '판서가 올라온 뒤에 그로 하여금 탑전(榻前)에서 정탈하게 하라.' 라고 판하(判下)하셨습니다.

옛 예법을 조사해 보니, 종묘 제도에 정제(正祭)가 있고, 고제(告祭)가 있어 임금이 모두 그 예를 친히 거행하였습니다. 그러나 한나라 이래로 예법과 제도가 폐지되고 실추되어 교제(郊祭)와 묘제(廟祭)를 대부분 친히 거행하지 않았습니다. 당나라 중엽 이후에 이르러서야 비로소 3년에 한 번 제사 지내는 제도를 정하였는데, 비록 체제(禘祭)나 협제(祫祭) 같은 대례도 유사에게 명하여 섭행(攝行)으로 거행하였습니다. 송나라 조정에 이르러 마침내 종묘에 친히 제사 지내는 예를 완비하였지만, 인종(仁宗)이 어린 나이로 즉위하자 종묘의 친제를 역시 자주 행하지 못하였으니, 대개 절차와 형식이 번다하고 또 사세에 구애되었기 때문에 그런 것입니다.

이번에 상께서 태묘의 대제를 오래도록 친히 거행하지 못했다 하여 이러한 전교를 하신 것은 실로 가슴 깊이 슬퍼하고 마음 깊이 사모하는 지극한 뜻에서 나온 것입니다. 여러 대신이 올린 의견을 보니, '비록 보통 사람이라 하더라도 근력이 미치지 못하는 경우에는 억지로 예제(禮制)대로 할 수는 없습니다. 그러니 하교하신 대로 혹 삭제나 망제 때 몸소 전알을 행하시는 것이 정리나 예문에 합당할 듯합니다.' 하였고, 어떤 사람은 '비록 삭제나 망제를 인하여 예를 거행하더라도 상께서 기력이 혹시라도 미치지 못할 경우 제사를 파한 뒤에 별도로 전알하거나 혹 따로 날을 잡아 전알하는 것도 마땅할 듯하다.' 하였습니다. 이것은 아랫사람의 구구한 소견으로 할 수 있는 생각은 다 한 것인데, 다만 생각건대 태묘에 무시로 전알하는 것은 이미 근거할 만한 예가 없고, 만일 전알을 거행할 경우에는 작헌례가 없을 수 없습니다. 여러 대신의 뜻이 반드시 삭제나 망제를 행할 때로 하고자 하는 데에는 의도가 있는 것입니다. 종묘의 삭제나 망제를 지내는 날 중에 친히 작헌례를 행하면 오르내리고 절하고 꿇어앉는 절차가 대제에 비해 현저하게 줄어드니, 이대로 정탈하는 것이 마땅할 듯합니다. 상께서 재결하시는 것이 어떻겠습니까?"

하니, "아뢴 대로 하라."고 전교하였다. —《예조등록》에 나온다.

○ 현종 기유년(1669, 현종10) 1월 갑진일(10일)

예조에서 아뢰기를,

"금년 1월 4일, 소대(召對)하실 때에 좌참찬 송준길(宋浚吉)이 아뢰기를, '지난날 예관이 진달한 왕세자가 종묘에 전알하는 예를 속히 거행해야 합니다. 처음 행하는 종묘 전알인 만큼 대로를 따라가는 것이 마땅하다는 이 영부사(李領府事 이경석(李景奭))의 의견은 그 뜻이 참으로 좋습니다만 지금 여염이 아직도 정결하지 못합니다. 오래도록 예를 행하지 못하는 것보다는 차라리 권도(權道)를 써서 상께서 전알하실 때 함께 왕세자의 종묘 전알을 거행하는 것이 나으니, 이것도 혹 한 가지 방법입니다. 그러나 이 전알은 책례(冊禮) 이후 처음 행하는 종묘 전알의 예인 만큼 보통 때 왕세자가 모시고 따라가 한때 예를 거행하는 것과는 다를 듯하니, 예를 거행하는 선후 여부를 예관으로 하여금 품처하게 하는 것이 마땅할 듯합니다.' 하니, 상께서 이르시기를, '이 한 조항은 예관으로 하여금 대신에게 논의하여 품처하게 하는 것이 좋겠다.' 라고 전교하셨습니다.

대신에게 논의한 결과 영중추부사 이경석은 '삼가 좌참찬 송준길이 「상께서 태묘에 전알하실 때 세자가 따라가 종묘 전알을 거행하는 것도 혹 한 가지 방법입니다. 그러나 이 전알은 책례 이후 처음 행하는 종묘 전알의 예인 만큼 보통 때 왕세자가 모시고 따라가 한때 예를 거행하는 것과는 다를 듯하니, 예를 거행하는 선후 여부를 예관으로 하여금 품처하게 하는 것이 마땅할 듯합니다.」라고 진달하자 상께서 「이 한 조항은 예관으로 하여금 대신에게 논의하여 품처하게 하는 것이 좋겠다.」라고 전교하신 것을 보았습니다. 신은 귀머거리 같고 장님 같아 일을 만나서는 아무 생각 없이 멍하기만 하니, 이러한 예절을 신이 어떻게 감히 참여하여 논의하겠습니까? 그러나 가만히 어리석은 견해로 생각건대, 지금 상께서 전알하시는 예는 우선 권도를 따르더라도 굳이 정리와 예법에 해가 될 것은 없습니다. 그러나 왕세자가 처음 전알하는 예는 이와 다릅니다. 대로를 경유하지 않고 뒷문을 경유하는 것은 예가 아니고, 상을 모시고 가면서 비록 혹 조금 뒤에 간다 하더라도 곧 이것은 같은 시간대가 되는 것이니, 예에 어떠한지 알지 못하겠습니다. 또한 반드시 절목이 다른 부분이 있을 것이니, 더욱 편치 않을 듯합니다. 만약 대로가 정결하지 않은 것을 염려하는 것이라면 그렇지 않은 점이 있으니, 어찌 전알을 서두르는 것은 예로 여기면서 마땅히 행할 예를 소홀히 할 수 있단 말입니까? 대로의 좌우와 전후에 집들이 비록 많기는 하나 해당 부서를 엄히 신칙하여 부서의 관원이 일일이 적간하도록 하고, 한성부의 당상과 낭청이 직접 가서 자세히 살펴 미리 정결하게 하도록 한다면 어찌 불결할 것을 근심하겠습니까? 이와 같이 하고서 길일을 잡아 순조롭게 예를 거행하는 것이 간편하게 하는 데서 생기는 잘못이 없을 듯합니다. 삼가 상께서 재결하소서.' 하였습니다.

좌의정 허적(許積)은 '신은 본래 예에 어두울 뿐이니, 예를 거행하는 선후에 대해 감히 고찰하여 근거한 바가 있다고 말할 수는 없습니다. 그러나 사리로 헤아리고 《가례(家禮)》의 〈자식이 태어나면 사당에 알현시키는 의식〉을 참고하면 선후가 되는 것은 아마도 알기 어렵지 않을 것이니, 오직 예관이 성상의 뜻을 여쭈어 봉행하기에 달려 있습니다. 다만 생각건대, 왕세자가 태묘에 전알하는 것은 곧 대례입니다. 대례를 미루고 지체하여 지금까지 거행하지 못한 것에 대해 정리에 있어서나 예문에 있어서나 어느 누가 서운하게 여기지 않겠습니까? 그러나 다만 왕세자가 처음 전알하는 예는 성상의 노정이 북문을 경유하는 것이 정도에 위배되지 않는 권도인 것과는 다릅니다. 날씨가 조금 따뜻해지고 거리가 정결해지기를 잠시 기다려 따로 길일을 잡아 대로를 따라 나아가서 처음 행하는 대례가 끝내 구차하고 간략한 결과가 되지 않게 해야 하니, 그렇고 보면 조금 늦어지는 것과 간략하고 편하게 하는 것의 경중이 저절로 구별될 것입니다. 부득이 하문하신 문제 외에 다른 논의를 아울러 덧붙입니다. 삼가 상께서 재결하소서.' 하였습니다.

행 판중추부사 정치화(鄭致和)는 '왕세자가 처음 종묘에 전알하는 예는 막중하고도 막대합니다. 뒷문을 경유하여 대가를 따라가 그대로 전알을 거행하는 것은 아마도 간편하다는 문제가 있을 듯하니, 도로가 정결해지고 날씨가 따뜻해지기를 잠시 기다려 따로 길일을 잡아 예를 갖추어 전알하는 것이 온당할 듯합니다. 그러나 신은 본래 예문에 어두우니, 감히 억견으로 헌의할 수 없습니다. 삼가 상께서 재결하소서.' 하였습니다.

행 판중추부사 송시열은 '이 예식의 선후 문제는 고찰할 데가 없고, 오직《가례》의〈자식이 태어나면 사당에 알현시키는 의식〉에서 주인이 절을 마치고 향안(香案)의 동쪽에 서면 어머니가 자식을 양쪽 계단 사이에서 절하게 한다고 하였는데, 이것이 조금 근거할 만합니다. 삼가 상께서 재결하소서.' 하였습니다.

영의정 정태화(鄭太和)는 신병으로 정사(呈辭)하였으므로 헌의하지 못하였습니다. 상께서 하문하신 문제는 예를 거행하는 선후에 대한 것인데, 이번 전알하실 때 세자의 종묘 전알의 예를 겸하여 거행하는 문제에 대해 여러 대신들의 헌의에 다른 의견이 있었습니다. 상께서 재결하시는 것이 어떻겠습니까?"

하니, 전교하였다.

"이튿날 당장 행해야 했던 예인데 벌써 3년이 지났으니, 실로 특별한 사정이 있어서였다. 그러나 미안한 일로 무엇이 이보다 더 크겠는가? 오늘 닦은 도로는 비록 대로만큼 바르지는 않겠지만 경중을 따진다면 또한 알 수 있을 것이다. 내 뜻은 그대로 예를 거행하고자 하는 것이니, 송 판부사(宋判府事 송시열)의 의견대로 시행하라." ─《예조등록》에 나온다.

○ 예조에서 아뢰기를,

"본 예조에서 올린 왕세자의 종묘 전알로 수의한 공사(公事)에 전교하시기를, '송 판부사의 의견대로 시행하라.' 라고 명하셨습니다. 행 판중추부사 송시열은 논의하기를, '이 예식의 선후 문제는 고찰할 데가 없고, 오직《가례》의〈자식이 태어나면 사당에 알현시키는 의식〉에서 주인이 절을 마치고 향안의 동쪽에 서면 어머니가 자식을 양쪽 계단 사이에서 절하게 한다고 하였는데, 이것이 조금 근거할 만합니다.' 하였습니다.

만약 이 예를 본떠 의주(儀註)를 마련한다면 상께서 묘정에 들어가 예를 거행하신 뒤에 왕세자가 비로소 동문 밖 막차에서 묘정의 전알위(展謁位)로 들어가야 하고, 상께서는 판위(版位)에 그대로 서서 왕세자가 전알하기를 기다려 그 뒤에 이어 배례(拜禮)를 행하고 나가셔야 합니다. 이대로 마련하여 들입니까? 감히 이렇게 우러러 여쭙니다."

하니, "이대로 마련하는 것이 좋겠다."고 전교하였다. ―《예조등록》에 나온다.

○ 예조에서 아뢰기를,

"왕세자의 종묘 전알의 예는 마땅히 절목을 마련하여 들이겠습니다만, 영녕진의 진알에 대해서는 《오례의》에 실려 있지 않으니, 어떻게 해야겠습니까? 감히 여쭙니다."

하니, "신묘년(1651, 효종2)의 규례[121]를 조사해서 하라."고 전교하였다. ―《예조등록》에 나온다.

○ **숙종 계미년(1703, 숙종29) 2월 을미일(20일)**

예조의 단자(單子)에,

"이번 2월 28일에 종묘와 영녕전에 대전께서 전알하실 때와 중궁전께서 묘현(廟見)하실 때의 응행절목(應行節目)을 병자년(1696, 숙종22)의 규례[122]를 참고하여 마련하였습니다. 이대로 거행하는 것이 어떻겠습니까? 다음은 응행절목입니다.

1. 하루 전에 먼저 관원을 보내 생뢰(牲牢)를 써서 중궁전이 장차 묘현할 뜻을 고한다.

1. 기일 전에 전설사(典設司) 및 액정서(掖庭署)에서 대전과 중궁전의 막차를 재전(齋殿) 안에 설치하고, 또 소차(小次) 및 전알위를 종묘의 묘정 및 영녕전의 전정(殿庭)에 보통 때와 같이 설치하되, 전하가 서는 자리는 종묘의 지게문 밖 동쪽에 서향으로 설치하고, 중궁전이 절하는 자리는 종묘의 지게문 밖 동쪽에 서향으로 설치한다.

1. 출궁할 때와 환궁할 때 소가(小駕), 도가(導駕), 시신(侍臣)의 절차를 늘어세운다. 전부와 후부의 고취(鼓吹)는 모두 늘어세우기만 하고 연주는 하지 않는다.

1. 전하가 익선관(翼善冠)과 곤룡포(袞龍袍)를 입고 출궁할 때에 종친과 문무백관은 흑단령(黑團領) 차림으로 초엄(初嚴) 전에 궐문 밖에 일제히 모여 동서로 나뉘어 서열대로 선다. 대가가 이를 즈음에 몸을 굽혀 지영(祗迎)한다. 이를 마치고 차례로[123] 시위한다. 종묘에 도착하여 전하가 재전으로 들어가면 백관은 종묘의 동구 밖에서 동쪽과

121 신묘년의 규례 이 해 8월에 후에 현종이 되는 왕세자의 관례(冠禮)와 책례(册禮)를 치른 뒤 종묘에 전알한 일을 말한다.

122 병자년의 규례 이 해 5월에 후에 경종이 되는 왕세자의 가례(嘉禮)를 치른 뒤 중궁전과 빈궁이 종묘에 묘현(廟見)한 일을 말한다.

123 차례로 대본은 '以此'인데, 지영 절차가 있는 다른 의식을 참고하여 '以次'로 바로잡아 번역하였다. 다음은 현종이 온천에 거둥할 때의 응행절목 일부이다. "출궁할 때에 유도하는 백관은 융복을 갖춰 입고, 검을 차고, 궁시를 차고 깃을 꽂는다. 초엄 전에 궐문 밖에 일제히 모여 동서로 나뉘어 서열대로 선다. 대가가 이를 즈음에 몸을 굽혀 지영하고 차례로 시위한다.〔出宮時 留都百官 具戎服佩劍佩弓矢揷羽 初嚴前 闕門外一會 分東西序立 大駕將至 鞠躬祗迎 以次侍衛〕"《승정원일기 현종 9년 8월 5일조》

서쪽으로 나뉘어 서열대로 선다. 중궁전이 이를 즈음에 몸을 굽혀 지영한다.

1. 중궁전이 출궁할 때에 백관 각사의 관원 1원, 당상이 있는 아문의 당상과 낭청 각 1원, 종친의 매 품계에 각 2원이 궐문 밖에서 동서로 나뉘어 서열대로 선다. 중궁전이 이를 즈음에 몸을 굽혀 지영한 뒤에 차례로 시위한다. 시위 상궁 이하는 종묘의 대문 밖에 이르면 말에서 내려 도보로 따라간다.

1. 전하가 면복(冕服)으로 갈아입는다. 종친과 문무백관 4품 이상은 조복(朝服)을, 5품 이하는 흑단령을 입는다. 전하가 들어가 묘정으로 나아가면 백관은 동문 밖에서 사배례를 행한다. 이를 마치면 전하가 소차로 들어간다. 승지와 사관, 여러 시위하는 무리 및 백관이 물러나 나간 뒤에 중궁전이 머리꾸미개를 얹고 적의(翟衣)를 갖추어 입는다. 상궁이 앞에서 인도하여 서계(西階)로 올라가 절하는 자리에 이르고, 상궁의 인도를 받아 전하가 조계로 올라가 서는 자리에 이른다. 중궁전이 사배례를 행하고 나면 상궁의 인도를 받아 전하가 도로 소차에 들어가고, 상궁의 인도를 받아 중궁전이 도로 재전으로 나아간다. 이를 마치면 좌통례와 우통례의 인도를 받아 전하가 재전으로 돌아간다.

1. 종묘 전알의 예가 끝나고 전하와 중궁전이 재전으로 돌아간 뒤에 백관이 먼저 영녕전의 남문 밖으로 나아가 동서로 나뉘어 서열대로 서서 전하가 영녕전에 전알할 때에 몸을 굽혀 지영한다. 전하가 들어가 전정(殿庭)으로 나아가면 백관은 남문 밖에서 의식대로 예를 행한다. 이를 마치면 전하가 소차로 들어간다. 승지와 사관, 여러 시위하는 무리 및 백관이 물러나 나간 뒤에 중궁전이 여(輿)를 타고 나간다. 상궁이 앞에서 인도하여 영녕전에 이르러 서계로 올라가 절하는 자리에 이른다. 상궁의 인도를 받아 전하가 조계로 올라가 서는 자리에 이른다. 중궁전이 사배례를 행하고 나면 상궁의 인도를 받아 전하가 도로 소차에 들어가고 상궁의 인도를 받아 중궁전이 도로 재전으로 나아간다. 이를 마치고, 좌통례와 우통례의 인도를 받아 전하가 재전으로 돌아간다.

1. 종묘 안의 소차 및 재전 문밖의 중궁전이 연(輦)에서 내리는 곳과 남문 밖의 여(輿)에서 내리는 곳에 포장(布帳)을 설치하는 등의 일, 막차에 욕석(褥席)을 배설하는 여러 가지 일은 모두 대전과 중궁전의 사약(司鑰)으로 하여금 지휘하여 배설하게 하고, 또 각 해당 관사로 하여금 물품 조달을 거행하게 한다.

1. 전하가 익선관과 곤룡포로 갈아입고 환궁하실 때에 종친과 문무백관은 흑단령으로 갈아입고 나가서 종묘의 동구 밖에 있는 지영하는 자리로 나아가 동서로 나뉘어 서열대로 선다. 대가가 이를 즈음에 몸을 굽혀 지영하고 차례로 시위한다. 궐문 밖에 이르면 동서로 나뉘어 서열대로 선다. 중궁전이 이르면 백관이 몸을 굽혀 지영한다.

1. 중궁전이 환궁할 때에 백관 각사의 관원 1원이 출궁할 때의 규례대로 지영한 뒤에 차례로 시위한다.

1. 미진한 조건(條件)은 추후에 마련한다."

"아뢴 대로 시행하라."고 계하하였다. -《예조등록》에 나온다.

삭제朔祭와 망제望祭와 속절俗節

의주를 첨부하였다.

○ **인조 을축년**(1625, 인조3) **1월 병자일**(27일)

예조에서 아뢰기를,

"금년 1월 25일의 주강(晝講) 때 지사(知事) 이정귀(李廷龜)가 아뢰기를, '전년에 역적 이괄(李适)의 변란을 겪은 뒤로 제향을 대부분 줄여서 정하였기 때문에 종묘에 춘하추동 네 번의 대제만 행하고 삭제와 망제는 폐지하였습니다. 사가(私家)에서도 오히려 삭제와 망제를 행하는데 국가에서 삭제와 망제를 폐지하고 지내지 않는 것은 매우 미안합니다. 하물며 삭제와 망제에 들어가는 것이 그리 대단하지 않고 단지 포육과 식해만 쓰는 데이겠습니까? 청컨대 종묘의 삭제와 망제를 금년부터 다시 행하는 것이 어떻겠습니까?' 하니, 상께서 '윤허한다'고 전교하셨습니다. 다음 달 초하루를 시작으로 해당 관사로 하여금 살펴서 거행하게 하는 것이 마땅하겠습니다. 올리는 음식은 작년에 대신이 함께 논의하여 줄일 때에 별제(別祭)에는 모두 포육, 식해, 술, 과일만 쓰기로 하였으니, 지금 마땅히 이에 따라 설행해야 할 것입니다. 그러나 제향에 관계되는 중대한 일이니, 대신에게 논의하여 정탈하는 것이 어떻겠습니까?"

하니, "아뢴대로 하라."고 전교하였다. -《승정원일기》에 나온다.

○ **6월 ○일**

지평 이경의(李景義)가 아뢰기를,

"……태묘의 제향도 줄였다가 지난번 연신(筵臣)이 아룀으로 인하여 비록 삭제와 망제를 다시 설행하게 되었지만 제물(祭物)이 단지 몇 그릇의 포육과 과일뿐이니, 변두(籩豆)가 초라하여 식자들이 한심하게 여깁니다. 모혈(毛血)의 천신(薦神)은 단지 희생에 있는데 한 달 소용이 돼지 5, 6마리에 불과하다고 합니다. 국가의 물력이 비록 극도로 탕진되었다고는 하지만 선조에게 올리는 향사의 의식을 어찌 이처럼 할 수 있겠습니까? 더구나 지금 도감에서 전생서(典牲署)에 분송(分送)한 것이 무려 수

124 **존양의 의리** 존양은 《논어》
〈팔일(八佾)〉의 "자공(子貢)이 곡
삭(告朔)의 예에 바치는 희생양을
없애려고 하니, 공자가 '사(賜)야,
너는 그 양을 아끼느냐? 나는 그
예를 아낀다.' 하였다."라는 대목
에서 나온 말로, 명실이 상부하지
는 못하나 형식만이라도 남겨 두
어 옛 제도를 보존하자는 취지를
뜻한다.

백 마리나 된다고 합니다. 청컨대 예관으로 하여금 조금이나마 옛 제도
를 회복하게 하여 존양(存羊)의 의리[124]를 중하게 하소서."

하니, "아뢴 대로 하라."고 답하였다. —《승정원일기》에 나온다.

부 의주

○ 재계(齋戒)에 대한 의절 —《오례의》〈서례〉에 보인다.

○ 진설(陳設)에 대한 의절

제향 하루 전에 묘사(廟司)가 자기 소속을 거느리고 묘 안팎을 소제한
다. 찬자(贊者)가 헌관의 자리를 조계(阼階) 동남쪽에 서향으로 설치하고,
음복위(飮福位)를 당 위의 앞 기둥 밖 동쪽 가까이에 서향으로 설치하고,
집사자의 자리를 헌관의 뒤 조금 남쪽에 모두 서향으로 북쪽을 상위로 하
여 설치하고, 감찰의 자리를 묘정 남쪽의 동쪽 가까이에 서향으로 설치하
되 서리(書吏)는 그 뒤에서 모시고, 찬자와 알자(謁者)의 자리를 당 아래
동쪽 가까이에 서향으로 북쪽을 상위로 하여 설치한다. 여러 향관의 문외
위(門外位)를 동문 밖 도로 남쪽에 등급마다 자리를 달리하여 모두 두 줄
로 북향하며 서쪽을 상위로 하여 설치한다.

제향하는 날 행사하기 전에 궁위령(宮闈令)이 자기 소속을 거느리고 신
실을 열어 신악(神幄)을 정돈한 다음 자리를 깔고 안석을 설치하기를 보통
의식과 같게 한다. 전사관(典祀官)과 묘사가 각각 자기 소속을 거느리고 들
어가 축판을 각각 하나씩 각 신실의 신위 오른쪽에 올려놓고, —각각 받침이
있다.— 향로, 향합, 병촉을 신위 앞에 설치하고, 다음으로 제기를 예식대로
설치한다. —예식은《오례의》〈서례〉에 보인다.— 세(洗)를 조계 동남쪽에 북향
으로 설치하고, —관세(盥洗)는 동쪽에 두고, 작세(爵洗)는 서쪽에 둔다.— 뇌(罍)는
세의 동쪽에 두어 구기를 얹어 놓고, 광주리는 세의 서남쪽에 두어 수건을
펼쳐 담아 놓는다. —만약 작세에 쓰는 광주리이면 또한 작(爵)을 담아 놓는데 받침
이 있다.— 여러 집사의 관세는 헌관의 세 동남쪽에 북향으로 설치한다.

○ 예를 행하는 의절

제향하는 날 축시(丑時) 5각(刻) 전 −축시 5각 전은 3경(更) 3점(點)이다. 제사 거행은 축시 2각에 한다.−에 궁위령이 자기 소속을 거느리고 신실을 열어 신악을 정돈한 다음 자리를 깔고 안석을 설치하기를 보통 의식과 같게 한다. 전사관과 묘사가 들어가 찬구(饌具)에 담는다.

3각 전에 여러 향관이 각자 제 옷을 입는다. 찬자와 알자가 동문으로 들어가 먼저 계단 사이의 배위로 나아가 북향하고 서쪽을 상위로 하여 서서 사배한 다음 자리로 나아간다. 알자의 인도를 받아 여러 향관이 모두 문외위로 나아간다.

1각 전에 알자의 인도를 받아 감찰, 전사관, 대축, 축사, 재랑, 묘사, 궁위령이 들어가 계단 사이의 배위로 나아가 두 줄로 북향하고 서쪽을 상위로 하여 선다. 자리를 잡으면 찬자가 "사배하시오."라고 한다. 감찰 이하가 모두 사배한다. 이를 마치면 알자의 인도를 받아 감찰이 자리로 나아가고, 인도를 받아 여러 집사가 관세위로 나아가 관세를 마치고 각자 자리로 나아간다. 묘사, 대축, 궁위령이 조계로 올라가 −여러 향관이 오르내릴 때에는 모두 조계를 이용한다.− 제1실에 나아가 들어가서 감실을 연다. 대축과 궁위령이 신주를 받들어 내와 신좌에 설치한다. −신악 안에 나아가 안석 뒤에서 궤(匱)를 열어 신좌에 설치한다. 선왕의 신주는 대축이 받들어 내와 백저건(白紵巾)으로 덮고, 선후의 신주는 궁위령이 받들어 내와 청저건(青紵巾)으로 덮는다. 서쪽을 상위로 한다.− 차례로 각 신실에 나아가 받들어 내오기를 모두 위의 의식과 같게 한다. 이를 마치면 인도를 받아 내려가 자리로 돌아간다.

재랑이 작세위에 나아가 작을 씻어 작을 닦는다. 이를 마치면 광주리에 담아 받들고 태계(泰階)로 나아간다. 축사가 계단 위에서 맞이하여 받아 준소(尊所)의 받침 위에 놓는다. 알자의 인도를 받아 헌관이 들어가 자리로 나아가서 서향하여 선다. 찬자가 "사배하시오."라고 하면 헌관이 사배한다. 알자의 인도를 받아 헌관이 관세위로 나아가 북향하여 선다. '홀(笏)을 꽂을 것'을 찬(贊)한다. 헌관이 손을 씻고 손을 닦는다. 이를 마치면 '홀을 잡을 것'을 찬한다. 인도를 받아 제1실의 준소로 나아가 서향하여 선다. 집준자(執尊者)가 덮개를 들고 술을 따른다. 집사자 2인이 작으로 술을 받은 다음 인도를 받아 신위 앞으로 나아가 북향하여 선다. '꿇어앉아 홀을 꽂을 것'을 찬한다. 집사자 1인이 향합을 받들고, 1인이 향로를 받들어 꿇어앉아 올린다. 알자가 '세 번 향을 올릴 것'을 찬한다. 집사자가 향로를 상에 올려놓는다. 집사자가 작을 헌관에게 주면 헌관이 작을 잡아 작을 바친 다음 작을 집사자에게 주어 신위 앞에 올려놓는다. 집사자가 부작(副爵)을 헌관에게 주면 헌관이 작을 잡아 작을 바친 다음 작을 집사자에게 주어 왕후의 신위 앞에 올려놓는다. 알자가 '홀을 잡고 부복하였다가 일어나 조금 물러나서 북향하여 꿇어앉을 것'을 찬한다. 대축이 신위의 오른쪽으로 나아가 동향하여 꿇어앉아서 축문을 읽는다. 이를 마치면 알자가 '부복하였다가 일어나 몸을 편 다음 나갈 것'을 찬한다. 차례로 각 신실에 나아가 향을 올리고 작헌하기를 모두 위의 의식과 같게 한다. 이를 마치고 인도를 받아 내려가 자리로 돌아간다.

대축이 제1실의 준소로 나아가 작으로 뇌(罍)의 복주(福酒)를 따른다. 알자의 인도를 받아 헌관이 올라가 음복위로 나아가서 서향하여 선다. 대축이 헌관의 왼쪽으로 나아가 북향하여 작을 헌관에게 준다. 헌관이 꿇어앉아 홀을 꽂은 다음 작을 받아 다 마신다. 대축이 빈 작을 받아 받침에 다시 놓는다. 알자가 '홀을 잡고 부복하였다가 일어나 몸을 펼 것'을 찬한다. 인도를 받아 내려가 자리로 돌아간다. 찬자가 "사배하시오."라고 하면 자리에 있는 사람들이 모두 사배한다. 대축이 들어와 변두를 치운다. ─치운다는 것은 변과 두를 각각 하나씩 원래 있던 자리에서 조금 옮겨 놓는 것이다.─ 찬자가 "사배하시오."라고 하면 헌관이 사배한다. 알자의 인도를 받아 헌관이 나간다. 알자의 인도를 받아 감찰 및 여러 집사자가 모두 계단 사이의 배위로 돌아간다. 자리를 잡으면 찬자가 "사배하시오."라고 한다. 감찰 이하가 모두 사배한다. 알자가 차례로 인도하여 나간다. 묘사, 대축, 궁위령이 신주를 들여놓기를 보통 의식과 같게 한다. 찬자와 알자가 계단 사이의 배위로 나아가 사배하고 나간다. 전사관과 묘사가 각각 자기 소속을 거느리고 예찬(禮饌)을 치운 다음 지게문을 닫고 내려가 바로 물러간다. 대축이 축판을 가져다 구덩이에 묻는다.

악장 樂章

악기와 용악(用樂)에 관한 기록을 첨부하였다.

속악(俗樂)의 가사(歌詞)   악장 아래의 주설(註說)은 장악원 정 이세필(李世弼)이 모아 기록한 것이다. —《장악원등록(掌樂院謄錄)》에 나온다.

종묘와 영녕전

○ 영신(迎神)

선조의 공덕이 우리 후손 열어 주시니	世德啓我後
아 빛나는 그 모습이며 그 음성입니다	於昭想形聲
엄숙하고 공경히 깨끗한 제사 올리니	肅肅薦明禋
우리의 정성을 편안히 여겨 강림하소서	綏我賚思成[125]

○ 전폐(奠幣)

보잘것없는 예물이나 신과 통할 수 있기에	菲儀尚可交
광주리를 받들어 폐백을 올립니다	承筐將是帛
선조께서는 돌아보고 흠향하시니	先祖其顧歆
예를 행하는 마음 맑고 고요하여 공경이 지극합니다	式禮心莫莫[126]

○ 진찬(進饌)

제사 음식 만들기에 공경을 다하여	執爨踖踖
우리의 조와 두를 올립니다	登我俎豆
조와 두를 이미 올렸으니	俎豆既登
음악 또한 조화롭게 연주합니다	樂且和奏
향기로운 제사를 효성으로 올리니	苾芬孝祀
오직 신께서 그 위에 계실까	維神其右[127]

[125] **綏我賚思成** 《시경》〈상송(商頌) 나(那)〉의 "綏我思成"과 〈열조(烈祖)〉의 "賚我思成"에서 따온 것으로, '綏'는 편안히 여긴다는 뜻이고 '賚'는 준다는 뜻이니, 후손들의 제사에 답한다는 의미이다. '思成'은 뜻이 자세하지 않으나 주자는 "재계하면서 선조를 생각하고 제사 지내면서 선조의 모습이 보이고 선조의 음성이 들린다면 이 사람을 이룬 것이다." 하여, 곧 제사 지내는 사람의 정성을 의미하는 말로 보았다.

[126] **莫莫** 《시경》〈소아(小雅) 초자(楚茨)〉의 "君婦莫莫"에서 따온 것으로, 주자는 "맑고 고요하여 공경이 지극한 것"으로 해석하였다.

[127] **維神其右** 《시경》〈주송(周頌) 아장(我將)〉의 "維天其右之"에서 따온 것으로, '右'는 높인다는 뜻이니, 신이 동향으로 있어 올리는 제수의 오른쪽에 있기 때문이다. 주자는 "천제께서 강림하여 희생의 오른쪽에 계실까?"라고 해석하여 천제의 강림을 감히 기필하지 못하는 것이라고 하였다.

○ 희문(熙文) 초헌(初獻) −〈보태평(保太平)〉11성(聲)이다.

열성께서 부흥하는 국운을 열어	列聖開熙運
찬란한 문치가 창성하였습니다	炳蔚文治昌
성대한 아름다움 기리기를 원하여	願言頌盛美
오직 노래에 얹어 부릅니다	維以矢歌章

삼가 살펴보건대, 이 악장은 헌관을 인도하여 들어갈 때의 악장이다.

○ 기명(基命)

아 위대하신 목조께서	於皇聖穆
바다 건너 경흥으로 옮기셨도다	浮海徙慶
귀부하는 사람 나날이 많아져	歸附日衆
우리 영원한 천명의 기틀 정하셨도다	基我永命

삼가 살펴보건대, 이 악장은 목조대왕(穆祖大王)의 사적에 대한 것이다. 《용비어천가》에 "처음에 목조가 전주(全州)에 있었는데, 관기(官妓)의 일로 인해 지주(知州)와 틈이 생겼다. 지주가 모해하자 목조가 강원도 삼척현(三陟縣)으로 거처를 옮겼는데, 백성 중에 따르기를 원하여 옮긴 자가 170여 가호였다. 후에 새로 제수된 안렴사(按廉使)가 목조와 묵은 혐의가 있었는데, 목조는 그가 부임해 온다는 소식을 듣고 가족을 이끌고 바다를 건너 함길도(咸吉道) 덕원부(德源府)에 이르러 정착하였다. 백성 70가호가 또 모두 따랐다." 하였다.

○ 귀인(歸仁)

위대하신 상제께서	皇矣上帝
백성의 안정을 구하여	求民之莫
마침내 깊숙한 땅 돌아보시고	乃眷奧區
명덕의 임금 옮겨 살게 하셨네	乃遷明德
어진 사람 잃을 수 없다 하여	仁不可失
서로 그림자처럼 따랐네	于胥景從

따르는 사람 많아 저자와 같으니	其從如市
나의 사사로움 때문이 아니로다	匪我之私
나의 사사로움 때문이 아니요	匪我之私
어진 이에게 귀의함이로다	維仁之歸
어진 이에게 귀의하니	維仁之歸
위대한 기업을 널리 여셨도다	誕啓鴻基

삼가 살펴보건대, 이 악장은 익조대왕(翼祖大王)의 사적에 대한 것이다. 《용비어천가》에 "익조가 알동(斡東)에 있을 때에 여진(女眞)의 여러 천호(千戶)를 피하여 적도(赤島)로 가서 마침내 움집을 짓고 살았는데, 알동 사람들이 익조가 적도에 있다는 소식을 듣고 모두 귀의하였다. 후에 덕원부로 돌아와 살았는데, 경흥 백성으로서 따르는 자들이 마치 시장으로 모여드는 것과 같았다." 하였다.

○ 형가(亨嘉)

위대하신 익조께서	於皇聖翼
그 임금을 공경히 섬기셨도다	祗服厥辟
성스러운 도조께서 그 뜻을 이으시니	聖度繼志
돌아보고 의지함이 돈독하도다	眷倚斯篤
크게 형통하여 총애를 받으니	大亨以嘉
크나큰 천명이 따르도다	景命維僕

삼가 살펴보건대, 이 악장은 익조대왕과 도조대왕(度祖大王)의 사적에 대한 것이다. 《용비어천가》에 "원 세조(元世祖)가 일본을 정벌할 때 천하의 병선(兵船)을 동해로 회합시키자, 익조도 조정의 명으로 와서 회합하였다. ―목조가 원나라에 귀의하자, 원나라에서 오천호(五千戶)로 삼았고 익조가 그 작위를 물려받았는데, 원나라 조정의 명으로 와서 회합한 것이다.― 처음 충렬왕(忠烈王)을 만난 때부터 두세 번에 이르도록 더욱 공손하고 경건하니, 왕이 말하기를, '경은 본래 사족(士族)이니 어찌 근본을 잊겠는가? 지금 경의 행동을 보니 마음에 간직한 바를 충분히 알겠다.' 하였다. 도조가 익조의 뜻

을 이어 와서 회합하자 충숙왕(忠肅王)이 선물을 더욱 풍성하게 내려 주었으니, 충성을 권면하기 위함이었다." 하였다.

○ 집녕(輯寧)

넓고도 먼 쌍성 땅	雙城潭漫
천부의 땅이라 이른다네	曰維天府
관리가 직무를 다하지 못해	吏之不職
백성이 편히 살지 못하였도다	民未安堵
성스러운 환조께서 쓰다듬어 안정시키니	聖桓輯寧
흩어졌던 유민들 마침내 돌아왔네	流離卒復
총애하는 명을 받으시어	寵命是荷
복록 크게 세우셨도다	封建厥福

삼가 살펴보건대, 이 악장은 환조대왕(桓祖大王)의 사적에 대한 것이다. 《용비어천가》에 "쌍성은 중앙에서 가장 먼 변방으로 제대로 어루만져 안정시키지 못하자 백성들이 점차 살 곳을 잃고 흩어졌다. 곧 환조에게 명하여 다스리게 하였는데, 백성들이 이로 말미암아 자기들의 생업에 안주할 수 있었다. 후에 환조가 와서 조회하자 왕이 맞이하여 말하기를, '완악한 백성들을 어루만져 안정시켰으니, 참으로 노고가 많았다.' 하였다." 하였다.

○ 융화(隆化)

아 위대하신 성조께서는	於皇聖祖
그 덕이 훌륭하고 뛰어나시어	遹駿厥德
인으로 편케 하고 의로 복종시키니	仁綏義服
신령스런 덕화가 두루 미쳤도다	神化隆洽
깨달은 저 섬오랑캐와	憬彼島夷
산속 오랑캐가	及其山戎
크게 정화되고 회유되어	孔淑以懷
따르지 않는 자 없었으니	莫不率從
물 건너고 산을 넘어	航之梯之

우리 관문 끊임없이 두드렸도다 款我繹繹

아 빛나는 그 영령함으로 於赫厥靈

가까이는 편케 하고 멀리는 엄숙게 하였도다 邇安遠肅

삼가 살펴보건대, 이 악장은 태조대왕의 사적에 대한 것이다. 《용비어천가》에 "태조가 천명을 받은 이후로 교화가 멀리 섬나라 왜(倭)에게 미치자 왜가 태도를 고쳐 와서 조회하고 다시 교역을 통하니, 남도(南道)의 백성들이 안심하고 편히 살았다. 동북 한 방면은 본래 나라의 기업을 연 곳이다. 위엄을 경외하고 은덕을 그리워한 세월이 오래이니, 야인(野人) 추장(酋長)이 모두 와서 복종하여 섬겨서 동쪽으로 정벌하고 서쪽으로 정벌함에 따르지 않은 이가 없었다." 하였다.

○ 현미(顯美)

아 훌륭하신 우리 성고께서는 於皇我聖考

난리를 다스려 종묘사직을 보전하셨도다 戡亂保宗祊

찬양하는 노래와 여망이 드높으니 謳歌興望隆

왕위 사양하심이 아름다운 덕 드러냈도다 敦讓顯美德

삼가 살펴보건대, 이 악장은 태종대왕의 사적에 대한 것이다. 《용비어천가》에 "태종이 정도전의 난을 평정하니, 당시 사람들이 모두 태조에게 세자로 삼을 것을 청하고자 하였다. 태종은 완강하게 사양하고 공정대왕(恭靖大王)을 세자로 삼을 것을 청하였다. 공정대왕이 말하기를, '당초에 의리를 세워 나라를 열고 오늘날의 일에 이른 것은 모두 정안(靖安)의 공이니, 내가 세자가 될 수는 없다.' 하였으나, 태종의 사양은 더욱 완강하였다." 하였다.

○ 용광(龍光)

천자가 바야흐로 노하시니 天子方懠

나라 사람들 근심하도다 邦人憂惶

성고께서 들어가 아뢰시니 聖考入奏

충성 밝게 드러났도다   忠誠以彰

천자를 기쁘게 하니   媚于天子

빛나도다 그 덕이여   赫哉龍光[128]

삼가 살펴보건대, 이 악장은 태종대왕의 사직에 대한 깃이다. 《용비어천가》에 "태조조에 천자가 '본국이 사람을 보내 여진(女眞)을 꾀어 압록강(鴨綠江)을 몰래 건너게 하였다.' 는 등의 일로 친필 조서를 내려 꾸짖었다. 표문(表文)을 올려 변명하였으나 천자가 표문의 말이 거만하다고 더욱 노하여 요동(遼東)에 조선의 사신을 받아들이지 말라고 명하였다. 이에 사신이 요동에 이르러 들어가지 못하고 돌아온 자가 모두 다섯 무리나 되었다. 천자가 사신을 보내 태조에게 친아들을 보내라고 유시하자, 태조가 태종에게 말하기를, '천자가 묻는 말이 있을 경우에 네가 아니면 상세하게 대답할 수 없을 것이다' 하니, 태종이 말하기를, '신이 종사의 대계를 위하는 일에 어찌 거절하여 피할 수 있겠습니까?' 하고, 전(箋)을 받들어 경사(京師)로 갔다. 천자가 두세 번 인견하였는데, 태종이 아뢰는 말이 상세하면서도 분명하자 천자가 후하게 우대하여 돌려보내고, 마침내 도로를 열어 통하게 하라고 명하였다." 하였다.

○ 정명(貞明)

엄숙한 성모께서   思齊聖母

능히 왕의 배필이 되셨도다   克配乾剛

난리를 다스려 안정시킴에   戡定厥亂

도우신 계책 실로 훌륭하였도다   贊謀允臧

아 곧고 밝으심이여   猗歟貞明

우리 후손을 계우하심 끝이 없도다   啓佑無疆

삼가 살펴보건대, 이 악장은 원경왕후(元敬王后 태종 비)의 사적에 대한 것이다. 《용비어천가》에 "정도전의 난 때 원경왕후가 동생인 대장군 민무구(閔無咎) 및 민무질(閔無疾)과 도모하여 병장기와 안구마(鞍具馬)를 모두 몰래 정비해 놓고 기다렸는데, 급기야 변란이 일어나자 왕후가 준비해 둔 병장기의 도움을 받았다. 후에 태종이 즉위하여 왕비에 봉하였는데, 책문(冊文)에 '능히 계책을 결단하여 갑옷을 꺼내 종사의 공을 도와 이루었도다. 이에 대업을 계승할 수 있었던 것 또한 내조에 힘입은 바 많도다.〔能決策而提甲 弼成定社之功 玆獲紹於丕圖 亦多資於內助〕'라는 내용이 있다." 하였다.

○ 대유(大猷)

열위께서 대대로 이어 온 성대한 덕 펴시고	列位宣重光
문교를 펼쳐 사방을 편안히 다스리셨네	敷文綏四方
제도가 이미 밝혀지고 갖추어지니	制作旣明備
큰 정책 어쩌면 그리도 빛나고 빛나는가	大猷何煌煌

삼가 살펴보건대, 이 악장은 열성의 문덕(文德)을 총칭한 것이다.

○ 역성(繹成)

세덕을 지어 구하여	世德作求[129]
천하를 안정시킨 공 따르시니	率維敉功
빛나게 태평성대 열어	光闢太平
예악이 바야흐로 융성하도다	禮樂方隆
왼손엔 약 오른손엔 적 잡고 춤추니	左籥右翟
구변의 곡조 다하였도다	曰旣九變
빛나는 공렬 크게 밝히니	式[130]昭光烈
참으로 아름답고 참으로 선하도다	盡美盡善

삼가 살펴보건대, 이 악장은 헌관을 인도하여 나갈 때의 악장이다.

○ 소무(昭武) 아헌(亞獻) -〈정대업(定大業)〉11성이다.

하늘이 우리 열성 돌아보시어	天眷我列聖
대를 이어 성무를 밝히셨도다	繼世昭聖武
무쌍한 공렬 선양하셨으니	庶揚無競烈
이에 노래와 춤 올리나이다	是用歌且舞

129 **世德作求** 《시경》〈대아 하무(下武)〉에 나오는 구절이다. 이 시는 주 무왕(周武王)이 태왕(太王), 왕계(王季), 문왕(文王)의 전통을 이어 천하를 소유함을 찬미한 시로, 이 구절은 선왕의 덕을 계승하였다는 말이다.

130 **式** 대본은 '武' 인데, 《악학궤범》에 수록된 악장 및 《세조실록》에 실린 악장에 의거하여 '式'으로 바로잡아 번역하였다. '式'은 발어사이다.

삼가 살펴보건대, 이 악장은 헌관을 인도하여 들어갈 때의 악장이다.

○ 독경(篤慶)

아 위대하신 목조께서	於皇聖穆
북방에 깃발을 세우셨도다	建牙[131]于朔
그 경사 돈독히 하여	遹篤其慶
우리 왕업 시작하셨도다	肇我王迹

삼가 살펴보건데, 이 악장은 목조대왕의 사적에 대한 것이다.《용비어천가》에 "목조가 가솔을 이끌고 바다를 건너 함길도 덕원부에 이르러 정착하였고 이윽고 원(元)나라에 귀의하니, 원나라에서 목조를 오천호소 달로화적(五千戶所達魯花赤)으로 삼았다. 동북 지역의 사람들이 모두 귀의하여 심복하니, 왕업(王業)의 흥기가 이로부터 시작되었다." 하였다.

○ 탁정(濯征)

완악한 토호가	頑之豪
쌍성을 장악하니	據雙城
거룩하신 우리 환조	我聖桓
깨끗이 소탕하셨네	于濯征
사납고 모진 적 없어져	狙獷亡
우리 강토 넓혔다네	拓我疆

삼가 살펴보건대, 이 악장은 환조대왕의 사적에 대한 것이다.《용비어천가》에 "원나라 기 황후(奇皇后)의 형 대사도(大司徒) 기철(奇轍)이 쌍성(雙城)의 반란을 일으킨 백성과 몰래 통하여 한패로 결탁하고 반역을 꾀하였다. 왕이 환조에게 유시하기를, '경은 마땅히 돌아와 우리 백성들을 진무(鎭撫)하라. 혹시 변고가 있으면 마땅히 내 명대로 하라.' 하고, 유인우(柳仁雨)와 김원봉(金元鳳) 등에게 명하여 가서 쌍성 등 지역을 수복하라고 하였다. 유인우 등이 망설이며 진격하지 않았는데, 왕이 보고를 받고 환조에게 소부윤(少府尹)과 중현대부(中顯大夫)의 품계를 제수하고는 병마판관

(兵馬判官) 정신계(丁臣桂)를 보내 교지(教旨)를 전하여 내응(內應)하게 하였다. 환조가 명을 듣고 즉각 출발하여 유인우와 함께 군사를 합해 쌍성을 공격하여 쳐부수었다. 총관부 총관(總管府總管) 조소생(趙小生)과 천호(千戶) 탁도경(卓都卿)이 처자를 버리고 밤중에 달아났다. 이에 지도를 살펴 여러 성을 수복하였다." 하였다.

○ 선위(宣威)

아 고려가 나라 잘못 다스려	咨麗失馭
외부의 모멸이 심하였도다	外侮交熾
섬오랑캐 함부로 물어뜯고	島夷縱噬
나하추〔納哈出〕 방자히 눈 부라리며	納寇恣睢
홍건적 기세 떨치고	紅巾焱然
원의 잔당 횡포 부리며	元餘鼻鳳
요망한 중 발호하고	孽[132]僧跋扈
호발도(胡拔都) 날뛰었도다	胡魁陸梁
아 위대하신 태조께서	於皇聖祖
신무를 크게 떨치시어	神武誕揚
하늘의 위엄을 펴시니	載宣天威
빛나고도 당당하도다	赫赫堂堂

132 孽 대본은 '薛'인데, 《악학궤범》에 수록된 악장 및 《세조실록》에 실린 악장에 의거하여 '孽'로 바로잡아 번역하였다.

삼가 살펴보건대, 이 악장은 태조대왕의 사적에 대한 것이다. 《용비어천가》에 "신창(辛昌)이 태조에게 내린 교서문(教書文)에 이르기를, '신축년(1361, 공민왕10)에 관적(關賊) –홍건적(紅巾賊)이다.– 이 경도(京都)를 침범하여 국가가 파천(播遷)하였는데, 경이 대상(大相)을 도와 흉악한 적을 섬멸하고 경도를 수복하였으며, 호인(胡人) 나하추〔納哈出〕가 우리나라의 동북 변방을 침범하여 고주(高州)의 경내에 이르니, 경이 군장(軍裝)을 가볍게 하고 행군 속도를 배로 하여 달려와 국경 밖으로 축출하였다. 계묘년(1363, 공민왕12)에 서얼(庶孽) 덕흥군(德興君) –고려 충선왕(忠宣王)의 얼자(孽子) 탑사첩목아(塔思帖木兒)이다. 일찍이 중이 되었다가 충정왕(忠定王) 3년(1351)에 원나라로 달아났다.– 이 군사를 일으켜 서쪽 변경을 쳐들어오니, 경이 날랜 기마병

을 거느리고 가서 그 예봉을 꺾었으며, 정사년(1377, 우왕3)에는 왜노(倭奴)
가 해주(海州)를 침략하니 경이 단신으로 사졸을 앞장서 쳐서 거의 모조리
무찔렀고, 경신년(1380)에는 왜노가 진포(鎭浦)에서 해안으로 내려와 양광
도(楊廣道), 경상도, 전라도 지경을 제멋대로 다니면서 고을을 분탕하고 사
녀(士女)를 살륙하여 삼도가 썰렁하였는데, 경이 죽음을 각오하고 살기를
도모하지 않는 계책을 내어 휘하를 거느리고 인월역(引月驛)에서 격렬한
전투를 벌여 남김없이 포획하니, 백성이 이에 힘입어 편안해졌다. 군사를
씀에 있어서는 움직일 때 기율을 준수하여 추호도 범하지 못하도록 하니,
백성이 그 위엄을 두려워하고 백성이 그 은덕을 그리워하였으니, 비록 옛
날의 명장이라 한들 어찌 더할 수 있겠는가?' 하였다." 하였다.

○ 신정(神定)

우리 적에 분개하여	愾我敵
호랑이와 비휴 같은 군사 경계하도다	戒虎貔
그 용맹 고무하니	鼓厥勇
날개 떨쳐 하늘에 이를 듯하도다	若翰飛
구천을 진동함이	動九天
정의(正義)요 신기(神奇)러니	正又奇
버마재비 수레에 맞서는 꼴이라	螗斧亢
곧바로 제 풀에 쓰러지도다	旋自麋
대나무 쪼개듯 쳐부수는 기세에	竹斯破
어느 누가 우릴 버티리오	孰我支
무공을 달성함은	耆定武
신령이 하심이로다	神之爲

○ 분웅(奮雄)

우리 장한 용맹 떨치니	我雄我奮
우레 같고 벼락 같도다	如雷如霆
어느 견고함 꺾지 못하며	胡堅莫摧
어느 험난함 평정치 못하랴	胡險莫平

줄줄이 이어지고 급하게 하지 않으니	連連安安[133]
항복한 자 신문하고 불복한 자 귀 베어 아뢰도다	奏我訊馘[134]
신령스런 창 한번 휘두르니	神戈一揮
요망한 기운 금방 씻기도다	妖氛倏廓
업신여기고 거역하는 사람 없으니	無侮無拂
우리 동국의 복이로다	祚我東國

삼가 살펴보건대, 이 두 악장은 태조가 여러 적을 평정한 위엄과 은덕을 총칭한 것이다.

○ 순응(順應)

고려왕이 간언을 듣지 않고	麗主拒諫
감히 난을 일으켰도다	敢行稱亂
신명한 결단을 내리시어	我運神斷
우리 군사 되돌리니	我師我返
하늘과 사람의 협찬이로다	天人協贊

삼가 살펴보건대, 이 악장은 태조대왕의 사적에 대한 것이다. 《용비어천가》에 "고려 신우(辛禑)가 해주(海州) 백사정(白沙汀)에서 사냥한다고 칭탁하고 오부(五部)의 장정을 징발하여 군사로 삼고 서해도(西海道)로 출행하였는데, 사실은 요동을 공격하고자 한 것이었다. 태조가 그 불가함을 극도로 간하였으나 좌군(左軍)과 우군(右軍)이 압록강을 건너 위화도에 주둔하였다. 태조가 마침내 여러 장수를 깨우쳐 말하기를, '만약 상국(上國)의 국경을 범하면 천자에게 죄를 얻어 종묘사직과 백성에게 화가 당장 닥칠 것이다. 어찌 경들과 함께 왕을 뵈어 직접 화복(禍福)에 대해 진달하고 임금 측근의 악한 사람들을 제거하여 백성을 편안하게 하지 않겠는가?' 하니, 여러 장수가 모두 말하기를, '오직 명을 따르겠습니다.' 하였다. 이에 군사를 돌려 압록강을 건넜다. 이때에 장맛비가 며칠 동안 내렸는데, 물이 불어나지 않고 있다가 군사를 돌려 강을 건너자마자 큰물이 갑자기 밀어닥쳐 섬 전체가 물에 잠기니, 사람들이 모두 신기하게 여겼다." 하였다.

133 連連安安 《시경》 〈대아 황의(皇矣)〉의 "執訊連連 攸馘安安"에서 따온 말이다. '連連'은 줄줄이 이어지는 모양이고, '安安'은 경솔히 갑작스럽게 하지 않는다는 뜻이다. 포로를 잡아 신문함이 계속 이어진다는 것은 항복해 오는 적군이 많음을 뜻하고, 귀 베어 바치기를 천천히 한다는 것은, 군법에 포로로 잡힌 자가 불복할 경우 죽여서 왼쪽 귀를 잘라 바치도록 되어 있는데, 이 일을 신중하게 하고 급하게 하지 않는다는 뜻이다.

134 馘 대본은 '聝'인데, 《악학궤범》에 수록된 악장 및 《세조실록》에 실린 악장에 의거하여 '馘'으로 바로잡아 번역하였다.

○ 총수(寵綏)

의로운 기치를 돌리니	義旗載回
천리를 따름이라 돕는 이 많도다	順乃多助
하늘의 아름다움 진동하니	天休震動
백성들 얼꿩하도다	士女悅豫
사랑하고 편안히 해 줄 우리 군주 기다렸기에	僕我寵綏
마실 음료 가지고 와 맞이하도다	壺漿用迎
더러운 죄악 이미 씻었으니	旣滌穢惡
동해 영원히 맑으리로다	東海永淸

삼가 살펴보건대, 이 악장은 태조대왕의 사적에 대한 것이다. 《용비어천가》에 "군대가 서쪽으로 가기 전에 '서경성 밖 불빛이요, 안주성 밖 연기로세. 그 사이 왕래하는 이 원수여, 백성 구제 소원일세.〔西京城外火色 安州城外煙光 往其間李元帥 願言救濟黔蒼〕'라는 동요(童謠)가 있었는데, 얼마 안 되어 이러한 변이 있었다. 당시에 민간에는 또 '목자가 나라를 얻으리.〔木子得國〕'라는 노래가 있었는데, 회군할 때에 군중에서 모두 이 노래를 불렀다. 태조가 매번 군사들을 경계하여 '너희들이 만약 어가(御駕)를 범하면 나는 너희들을 용서하지 않을 것이며, 백성들에게서 오이 하나라도 빼앗으면 역시 처벌할 것이다.' 하였다. 서경(西京)으로부터 경성(京城)에 이르니, 신우를 따르던 신하와 백성으로서 술과 음료를 가지고 대군을 맞이하러 오는 자들이 계속 이어져 끊이지 않았으며, 태조가 숭인문(崇仁門)을 경유하여 도성으로 들어가니, 또 남녀가 다투어 술과 음료수를 가지고 와 군사를 맞이하여 위로하고, 거리의 아이들과 골목의 부녀자들은 다투어 수레를 끌어 길을 열어 주었으며, 노약자들은 성으로 올라가 바라보면서 환호하고 발을 굴렀다. 이튿날 신우가 성을 나가 강화(江華)로 갔다." 하였다.

○ 정세(靖世)

저 외로운 신하가	彼孤臣
화의 기미 선동하자	煽禍機

위대한 황고께서	我皇考
능히 기미 밝히셨네	克炳幾
신기(神機) 책모(策謀) 정해지니	神謀定
세상 이로써 안정되도다	世以靖

삼가 살펴보건대, 이 악장은 태종대왕의 사적에 대한 것이다. 《용비어천가》에 "봉화군(奉化君) 정도전과 의성군(宜城君) 남은(南誾) 등이 권력을 천단할 양으로 어린 서자를 탐하여 세우고 장차 여러 왕자들을 제거하려고 하였다. 태조가 병환이 들어 눕자 정도전 등이 이어(移御)를 논의한다는 구실로 왕자들을 불러 궁으로 들어오게 하여 이로 인해 난을 일으키려고 하였다. 원경왕후가 동생인 대장군 민무구 및 민무질과 함께 도모하여 무기와 안구마를 모두 몰래 정비해 놓고 변란에 응할 계책을 삼고서 대기하였다. 급기야 변란이 일어나 일이 창졸간에 발생하자 태종이 연추문(延秋門)을 나와 오로지 왕후가 준비해 둔 무기에 의지하였는데, 정도전과 남은 등이 모두 처형되었다." 하였다. 또 삼가 살펴보건대, 〈태종 신도비명〉에 "태조께서 편찮으시자 권신(權臣)이 제 편을 끌어 모아 당을 만들어서 어린 서자를 끼고 정권을 천단하여 자기 뜻대로 하려고 하였다. 화의 발단이 급박하였으나 태종이 기미를 환히 알아 모조리 제거하였다." 하였다.

○ 혁정(赫整)

섬오랑캐 제 힘 헤아리지 못하고	島夷匪茹
우리 변방 침략하니	虔劉我圉
이에 불끈 노하시어	爰赫我怒[135]
우리 군대 정비하도다	爰整我旅
만 척의 배 바람 타고	萬艘駕風
나는 듯이 바다 건너	飛渡溟渤
그 둥지 뒤엎고	乃覆其巢
그 소굴 쳐부수도다	乃擣其穴
비유컨대 가벼운 저 기러기 털이	譬彼鴻毛
세찬 불길에 활활 타듯 하니	燎于方烈

[135] **爰赫我怒** 세조 때 최항(崔恒)에게 명하여 지은 악장에는 '我'자가 '斯'자로 되어 있다.《세조실록 9년 12월 11일조》

고래 같은 파도 잔잔해져   鯨波乃息,
우리나라 영원히 안정되도다   永奠鰈域

　　삼가 살펴보건대, 이 악장은 태종대왕의 사적에 대한 것이다. 〈태종 행장〉에 "기해년(1419, 세종1) 7월에 대마도(對馬島) 왜적이 변경을 침범하니, 왕이 여러 장수에게 명하여 수군으로 그 섬을 공격하여 무찌르게 하였다."하였다. 또 삼가 살펴보니, 〈혁정〉1장은 전후로 올린 소장(疏章)과 계사 그리고 수의(收議)에서 '세종의 종묘 악장'이라고 하였는데, 이것은 모두 조사하여 살핀 것이 자세하지 않다.

　　삼가 살펴보니, 〈세종 행장(世宗行狀)〉에 "대마도와 일기도(一岐島) 등의 왜적이 상국(上國)의 연해(沿海)를 침략하고, 또 우리나라의 남쪽 변경을 침범하자 변방의 장수가 이들을 사로잡았고, 도망하여 본 섬으로 돌아간 자들은 왕이 사람을 보내 도주(島主)를 타이르자 도주가 감히 숨기지 못하고 모두 다 잡아 보냈다. 왕은, 도적이 상국을 노략질하여 천자의 주벌을 범한 것이라 하여 감히 마음대로 처리하지 못하고 즉시 실라사야문(失剌沙也門) 등 60명을 묶어 경사(京師)에 바쳤다."라고 하였는데, 이 일을 제외하고는 세종조 때에 다시 왜를 정벌한 일은 없다. 〈세종 신도비명〉을 조사해 보아도 단지 이와 같을 뿐이다.

　　대개 태종 때에는 여러 장수에게 명하여 수군으로 도왜(島倭)를 공격하여 무찌르게 한 것이고, 세종 때에는 남쪽 변경을 침범한 왜를 사로잡고 본 섬으로 도망하여 돌아간 자들을 그 도주를 타일러서 잡아 보내게 한 것이다. 두 조정의 왜를 정벌한 사실이 같지 않음이 또한 자연 이와 같은데, 〈혁정〉을 살펴보면 "이에 불끈 노하시어 우리 군대 정비하도다. 만 척의 배 바람 타고 나는 듯이 바다 건너, 그 둥지 뒤엎고 그 소굴 쳐부수도다." 하였다. 이 악장의 내용을 근거로 살펴보면 태종조 때에 장수를 보내 도왜를 공격하여 무찌른 일을 가리킨 것이지, 애당초 세종조 때에 도주를 타일러 도망한 왜를 잡아 보내게 한 일은 아니다. 하물며 〈현미(顯美)〉, 〈용광(龍光)〉, 〈정세(靖世)〉 세 편의 악장은 모두 태종조에 대한 것으로 혹은 성고(聖考)라고 일컫고 혹은 황고(皇考)라고 일컬었고 보면, 악장이 세종조 때에 처음 이루어진 사실을 이로 미루어 알 수 있지 않겠는가? 그렇다면 〈희문(熙文)〉, 〈소무(昭武)〉 두 악장은 세종의 공덕을 칭술한 것[136]으로 목조가 바다를 건너간 사적에서 시작하여 태종이 왜를 정벌한 사적에서 그쳤을 것은 다시 의심할 것이 없다. 〈혁정〉이 세종의 종묘 악장이 되어야 마땅하다는 것은 과연 무엇에 근거한 것인가?

또 국조의 역사 기록 및 〈태종 신도비〉를 살펴보면 무술년(1418, 태종18) 8월에 태종이 세종에게 선위(禪位)하였고, 기해년(1419, 세종1) 5월에 가서 도왜를 정벌하였다. 이것으로 말하면 왜를 정벌한 한 가지 일은 과연 세종조 때의 일이다. 그러나 다만 태종이 비록 이미 선위했더라도 군사의 일에 대해서만은 여전히 직접 총괄하고 있었기 때문에 왜를 정벌하는 문제를 논의할 때에 방책을 결정하고 가서 토벌하는 것은 대개 태종에게서 나왔다. 이 때문에 〈태종 신도비〉에 그 사적을 기록하고 〈세종 행장〉에는 다시 말하지 않은 것이다. 그렇다면 왜를 정벌한 것은 비록 세종 때에 있었지만 〈혁정〉은 본래 태종을 위하여 지었다는 것은 의심할 것이 없다.

○ 중광(重光) ─지금은 초헌에서는 〈정명〉 아래에 쓰고, 아헌과 종헌에서는 〈혁정〉 아래에 쓴다.

아 위대하신 선조의	於皇宣祖
거듭 빛낸 큰 덕은	峻德重光[137]
천조(天朝)를 감동시켜 무고 밝혀서	格天昭誣
우리 종사 바로잡았고	正我宗祊
의리를 들어 흉악한 적 제거하여	抗義除凶
우리 영토 안정시켰도다	奠我封疆
복을 받아 후손을 열어 주니	受釐啓後
번창 유구하리라	悠久熾昌

삼가 살펴보건대, 이 악장은 선조대왕의 사적에 대한 것이다. 〈선조 행장〉에 "선대의 종계(宗系)가 지금까지 입어 온 무고[138]를 씻어 나라를 빛내는 공렬을 드리웠고, 하늘에 뻗칠 강한 왜적을 물리쳐 다시 나라를 세우는 공적을 이루었으니, 종사에 남을 공이요, 중흥을 빛낸 업적이다." 하였다.

또 살펴보건대, 이 악장은 병인년(1626, 인조4)에 추가로 지을 때의 예

136 〈희문〉……것 〈희문〉은 〈보태평(保太平)〉 11성의 첫 곡이고, 〈소무(昭武)〉는 〈정대업(定大業)〉 11성(聲)의 첫 곡으로, 여기에서 〈희문〉과 〈소무〉 두 악장이라는 말은 곧 〈보태평〉 11성과 〈정대업〉 11성을 뜻한다. 한국문집총간 86집에 수록된 《잠곡유고(潛谷遺稿)》 권8 〈종묘세실악장의(宗廟世室樂章議)〉에 "《오례의(五禮儀)》에 〈희문〉과 〈소무〉 등의 악장이 있는데, 〈보태평〉과 〈정대업〉 각 11성으로 삼았다. 〈보태평〉은 초헌에 연주하고 〈정대업〉은 아헌과 종헌에 연주한다. 그 내용은 모두 네 분의 왕과 태조의 공덕을 칭송한 것이다."라고 하였는데, 네 분의 왕이란 태조의 사대조인 목조(穆祖), 익조(翼祖), 도조(度祖), 환조(桓祖)를 말한다. 이로 보아 여기에서 '세종의 공덕'이라고 한 것은 '조종(祖宗)의 공덕'의 오류가 아닌가 한다.

137 重光 《서경》 〈주서(周書) 고명(顧命)〉에 "문왕과 무왕이 중광을 베풀었다." 하였는데, 중광에 대해 주에서 "무왕이 문왕과 같기 때문에 중광이라고 한 것이니, 순임금이 요 임금과 같기 때문에 중화(重華)라고 한 것과 같다." 하였다. 곧 무왕이 문왕을 이어 거듭 빛냈다는 말이니, 여기에서도 선조(宣祖)가 조종의 덕을 이어 거듭 빛낸 것을 말한다.

138 선대의……무고 《대명회전(大明會典)》에 태조 이성계(李成桂)가 고려의 권신인 이인임(李仁任)의 아들로 잘못 기록되어 있던 것을 말한다. 1584년(선조17)에 변무주청사(辨誣奏請使) 황정욱(黃廷彧)이 명나라에 가서 바로잡고, 《대명회전》의 개정된 전문(全文)을 받아 돌아왔다. 《선조실록 17년 11월 1일조》

139 **예조……한다** 《인조실록》 4년 윤6월 25일조에 기록된 종묘의 악장에 대해 논의한 내용을 요약해 보면, '현재 악장은 인도하여 들어가는 악장인 초헌의 〈희문〉과 아헌·종헌의 〈소무〉, 인도하여 나가는 악장인 초헌의 〈역성〉과 아헌·종헌의 〈영관〉을 제외하면 모두 9장으로 구비되어 있는 상태라 첨입할 악장은 없을 듯하다. 그러나 다만 초헌은 72구 308자로 아헌·종헌이 87구 328자인데 비해 약간 짧다. 따라서 새로 찬술하는 선조의 악장은 초헌의 악장인 〈정명(貞明)〉 아래에 첨가하면 될 것'이라고 하였으므로 한 말이다.

조 계사를 보면 마땅히 〈희문〉의 〈정명〉 아래에 있어야 한다.[139] 그런데 원상(院上)의 가사책(歌詞冊)을 가져다 조사해 보니 이곳에 기록되어 있고, 또 현재 사용하는 악보책을 조사해 보니 〈대유〉 아래에 기록되어 있거나 또는 〈혁정〉 아래에 기록되어 있으니, 그 이유를 알지 못하겠다.

○ 영관(永觀)

아 위대한 열성께서	於皇列聖
대대로 무공이 있으시도다	世有武功
거룩한 덕과 큰 업적을	盛德大業
어찌 다 형용하리오	曷可形容
우리의 춤 질서정연하고	我舞有奕
진퇴에 법도 있으니	進止維程
차분하고 의젓하여	委委佗佗
길이 끝마침을 보도다	永觀厥成

삼가 살펴보건대, 이 악장은 헌관을 인도하여 나갈 때의 악장이다.

○ 철변두(徹籩豆)

우러러 제기에 제수를 담아	仰盛于豆
두에 담고 변에 담는도다	于豆于籩
음식이 향기로우니	有飶其香
강림하심 어렴풋하도다	來假優然
우리 제례 이미 마쳤기로	我禮旣成
철상 고함 경건히 하도다	告徹維虔

○ 송신(送神)

140 **洋洋** 《중용장구》 제16장 "신의 기운 충만하여 위에 있는 듯하다.〔洋洋乎如在其上〕"에서 따온 말로, '洋洋'은 신의 기운이 유동(流動)하고 충만(充滿)하다는 뜻이다.

정결한 제사 법도를 다하니	禋祀卒度
신령께서 안락하셨으리	神康樂而
충만하게 위에 계신 지 오래지 않으니	洋洋[140]未幾
우리를 금방 돌아보시리	回我倏而

선왕의 모습 아스라한데

아득히 멀리 구름 타고 가시리

霓旌[141]髣髴

雲馭邈而

141 霓旌 오색의 우모(羽毛)를 단 깃발로 고대 제왕의 의장(儀仗) 가운데 하나인데, 제왕을 지칭하는 말로도 쓰인다.

부 악기와 용악用樂

○ 태종대왕 병술년(1406, 태종6) 10월 을미일(9일)

상이 종묘에 친히 강신제(降神祭)를 지내고, 처음으로 중국 조정에서 하사한 악기를 사용하였다. —실록에 나온다.

○ 세종대왕 임자년(1432, 세종14) 1월 계해일(3일)

예조에서 아뢰기를,

"봉상 판관 박연(朴堧)이 상언하기를, '무일(舞佾)의 위치를 옛 현인의 〈도설(圖說)〉에서 살펴보니, 바로 종묘 가운데에 있고 악현(樂懸)의 북쪽에 있지 않았습니다. 그런데 우리 왕조는 악현의 북쪽 계단 남쪽에 무일을 진설하여 이미 옛 제도를 잃은 데다 땅이 좁고 자리가 협소하여 진퇴하고 변통할 도리가 없으니 참으로 편치 않습니다. 지금 악무(樂舞)의 진퇴하는 법을 자세히 살펴보면 선유가 말하기를,「무일에 사표(四表)를 세우는데, 무인(舞人)이 남쪽 표지에서 두 번째 표지에 이르면 1성(成)이 되고, 두 번째 표지에서 세 번째 표지에 이르면 2성이 되고, 세 번째 표지에서 북쪽 표지에 이르면 3성이 되며, 바로 몸을 돌려 남쪽을 향하여 북쪽 표지에서 두 번째 표지에 이르면 4성이 되고, 두 번째 표지에서 세 번째 표지에 이르면 5성이 되고, 세 번째 표지에서 남쪽 표지에 이르면 6성이 되니, 음악 역시 여섯 번 변하여 천신(天神)이 모두 내려온다. 이것이 천신에게 제사 지내는 환종궁(圜鍾宮) 6변(變)의 춤이다. 또 남쪽 표지에서 두 번째 표지에 이르면 7성이 되고, 두 번째 표지에서 세 번째 표지에 이르면 8성이 되니, 음악도 여덟 번 변하여 지기(地祇)가 모두 나온다. 이것이 지기에 제사 지내는 함종궁(函鍾宮) 8변의 춤이다. 또 세 번째 표지에서 북쪽 표지에 이르면 9성이 되니, 음악도 아홉 번 변하여 인귀(人鬼)에게 제사 지낼 수 있다. 이것이 인귀에게 제사 지내는 황종궁(黃鍾宮) 9변의 춤이다.」하였습니다. 이 말을 살펴보면 사표를 기준으로 진퇴하는 절차는 곧 무무(武舞)의 법입니다. 문무(文舞)는 분명한 설명이 없습니다만, 선유(先儒) 가공언(賈公彦)이 말하기를, 「무무에 사표가 있으니, 문무에도 마땅히 사표가 있을 것이다.」 하였고, 진상도(陳常道)의 《예서(禮書)》에 이르기를, 「가공언의 말이 이치에 혹 그럴 수 있다.」 하였습니다. 또한 우리 왕조는 지난 을해년(1395, 태조4) 겨울에 대제(大祭)를 친행(親行)으로 치를 때 제조 정도전(鄭道傳)·민제(閔霽)·권근(權近)·한상경(韓尙敬) 등이 편수한 의궤(儀軌)에는 문무와 무무에 각각 사표를 만들고 거리를 4보(步)로 하였습니다. 그러나 무일이 악현의 북쪽 계단 사이에 있어서 진퇴의 절차를 할 수 없습니다. 원컨대 옛 제도에 따라 무일을 묘정 가운데에 진설하여 여섯 번 변하고, 여덟 번 변하고, 아홉 번 변하는 의식을 다 할 수 있게 하소서.' 하였습니다. 본 예조에서 상정소(詳定所)와 함께 살펴보니, 위에서 말한 묘정은[142] 사실 협소합니다. 청컨대 남쪽 계단으로부터 9보를 더 넓히소서."

하니, 그대로 따랐다. ─실록에 나온다.

○ **무진년**(1448, 세종30) **8월 임오일**(29일)
의주상정관(儀註詳定官)이 아뢰기를,
"종묘의 관창(祼鬯)과 전폐(奠幣)는 일시에 예를 행하는데, 각각 장(章) 8구의 악장이 있습니다. 지금 송나라 제도대로 관창과 전폐를 합하여 1장으로 하고, 장 8구로 고쳐 지으소서."
하니, 그대로 따랐다. 그 악장에 이르기를,

아 심원한 종묘에	於穆淸廟
받드는 제사 어긋남이 없도다	祀事不忒
엄숙히 강신례를 올리니	有嚴祼將
흠향하여 이르시도다	以享以格
공손히 광주리의 폐백을 올려	恭奠篚幣
예식과 의식을 다 마치니	禮儀旣成
신의 영령 충만히 위에 계시어	庶幾洋洋
우리의 효성을 흠향하시도다	歆我孝誠

142 위에서 말한 묘정은 《세종실록》 14년 3월 4일조 기록에는 "위에서 말한 묘정의 헌현을 설치한 곳은〔上項廟庭設軒懸之處〕"이라고 되어 있다.

하였다. —실록에 나온다.

○ 국상(國喪) 때 종묘에서 음악을 쓰는 문제에 대해 오성부원군(鰲城府院君) 이항복(李恒福)이 논의하였다.

"사람의 지식은 한계가 있습니다. 그렇기 때문에 아는 것을 안다고 하고 모르는 것을 모른다고 하는 것입니다. 지금 논의하는 세 가지 조목 가운데 종묘에 음악을 쓰는 문제와 거행의 선후 같은 문제[143]는 신이 한 번도 강론해 보지 못한 것이라서 시종 감히 자신 있는 논의는 하지 못하고 오직 억견(臆見)으로 참작에 대비할 뿐입니다.

《오례의》에 일컬은 바로는 졸곡(卒哭) 뒤로 지내는 대사(大祀)에는 음악을 쓴다고 하였는데, 이것은 아마도 본국은 상기(喪期)를 단축하는 제도를 섞어 쓰는 관계로 장사 지내고 난 뒤에 애례(哀禮)는 이미 줄어들어 이와 관련하여 시행하는 모든 일이 또한 초상의 모습[144]이 아니기 때문에 삭제나 망제와 같은 성대한 제사에 부득불 길례(吉禮)로 거행했던 것이 아닌가 싶습니다. 그러나 지금은 고례(古禮)를 준행하여 삼년상을 치르는 만큼 크고 작은 절문(節文) 또한 마땅히 이에 따라 변해야 할 것입니다.

옛날에는 경(卿)이 죽었어도 감히 종묘에 역제(繹祭)[145]를 거행하지 못했고 설령 역제를 거행하더라도 피리는 쓰지 않았습니다. 신하의 초상에도 그러하였는데 하물며 임금의 초상이겠습니까? 지금 이미 고례로 상을 치르고 있는 이상, 인종(仁宗)과 명종(明宗) 양묘(兩廟)에 대한 중복(重服)이 오히려 남아 있고, 상기가 아직 끝나지 않았습니다. 무릇 이러한 곡절은 모두 《오례의》와 같지 않아서 감히 알 수 없는 것들입니다. 이것은 옛 제도에 반드시 이미 거행한 성헌(成憲)이 있을 터이나, 신은 견문이 고루하다 보니 보지 못하였습니다. 고서(古書)를 참고하면 반드시 찾기 어려울 리가 없을 것이니, 상세히 조사하여 처리하는 것이 타당할 것입니다.

국가의 대사 중에 오직 제사가 가장 중하고 제사의 예절 가운데서도 악기가 중요합니다. 지금 마땅히 사용해야 하는데 없앤 것은 그만이거니와 마땅히 없애야 하는데 사용하는 것은 거짓이 됩니다. 유사는 이에

143 종묘에……문제 임진왜란으로 소실되었던 종묘와 영녕전은 1608년(선조41)에 재건 공사가 착수되어 광해군이 즉위한 그해에 완공되었다. 이 논의는 선조의 국상 중에 열성의 신위를 재건한 종묘와 영녕전으로 이안하는 일을 앞두고 일어난 논의로, 세 가지 조목이란 "첫째, 상중인데 봉안할 때 종묘에 음악을 쓸 수 있는가. 둘째, 봉안은 경사스러운 일인데 하례(賀禮)를 올려야 하는가. 셋째, 영녕전과 종묘에 열성의 신위를 봉안하는 순서를 어떻게 할 것인가."인데, 이 가운데 첫 번째 문제와 세 번째 문제를 말한다. 《광해군일기 즉위년 6월 28일조》

144 초상의 모습 대본은 '喪用'인데, 한국문집총간 62집에 수록된 《백사집(白沙集)》 별집 권3 〈국상시종묘용악의(國喪時宗廟用樂議)〉에 의거하여 '喪容'으로 바로잡아 번역하였다.

145 역제 제사 지내는 의식의 하나로, 정제(正祭)를 지낸 다음 날 이어서 지내는 제사이다.

대해 자세히 살펴 처리하지 않으면 안 될 것입니다." –이항복의 문집에 나
온다.

○ **인조 을축년**(1625, 인조3) **9월 갑술일**(29일)

예조에서 아뢰기를,

"지난 7월 20일 조강(朝講) 때 지사 오윤겸(吳允謙)이 아뢰기를, '신은
일찍이 예조 판서로서 종묘의 친제에 참여한 적이 있었는데, 악장 한
가지 문제에 대해 나름대로 의심하는 바가 있어 논의하여 정하고자 합
니다. 태조의 악장은 〈융화〉를 쓰고, 태종의 악장은 〈현미〉와 〈용광〉을
써야 하는데, 사조(四祖)를 영녕전으로 옮기고 난 뒤에도 사조의 악장을
종묘에 그대로 사용하기 때문에 제1실과 제2실에 쓰는 악장에 이르러
서는 제6실과 제7실까지 밀려 옮겨 쓰게 되니, 악장이 문란하여 지극히
미안합니다. 또한 각 신실에는 당연히 모두 악장이 있어야 하는데, 존
호가 있는 신위에는 악장이 있고 다른 신실에는 악장이 없는 것도 매우
서운합니다. 또 땅에 강신주를 붓는 한 가지 절차는 돗자리〔地衣〕를 뚫
어 작은 구멍을 내고 술을 붓는데, 울창주를 땅에 붓는 의미가 자못 아
니니, 이것이 사지(沙地)[146]를 만든 까닭입니다. 모두 예관으로 하여금
널리 예문을 상고하여 고치도록 하는 것이 마땅할 듯합니다.' 하였습니
다. 상께서 이르시기를, '사안이 중대하니, 대신에게 논의하여 정탈하
는 것이 좋겠다.' 하시자, 우상이 아뢰기를, '오윤겸이 악장을 고치자고
한 말은 옳습니다. 예조 판서가 들어오면 논의하여 정하는 것이 마땅할
것입니다.' 하니, 상께서 이르시기를, '아뢴 대로 하라.' 라고 전교하셨
습니다.

신들이 가만히 《악학궤범》에 수록된 종묘에 현재 사용하는 악장을
조사해 보니, 초헌의 경우 〈기명〉은 목조의 악장, 〈귀인〉은 익조의 악
장, 〈형가〉는 도조의 악장, 〈집녕〉은 환조의 악장, 〈융화〉는 태조의 악
장, 〈현미〉와 〈용광〉은 태종의 악장, 〈정명〉은 원경왕후의 악장, 〈대유〉
와 〈역성〉은 세종의 악장이고, 아헌·종헌의 경우 〈독경〉은 목조의 악
장, 〈탁정〉은 환조의 악장, 〈선위〉, 〈신정〉, 〈분웅〉, 〈순응〉, 〈총수〉는 태
조의 악장, 〈정세〉는 태종의 악장, 〈혁정〉은 세종의 악장이었습니다. 이

146 사지 울창주를 붓는 그릇의
이름이다. 이에 대한 설명은 아래
에 보인다.

밖에 세조 이하 6실의 악장은 《악학궤범》에 실려 있지 않았습니다.

지금 종묘의 제례에 사조의 악장은 제1실, 제2실, 제3실, 제4실에 사용하고, 〈융화〉 이하의 악장은 차례로 미루어 옮겨서 제5실과 제6실 이하에 사용하고 있으니, 문란하여 순서가 없다는 것은 과연 오윤겸이 아뢴 내용과 같습니다. 세조 이하 열성에게도 평상시에는 반드시 모두 종묘 악장이 있었을 것으로 생각되는데 난리를 겪은 뒤로 서적이 흩어져 없어져서 증거로 삼아 고찰할 만한 데가 없습니다. 현재 춘추관 당상이 실록을 꺼내 조사하는 일로 강화에 내려가 있으니, 광묘(光廟 세조) 이하 6실의 악장이 혹여 실록 안에 기록되어 있으면 모두 베껴 써서 오라고 서둘러 하유하소서. 만약 실록 안에 기록된 데가 없으면 대제학과 제학으로 하여금 속히 지어 올리게 하여 사용하는 것이 마땅하겠습니다.

또 땅에 울창주를 붓는 한 가지 절차는 인지상정으로 보더라도 대단히 미안하니, 변경하는 일이 있어야 마땅할 듯합니다. 어떤 사람은 말하기를, '《대명집례(大明集禮)》 안에 사지에 대한 제도가 있는데, 사기(沙器)로 네모꼴의 사발을 만들어 땅의 형태를 본뜨고 거기에 흙을 담아 울창주를 붓는 그릇으로 삼는다고 하였으니, 이대로 하면 문제가 없을 것이다.' 합니다. 다만 신들의 생각은, 당초에 돗자리를 뚫어 작은 구멍을 만들어서 울창주를 부었던 것은 반드시 옛 예법을 살펴 근거해서 한 것일 터이고, 200년을 내려오며 열성조께서 준행하여 사용해 온 데다가 전례(典禮)에 널리 통달한 유신(儒臣) 역시 한두 명이 아닌데도 한 번도 고치자고 청한 자가 없었던 것은 반드시 의미가 있었을 것인 만큼 지금 경솔하게 고치기는 어렵겠다는 것입니다. 여러 대신에게 논의한 결과 대신의 뜻도 역시 그렇다고 하였습니다. 어떻게 해야겠습니까? 감히 성상의 재결을 여쭙니다."

하니, 전교하였다.

"아뢴 대로 하라. 울창주를 땅에 붓는 한 가지 절차도 논의한 대로 시행하라." —《승정원일기》에 나온다.

○ 10월 병자일(1일)

조강 때 동지사(同知事) 김상용(金尙容)이 아뢰기를,

"종묘 악장에 대한 일을 일찍이 계품(啓稟)하였습니다. 세묘(世廟 세조) 이하는 악장이 없는데, 평상시 각 신실에 반드시 모두 있었을 터이나 어디 고찰할 데가 없습니다. 실록을 고찰하려고 하고 보니 춘추관 당상이 이미 올라왔습니다. 지금 내려 보내 즉시 고찰하도록 해야겠습니까? 실록을 열고 닫는 일 역시 중대하고 어려우니, 후일을 기다려 고찰해야겠습니까?"

하니, 상이 이르기를,

"이 일은 실록에 실려 있지 않을 듯하다."

하였다. 김상용이 아뢰기를,

"세묘와 중묘(中廟 중종)는 더욱 악장이 있어야 하는데 지금 없으니, 아마도 난리 중에 없어진 듯합니다."

하니, 상이 이르기를,

"악장이 문란한 듯하니, 마땅히 적시에 고쳐 바로잡아야 할 것이다."

하였다. 김상용이 아뢰기를,

"악장의 문란한 정도가 각 신실에 뒤섞어 사용하는 지경에 이르렀습니다. 평상시 문소전(文昭殿)과 연은전(延恩殿)에 사용하는 악장 중에 세묘와 예조(睿祖 예종)의 악장이 있습니다. 이 악장을 그대로 사용하는 것이 마땅할 듯하여 대신에게 물었더니, 종묘에서는 아악(雅樂)을 사용하고 문소전과 연은전에서는 향악(鄕樂)을 사용하므로 그 악장을 쓰는 것은 옳지 않다고 하였습니다. 이 말이 옳은 듯합니다. 신은 음률을 모르기 때문에 감히 함부로 진달할 수 없습니다."

하고, 이식(李植)은 아뢰기를,

"의인왕후(懿仁王后 선조 비) 때 허균(許筠), 이안눌(李安訥)이 악장을 지어 올렸는데, 이안눌이 지은 것은 음조에 맞지 않았다고 하니, 당시에 누가 능히 음조를 알았는지 모르겠습니다."

하니, 상이 이르기를,

"실록을 자주 열고 닫는 것이 과연 미안한 일이나 이 일도 마땅히 적시에 고쳐 바로잡아야 한다. 날을 잡아 고찰하여 마땅히 춘향대제 때에는 미치도록 해야 할 것이다."

하였다. —《승정원일기》에 나온다.

○ 병인년(1626, 인조4) 윤6월 일

예조에서 태묘 악장에 대해 논한 계사이다. 판서 이정귀가 아뢰기를,
"'태묘 악장을 실록에서 고찰하여 아뢴 뒤로 악장을 어찌하여 지금까지
지어 올리지 않는가? 해조에 물어 아뢰라.' 라고 전교하셨습니다. 이 일
은 작년 가을 사이에 연신 오윤겸의 계사로 인하여 본 예조에서 복계(覆
啓)하기를, '세종 이하 열성의 종묘 악장은 난리를 겪은 후로 서적을 잃
어버려 증거로 삼아 고찰할 만한 것이 없습니다. 실록을 고찰한 뒤에
만약 기록된 데가 없으면 대제학과 제학이 지어 올려 사용하겠습니다.'
라고 한 일에 대해 계하하신 뒤에 올 3월에 춘추관 당상이 강화로 내려
가 실록을 조사해 보고 서계(書啓)를 올렸습니다.

서계 내용에 '다만 익조, 도조, 환조, 태조, 공정대왕, 태종, 세종 모
두 7실의 악장만 있는데, 이것은 부묘(祔廟) 때의 악장인 듯합니다. 이
외에는 없습니다.' 하였는데,《악학궤범》에 실린 각 신실의 악장과 서로
가감이 있을 뿐만 아니라 악장의 내용도 전혀 서로 같지 않으니, 그 까
닭을 모르겠습니다.《악학궤범》은 성종 말년에 완성된 것인데도 단지
세종 이상의 종묘 악장만 실려 있고 문종, 세조, 예종 이하의 종묘 악장
은 실려 있지 않으며, 이 이후 중종부터 우리 선조에 이르기까지 모두
악장이 없습니다. 어찌 모두 간과하여 빠뜨린 것이겠습니까? 아마도 종
묘 악장은 마땅히 가장 높은 분을 따르기 때문에 태조와 태종의 공덕만
찬양하고 그 아래는 별도로 악장을 지어 각 신실에 통용했던 것이 아니
겠습니까? 그리고 〈혁정〉은 바로 세종의 종묘 악장인데, 가사 내용이
전적으로 섬오랑캐를 정벌하여 평정한 공로를 찬양한 것이기 때문에
비록 가장 높은 분은 아니나 역시 종묘 악장을 둔 것이 아니겠습니까?

세종 이상의 종묘 악장을 이미 사용한 뒤에 〈대유〉, 〈역성〉, 〈영관〉
등의 악장이 이어지는데, 그 가사를 보면 '열성께서 대대로 이어 온 성
대한 덕 펴시고〔列聖宣重光〕'라고 하였고, 또 '세덕을 지어 구하여 천하
를 안정시킨 공 따르시니〔世德作求 率維敉功〕'라고 하였으며, '아 위대한

열성께서 대대로 무공이 있으시도다.〔於皇列聖 世有武功〕'라고 하였으니,
이것이 바로 각 신실의 악장을 통용한 것인 듯합니다. 다만 선묘(宣廟)
의 경우는 나라를 빛내고 중흥한 공렬이 있으니 마땅히 별도로 종묘 악
장을 만들어야 할 듯한데, 단지 미처 거행하지 못한 것일까요?

　목조, 익조, 도조, 환조의 종묘 악장에 이르러서는 영녕전으로 신위
를 옮긴 이상 종묘에 중첩하여 써서는 안 되나 예전에 해 오던 그대로
중첩하여 쓰고 있습니다. 그러므로 사조 및 세 분 신실의 종묘 악장이
차례차례 밀려서 제8실과 제9실까지 이르렀으니, 지극히 미안합니다.
지금 이후로 사조의 악장은 영녕전에만 사용하고 종묘에는 〈희문〉과
〈융화〉부터 시작하여 사용한다면 문란함에 이르지는 않을 듯합니다.

　각 신실의 악장을 추가로 지어서 보충하여 사용하는 일은 요즘 조사
(詔使)로 인해 일이 많을 뿐만 아니라 신들의 식견이 형편없어서 합당한
지 합당하지 않은지를 알지 못하겠습니다. 쉽게 논의하여 아뢸 수 없으
니, 다시 대신에게 논의하여 정탈하는 것이 어떻겠습니까?"
하니, "아뢴 대로 하라."고 전교하였다. 또 아뢰기를,

"연신이 아룀으로 인하여 본조(本朝)의 악장에 대해 대신이 수의하고,
유신이 널리 상고하여 입계(入啓)하니, '알았다. 예관으로 하여금 논의
하여 정하게 하라.' 라고 전교하셨습니다.

　각 신실의 악장을 추가로 지어서 보충하여 사용하는 일은 신들의 얕
은 식견으로 도달할 수 없는 일입니다. 전일에 올린 계사 내에 '종묘 악
장은 당연히 가장 높은 분을 따르기 때문에 단지 태조와 태종의 공덕만
찬양하고, 그 이하 〈대유〉, 〈역성〉, 〈소무〉, 〈영관〉 등의 악장은 열성에
게 통용한다.' 는 뜻을 대략 아뢰어 여쭈었습니다. 〈기명〉, 〈귀인〉, 〈형
가〉, 〈집녕〉에 이르러서는 바로 사조의 악장이니, 인지상정으로 본다면
사조를 이미 영녕전으로 옮긴 이상 마땅히 영녕전에만 사용해야 할 듯
한데, 아마도 체천한 뒤에 예전에 해 오던 그대로 하고 고치지 않아서
그렇게 된 것인 듯합니다.

　그러나 지금 다시 반복하여 헤아려 보니, 태묘 악장은《악학궤범》에
도 실려 있을 뿐만 아니라《오례의》에도 상세히 실려 있는데, 종묘 악장
의 〈영신〉, 〈전폐〉, 〈진찬〉, 〈철변두〉, 〈송신〉은 모두 열성에게 통용되는

가사이고, 초헌은 〈희문〉으로 인도하여 들이고 〈기명〉 이하 8장 및 〈대유〉와 〈역성〉으로 인도하여 나가 한 곡무(曲舞)가 되며, 아헌·종헌은 〈소무〉로 인도하여 들이고 〈독경〉 이하 9장 및 〈영관〉으로 인도하여 나가 한 곡무가 되었습니다. 영녕전에 대해서는 악무(樂舞)가 종묘와 같다고 하였습니다. 이것으로 보건대, 사조를 조천한 뒤에 태묘에 그대로 사조의 악장을 사용하였고, 영녕전에도 태조와 태종의 악장을 사용했던 것이 분명하니, 반드시 간과하여 지나친 결과는 아닐 것이며 또한 예전에 해 오던 그대로 한 잘못도 아닐 것입니다.

　　문종부터 성종까지의 신실의 악장은 모두《악학궤범》및《오례의》에 실려 있지 않습니다. 대개 각 신실의 음악은, 악장은 긴데 전헌(奠獻)은 간단하여 음악이 시작되자마자 전헌이 이미 끝납니다. 따라서 형편상 반드시 연주하자마자 바로 그치게 되어 곡무를 이룰 수가 없습니다. 그렇기 때문에 한 음악으로 만들어 처음에는 선조의 덕을 찬양하고 끝에는 열성을 찬양하도록 하여 통용하는 음악으로 삼았으니, 그 뜻이 우연은 아닌 듯합니다. 선조의 덕을 찬양한 노래를 열성의 신실에 연주하는 것은 실정이나 형식에 모두 잘 맞으니, 이것이 실로 〈주송(周頌) 집경(執競)〉이 남긴 뜻입니다.[147]

　　유신이 널리 상고한 내용 중에 '서한(西漢)은 공덕이 훌륭한 부분에 대해서만 악장을 제술하였다.'라고 한 것과 하후승(夏候勝)의 논의[148] 역시 증거로 삼을 만합니다. 송나라 조정과 원나라 조정은 각 신실의 악장이 있었던 듯하나 그 악장을 사용한 제도를 상세히 알 수가 없고, 황조(皇朝 명나라)에 이르러서는 태조와 태종은 각각 악장이 있으나 인묘(仁廟) 이하는 통용합니다. 그러니 아마도《악학궤범》을 지을 때에 이러한 전례를 참고하여 지은 것이 아니겠습니까? 막대한 종묘 악장의 예를 신들이 감히 마음대로 정할 수 없으니, 청컨대 다시 대신에게 논의하여 정탈하는 것이 어떻겠습니까?"

하니, "윤허한다."고 전교하였다. ─《승정원일기》에 나온다.

○ 또 아뢰기를,

　　"태묘의 악장을 대신에게 논의한 초기에 대해 전교하시기를, '논의한

147 주송……뜻입니다 〈집경〉은 《시경》〈주송〉의 편명으로 무왕(武王)에게 제사 지내는 가사인데, 성왕(成王)과 강왕(康王)에게도 통용하기 때문에 한 말이다.

148 하후승의 논의 한 선제(漢宣帝)가 무제(武帝)의 종묘 악장이 없는 것에 대해 논의하라는 지시를 내리자 하후승이 "무제가 비록 사이(四夷)를 물리치고 국토를 넓힌 공은 있으나 군사를 많이 죽이고 절도가 없이 사치하였으니, 종묘 악장을 제정하는 것은 타당하지 않다."라고 한 것을 말한다.

대로 시행하라. 또 선조묘(宣祖廟)에는 마땅히 별도로 악장이 있어야 할 듯하니, 대신에게 논의하여 정탈하라.' 하셨습니다.

대신에게 논의한 결과 좌의정 윤방(尹昉)은 '전대의 제왕은 비록 나라를 세운 군주가 아니더라도 백성에게 공덕이 있으면 종묘 악장도 별도의 악장을 두었습니다. 선조대왕께서는 이미 나라를 빛내고 중흥을 이룩한 위대한 공렬이 있는 만큼 별도로 악장을 지어 사용해야 한다는 뜻을 전날 신이 수의 안에 이미 다 진달하였습니다. 삼가 상께서 재결하소서.' 하였고, 우의정 신흠(申欽)은 '선조대왕의 악장은 상께서 하교하신 대로 지어서 사용하는 것이 마땅합니다. 그러나 악무에 맞을지의 여부는 해조에서 악사들로 하여금 강구하여 시행하게 하는 데에 달려 있습니다. 삼가 상께서 재결하소서.' 하였습니다. '대신의 뜻이 이와 같으니 상께서 재결하여 시행하실 일'로 입계하니, 논의한 대로 하라고 전교하셨습니다. 각 신실의 악장을 각각 제술하지 않는 뜻은 전날 이미 예제(禮制)를 근거로 살펴 정탈하라고 계하하셨습니다.

선조대왕께서 나라를 빛내고 중흥을 이룩한 공렬이 있으니 별도로 악장을 제술하여 종묘의 제향에 사용하는 것이 신령과 사람의 바람에 흡족히 들어맞습니다. 상께서 하교하신 대로 대제학으로 하여금 짓게 하여 사용하는 것이 마땅하겠습니다. 다만 악무에 맞을지의 여부는, 이원(梨園)의 노악사(老樂師)에게 물으니, 자기들은 다만 악보를 익혀 등가에 연주할 뿐이라 새로 짓는 악장을 첨입할 경우 어떤 음률에 어울리고 어떤 춤에 맞을지는 자세히 알지 못하고, 다만 길면 빨리 연주하고 짧으면 느리게 연주할 수 있을 뿐[149]이라고 합니다. 그러니 이들에게 질정을 받아 의심이 없게 하기는 어려울 듯합니다.

삼가 《주례(周禮)》를 상고해 보니, '구덕(九德)의 노래와 구경(九磬)의 춤을 종묘에서 연주하여, 음악이 아홉 번 변하면 사람과 신령이 모두 예를 얻게 된다.' 하였습니다. 이로 인하여 《악학궤범》을 다시 고찰해 보니, 초헌의 〈보태평〉 음악은 〈희문〉으로 인도하여 들어가 〈기명〉 등 9장을 연속으로 연주하여 한 악무를 이룬 다음 〈역성〉으로 인도하여 나가고, 아헌·종헌의 〈정대업〉 음악은 〈소무〉로 인도하여 들어가 〈독경〉 등 9장을 연속으로 연주하여 한 악무를 이룬 다음 〈영관〉으로 인도하여

149 **짧으면……뿐** 대본은 '緩之'인데, 《인조실록》 4년 윤6월 25일조 기록에 의거하여 '短則可以緩之'로 바로잡아 번역하였다.

나갑니다. 이로 보건대, 《주례》에서 말한 '음악이 아홉 번 변한다.'는 것이 바로 이러한 뜻인 듯합니다. 그러므로 〈역성〉 악장에 '왼손엔 약 오른손엔 적 잡고 춤추니, 구변의 곡조 다하였도다.〔左籥右翟 曰旣九變〕'라고 한 것도 역시 이러한 뜻입니다. 그렇다면 초헌 및 아헌·종헌에 9장이 모두 갖추어진 것이니, 첨입할 악장은 없을 듯합니다.

그러나 다만 각 악장의 구절 수와 글자 수를 살펴보니, 초헌의 〈보태평〉은 모두 통틀어 72구 308자이고, 아헌·종헌의 〈정대업〉은 87구 328자입니다. 이렇게 된 것은 다른 의미가 있는 것은 아니고 그 당시에 사신(詞臣)이 지을 때에 우연히 차이가 났었던 것일까요? 그런 까닭에 악사들은 모두 말하기를, '초헌은 악장이 조금 짧기 때문에 다른 성곡(聲曲)을 끌어내 중복하여 연주한다.' 합니다. 지금 새로 짓는 악장을 초헌의 〈정명〉 아래에 첨입하여 구절 수와 글자 수를 아헌·종헌과 맞추면 마땅할 듯합니다. 감히 여쭙니다."

하니, "아뢴 대로 하라."고 전교하였다. -《승정원일기》에 나온다.

○ 예조에서 아뢰었다.

"종사(宗社)의 제향에 음악이 없을 수는 없는데, 일찍이 큰 난리로 인하여 임시로 폐지한 것이 지금에 이르렀으니, 재신(宰臣)들이 강경한 상소를 올려 탄식하고 애석해 하는 것은 실로 일리가 있습니다. 그러나 막중한 종묘의 예를 본 예조에서 감히 마음대로 다시 설정할 수 없으니, 묘당으로 하여금 정탈하게 하소서." -《승정원일기》에 나온다.

○ 비변사에서 아뢰기를,

"종묘 악장을 정지하여 폐지한 지가 벌써 6년이나 되었습니다. 앞으로 회복할 날이 아득하여 기약이 없지만, 끝내 다시 사용하지 않는 것은 안 될 듯하고, 현재 흉년이 들어 온갖 일을 모두 줄이고 있는 만큼 거행하기도 어려운 형편입니다. 천천히 논의하여 처리하는 것이 어떻겠습니까?"

하니, "아뢴 대로 하라."고 윤허하였다. -《승정원일기》에 나온다.

○ 병술년(1646, 인조24) 12월 병자일(4일)

예조의 계사에,

"악기도감(樂器都監)의 공역은 수일 안에 마땅히 완전하게 끝마칠 것입니다. 종묘 악장을 정지하여 폐지한 지가 벌써 10년이나 된 만큼 앞으로 춘향대제부터 다시 사용해야 하는데, 춘향대제가 6일[150]에 있으니 그 전에 먼저 고하는 의식이 있어야 할 듯합니다. 종묘는 오는 1월 1일 삭제(朔祭) 때에 고하는 제사를 아울러 거행하고, 영녕전은 같은 날 별도로 고하는 제사를 설행하는 것이 어떻겠습니까?"

하니, "윤허한다."고 전교하였다.

○ 종묘 세실(世室)의 악장에 대해 상신(相臣) 김육(金堉)이 수의하였다.

"옛날 제왕은 모두 종묘 악장이 있어 약제(禴祭), 사제(祠祭), 증제(烝祭), 상제(嘗祭)에 연주하여 제향을 올렸습니다. 그러므로 은(殷)나라는 탕 임금과 고종에게 제사 지낸 시가 있고, 주나라는 태왕, 문왕, 무왕, 성왕, 강왕에게 제사 지낸 시가 있습니다. 전한(前漢)과 후한(後漢)의 제도는 자세히 알지 못하지만 선제(宣帝) 때에 무제(武帝)의 악장을 논하였고 보면 한나라 역시 악장이 있었고, 당나라는 고종부터 소종(昭宗)까지 모두 악장이 있었습니다.

우리나라는 《용비어천가》에서 태조의 공덕을 칭송하였고, 《오례의》에 〈희문〉, 〈소무〉 등의 음악이 있으니, 이것으로 〈보태평〉과 〈정대업〉 각각 11성을 삼아 〈보태평〉은 초헌에 연주하고, 〈정대업〉은 아헌과 종헌에 연주합니다. 그 시는 모두 사왕(四王) 및 태조의 공덕을 칭송하여 드러낸 것으로 종묘 및 영녕전에 연주하니, 조종의 공덕을 노래로 읊어 제사를 도움으로써 만세에 전하는 것이 목적인데, 각 묘의 악장은 없습니다. 다만 대왕 및 왕대비께 존호를 올릴 때에 악장이 있으나 이것은 제사에 사용하는 음악이 아닙니다. 선묘조(宣廟朝)의 〈중광〉 악장이 있고, 인목왕후(仁穆王后)께 존호를 올릴 때에도 악장이 있어 등록(謄錄)에 실려 있습니다만, 다른 등록에는 모두 악장이 없습니다. 신의 생각에 아마도 우리 왕조의 예악은 옛것을 따르지 않은 듯합니다.

근대 사신(詞臣)의 문집에 악장이 있는 것을 신이 다 보지는 못했으나, 고 해평부원군(海平府院君) 윤근수(尹根壽)의 문집에 선묘조의 악장이 있습니다. 어떤 사람이 말하기를, '이것이 바로 〈중광〉 악장인데, 그 당시에 윤근수와 이호민(李好閔)이 지어 올렸다. 이호민이 지은 것을 사용하였기 때문에 악장이 〈정대업〉 11성 아래에 실린 것이다.' 하였습니다. 고 상신(相臣) 이정귀(李廷龜)의 문집에 광해(光海)가 생모를 추존한 악장이 있고, 또 광해와 폐비의 악장이 있는데, 이것은 혼조(昏朝)의 일이니 무슨 말할 것이 있겠습니까?

선조조에 예조 판서 황정욱(黃廷彧)이 건의하기를, '종묘 제향에 연주하는 악장은 국초에 사신이 처음으로 정한 약간의 악장뿐으로 열성의 신위에 나누어 연주합니다. 그 행사와 업적이 각각 달라 서로 맞지 않으니, 영령을 이르게 할 길이 없습니다. 청컨대 한 신실에 한 악장을 각각 지어서 신도(神道)를 편안하게 하소서.' 하였는데, 선조께서 미처 의견을 물어 논의할 겨를이 없었으니, 이것은 한 문제(漢文帝)가 가의(賈誼)의 말에 겨를이 없었던 것[151]과 같습니다. 이와 같은 대례를 어찌 쉽게 바꿀 수 있겠습니까?

우리 왕조는 태조 이하로 덕으로는 세종과 성종보다 더 성대한 분이 없고, 공으로는 세조와 중종보다 더 큰 분이 없는데, 따로 악장이 있다는 말은 듣지 못했고,[152] 다만 〈보태평〉과 〈정대업〉을 제향에 연주하였습니다. 그렇고 보면 이번 부묘[153] 때에 악장을 지어 사용하는 것에 대해 신은 예에 꼭 합당한 것인지 감히 알지 못하겠습니다. 삼가 상께서 재결하소서." ―《예조등록》에 나온다.

○ **현종 을사년**(1665, 현종6) **8월 경오일**(17일)
좌참찬 송준길의 차자에,

"삼가 아룁니다. 신이 가만히 들으니, 태묘의 악장이 뒤바뀌고 어긋난 것이 너무 많아 대단히 미안한 바가 있다고 하는데, 처음에는 의아했고 나중에는 괴이하여 놀랐으니, 참으로 이렇게 된 까닭을 모르겠습니다. 《오례의》와 《악학궤범》 등 서적 및 국조(國朝) 여러 명신의 행장과 묘지에 기록된 것을 가져다 살펴보면, 태묘는 〈보태평〉 9장 11성으로 각 신실의 초헌 때에 통용하고, 〈정대업〉 9장 11성으로 아헌과 종헌 때에 통

151 한 문제가……것 가의는 젊은 나이에 제자백가서에 통달하고 문제에게 발탁되어 나이 20세에 박사가 되고 1년 안에 태중대부(太中大夫)에 이른 사람이다. 한나라가 흥기하여 문제에 이르러서 천하가 태평해진 만큼 마땅히 정삭(正朔)을 고치고 복색(服色)을 바꾸며, 제도를 법제화하고 관직명을 정하고 예악을 일으켜야 한다고 여겨 이러한 일의 의식과 법제를 모두 초안하여 올렸으나 문제가 즉위 초기라 겨를이 없다고 겸양한 일을 말한다. 《사기 권84 굴원가생열전》

152 따로……못했고 대본은 '未聞樂章'인데, 《효종실록》 2년 6월 22일조 기록에 의거하여 '未聞別有樂章'으로 바로잡아 번역하였다.

153 이번 부묘 이 수의(收議)는 1651년(효종2)에 인조의 부묘를 앞두고 오정일(吳挺一)이 역대 임금의 부묘 때에 악장이 있었다고 아룀으로 인해 올린 것으로, 곧 인조의 부묘를 말한다. 《효종실록 2년 6월 22일조》

용하는데, 선왕의 덕을 찬송한 악장은 세종대왕 때의 사적에서 그치고 이하는 빠져 있습니다. 문소전(文昭殿)을 혁파하지 않았을 때, 사용하는 악장은 각 신실마다 각각 제술하였으니, 대저 태묘의 여러 신실은 9장으로 통용하고 문소전은 각각 제술하여 사용한 뜻이 어디에 있는지 참으로 이해할 수 없습니다.

선조조에 황정욱이 예조 판서가 되어 태묘의 한 신실에 각각 한 악장을 지어 신도(神道)를 편안하게 하자고 청하였고, 인조조에 오윤겸이 연석에서 역시 이렇게 청하였습니다. 황정욱과 오윤겸은 모두 명신인 만큼 그들이 운운한 것은 반드시 소견이 있어서였을 것입니다. 그런데 오윤겸의 계사를 여러 대신이 여러 방면으로 논의한 결과 모두 채용하지 않고 다만 선묘를 위해 별도로 악장을 지어 사용하였습니다. 효종조 때에는 권우(權堣)가 장악원 정(掌樂院正)이 되어 상소를 올려 종묘 악장을 바로잡을 것을 청하고, 선묘의 악장을 지었던 전례에 따라 별도로 악장을 제술할 것을 청하였고 보면[154] 위로 세조, 성종, 중종 세 분의 세실과 아래로 인조, 효종 두 분의 묘에만 유독 따로 악장을 제술할 수 없다는 것 또한 신은 이해할 수 없습니다.

또한 태묘에 사용하는 악장은 비록 말은 하나의 음악으로 통용한다고 하지만 사실은 각 신실에 각각 한 악장씩 연주하기 때문에 사적과 공로가 각각 달라 서로 맞지 않을 뿐만 아니라 9장의 연주도 9실에서 그치게 됩니다. 태묘는 지금 10실이 되는 만큼 효종의 신실인 제10실에는 사용할 수 있는 음악이 없습니다. 그렇기 때문에 부득이 인도하여 나가는 곡인 〈역성〉 악장을 사용하고, 인도하여 나갈 때에는 다시 그 악장을 중첩해서 사용하며, 아헌과 종헌 때에도 역시 인도하여 나가는 곡인 〈영관〉 악장을 사용하며, 영녕전에 연주하는 것도 이와 같다고 합니다.

아, 이곳이 어떤 자리인데 사용하는 예악이 전도되고 어긋나기가 한결같이 이 지경에 이르렀단 말입니까? 참으로 놀랍습니다. 또한 제술된 악장은 장단이 일정하지 않아 심하게 짧은 것은 한 신실에 올리는 예가 끝나기도 전에 악장이 먼저 끝나기 때문에 악공들이 혹 그 악장을 두 번 연주하기도 합니다. 게다가 선조묘(宣祖廟)는 지금 제7실이 되는데, 그 악장은 이미 예전에 사용하던 것이 있고 또 새로 제술한 것도 있습

154 **선묘의……보면** 대본은 '請依宣廟例 別製樂章'인데, 《현종실록》6년 8월 15일조에 실려 있는 송준길의 차자를 보면, 이 다음에 '於仁祖之廟 諸大臣皆以爲不可而夫旣爲宣廟別製樂章'이라는 내용이 더 있다. 이에 의거하여 이 부분을 번역하면 "선묘의 악장을 지었던 전례에 따라 인조의 묘에 별도로 악장을 제술할 것을 청하였으나 여러 대신이 모두 불가하다고 하였습니다. 그런데 이미 선묘를 위해 별도로 악장을 제술하였고 보면"이다.

니다. 태조실에도 한 악장만 사용하는데 선조실에는 두 악장을 사용하니, 이런 문제가 다 매우 미안합니다. 또한 초헌과 아헌에 사용하는 악절(樂節)은 문무(文武)가 같지 않고 음조도 각각 다릅니다. 그런데 선조실에 추가로 제술한 악장은 삼헌(三獻)에 공통으로 모두 사용하니, 이것도 의에 맞는 규례는 아닙니다.

또 악원(樂院)에 소장된 악장에 대한 주설(註說)은 전도되고 뒤섞여 체계가 잡혀 있지 않으니, 이 역시 마땅히 바로잡은 다음 정갈하게 베껴 써서 간행하여 길이 후인이 보도록 해야 할 것입니다. 신은 바라건대 전하께서 신의 이 차자를 내려 여러 공경들로 하여금 여러 방면으로 논의하게 해서 좋은 쪽으로 변통하여 한 시대의 예악을 새롭게 정비함으로써 후세에 기롱을 끼침이 없도록 한다면 그지없이 다행이겠습니다. 재결하여 주소서."

하였는데, 이에 근거한 예조의 계목에,

"계하된 문건을 첨부하였습니다. 일찍이 인조조의 반정(反正) 초기에 신 일상(一相)[155]의 조부인 이정귀가 본 예조의 판서로 있을 때, 연신(筵臣)의 주달로 인하여 태묘의 악장을 바로잡으려고 하였으나 끝내 결론을 얻지 못하고 단지 선조묘 해당 신실의 악장만 지었습니다. 이에 관한 허다한 곡절은 모두 그 당시에 전후로 올린 본 예조의 계사에 실려 아직도 예조의 벽에 걸려 있습니다. 이번에 좌참찬 송준길의 차자 내용을 보면, 종묘 악장의 착오에 대해 개탄하고 반복하여 의견을 진달해서 반드시 변통하고자 하였는데, 이렇게 한 데에는 뜻을 둔 바가 있습니다. 인조조의 예전 규례에 따라 여러 대신에게 논의한 뒤에 품처하는 것이 어떻겠습니까?"

하니, "아뢴 대로 윤허한다."고 계하하였다. 예조의 계목에,

"계하된 문건을 첨부하였습니다. 대신에게 논의한 결과 영중추부사 이경석(李景奭)은 '삼가 아룁니다. 신은 일찍이 좌참찬 송준길이 종묘 악장이 대부분 잘못되었다고 개탄하는 말을 들었고, 지금 좋은 쪽으로 변통하여 한 시대의 예악을 새롭게 하고자 한다는 그의 차자 내용을 보았습니다. 그 뜻은 매우 훌륭합니다만, 그러나 신이 선배들의 서론(緖論)을 대강 들었는데, 태묘와 영녕전의 악장이 비록 어긋나고 뒤섞인 듯하

지만 선뜻 고치지 못한 것은 뜻을 둔 바가 있어서였습니다. 과거 인조 조 때 상신 오윤겸이 경연 석상에서 아뢴 말로 인하여 실록을 고찰하고 유신에게 묻고 여러 대신에게 논의하여 재차 삼차 계품하였지만 제대로 절충하지 못하고 단지 선조묘에만 악장을 지어 사용하였습니다. 오직 우리 인조대왕께서는 허물어진 윤리와 기강을 밝히고 종묘사직을 받들어 중흥을 이룩하셨으니, 훌륭한 덕과 위대한 공렬은 천고의 으뜸입니다. 따라서 별도로 악장을 두는 것은 당연합니다. 그렇다면 우선 여쭈어 정하는 것은 여러 사람들의 마음에 흡족히 들어맞는 것입니다.

태묘의 경우, 초헌에 〈보태평〉 악장인 〈희문〉을 연주하고 아헌과 종헌에 〈정대업〉 악장인 〈소무〉를 연주하여, 인도하여 나가고 인도하여 들어갈 때 사용하는 등의 악장을 열성의 신실에 아울러 연주하고 영녕전에 통용하는 것이 비록 미안하다고는 하나 거기에는 의에 맞는 뜻이 있는 것입니다. 고 상신 이정귀가 예조 판서로 있을 때에 근거를 고찰하여 상세히 아뢴 것이 있고, 또 신묘년(1651, 효종2)에 상신 김육이 논의한 것에서도 상고해 볼 수 있으니, 예조에서 모두 다 성상께 아뢴 다음 널리 묻고 논의하여 좋은 쪽으로 강정(講定)할 바탕으로 삼는 것이 마땅할 듯합니다. 신처럼 늙고 어두운 사람이 무슨 정견(定見)이 있겠습니까마는 신은 적이 소회가 또 있습니다. 대개 영언(永言)과 의영(依永)[156]은 반드시 음률에 맞아야만 서로 이루어 조화될 수 있습니다. 그런데 신이 일찍이 악사들로 하여금 시험해 보게 하였는데, 글자의 음과 가락을 더러 분명하게 알지 못하거나 또는 아예 깜깜한 부분이 있었으니, 참으로 한심한 노릇이었습니다. 옛날부터 악원(樂院)의 관원 가운데 1원은 반드시 음률을 이해하는 사람으로 삼았으니, 생각건대 우연히 그리 된 것은 아닙니다. 만약 예전 규례대로 음악을 아는 자 1원을 악원에 배치한다면 바로잡는 일에 적으나마 보탬이 없지 않을 것입니다. 감히 아울러 덧붙여 진달하니, 황송함을 이기지 못하겠습니다. 삼가 상께서 재결하소서.' 하였습니다.

영의정 정태화(鄭太和)는 '우리 왕조의 태묘 악장이 어긋나고 잘못되었다는 말은 전부터 있었는데, 이어서 듣기를 계해년(1623, 인조1)의 반정 이후에 이미 강정을 거쳤다고 하였습니다. 그렇기 때문에 신이 비록

156 **영언과 의영** 가(歌)와 성(聲)을 말한다. 《서경(書經)》〈순전(舜典)〉에 "시는 뜻을 말한 것이고, 가는 말을 길게 읊은 것이고, 성은 길게 읊은 가를 의지한 것이고, 율은 성을 조화롭게 한 것이다.[詩言志 歌永言 聲依永 律和聲]" 하였다.

여러 번 헌관으로서 예를 거행하면서 가송(歌頌)의 소리를 들었지만 한 번도 이에 대해 의심이 든 적이 없었고, 근자에 외간의 파다한 말이 계해년 이후에 정한 것이 미진하다 하는데도 신은 오히려 그 까닭을 자세히 알지 못하였습니다. 그러다가 지난날 마침 좌참찬 송준길을 만나 직접 그 말을 들었고, 지금 다시 이번 차자의 내용을 보았는데, 악장을 바로잡는 일을 그만두어서는 안 될 듯합니다. 다만 생각건대, 세조 이하 여러 대의 악장을 지금에 와서 추가로 제술하는 것은 불가능하고, 선조 묘에 이미 사용하고 있는 악장을 도로 줄이는 것도 불가능합니다. 예전 그대로 답습하여 지금까지 이른 것은 반드시 이 때문일 것입니다. 막중한 종묘 악장의 문제는 신처럼 어둡고 어리석은 자가 감히 논하여 결정할 일이 아니니, 예관으로 하여금 널리 유신에게 물어 충분한 논의를 거친 다음 품처하게 하는 것이 마땅하겠습니다. 삼가 상께서 재결하소서.' 하였습니다.

좌의정 홍명하(洪命夏)는 '태묘의 악장은 세종대왕 이상의 종묘 악장으로 열성의 각 신실에 통용해 왔습니다. 그렇기 때문에 일찍이 선묘조 때에 예관 황정욱이 각 신실에 각각 한 악장씩 지어 신위에 올릴 것을 청하였는데, 선묘께서 뜻은 있으셨으나 미칠 겨를이 없었습니다. 인조조에 이르러 고 상신 이정귀가 대종백(大宗伯 예조 판서)을 지낼 때에 연신 오윤겸의 진달로 인하여 반드시 바로잡으려고 하였으나 열성의 실록을 조사한 결과 익조실부터 세종실까지 7실의 악장만 있는 데다가 《악학궤범》에 실린 것과 같지 않은 바가 있었습니다. 이른바 《악학궤범》은 성묘조 때에 완성되어 길이 준행해 온 것입니다. 그 당시 전후의 계사를 가져다 살펴보니, 종묘 악장의 절주(節奏)의 장단을 갖추 진달하였는데, 각 신실에 통용한 곡절을 알 수 있었습니다. 이에 그 당시에 대신의 헌의로 선묘의 악장만 지어 나라를 빛내고 중흥을 이룩한 공렬을 기리다 보니, 유독 세조, 성종, 중종 세 신실만 악장이 없게 된 것입니다. 이것이 후인이 의심하게 된 까닭입니다.

대개 우리 왕조의 종묘 악장은 황조의 종묘 악장이 공통으로 사용하는 제도를 모방해서 그런 듯합니다. 예로부터 제왕이 공덕이 있으면 반드시 종묘 악장이 있었고, 이미 선묘를 위해 따로 악장을 지었고 보면 인조대왕의 종묘 악장이 오히려 지금 빠진 것입니다. 효종대왕의 묘실도 사용할 음악이 없어 인도하여 나가는 악곡인 〈역성〉 악장을 사용하고 있으니, 어찌 대단히 미안한 일이 아니겠습니까? 유신이 차자를 진달한 것은 아마도 우연이 아닐 것입니다. 마땅히 이로 인하여 바로잡는 거사가 있어야 할 듯합니다. 그러나 다만 오늘날 사신이 짓는 가사와 악사가 연주하는 가락이 과연 악무의 절주에 잘 맞아 어긋남이 없을지는 알지 못하겠습니다. 각 신실에 이미 행하고 있는 막중한 악장을 일시에 쉽게 고칠 수는 없을 듯하니, 신의 어리석은 생각으로는 인조와 효종 두 묘의 악장을 사신으로 하여금 우선 먼저 지어서 관현에 올리고 음률에 맞춘 뒤에 두 신실에 사용한다면 혹 마땅하리라 여겨집니다. 또한 악원에 소장된 악장의 음과 주석이 잘못된 곳은 역시 예관과 해당 악원으로 하여금 강구하여 바로잡도록 하는 것이 마땅할 듯합니다. 삼가 상께서 재결하소서.' 하였습니다."

하였다. -《예조등록》에 나온다.

○ 영의정 남구만(南九萬)이 차자를 올렸다.

"삼가 아룁니다. 신이 갑술년(1694, 숙종20) 겨울 사이에 한창 사람들의 비난을 받아 황공한 마음으로 움츠려 엎드려 있던 때에 예조에서 전 부제학 이봉징(李鳳徵)이 상소에서 언급한 종묘 악장의 일로 회계하여 대신에게 논의할 것을 청하였습니다. 신은 그때 즉시 헌의했어야 했으나 실상 조심스럽고 두려워 감히 할 수 없는 점이 있었고, 또 나름대로 구구한 소회가 있어 이어 부주(附奏)로 진달하려고 하였습니다. 그러나 그 후에 공무로 겨를이 없었을 뿐만 아니라 병을 앓는 날이 많아 그럭저럭 세월만 보내며 미루다가 오늘에 이르렀으니, 황공하기 그지없습니다. 이번에 상께서 태묘에 전알하시고 악장이 갖추어지지 않은 것을 하향대제 전까지 바로잡으라고 하교하셨습니다. 신이 세월을 허송하며 즉시 헌의하지 못한 책임을 이에 더욱 피할 수가 없게 되었으니, 더욱 놀라고 두려워 죄를 기다리는 마음 지극하기 그지없습니다. 한편 삼가 생각해 보니, 신은 이 일에 대해 계해년(1683, 숙종9) 연간에 악원 제조를 겸할 때부터 전말을 대강 알고 있었습니다. 그리하여 수의 중에 진달하고자 하였으나 일이 번거로워지고 부풀려질까 두려워 망설이다가 오늘에 이른 점도 있습니다. 이에 감히 어리석음을 무릅쓰고 하나하나 논술하겠습니다.

신이 삼가 종묘와 영녕전의 등가 악장을 고찰해 보니, 초헌은 〈보태평〉 11성을 쓰는데, 인도하여 들이는 〈희문〉과 인도하여 나가는 〈역성〉 2장을 제외하면 그 사이에 사용하는 음악은 사실 9장이고, 아헌과 종헌은 모두 〈정대업〉 11성을 쓰는데, 인도하여 들이는 〈소무〉와 인도하여 나가는 〈영관〉 2장을 제외하면 그 사이에 사용하는 음악은 역시 9장입니다. 이 외에 또 초헌 전에 〈영신〉, 〈전폐〉, 〈진찬〉 3장이 있고, 종헌 후에 〈철변두〉, 〈송신〉 2장이 있어 한 번도 두 음악의 9장 사이에서 뒤섞이고 어긋난 적이 없었습니다.

대개 우리 왕조의 예악 제도는 세종조 때 처음 제작되어 세조조 때 완성되고 성종조 때 확정되었습니다. 이 때문에 두 악장에서 칭술한 조종의 공덕은 목조께서 바다를 건넌 사적에서 시작하여 세종께서 왜를 정벌한 사적으로 끝납니다. 그 후로는 비록 천명을 받아 중흥을 이룩하신 세조나 몸소 태평을 이룩하신 성종으로도 모두 칭술한 바가 없으니, 진실로 악장이 이미 수가 갖추어져 첨가할 수 없기 때문일 뿐이지 빠진 문장이 있어 그런 것은 아닙니다.

《서경》의 〈상송(商頌)〉과 〈주송(周頌)〉에 성탕(成湯)과 고종(高宗) 및 후직(后稷)과 문왕·무왕에 대해 각각 종묘 악장을 두어 그 공렬을 묘사했던 것은, 옛날에는 종묘 제도가 도궁(都宮) 안에 7묘, 혹은 9묘로 각각 그만의 묘를 세우고 전적으로 그만의 제사를 올렸기 때문에 역시 각각 그만의 악장을 둘 수 있어서였습니다. 서한(西漢)의 종묘 제도에 이르러서도 비록 도궁과는 차이가 있으나 각각의 묘에 각각 제사를 올리는 것은 일찍이 다른 적이 없었기 때문에 문제(文帝)와 무제(武帝)를 제사 지낼 때에 모두 종묘 악장이 맞지 않은 문제를 말하여 별도로 〈소무무(昭武舞)〉와 〈문시무(文始舞)〉를 지었던 것입니다. 그러나 한 명제(漢明帝) 이후에 이르러서 태묘는 모두 한 묘 안에서 서쪽을 상위로 하는 제도를 쓰고 묘를 따로따로 세우지 않았으니, 음악 역시 따로따로 사용할 수 없었던 것이 확실합니다.

오직 우리 조종조에서 9장으로 이루어진 두 음악을 정하고 열성의 제사에 아울러 사용해 온 것도 한 묘 안에서 악장을 따로따로 사용하기 어려운 점이 있었기 때문입니다. 또한 반드시 9라는 수를 갖춘 것은, 《주례》에 '종묘에서 음악을 연주하여 아홉 번 변하면 인귀(人鬼)가 예를 얻을 수 있다.'라고 한 만큼 두 음악이 9장인 것은 실로 이 《주례》의 뜻에 근거를 둔 것입니다. 이렇기 때문에 〈보태평〉의 〈역성〉에 '구변의 곡조 다하였도다.〔曰旣九變〕'하고, '참으로 아름답고 참으로 선하도다.〔盡美盡善〕'하였던 것입니다. 그렇고 보면 당초에 음악을 정하고 악장의 수를 갖춘 뒤로 어찌 열성을 올려 부묘할 때에 신위마다 악장을 제술하여 9장 외에 첨가할 수 있었겠습니까? 선조조 때 예조 판서 황정욱이 태묘의 열성에 각각 한 악장씩 짓자고 청하였고, 인조조 때 상신 오윤겸이 또 태묘의 악장을 추가로 제술할 것을 청하였는데, 지금 말하자면 모두 9장의 정해진 수에 대한 의리를 고찰하지 못했던 듯합니다.

인조조 때 사신(詞臣)이 지은 선조조의 종묘 악장인 〈중광〉1장과 같은 경우는 의리와 규례로 미루어 보면 더욱 미안한 바가 있습니다. 만약 조종의 공덕으로 말할 것 같으면, 악장을 정한 이후 세조, 성종, 중종, 선조가 모두 세실인데 단지 선조묘 한 악장만 지은 것은 세실 중에서 취하고 버린 바가 있는 듯한 점이 있으니, 선조의 영령께서 오르내리실 때에 반드시 두렵고 조심스러워 제향을 편안히 받지 못하실 것이라고 생각됩니다. 또 악가의 절주로 말하면, 지금 〈중광〉1장을 〈정대업〉9장의 아래에 두어 늘어서 10장을 만든다면 음악이 반드시 아홉 번 변하는 뜻에서 대단히 멀어질 것입니다.

지난번 선대왕 때 선정신 송준길이 장악원 제조가 되자 차자를 올려 이 일을 진달하여 많은 논변을 하고 공경들로 하여금 여러 가지로 논의하게 하여 좋은 쪽으로 변통할 것을 청하였으나 그 당시 조정에서는 변통하여 바꾸는 것을 어렵게 여겨 그 일을 그만두었습니다.

신 역시 조종조에서 정한 것은 논의해서는 안 된다는 것을 너무도 잘 알고 있습니다. 그러나 마침 장악원에 재직하고 있을 때에 인조와 효종 두 묘를 세실로 정하는 명이 있었으니, 이로써 태묘의 세실은 태조부터 효종까지 9라는 수에 맞아 차게 되었습니다. 신이 이에 가만히 생각하기를, '〈보태평〉과 〈정대업〉은 모두 9장의 수를 채웠으므로 지금에 와서 진실로 더하거나 감할 수가 없고, 추가로 제술한 선조조의 1장은 비록 남는 수라고는 하나 예전대로 따라 사용하여 네 조정에 이른 만큼 이제 와서 역시 삭제해서도 안 될 것이다. 만약 반드시 그 안에 나아가 변통할 바를 두고자 한다면 초헌과 아헌은 예전대로 〈보태평〉과 〈정대업〉 9장을 사용하고, 종헌에 이르러 전날 〈정대업〉을 중첩하여 사용하던 법을 변통하여 별도로 하나의 음악을 완성하여 9장을 갖춘 다음 그 9장 안에 세실 9위의 공덕을 칭송한다면 예전의 음악에 첨가하여 고치는 혐의가 애당초 없을 것이고, 세조, 성종, 중종 세 신실도 모두 악장을 갖출 수 있게 되는 동시에 추가로 제술한 선조조의 1장도 비록 〈정대업〉에서는 남는 수로서 감해야 하지만 종헌의 음악에서는 갖추어진 수가 되어 사용할 수 있을 것이다. 그리고 인조와 효종 두 묘를 한껏 묘사하여 칭송하는 도리에도 부족하다는 탄식이 없을 수 있을 것이다. 예악이란 것이 정밀하고 은미하여 비록 감히 참여하여 논할 수 없으나 사리로 논하면 조금은 타당할 듯도 싶다.' 하였습니다. 그러므로 이러한 뜻으로 삼가 상소 한 통을 갖추어 위에 청하고자 하였습니다.

그러나 천천히 다시 전대의 전장(典章)을 고찰하여 보니, 일반적으로 종묘의 제향은 초헌, 아헌, 종헌에 따로따로 세 음악을 사용한 경우가 많기는 하지만 아헌과 종헌에 한 음악을 아울러 사용한 경우도 있었습니다. 지금 태묘의 종헌에 아헌의 음악을 중첩하여 사용하고 별도로 제술하지 않은 것이 모르겠습니다만, 어쩌면 별도로 의미가 있는 것은 아니겠습니까? 지금 세상에 사신과 악사는 모두 음률을 이해하는 자가 없는데, 지금 비록 새로 악장을 제술한다 해도 조종조에서 제술한 악장에 견주어 하자가 있고 어긋난다는 기롱이 없겠습니까? 우리 성조(聖朝)의 끝없는 역수(曆數)로 현재의 세실 9위 외에 대대로 덕이 있어 세실이 되실 분이 또 몇 묘가 있을 지 알 수 없으니, 종헌의 9장이 이미 그 수를 갖추고 난 뒤에는 다시 첨가하기 어려운 상황이 반드시 오늘날과 같은 때가 있게 될 것입니다. 대체로 이와 같은 부분에 대해서는 모두 합당한 도리를 얻기가 어려웠기 때문에 상소를 완성해 놓고는 올리지 못하고 말았습니다.

전 부제학 이봉징의 상소에 신실마다 각각 1장씩 더하자는 청이 있었고, 해조의 회계에 또 인조실에만 선조실의 규례에 따라 별도로 악장을 짓자고 청하였습니다. 신의 어리석고 얕은 견해로는 모두 시행하기 어려운 듯합니다. 또한 이 일에 대해서는 반드시 근원을 거슬러서 말하고자 합니다. 곧 지금 우리 사조의 신주를 영녕전으로 옮기고 나서 사조의 시를 여전히 종묘에서 사용하고 있는데, 이것은 혹 조고(祖考)의 사적으로 자손에게 노래하는 것이라고 말할 수 있습니다. 그러나 영녕전에 또 태조, 태종, 세종의 시를 사용하는데, 이것은 자손의 사적으로 조고에게 노래하는 것으로, 옛날의 의리에서 찾아보아도 이미 같지 않고 상정으로 헤아려 보아도 역시 맞지 않으니, 애당초 제작한 본의는 진실로 이해할 수 없는 점이 있습니다. 그렇다고 만약 우리 왕조의 문소전의 제도를 본떠 각 신실마다 따로 악장을 제술하여 사용하고자 한다면 〈보태평〉과 〈정대업〉 두 음악을 모두 장차 폐기하고 쓰지 말아야 할 것입니다. 이 일은 지극히 중대하니, 지금 어찌 감히 가볍게 논의에 부칠 바가 있겠습니까?

또한 삼가 가만히 생각건대, 음악의 근본은 본래 종이나 북 같은 악기에 있지 않지만 그렇다고 어찌 시장(詩章)을 늘이고 줄이는 사이에 있겠습니까? 현재 위로 조정에서 아래로 백성에 이르기까지 절박하고 급한 근심이 되는 것이 진실로 이루 다 말할 수 없이 많으니, 이와 같은 전례는 천천히 성조의 다스림과 교화가 완성되기를 기다려 가부를 따지는 것이 먼저 할 것과 나중에 할 것, 천천히 할 것과 급하게 할 것의 순서에 합당할 듯합니다.

또 일단 변동하고자 하면 번번이 장애가 되는 점들이 이와 같이 있을 것이니, 갑자기 쉽게 해서는 안 됩니다. 옛날 송 인종(宋仁宗) 때에 조정의 신하에게 명하여 완일(阮逸), 호원(胡瑗) 등이 만든 종률(鍾律)을 함께 상정(詳定)하도록 하였는데, 한기(韓琦)가 말하기를, '조종의 옛 법을 준용해 온 지가 오래되었으니, 차라리 음악을 제작한 근원을 궁구하여 안정된 정치의 근본으로 삼아서 정치와 명령을 고르고 간단하게 하며 백성과 만물을 청명하고 화락하게 하는 것만 못합니다. 지금 당장 급한 것은 또한 변방의 대비에 있으니, 음악에 대한 구언의 정성을 늦추고 변방을 편안하게 할 논의로 옮겨 물어서 급히 할 바를 서두르는 것이 사리에 있어 낫습니다.' 하여, 인종이 마침내 논의를 정지하라고 명하고 이어 옛날의 음악을 썼습니다.

삼가 바라건대, 성명께서는 옛 제도를 두루 보시고 지금의 상황을 살펴 다시 더 깊이 생각하신 다음 이어 해조의 회계를 여러 대신에게 수의하여 사리에 합당한 결론을 찾으라고 명하신다면 더없이 다행이겠습니다. 재결하여 주소서."

답하기를,

"차자를 보고 경의 간절한 뜻을 잘 알았다. 마침 사정이 있어 즉시 헌의하지 못한 것이 무슨 잘못이 있겠는가? 차자의 내용은 마땅히 해조로 하여금 대신에게 논의하여 품처하도록 하겠다. 경은 안심하고 대죄하지 말라."

하였다. 이에 의거하여 예조에서 계목을 올렸다.

"계하된 문건을 첨부하였습니다. 대신에게 논의한 결과 좌의정 유상운 (柳尙運)은 〈오황성목(於皇聖穆)〉의 시를 제1실에 노래하고, 〈사제성모 (思齊聖母)〉의 시를 제7실에 노래하는 것은 사실을 토대로 칭술한 뜻이 절대로 아니고,[157] 또 〈중광〉 악장을 따로 지은 전례가 있으니, 이것이 해조에서 수의하기를 청한 까닭입니다. 〈보태평〉 11성은 인도하여 들이고 인도하여 나가는 악장 2장을 제외하면 〈기명〉부터 〈대유〉까지 9장을 초헌 때에 부르는데, 각 신실에 차례로 작을 올릴 때에 비록 제 몇 장을 제 몇 실에 연주한다는 사목이 있으나 본래는 한 묘에 통용하는 음악이지 각 신실에 각각 연주한다는 뜻은 아닌 듯합니다. 대개 각 신실이 아홉이라는 수에 아직 차기 전에도 악장은 아홉의 수에서 감하지 않으며, 각 신실이 비록 아홉이라는 수를 넘은 후라 해도 악장은 역시 아홉의 수에 더 보태지 않으니, 음악은 아홉 번 변하는 것을 예로 삼기 때문입니다. 이미 각 신실의 많고 적음으로 악장을 늘이거나 줄이지 않는데, 만약 신실마다 칭술한다면 아홉의 수를 이루지 못할 것이고, 어떤 신실은 짓고 어떤 신실은 짓지 않는다면 취하고 버린 듯한 혐의가 있으니, 이것이 처리하기 어려운 점입니다.

선조묘의 악장을 따로 지을 때에도 해조에서 첨가하여 넣는 것을 어렵게 여겨 글자 수를 계산하여 서로 맞추려고 하였으나 그래도 9장의

157 **〈오황성목〉의……아니고** 〈오황성목〉의 시는 〈보태평〉 11성의 〈기명(基命)〉으로 첫 구절이 '아, 위대하신 목조께서〔於皇聖穆〕'로 시작하고, 〈사제성모〉의 시는 〈정명(貞明)〉으로 첫 구절이 '단아하고 공경스런 성모께서〔思齊聖母〕'로 시작한다. 〈기명〉은 목조가 함길도(咸吉道) 덕원부(德源府)로 거처를 옮겨 정착한 사적을 읊은 내용이고, 〈정명〉은 태종의 비인 원경왕후(元敬王后)가 정도전의 난 때 태종을 내조한 사적을 읊은 내용인데, 제1실은 태조의 신실이고, 제7실은 선조(宣祖)의 신실이기 때문에 한 말이다.

뜻과는 한참 차이 나는 것을 면하지 못하였고 보면 지금에 와서 별도로 짓자는 논의는 더욱 문제가 많아 행하기 어려울 듯합니다. 옛날 한 장제(漢章帝) 때에 효명황제(孝明皇帝)의 종묘 악장에 관한 일로 인하여 동평왕(東平王) 유창(劉蒼)이 논의하기를, 「효문묘(孝文廟)의 악장은 〈소덕(昭德)〉이고, 효무묘(孝武廟)의 악장은 〈성덕(盛德)〉인데, 지금 모두 고조묘(高祖廟)에 합사하기 때문에 〈소덕무〉와 〈성덕무〉를 올리지 않고 고조묘의 악장을 같이 쓴다. 지금 효명황제의 신주가 세조묘(世祖廟 광무제)에 있으니, 마땅히 세조묘의 악장을 같이 써야 한다.」하였습니다. 이른바 〈소덕〉과 〈성덕〉은 바로 각각 제사 지낼 때 사용한 악장으로 비록 음악의 1장과는 차이가 있으나 합사하고 난 뒤에는 중지하고 올리지 않았으며, 효명묘의 악장도 이러한 의리와 규례를 원용하여 세종묘에서 음악을 같이 썼고 보면 각 신실에 칭술한 것은 없고 한 묘 안에서 한 음악을 통용한 것은 한나라 때부터 이미 그러하였습니다. 조종조의 정착된 악장을 준용하는 것 외에 신의 형편없는 견해로 감히 경솔하게 논의할 수 없습니다. 삼가 상께서 재결하소서.' 하였습니다."—《장악원등록》에 나온다.

이안 移安과 환안 還安

의주(儀註)를 첨부하였다.

1 윤9월 대본은 '九月'인데,《태조실록》에 의거하여 '閏九月'로 바로잡아 번역하였다.

○ 태조대왕 을해년(1395, 태조4) 윤9월[1] 임술삭(1일)

종묘 이안도감(宗廟移安都監)을 설치하였다. 기축일(28일)에 백관이 공복(公服)을 차려입고 반송정(盤松亭)에서 신주(神主)를 맞이하였다. 상로(象輅), 의장(儀仗), 고취(鼓吹)를 써서 새로 건립한 종묘에 이안하였다. 판문하부사(判門下府事) 권중화(權仲和)에게 명하여 이안제(移安祭)를 거행하게 하였다. -실록에 나온다.

○ 명종대왕 병오년(1546, 명종1) 7월 임술일(8일)

태묘의 신주를 받들어 인정전(仁政殿)에 이안하였다. -종묘를 증축하기 때문이다.- 상이 사정전(思政殿) 처마 아래로 나아가 동향하여 앉았다. 일이 끝나자 내전으로 돌아갔다. -실록에 나온다.

○ 9월 계미일(29일)

종묘 열성의 신위(神位)를 창덕궁(昌德宮) 인정전에서 종묘로 환안하였다. 상이 사정전 처마 아래로 나가 동향하여 앉았다. 환안이 끝나자 상이 마침내 내전으로 돌아갔다. -실록에 나온다.

○ 광해군 무신년(1608, 광해군 즉위) 5월 을묘일(30일)

종묘를 중건하여 낙성하였다. 갑신일(29일)[2]에 종묘와 영녕전의 이안례(移安禮)를 마쳤다. -실록에 나온다.

2 갑신일 광해군 즉위년인 1608년 6월 갑신일이다.

○ 효종 신묘년(1651, 효종2) 6월 정사일(12일)

예조에서 아뢰기를,

"오늘 종묘 열성의 신주를 월랑(月廊)의 막차(幕次)로 이안한 뒤에 기계와 판자를 설치하고 도배하느라 날이 저물었는데, 도배에 쓸 청색 능화지(綾花紙)가 준비한 수량이 부족합니다. 때에 닥쳐서 추가로 준비하다 보니 공역을 마치기 어려운 형편입니다. 장차 신주를 막차에

모셔 두고 밤을 지내야겠기에 감히 아룁니다. 장흥고(長興庫)의 관리
가 미리 헤아리지 못하여 이런 궁색한 근심이 있게 되었으니, 지극히
놀라운 일입니다. 해당 관원을 추고하고 죄를 다스리는 것이 어떻겠
습니까?"

하니, 전교하기를,

"열성의 신주를 밤새도록 월랑의 막차에 모셔 두게 되었다 하니, 극도
로 놀랍다. 막중한 일을 어찌하여 삼가지 않아 이런 지경이 되게 하였
는가? 해당 차지 관원(次知官員)과 애당초 마련할 때 부족하게 셈한 관
원을 우선 잡아다 추고하라. 장흥고의 관원은 함사(緘辭)를 보고 추후에
처치하는 것이 좋겠다. 이와 같이 막중한 일은 본 예조에서 마땅히 진
즉 살펴 잘 처리했어야 옳다. 어찌 감히 인정(人定)이 지나서야 비로소
입계(入啓)한단 말인가? 한만하고 소홀하기가 너무도 심하다. 해당 색
낭청(色郎廳)도 잡아다 추고하고, 당상도 아울러 무겁게 추고하라고 전
지(傳旨)하라."

하고, 이어 "의금부에 내리라."고 전교하였다.

비망기(備忘記)를 내렸다.

"군신 상하가 종묘 사직을 공경히 받드는 일 말고 다시 무슨 일이 있겠
는가? 몇 자의 종이를 마련하지 못해 열성의 신주가 월랑 아래의 한데
서 밤을 지내게 되었으니, 나의 두렵고 불안한 마음이 어떠하겠는가?
감히 따뜻한 방 안에 편안히 누워 있을 수 없어 즉시 월랑 아래로 내려
가 아침까지 앉아 있음으로써 이 두려운 마음을 부치려고 하니, 정원은
그리 알라. 그리고 해조를 엄히 신칙하여 밤을 새서라도 도배를 마치게
해서 명일 새벽에는 환안할 수 있도록 해야 할 것이다. 대소 여러 집사
들이 대충대충 일하는 폐단을 말한 것이 얼마 되지 않았는데 이런 경악
할 일이 일어났으니, 경계하고 신칙한 뜻이 어디에 있단 말인가? 해조
는 그 죄를 피할 데가 없을 것이다." ─《예조등록》에 나온다.

○ **현종 계묘년**(1663, 현종4) **4월 신축일**(4일)

영녕전 중건도감(永寧殿重建都監)에서 아뢰기를,

"신들은 오늘 먼저 경덕궁(慶德宮)에 나아가 영녕전의 신위를 이안할 처

소를 봉심하였습니다. 그 결과 읍화당(挹和堂)이 간가(間架)가 가장 널찍하고, 그 다음으로는 영경당(靈慶堂)이고, 그 다음으로는 자정전(資政殿)입니다. 어제 신들은 직접 성상의 하교를 받들고 전(殿)과 당(堂)이라는 명칭이 미안할 수도 있겠다고 여겼으나 신들이 물러 나와 삼가 곰곰이 생각해 보니, 모든 궁궐은 정전(正殿) 이외에는 전각(殿閣)의 칭호를 건물 크기에 따르면서도 따로 차등을 둔 일정한 뜻은 없었습니다. 예를 들면 읍화당을 일찍이 숙녕전(肅寧殿)으로 일컬었던 것도 그 한 증거입니다.

읍화당에는 사조(四祖)의 신위를 옮겨 봉안하고, 영경당에는 서익실(西翼室)의 신위를 옮겨 봉안하고, 자정전에는 동익실(東翼室)의 신위를 옮겨 봉안하는 것이 편하고 합당할 듯합니다. 세 곳의 건물 규모에 대한 치수를 별지에 써서 들여 성상의 재결에 대비합니다. 감히 아룁니다."

하니, 전교하였다.

"알았다. 사조를 읍화당에 봉안하는 것은 근거로 삼을 만한 뜻이 없는 듯하다. 사조의 신위를 영경당에 봉안하고, 양 익실의 신위를 읍화당과 자정전 등에 차례대로 봉안하는 것이 서쪽을 상위로 하는 의리에 맞을 듯하다." –《예조등록》에 나온다.

○ **정미년**(1667, 현종8) **윤4월 임오일**(8일)

예조에서 아뢰기를,

"'……' 하라고 전교하셨습니다. 대신에게 논의한 결과 행 판중추부사 홍명하(洪命夏)는 '이번 영녕전의 신위를 이안할 때에 신련(神輦)을 합봉(合奉)으로 할 것인지, 각봉(各奉)으로 할 것인지에 대한 의식은 이미 본뜰 만한 규정이 없습니다. 종묘와 영녕전의 신실(神室)을 같이 쓰는 제도를 따라서 봉안하는 예법으로 삼는 것이 아마도 문제가 없을 듯합니다. 삼가 상께서 재결하소서.' 하였습니다.

우의정 정치화(鄭致和)는 '평상시에 이미 종묘의 신실에 함께 봉안하는 제도가 있었으니, 이안하는 날에도 신련에 합봉하는 것이 미안한 일이 없을 듯합니다만, 신은 본래 예문에 어두워 감히 억견으로 단정할 수 없습니다. 삼가 상께서 재결하소서.' 하였습니다.

행 판중추부사 정태화(鄭太和)는 병으로 숙배하지 않은 상태라 의견을 올리지 못하였습니다. 대신의 의견이 이와 같으니, 상께서 재결하시는 것이 어떻겠습니까?"

하고, 또 아뢰기를,[3]

"전교하시기를, '이 초기는 급한 것이 아니니, 환궁한 뒤에 다시 정 판부사에게 수의(收議)해서 하라.' 하셨습니다. 행 판중추부사 정태화는 '신의 의견은 여러 대신과 다름없습니다. 삼가 상께서 재결하소서.' 하였습니다. 대신의 의견이 이와 같으니, 상께서 재결하시는 것이 어떻겠습니까?"

하니, "논의한 대로 시행하라."고 전교하였다. 一《예조등록》에 나온다.

부 의주儀註

옮겨 봉안할 시간이 임박하여 섭사복시 정(攝司僕寺正)이 연(輦)을 제1실, 제2실, 제3실, 제4실의 지게문〔戶〕 밖에 올린다. 一모두 자리〔席〕를 설치한다.― 섭통례(攝通禮) 4인이 지게문 밖에 나아가 부복(俯伏)한 다음 꿇어앉아 '신좌(神座)에서 내려와 연에 탈 것'을 계청(啓請)한다. 전사(殿司)가 선(扇)과 개(蓋)를 각각 받들어 차비인(差備人)에게 준다. 내시(內侍)와 집사관(執事官)은 각각 대(臺)를 받들어 신련에 안치하고, 대축(大祝)과 궁위령(宮闈令)은 각각 신주함〔神主匱〕을 받들어 신련에 안치한다. ―대축은 대왕의 신주를 받들고, 궁위령은 왕후의 신주를 받든다. 매번 하나의 신련에 한 신실의 양 신위를 합봉한다. 나갈 때에는 대왕의 신주가 먼저 나가고, 들어갈 때에는 왕후의 신주가 먼저 들어간다.― 내시의 시위를 보통 의식과 같게 한다.

신련이 신문(神門)을 경유하여 연이어 차례로 나간다. 의장(儀仗)과 시위가 인도하고 따르는 것을 보통 의식과 같게 한다. ―대문 안에 이르면 전하가 막차에서 나와 공경히 맞이하기를 의식과 같게 한다.― 대문 밖에 이르면 ―고취가 앞에서 인도한다.― 배종(陪從)하는 백관이 몸을 굽혀 공경히 맞이한 다음 차례로 시위한다.

신련이 경덕궁 영경당 중문(中門) 밖 잠시 머무는 곳에 이르면 ―모두 자리를 설치한다.― 섭사복시 정이 신련 앞에 여(輿)를 올린다. 섭통례가 꿇어

3 또 아뢰기를 아래 내용은 위의 예조 계사와 한 계사인 것처럼 되어 있으나 사실은 다른 날 올린 계사이다. 따라서 이와 같이 보충하고 계사를 분리하였다. 이하 이러한 형식은 동일하게 처리하였다.

앉아 '연에서 내려 여에 탈 것'을 계청한다. 대축과 궁위령이 각각 신주함을 받들어 여에 안치한다. 섭통례가 차례로 앞에서 인도한다. 영경당 지게문 밖에 이르면 섭통례가 꿇어앉아 '여에서 내릴 것'을 계청한다. 내시와 집사관이 각각 대(臺)를 받들고 들어가 신좌에 놓는다. 대축과 궁위령이 각각 신주함을 받들고 차례로 들어가 신좌에 안치한다. 전사가 자기 소속을 거느리고 각각 선(扇)과 개(蓋)를 받들어 좌우에 나누어 설치한다.

또 섭통례 6인이 영녕전 제5실, 제6실, 제7실, 제8실, 제9실, 제10실의 지게문 밖에 나아가 부복한 다음 꿇어앉아 '신좌에서 내려 여에 탈 것'을 계청한다. 집사관이 각각 보(寶)를 받들어 요여(腰轝)에 놓은 다음 영녕전 뜰에 늘어세운다. 전사가 각각 선과 개를 받들어 차비인에게 준다. 내시와 집사관이 각각 대를 받들어 신련에 안치한다. 대축과 궁위령이 각각 신주함을 받들어 신련에 안치한다.

섭통례가 신련 앞에 나아가 꿇어앉아 '출발할 것'을 계청한 다음 가운데 계단으로 내려간다. 산선(繖扇)과 시위는 보통 의식과 같게 한다. 보를 실은 요여가 앞에서 간다. 신련이 신문을 경유하여 연이어 차례로 나간다. 의장과 시위가 인도하고 따르는 것을 보통 의식과 같게 한다. −대문 안에 이르면 전하가 막차에서 나와 공경히 맞이하기를 의식과 같게 한다.− 대문 밖에 이르면 −고취가 앞에서 인도한다.− 배종하는 백관이 몸을 굽혀 공경히 맞이한 다음 차례로 시위한다.

섭행攝行으로 지낼 때의 의식

《오례의》에 나온다.

사시四時의 대제 및 납향臘享을 종묘에 섭행으로 지낼 때의 의식

○ 시일(時日)에 대한 의절 −《오례의》〈서례(序例)〉에 보인다.

○ 재계(齋戒)에 대한 의절 −《오례의》〈서례〉에 보인다.

○ 진설(陳設)에 대한 의절

제향 2일 전에 묘사(廟司)가 자기 소속을 거느리고 종묘 안팎을 소제한다. 전설사(典設司)가 찬만(饌幔)을 동문 밖에 설치한다.

1일 전에 전악(典樂)이 자기 소속을 거느리고 등가악(登歌樂)을 당(堂) 위의 앞 기둥 사이에, 헌가(軒架)를 묘정(廟庭)에 모두 북향으로 설치한다. 집례가 초헌관(初獻官)의 자리를 조계(阼階) 동남쪽에 서향으로 설치하고, 음복위(飲福位)를 당 위의 앞 기둥 밖 동쪽 가까이에 서향으로 설치한다. 아헌관(亞獻官), 종헌관(終獻官), 천조관(薦俎官), 칠사 헌관(七祀獻官)의 자리를 초헌관의 뒤 조금 남쪽에 서향으로 설치하고, −동향대제(冬享大祭)일 때에는 공신 헌관(功臣獻官)의 자리가 칠사 헌관의 자리 남쪽에 있다.− 집사자의 자리를 그 뒤에 등급마다 자리를 달리하여 모두 두 줄로 서향하여 북쪽을 상위로 설치한다. 감찰의 자리를 묘정의 남쪽에서 동쪽 가까이에 서향으로 설치하고, 서리(書吏)는 그 뒤에 배립(陪立)한다. 집례의 자리는 두 곳으로, 한 곳은 당 위의 앞 기둥 바깥이고 한 곳은 당 아래인데, 모두 동쪽 가까이에 서향으로 설치한다. 찬자(贊者), 알자(謁者), 찬인(贊引)은 당 아래 집례의 뒤에서 조금 남쪽에 있되 서향하여 북쪽을 상위로 한다. 협률랑(協律郎)의 자리는 당 위의 앞 기둥 바깥 서쪽 가까이에 동향으로 설치하고, 전악의 자리는 헌현(軒懸)의 북쪽에 북향으로 설치한다. 여러 향관의 문외위(門外位)를 동문 밖 길 남쪽에 등급마다 자리를 달리하여 모두 두 줄로 북향하여 서쪽을 상위로 설치한다. 망예위(望瘞位)를 예감(瘞坎) 남쪽에 설치하는데, 초헌관은 남쪽에 있되 북향하고, 집례, 찬자, 대축은 동쪽에 있되 두 줄로 서향하여 북쪽을 상위로 한다.

　제향 당일 제사를 거행하기 전에 궁위령이 자기 소속을 거느리고 신실을 열어 신악(神幄)을 정돈한 다음 대자리[莚]를 깔고 안석[几]을 설치하기를 보통 의식과 같게 한다. 전사관(典祀官)과 묘사가 각각 자기 소속을 거느리고 들어가 축판(祝版)을 각각 하나씩 각 신실의 신위 오른쪽에 올려놓고, ─각각 받침[坫]이 있다.─ 폐백 광주리[幣篚]를 각각 하나씩 각 신실의 준소(尊所)에 진설하고, 향로(香爐), 향합(香合), 병촉(幷燭)을 신위 앞에 진설한 다음 제기(祭器)를 예식대로 진설한다. ─예식은《오례의》〈서례〉에 보인다.─ 신실마다 찬(瓚)과 반(槃)을 각각 하나씩 준소의 받침 위에 진설하고, 화롯불[爐炭]을 앞 기둥 사이에 설치하고, 모혈반(毛血槃), 간료등(肝膋㽅), 소변(蕭籩), 서직변(黍稷籩)을 각각 하나씩 그 뒤에 진설한다. 복주작(福酒爵) ─받침이 있다.─ 과 조육조(胙肉俎)를 각각 2개씩 제1실의 준소에 진설하고, 또 제1실의 조(俎) 2개를 찬만(饌幔) 안에 진설한다.

　칠사(七祀) ─《오례의》〈서례〉에 보인다.─ 의 신위판을 묘정 서쪽의 조금 남쪽에 동향하여 북쪽을 상위로 설치한다. 자리는 모두 왕골자리[莞]로 한다. 축판을 신위 오른쪽에 설치한다. ─받침이 있다.─ 제기를 예식대로 진설한다. ─예식은《오례의》〈서례〉에 보인다. 동향대제 때에는 배향 공신의 위판을 묘정 동쪽에 서향하여 북쪽을 상위로 설치한다. 제기를 칠사의 의식과 같게 진설하되 축판은 없다.

　세(洗)를 조계 동남쪽에 북향으로 설치한다. ─관세(盥洗)는 동쪽에 두고, 작세(爵洗)는 서쪽에 둔다.─ 뇌(罍)는 세의 동쪽에 두어 구기[勺]를 얹어 놓고, 광주리는 세의 서남쪽에 두어 수건[巾]을 펼쳐 담아 놓는다. ─만약 작세에 쓰는 광주리라면 또한 찬(瓚)과 작(爵)을 담아 놓으며, 받침이 있다.─ 또 칠사 헌관의 세를 칠사의 주준(酒尊) 동남쪽에 북향으로 설치한다. ─동향대제 때에는 공신 헌관의 세를 공신의 주준 서남쪽에 북향으로 설치한다.─ 뇌는 세의 동쪽에 두어 구기를 얹어 놓고, 광주리는 세의 서남쪽에 두어 수건과 작을 펼쳐 담아 놓는다. 여러 집사의 관세를 삼헌관(三獻官)의 세 동남쪽에 북향으로 설치한다. 집준자(執尊者), 집뢰자(執罍者), 집비자(執篚者), 집멱자(執冪者)의 자리를 준(尊), 뇌, 광주리[篚], 덮개[冪] 뒤에 설치한다.

○ 향축(香祝)을 전하는 의절 −《오례의》〈서례〉에 보인다.

○ 희생(犧牲)과 제기를 살피는 의절 −《오례의》〈서례〉에 보인다.

○ 신관(晨祼)에 대한 의절

제향 당일 축시(丑時) 5각(刻) 전에 −축시 5각 전은 3경(更) 3점(點)이다. 제사 거행은 축시 1각에 한다.− 궁위령이 자기 소속을 거느리고 신실을 열어 신악을 정돈한 다음 대자리를 깔고 안석을 설치하기를 보통 의식과 같게 한다. 전사관과 묘사가 들어가 찬구(饌具)에 제수를 다 담는다. 찬인의 인도를 받아 감찰이 조계로 올라가 −여러 향관이 오르내릴 때에는 모두 조계를 이용한다.− 당의 위와 아래를 살펴 의식과 같지 못한 것을 규찰한 다음 도로 나간다.

3각 전에 여러 향관이 각각 해당하는 의복을 입는다. 집례가 찬자, 알자, 찬인을 거느리고 동문으로 들어가 먼저 계단 사이 악현(樂懸)의 북쪽 배위(拜位)로 나아가되, 두 줄로 북향하여 서쪽을 상위로 하여 사배(四拜)한 다음 각자의 자리로 나아간다. 전악이 공인(工人)과 문무(文舞)·무무(武舞)를 거느리고 들어가 자리로 나아간다. −문무는 들어가 악현의 북쪽에 늘어서고, 무무는 악현의 남쪽 길 서쪽에 선다.− 알자와 찬인이 각자 여러 향관을 인도하여 모두 문외위로 나아간다.

1각 전에 찬인의 인도를 받아 감찰, 전사관, 대축, 축사(祝史), 재랑(齋郎), 묘사, 궁위령, 협률랑, 봉조관(捧俎官), 칠사당의 축사와 재랑 −동향대제 때에는 공신당의 축사와 재랑이 있다.−이 들어가 악현의 북쪽 배위로 나아가되, 두 줄로 북향하여 서쪽을 상위로 한다. 자리 잡고 서면 집례가 "사배하시오." 하고, 찬자가 전하여 외친다. −보통 집례의 말이 있으면 찬자가 모두 전하여 외친다.− 감찰 이하가 모두 사배한 다음 찬인의 인도를 받아 감찰이 자리로 나아가고, 인도를 받아 여러 집사가 관세위에 나아가 관세한 다음 각각 자리로 나아간다. 찬인의 인도를 받아 묘사, 대축, 궁위령이 올라가 제1실에 나아가 들어가서 감실(坩室)을 열고, 대축과 궁위령이 신주를 받들어 내와 신좌에 설치한다. −신악 안에 나아가 안석 뒤에서 함을 열고 신좌(神座)에 설치한다. 선왕의 신주는 대축이 받들어 내와 백저건(白苧巾)으로 덮고, 선후(先后)의 신주는 궁위령이 받들어 내와 청저건(靑苧巾)으로 덮는다. 서쪽을 상위로 삼는다.— 차례로 각 신실에 나아가 받들어 내오기를 모두 위의 의식과 같게 한다. 이를 마치면 인도를 받아 내려가 자리로 돌아간다.

재랑이 작세위에 나아가 찬(瓚)을 씻어 찬을 닦고, 작(爵)을 씻어 작을 닦은 다음 광주리에 담아 받들고 태계(泰階)로 나아간다. 여러 축사가 각각 계단 위에서 맞이하여 받아 준소의 받침 위에 놓는다. 알자의 인도를 받은 초헌관과 찬인의 인도를 받은 아헌관, 종헌관, 천조관, 칠사 헌관이 —동향대제 때에는 공신 헌관도 있다.— 들어가 자리로 나아간다. 알자는 초헌관의 왼쪽으로 나아가 '유사가 삼가 갖추었음'을 아뢰고 제사를 거행할 것을 청한 다음 물러나 자리로 돌아간다.

협률랑이 꿇어앉아 부복하였다가 대장기〔麾〕를 들고 일어나면 공인이 축(柷)을 친다. 헌가가 〈보태평(保太平)〉의 음악을 연주하고 〈보태평〉의 춤을 춘다. 음악 8곡의 연주를 마치고, 집례가 "사배하시오." 하면 자리에 있는 사람들이 모두 사배한다. —먼저 절한 사람은 절하지 않는다.— 음악 9곡의 연주를 마치고, 협률랑이 대장기를 눕히면 어(敔)를 쳐서 음악을 그친다.

집례가 "신관례(晨祼禮)를 행하시오." 하면 알자의 인도를 받아 초헌관이 관세위로 나아가 북향하여 선다. '홀(笏)을 꽂을 것'을 찬한다. 초헌관이 손을 씻고 손을 닦는다. 이를 마치면 '홀을 잡을 것'을 찬한다. 인도를 받아 제1실의 준소로 나아가 서향하여 선다. 등가가 〈보태평〉의 음악을 연주하고 〈보태평〉의 춤을 춘다.

집준자가 덮개를 들고 울창주(鬱鬯酒)를 따른다. 집사자가 찬(瓚)으로 울창주를 받는다. 알자의 인도를 받아 초헌관이 신위 앞에 나아가 북향하여 선다. '꿇어앉아 홀을 꽂을 것'을 찬한다. 집사자 한 사람은 향합을 받들고 한 사람은 향로를 받들어 꿇어앉아 올린다. 알자가 '세 번 분향할 것'을 찬한다. 집사자가 향로를 상〔案〕에 올려놓는다. 집사자가 찬을 초헌관에게 준다. 초헌관이 찬을 잡아 땅에 부어 강신(降神)한 다음 찬을 집사자에게 준다. 대축이 폐백 광주리를 초헌관에게 준다. 초헌관이 폐백을 잡아 폐백을 바친다. 폐백을 대축에게 주어 상에 올려놓는다. —보통 향을 받들고 찬을 주고 폐백을 주는 것은 모두 헌관의 오른쪽에서 하고, 향로를 올려놓고 찬을 받고 폐백을 올려놓는 것은 모두 헌관의 왼쪽에서 한다. 작을 받고 작을 올려놓는 것도 이에 준한다.— 알자가 '홀을 잡고 부복하였다가 일어나 몸을 펼 것'을 찬한다. 인도를 받아 나간다. 차례로 각 신실에 나아가 분향하고 울창주를 부어 강신하고 폐백을 올리기를 모두 위의 의식과 같게 한다. 이를 마치면 등가가 그친다. 인도를 받아 내려가 자리로 돌아간다.

등가가 그칠 때를 당해 여러 축사가 각각 모혈반과 간료등을 앞 기둥 사이에서 가져와 모두 들어가 신위 앞에 올려놓는다. —모혈반은 등(䇺) 뒤에 두고, 간료등은 변(籩) 왼쪽에 둔다.— 여러 축사가 모두 간(肝)을 가지고 지게문을 나가 화롯불에 구워서 준소로 돌아간다.

○ 음식을 올리는 의절

초헌관이 올라가 강신하고 나면 찬인의 인도를 받아 전사관이 나가서 진찬자(進饌者)를 거느리고 신주(神廚)로 나아간다. 수저〔匕〕로 소고기〔牛〕를 가마〔鑊〕에서 들어 올려 생갑(牲匣)에 담고, 다음으로 양고기〔羊〕와 돼지고기〔豕〕를 들어 올려 각각 생갑에 담는다. —신실마다 소고기, 양고기, 돼지고기가 각각 한 갑씩이다.— 들어가 찬만(饌幔) 안에 진설한다.

알자의 인도를 받아 천조관이 나가 찬소(饌所)로 나아간다. 봉조관이 따라간다. 초헌관이 강신을 마치고 자리로 돌아가기를 기다린다. 집례가 "찬물(饌物)을 올리시오.〔進饌〕"하면 알자의 인도를 받아 천조관이 제1실의 조(俎)를 받들고 봉조관이 각각 생갑을 받든다. 전사관이 찬물을 인도하여 정문으로 들어간다. 조가 처음 문을 들어설 때 헌가가 〈풍안(豐安)〉의 음악을 연주한다. 여러 축사가 모두 나아가 모혈반을 거두어 조계에서 재랑에게 주어 내보낸다.

찬물이 태계에 이르면 여러 대축이 계단 위에서 맞이하여 인도한다. 천조관이 제1실의 신위 앞으로 나아가 북쪽을 향하여 꿇어앉아 올린다. 먼저 소고기를 바치고, 다음으로 양고기를 바치고, 다음으로 돼지고기를 바친다. —여러 대축이 올리는 것을 돕는다.— 올리기를 마치면 생갑의 뚜껑을 연다. 차례로 각 신실에 나아가 받들어 올리기를 모두 위의 의식과 같게 한다. 이를 마치면 음악을 그친다. 알자의 인도를 받아 천조관 이하가 조계로 내려가 자리로 돌아간다.

여러 대축이 각각 쑥〔蕭〕, 기장〔黍〕, 메기장〔稷〕을 취하여 기름〔脂〕에 담갔다가 화롯불에 태우고 준소로 돌아간다. 집례가 "초헌례를 행하시오." 하면 알자의 인도를 받아 초헌관이 제1실의 준소로 나아가 서향하여 선다. 등가가 〈보태평〉의 음악을 연주하고 〈보태평〉의 춤을 춘다. 집준자가 덮개를 들고 예제(醴齊)를 따른다. 집사자 2인이 작(爵)으로 술을 받는다. 알자의 인도를 받아 초헌관이 신위 앞에 나아가 북향하여 선다. '꿇어앉아 홀을 꽂을 것'을 찬한다. 집사자가 작을 초헌관에게 준다. 초헌관이 작을 잡아 작을 바친 다음 작을 집사자에게 주어 신위 앞에 올려놓는다. 집사자가 부작(副爵)을 초헌관에게 준다. 초헌관이 작을 잡아 작을 바친 다음 작을 집사자에게 주어 왕후의 신위 앞에 올려놓는다. 알자가 '홀을 잡고 부복하였다가 일어나 조금 물러나서 북향하여 꿇어앉을 것'을 찬한다. 음악을 그친다.

대축이 신위 오른쪽으로 나아가 동쪽을 향하여 꿇어앉은 다음 축문을 읽는다. 이를 마치면 음악을 연주한다. 알자가 '부복하였다가 일어나 몸을 펼 것'을 찬한다. 인도를 받아 나간다. 차례로 각 신실에 나아가 작헌(酌獻)하기를 모두 위의 의식과 같게 한다. 이를 마치면 음악을 그친다. 인도를 받아 내려가 자리로 돌아간다. 〈보태평〉의 춤이 물러가고 〈정대업〉의 춤이 나아간다.

처음에 초헌관이 이미 자리로 돌아가면 집례가 "아헌례를 행하시오." 한다. 알자의 인도를 받아 아헌관이 관세위로 나아가 북향하여 선다. '홀을 꽂은 다음 손을 씻고 손을 닦을 것'을 찬한다. 이를 마치면 '홀을 잡을 것'을 찬한다. 인도를 받아 제1실의 준소로 나아가 서향하여 선다. 헌가가 〈정대업〉의 음악을 연주하고 〈정대업〉의 춤을 춘다. 집준자가 덮개를 들고 앙제(盎齊)를 따른다. 집사자 2인이 작으로 술을 받는다. 알자의 인도를 받아 아헌관이 신위 앞으로 나아가 북향하여 선다. '꿇어앉아 홀을 꽂을 것'을 찬한다. 집사자가 작을 아헌관에게 준다. 아헌관이 작을 잡아 작을 바친 다음 작을 집사자에게 주어 신위 앞에 올려놓는다. 집사자가 부작을 아헌관에게 준다. 아헌관이 작을 잡아 작을 바친 다음 작을 집사자에게 주어 왕후의 신위 앞에 올려놓는다. 알자가 '홀을 잡고 부복하였다가 일어나 몸을 펼 것'을 찬한다. 인도를 받아 나간다. 차례로 각 신실에 나아가 작헌하기를 모두 위의 의식과 같게 한다. 이를 마치면 음악을 그친다. 인도를 받아 내려가 자리로 돌아간다. 집례가 "종헌례를 행하시오." 하면 알자의 인도를 받아 종헌관이 예를 행하기를 아헌의 의식과 같게 한다. 이를 마치면 인도를 받아 내려가 자리로 돌아간다.

처음에 종헌관이 이미 올라가면 찬인의 인도를 받아 칠사 헌관이 관세위로 나아가 홀을 꽂은 다음 손을 씻고 손을 닦는다. 이를 마치면 홀을 잡고 준소로 나아간다. 집준자가 덮개를 들고 술을 따른다. 집사자가 작으로 술을 받는다. 헌관이 신위 앞에 나아가 서향하여 꿇어앉은 다음 홀을 꽂는다. 집사자가 작을 준다. 헌관이 작을 잡아 작을 바친 다음 작을 올려놓는다. 홀을 잡고 부복하였다가 일어나 조금 물러나서 꿇어앉는다. 축사가 헌관의 왼쪽으로 나아가 북향하여 꿇어앉아 축문을 읽는다. 이를 마치면 −납제(臘祭) 때에는 차례로 올려놓기를 마친 다음 사명(司命)의 신위 앞에 나아가 서향하여 꿇어앉는다. 축사가 축문을 읽기를 의식과 같게 한다.− 헌관이 부복하였다가 일어나 몸을 편다. 인도를 받아 자리로 돌아간다.−동향대제 때에는 칠사 헌관이 관세위로 나아가기에 앞서 찬인의 인도를 받아 배향 공신의 헌관이 관세위로 나아가 홀을 꽂은 다음 손을 씻고 손을 닦는다. 이를 마치면 홀을 잡고 준소로 나아간다. 집준자가 덮개를 들고 술을 따른다. 집사자가 작으로 술을 받는다. 헌관이 신위 앞에 나아가 동향하여 서서 홀을 꽂는다. 집사자가 작을 준다. 헌관이 작을 잡아 작을 올려놓는다. 차례로 올려놓기를 마치면 홀을 잡고 인도를 받아 자리로 돌아간다.

처음에 종헌관이 이미 자리로 돌아가면 집례가 "음복(飮福)하고 조육(胙肉)을 받으시오." 하면 대축이 제1실의 준소로 나아가 작에 뇌(罍)의 복주(福酒)를 따르고, 또 대축이 조를 가지고 나아가 신위 앞에 있는 조육을 덜어낸다. 알자의 인도를 받아 초헌관이 음복위로 나아가 서향하여 선다. '꿇어앉아 홀을 꽂을 것'을 찬한다. 대축이 초헌관의 왼쪽으로 나아가 북향하여 작을 초헌관에게 준다. 초헌관이 작을 받아 마셔 작을 비운다. 대축이 나아가 빈 작을 받아 받침에 다시 놓는다. 대축이 북향하여 조를 초헌관에게 준다. 초헌관이 조를 받아 집사자에게 준다. 집사자가 조를 받아 조계로 내려가 문을 나간다. 알자가 '홀을 잡고 부복하였다가 일어나 몸을 펼 것'을 찬한다. 인도를 받아 내려가 자리로 돌아간다. 집례가 "사배하시오." 하면 자리에 있는 사람들이 모두 사배한다.

집례가 "변(籩)과 두(豆)를 거두시오." 하면 여러 대축이 들어가 변과 두를 거둔다. −거둔다는 것은 변과 두를 각각 하나씩 원래 있던 자리에서 조금 옮겨 놓는 것이다.− 등가가 〈옹안(雍安)〉 악장을 연주한다. 칠사당의 축사와 재랑이 각각 변과 두를 거둔다. −동향대제일 때에는 공신당의 축사와 재랑도 변과 두를 거둔다.− 거두기를 마치면 음악을 그친다. 헌가가 〈흥안(興安)〉 악장을 연주한다. 집례가 "사배하시오." 하면 자리에 있는 사람들이 모두 사배한다. 음악이 1곡의 연주를 마치고 그친다.

집례가 "망예(望瘞)하시오." 하면 알자의 인도를 받아 초헌관이 망예위로 나아가 북향하여 선다. 집례가 찬자를 거느리고 망예위로 나아가 서향하여 선다. 여러 대축이 서직반(黍稷飯)을 취하여 백모(白茅)를 깔고 묶은 다음 광주리로 축판과 폐백을 취하여 서계(西階)로 내려가 구덩이[坎]에 놓아둔다. 집례가 "묻으시오." 하면 흙을 구덩이에 반 정도 채운다. 묘사가 감독하여 살펴본다.

알자가 초헌관의 왼쪽으로 나아가 '예가 끝났음'을 아뢴다. 알자와 찬인이 각각 초헌관 이하를 인도하여 차례로 나간다. 집례가 찬자를 거느리고 본래의 위치로 돌아간다. 찬인의 인도를 받아 감찰 및 여러 집사들이 모두 악현(樂懸)의 북쪽 배위로 돌아간다. 자리를 잡고 서면 집례가 "사배하시오." 하고, 감찰과 여러 집사들이 모두 사배한다. 이를 마치면 찬인이 차례로 인도하여 나간다. 전악이 공인(工人)과 문무·무무를 거느리고 나간다. 묘사, 대축, 궁위령이 신주를 들이기를 보통 의식과 같게 한다. 집례가 찬자, 알자, 찬인을 거느리고 악현의 북쪽 배위로 나아가 사배하고 나간다.

칠사 헌관이 서문 밖 칠사당의 예감 남쪽으로 나아가 북향하여 선다. 집사자가 축판을 예감에 놓아둔다. 묻기를 마치고 물러간다. 전사관과 묘사가 각각 자기 소속을 거느리고 예찬(禮饌)을 거둔다. 궁위령이 지게문을 닫고 내려가서 바로 물러간다.

종묘에 기고祈告하는 의식

보사(報祀) 및 선고사유(先告事由), 이안(移安), 환안(還安), 영녕전의 선고사유·이안·환안도 같다. 다만 보사에서는 음복하고 조육(胙肉)을 받는다. 《오례의》에 나온다.

○ 재계(齋戒)하는 의절 −《오례의》〈서례〉에 보인다.

○ 진설하는 의절

1일 전에 묘사가 자기 소속을 거느리고 종묘 안팎을 소제한다. 찬자가 헌관의 자리를 조계 동남쪽에 서향으로 설치하고, 집사자의 자리를 헌관의 뒤 조금 남쪽에 모두 서향하여 북쪽을 상위로 설치한다. 감찰의 자리를 집사의 남쪽에 서향으로 설치하고 서리(書吏)는 그 뒤에 배립(陪立)한다. 찬자와 알자의 자리를 당 아래 동쪽 가까이에 서향하여 북쪽을 상위로 설치한다. 여러 기관(祈官)의 문외위(門外位)를 동문 밖 도로 남쪽에 등급마다 자리를 달리하여 모두 두 줄로 북향하여 서쪽을 상위로 설치한다. 망예위를 예감의 남쪽에 설치하는데, 헌관은 남쪽에서 북향하고, 대축과 찬자는 동쪽에서 서향하여 북쪽을 상위로 한다.

기고하는 날 제사를 거행하기 전에 궁위령이 자기 소속을 거느리고 신실(神室)을 열어 신악(神幄)을 정돈한 다음 대자리를 깔고 안석을 설치하기를 보통 의식과 같게 한다. 전사관과 묘사가 각각 자기 소속을 거느리고 들어가 축판을 각각 하나씩 각 신실의 신위 오른쪽에 올려놓고, −각각 받침이 있다.− 폐백을 담을 광주리를 각각 하나씩 각 신실의 준소에 진설하고, 향로, 향합, 병촉을 신위 앞에 설치한 다음 제기를 예식대로 진설한다. −예식은 《오례의》〈서례〉에 보인다.− 세(洗)를 조계 동남쪽에 북향으로 설치한다. −관세는 동쪽에 두고, 작세는 서쪽에 둔다.− 뇌(罍)는 세의 동쪽에 두어 구기를 얹어 놓고, 광주리는 세의 서남쪽에 두어 수건을 펼쳐 담아 놓는다. −만약 작세에 쓰는 광주리라면 또한 작을 담아 놓는데 받침이 있다.− 여러 집사의 관세를 헌관의 세 동남쪽에 북향으로 설치한다. 집준자(執尊者), 집뢰자(執罍者), 집비자(執篚者), 집멱자(執冪者)의 자리를 준(尊), 뇌(罍), 광주리[篚], 덮개[冪] 뒤에 설치한다.

○ 예를 거행하는 의절

　기고하는 날 축시 5각 전에 −축시 5각 전은 3경 3점이다. 제사는 축시 1각에 지낸다.− 궁위령이 자기 소속을 거느리고 신실을 열어 신악을 정돈한 다음 대자리를 깔고 안석을 설치하기를 보통 의식과 같게 한다. 전사관과 묘사가 들어가 찬구(饌具)에 제수를 다 담는다.

　3각 전에 여러 기관(祈官)이 각각 해당하는 의복을 입는다. 찬자와 알자가 동문으로 들어가 먼저 계단 사이의 배위로 나아가 북향하여 서쪽을 상위로 하여 사배한 다음 자리로 나아간다. 알자의 인도를 받아 여러 기관이 모두 문외위로 나아간다.

　1각 전에 알자의 인도를 받아 감찰, 전사관, 대축, 축사, 재랑, 묘사, 궁위령이 들어가 계단 사이의 배위로 나아가 두 줄로 북향하여 서쪽을 상위로 한다. 자리를 잡아 서면 찬자가 "사배하시오." 하고, 감찰 이하가 모두 사배한다. 이를 마치면 알자의 인도를 받아 감찰이 자리로 나아가고, 인도를 받아 여러 집사가 관세위로 나아가 관세한 다음 각자 자리로 나아간다. 묘사, 대축, 궁위령이 조계(阼階)로 올라가 −보통 여러 기관이 오르내릴 때에는 모두 조계로 한다.− 제1실에 나아가서 들어가 감실을 열고 신주를 받들어 내와 신좌에 설치한다. −신악 안으로 나아가 안석 뒤에서 함을 열어 신좌에 설치한다. 선왕의 신주는 대축이 받들어 내와 백저건으로 덮고, 선후의 신주는 궁위령이 받들어 내와 청저건으로 덮는다. 서쪽을 상위로 삼는다.− 차례로 각 신실에 나아가 받들어 내오기를 모두 위의 의식과 같게 한다. 이를 마치면 내려와 자리로 돌아간다.

　재랑이 작세위(爵洗位)로 나아가 작을 씻어 작을 닦은 다음 광주리에 담아 받들고 태계로 나아간다. 축사가 계단 위에서 맞이하여 받아 준소의 받침 위에 올려놓는다. 알자의 인도를 받아 헌관이 들어가 자리로 나아가서 서향하여 선다. 알자가 헌관의 왼쪽으로 나아가 '유사가 삼가 갖추었음'을 아뢰고 제사를 거행할 것을 청한 다음 물러나 자리로 돌아간다. 찬자가 "사배하시오." 하면 헌관이 사배한다. 찬자가 "전폐례(奠幣禮)를 거행하시오." 하면 알자의 인도를 받아 헌관이 관세위로 나아가 북향하여 선다. '홀을 꽂을 것'을 찬한다. 헌관이 손을 씻고 손을 닦는다. 이를 마치면 '홀을 잡을 것'을 찬한다. 인도를 받아 제1실의 신위 앞에 나아가 북향하여 선다. '꿇어앉아 홀을 꽂을 것'을 찬한다. 집사자 1인이 향합을 받들고 1인이 향로를 받들어 꿇어앉아 올린다. 알자가 '세 번 분향할 것'을 찬한다. 집사자가 향로를 상에 올려놓는다. 대축이 폐백 광주리를 헌관에게 준다. 헌관이 폐백을 잡아 폐백을 바친 다음 폐백을 대축에게 주어 신위 앞에 올려놓는다. −보통 향을 받들고 폐백을 주는 것은 모두 헌관의 오른쪽에서 하고, 향로를 올려놓고 폐백을 올려놓는 것은 모두 헌관의 왼쪽에서 한다. 작을 주고 작을 올려놓는 것도 이에 준한다.− 알자가 '홀을 잡고 부복하였다가 일어나 몸을 펼 것'을 찬한다. 인도를 받아 나간다. 차례로 각 신실에 나아가 향을 피우고 폐백을 올리기를 모두 위의 의식과 같게 한다. 이를 마치면 인도를 받아 내려가 자리로 돌아간다.

찬자가 "작헌례를 거행하시오." 하면 알자의 인도를 받아 헌관이 올라가서 제1실의 준소에 나아가 서향하여 선다. 집준자가 덮개를 열고 술을 따른다. 집사자 2인이 작으로 술을 받는다. 알자의 인도를 받아 헌관이 신위 앞에 나아가 북향하여 선다. '꿇어앉아 홀을 꽂을 것'을 찬한다. 집사자가 작을 헌관에게 준다. 헌관이 작을 잡아 작을 바친 다음 작을 집사자에게 주어 신위 앞에 올려놓는다. 집사자가 부작을 헌관에게 준다. 헌관이 작을 잡아 작을 바친 다음 작을 집사자에게 주어 왕후의 신위 앞에 올려놓는다. 알자가 '홀을 잡고 부복하였다가 일어나 조금 물러나서 북향하여 꿇어앉을 것'을 찬한다. 대축이 신위의 오른쪽에 나아가 동향하여 꿇어앉아 축문을 읽는다. 이를 마치면 알자가 '부복하였다가 일어나 몸을 펼 것'을 찬한다. 인도를 받아 나간다. 차례로 각 신실에 나아가 작헌하기를 모두 위의 의식과 같게 한다. 이를 마치면 인도를 받아 내려가서 자리로 돌아간다.

대축이 들어가 변과 두를 거둔다. −거둔다는 것은 변과 두를 각각 하나씩 원래 있던 자리에서 조금 옮겨 놓는 것이다.− 찬자가 "사배하시오." 하면 헌관이 사배한다. 알자의 인도를 받아 헌관이 망예위(望瘞位)로 나아가 북향하여 서고, 찬자가 망예위로 나아가 서향하여 선다. 대축이 광주리에 축판과 폐백을 담아 서쪽 계단으로 내려가서 예감에 놓아둔다. 찬자가 "묻으시오." 하면 흙을 구덩이에 반 정도 채운다.

알자가 헌관의 왼쪽으로 나아가 '예가 끝났음'을 아뢴다. 마침내 인도하여 선다. '꿇어앉아 홀을 꽂을 것'을 찬한다. 집사자 1인이 향합을 받들고 1인이 향로를 받들어 꿇어앉아 올린다. 알자가 '세 번 분향할 것'을 찬한다. 집사자가 향로를 상에 올려놓는다. 대축이 폐백 광주리를 헌관에게 준다. 헌관이 폐백을 잡아 폐백을 바친 다음 폐백을 대축에게 주어 신위 앞에 올려놓는다. ─보통 향을 받들고 폐백을 주는 것은 모두 헌관의 오른쪽에서 하고, 향로를 올려놓고 폐백을 올려놓는 것은 모두 헌관의 왼쪽에서 한다. 작을 주고 작을 올려놓는 것도 이에 준한다.─ 알자가 '홀을 잡고 부복하였다가 일어나 몸을 펼 것'을 찬한다. 인도를 받아 나간다. 차례로 각 신실에 나아가 향을 피우고 폐백을 올리기를 모두 위의 의식과 같게 한다. 이를 마치면 인도를 받아 내려가 자리로 돌아간다.

찬자가 "작헌례를 거행하시오." 하면 알자의 인도를 받아 헌관이 올라가서 제1실의 준소에 나아가 서향하여 선다. 집준자가 덮개를 열고 술을 따른다. 집사자 2인이 작으로 술을 받는다. 알자의 인도를 받아 헌관이 신위 앞에 나아가 북향하여 선다. '꿇어앉아 홀을 꽂을 것'을 찬한다. 집사자가 작을 헌관에게 준다. 헌관이 작을 잡아 작을 바친 다음 작을 집사자에게 주어 신위 앞에 올려놓는다. 집사자가 부작을 헌관에게 준다. 헌관이 작을 잡아 작을 바친 다음 작을 집사자에게 주어 왕후의 신위 앞에 올려놓는다. 알자가 '홀을 잡고 부복하였다가 일어나 조금 물러나서 북향하여 꿇어앉을 것'을 찬한다. 대축이 신위의 오른쪽에 나아가 동향하여 꿇어앉아 축문을 읽는다. 이를 마치면 알자가 '부복하였다가 일어나 몸을 펼 것'을 찬한다. 인도를 받아 나간다. 차례로 각 신실에 나아가 작헌하기를 모두 위의 의식과 같게 한다. 이를 마치면 인도를 받아 내려가서 자리로 돌아간다.

대축이 들어가 변과 두를 거둔다. ─거둔다는 것은 변과 두를 각각 하나씩 원래 있던 자리에서 조금 옮겨 놓는 것이다.─ 찬자가 "사배하시오." 하면 헌관이 사배한다. 알자의 인도를 받아 헌관이 망예위(望瘞位)로 나아가 북향하여 서고, 찬자가 망예위로 나아가 서향하여 선다. 대축이 광주리에 축판과 폐백을 담아 서쪽 계단으로 내려가서 예감에 놓아둔다. 찬자가 "묻으시오." 하면 흙을 구덩이에 반 정도 채운다.

알자가 헌관의 왼쪽으로 나아가 '예가 끝났음'을 아뢴다. 마침내 인도를 받아 헌관이 나간다. 찬자가 본래의 위치로 돌아간다. 알자의 인도를 받아 감찰 및 여러 집사들이 모두 계단 사이의 배위로 돌아간다. 자리 잡고 서면 찬자가 "사배하시오." 하고, 감찰 이하가 모두 사배한다. 이를 마치면 알자가 차례로 인도하여 나간다. 묘사, 대축, 궁위령이 신주를 들이기를 보통 의식과 같게 한다. 찬자와 알자가 계단 사이의 배위로 나아가 사배한 다음 나간다. 전사관과 묘사가 각각 자기 소속을 거느리고 예찬을 거둔 다음 지게문을 닫고 내려가 바로 물러간다.

축문祝文과 폐백幣帛

축판(祝版)은 나무를 쓰고 ㅡ《오례의》에는 소나무〔松木〕를 쓴다고 되어 있는데, 지금은 개오동나무〔楸木〕를 쓴다.ㅡ 옻칠을 한다. ㅡ《오례의》에는 칠을 하지 않는다고 되어 있는데, 지금은 전칠(全漆)을 한다.ㅡ 길이는 1자〔尺〕 2치〔寸〕이고, 너비는 8치이고, 두께는 6푼〔分〕이다. 신실마다 각각 판 하나를 쓴다. ㅡ영녕전도 같다.ㅡ 폐백은 백저포(白苧布) 1단(端)을 쓴다.ㅡ11자 5치이다.ㅡ 대제(大祭) 및 별제(別祭)는 신실마다 각각 폐백 하나를 쓴다. ㅡ영녕전도 같다.

종묘 각 신실의 축문식

섭행으로 행할 때에는 "삼가 신 모관(某官) 모(某)를 보냅니다."라고 한다. 영녕전도 같다.

○ 제1실

유(維) 연호 몇 년 세차(歲次) 모갑(某甲) 모월 모삭(某月某朔) 모일 모갑(某日某甲)에 효증손(孝曾孫)인 사왕(嗣王) 신 휘(諱)[4]는 감히 태조(太祖) 강헌(康獻) 지인계운성문신무정의광덕 대왕(至仁啓運聖文神武正義光德大王)과 조비(祖妣)이신 승인순성 신의왕후(承仁順聖神懿王后) 한씨(韓氏)와 조비이신 순원현경 신덕왕후(順元顯敬神德王后) 강씨(康氏)께 밝게 고합니다.

삼가 세월은 쉬 흘러 이렇게 좋은 때를 만나니 더욱 그리움이 사무칩니다. 깨끗하고 공경스런 제사를 올려 삼가 희생과 폐백과 향기로운 술, 자성(粢盛)과 여러 가지 제물로 경건히 밝은 제사를 드립니다. 흠향하소서. ㅡ오향대제(五享大祭)[5]는 같다. 선고사유, 이안, 환안, 기고, 별제는 제사 종류에 따라 운운하고, '삼가' 이하는 같다. 속절(俗節)과 삭망(朔望)은 "삼가……삼가 희생과 향기로운 술과 여러 가지 제물로 경건히 밝은 제사를 드립니다. 흠향하소서.〔伏以云云謹以牲醴庶品 式陳明薦 尚饗〕"라고 쓴다.

○ 제2실

유 연호 몇 년……효증손인 사왕 신 휘는 감히 태종(太宗) 공정(恭定) 성덕신공문무예철성렬광효 대왕(聖德神功文武睿哲成烈光孝大王)과 조비이신 창덕소열 원경왕후(彰德昭烈元敬王后) 민씨(閔氏)께 밝게 고합니다.

'삼가' 이하는 위와 같다.

○ 제3실

유 연호 몇 년……효증손인 사왕 신 휘는 감히 세종(世宗) 장헌(莊憲) 영문예무인성명효 대왕(英文睿武仁聖明孝大王)과 조비이신 선인제성 소헌왕후(宣仁齊聖昭憲王后) 심씨(沈氏)께 밝게 고합니다.

'삼가' 이하는 위와 같다.

○ 제4실

유 연호 몇 년……효증손인 사왕 신 휘는 감히 세조(世祖) 혜장(惠莊) 승천체도열문영무지덕융공성신명예흠숙인효 대왕(承天體道烈文英武至德隆功聖神明睿欽肅仁孝大王)과 조비이신 자성흠인경덕선열명순원숙휘신혜의신헌 정희왕후(慈聖欽仁景德宣烈明順元淑徽愼惠懿神憲貞熹王后) 윤씨(尹氏)께 밝게 고합니다.

'삼가' 이하는 위와 같다.

○ 제5실

유 연호 몇 년……효증손인 사왕 신 휘는 감히 성종(成宗) 강정(康靖) 인문헌무흠성공효 대왕(仁文獻武欽聖恭孝大王)과 조비이신 휘의신숙 공혜왕후(徽懿愼肅恭惠王后) 한씨(韓氏)와 조비이신 소의흠숙 정현왕후(昭懿欽淑貞顯王后) 윤씨(尹氏)께 밝게 고합니다.

'삼가' 이하는 위와 같다.

씨(趙氏)께 밝게 고합니다.

　'삼가' 이하는 위와 같다.

O 제10실
　유 연호 몇 년……효손(孝孫)인 사왕 신 휘는 감히 황조고(皇祖考)이신 효종(孝宗) 선문장무신성현인 대왕(宣文章武神聖顯仁大王)과 황조비(皇祖妣)이신 효숙경렬명헌 인선왕후(孝肅敬烈明獻仁宣王后) 장씨(張氏)께 밝게 고합니다.

　'삼가' 이하는 위와 같다.

O 제11실
　유 연호 몇 년……효자(孝子)인 사왕 신 휘는 감히 황고(皇考)이신 현종(顯宗) 순문숙무경인창효 대왕(純文肅武敬仁彰孝大王)과 황비(皇妣)이신 현열정헌문덕 명성왕후(顯烈貞獻文德明聖王后) 김씨(金氏)께 밝게 고합니다.

　'삼가' 이하는 위와 같다.

영녕전 각 신실의 축문식

O 제1실
　유 연호 몇 년……효증손인 사왕 신 휘는 감히 목조(穆祖) 인문성목 대왕(仁文聖穆大王)과 조비이신 효공왕후(孝恭王后) 이씨(李氏)께 밝게 고합니다.

　삼가 세월은 쉬 흘러 이렇게 좋은 때를 만나니 더욱 그리움이 사무칩니다. 우선 깨끗하고 공경스런 제사를 올려 삼가 희생과 폐백과 향기로운 술, 자성(粢盛)과 여러 가지 제물로 경건히 밝은 제사를 드립니다. 흠향하소서. ─춘향대제와 추향대제는 같다. 선고사유, 이안, 환안, 기고, 별제는 제사 종류에 따라 운운하고, '삼가' 이하는 같다.

○ 제2실

유 연호 몇 년……효증손인 사왕 신 휘는 감히 익조(翼祖) 강혜성익 대왕 (康惠聖翼大王)과 조비이신 정숙왕후(貞淑王后) 최씨(崔氏)께 밝게 고합니다.

'삼가' 이하는 위와 같다.

○ 제3실

유 연호 몇 년……효증손인 사왕 신 휘는 감히 도조(度祖) 공의성도 대왕 (恭毅聖度大王)과 조비이신 경순왕후(敬順王后) 박씨(朴氏)께 밝게 고합니다.

'삼가' 이하는 위와 같다.

○ 제4실

유 연호 몇 년……효증손인 사왕 신 휘는 감히 환조(桓祖) 연무성환 대왕 (淵武聖桓大王)과 조비이신 의혜왕후(懿惠王后) 최씨(崔氏)께 밝게 고합니다.

'삼가' 이하는 위와 같다.

○ 제5실

유 연호 몇 년……사왕 신 휘는 감히 정종(定宗) 공정(恭靖) 의문장무온 인순효 대왕(懿文莊武溫仁順孝大王)과 순덕온명장의 정안왕후(順德溫明莊懿 定安王后) 김씨(金氏)께 밝게 고합니다.

'삼가' 이하는 위와 같다.

○ 제6실

유 연호 몇 년……사왕 신 휘는 감히 문종(文宗) 공순(恭順) 흠명인숙광 문성효 대왕(欽明仁肅光文聖孝大王)과 인효순혜 현덕왕후(仁孝順惠顯德王后) 권씨(權氏)께 밝게 고합니다.

'삼가' 이하는 위와 같다.

○ 제7실

유 연호 몇 년……사왕 신 휘는 감히 단종(端宗) 공의온문순정안장경순 돈효 대왕(恭懿溫文純定安莊景順敦孝大王)과 의덕단량제경 정순왕후(懿德端良齊敬定順王后) 송씨(宋氏)께 밝게 고합니다.

'삼가' 이하는 위와 같다.

○ 제8실

유 연호 몇 년……국왕(國王) 신 휘는 감히 덕종(德宗) 회간(懷簡) 선숙 공현온문의경 대왕(宣肅恭顯溫文懿敬大王)과 휘숙명의 소혜왕후(徽淑明懿昭惠王后) 한씨(韓氏)께 밝게 고합니다.

'삼가' 이하는 위와 같다.

○ 제9실

유 연호 몇 년……사왕 신 휘는 감히 예종(睿宗) 양도(襄悼) 흠문성무의 인소효 대왕(欽文聖武懿仁昭孝大王)과 휘인소덕 장순왕후(徽仁昭德章順王后) 한씨(韓氏)와 소휘제숙 안순왕후(昭徽齊淑安順王后) 한씨(韓氏)께 밝게 고합니다.

'삼가' 이하는 위와 같다.

○ 제10실

유 연호 몇 년……효증질손(孝曾姪孫)인 사왕 신 휘는 감히 인종(仁宗) 영정(榮靖) 헌문의무장숙흠효 대왕(獻文懿武章肅欽孝大王)과 조비이신 효순 공의 인성왕후(孝順恭懿仁聖王后) 박씨(朴氏)께 밝게 고합니다.

'삼가' 이하는 위와 같다.

○ 제11실

 유 연호 몇 년……효증손인 사왕 신 휘는 감히 명종(明宗) 공헌(恭憲) 헌의소문광숙경효 대왕(獻懿昭文光肅敬孝大王)과 조비이신 선열의성 인순왕후(宣烈懿聖仁順王后) 심씨(沈氏)께 밝게 고합니다.

 '삼가' 이하는 위와 같다.

○ **태종대왕 병신년**(1416, 태종16)[6] **7월 임진일**(3일)

예조에서 아뢰었다.

"종묘는 전조(前朝 고려)의 제도를 이어받아 '모시 대왕과 모시 왕후의 영령[某諡大王某諡王后之靈]'이라고 일컫고, 왕후에 대해 씨(氏)는 일컫지 않고 있습니다. 삼가 고전(古典)에 상고해 보니,《의례(儀禮)》〈소뢰궤식(小牢饋食)〉의 축문에 '제물을 올려 황조이신 백모(伯某)께 세시(歲時)의 제사를 거행하고 모비와 모씨를 배향합니다.[7][用薦歲事于皇祖伯某 以某妃某氏配]'라고 되어 있고,《개원례(開元禮)》의 〈태묘에 제향하는 축문〉에 '감히 황고이신 대성진황제와 황비이신 소성황후 두씨께 밝게 고합니다.[敢昭告于皇考大聖眞皇帝 皇妃昭成皇后竇氏]'라고 되어 있으며,《주문공가례(朱文公家禮)》의 축문에 '감히 황고조고이신 모관 부군과 황고조비이신 모봉 모씨께 밝게 고합니다.[敢昭告于皇高祖考某官府君 皇高祖妣某封某氏]'라고 되어 있습니다. 바라건대 옛 제도에 따라 선왕(先王)과 선후(先后)에게 '의 영령[之靈]' 두 글자는 쓰지 말고, 선후에 대해서는 씨를 일컬으소서.

 또 살펴보건대, 〈소뢰궤식〉의 축문에 '감히 유모(柔毛),[8] 강렵(剛鬣),[9] 가천(嘉薦),[10] 보뇨(普淖)[11]로써'라고 되어 있고,《개원례》의 〈태묘에 제향하는 축문〉에 '일원대무(一元大武),[12] 유모, 강렵, 명자(明粢),[13] 향합(薌合),[14] 향기(薌萁),[15] 가소(嘉蔬),[16] 가천, 예제(醴齊)로써'라고 되어 있으며,《주문공가례》의 축문에 '감히 혈생(潔牲), 유모, 자성(粢盛), 예제로써'라고 되어 있는데, 주(註)에 '청작(淸酌)과 서수(庶羞)이다.' 하였고,《홍무예제(洪武禮制)》의 사직제(社稷祭) 축문에 '삼가 생백(牲帛), 예제, 자성, 서품(庶品)으로써'라고 되어 있습니다. 지금 희생과 폐백을 쓰는 제사에 두루 '청작, 서수'라고 일컫는 것은 실상에 어긋나는 듯합

---

6 병신년 대본은 '丙戌'인데,《태종실록》에 의거하여 '丙申'으로 바로잡아 번역하였다.

7 모비와 모씨를 배향합니다《의례주소(儀禮注疏)》권16 〈소뢰궤식(小牢饋食)〉에는 '모비를 모씨에 배향합니다.[以某妃配某氏]'로 되어 있는데, 주에 '모비를 모씨 위에 배향하여 원비(元妃)와 계비(繼妃)를 구별한 것'이라고 하여 모비는 원비로 모씨는 계비로 보기도 하고, '모씨는 황조(皇祖)의 성씨를 말하는 것'이라고 하여 '모비를 황조 모씨에게 배향한다.'는 뜻으로 보기도 하였다. 여기에서는 앞의 주를 따라 '모씨'를 황조의 성씨가 아닌 계비로 보았기 때문에 '配'자를 뒤에 놓아 '以某妃某氏配'로 바꿔 표기한 듯하다.

8 유모 제사에 쓰는 양(羊)의 별칭이다.《예기(禮記)》〈곡례 하(曲禮下)〉에 "소(牛)를 일원대무(一元大武)라고 하고, 돼지(豕)를 강렵(剛鬣)이라고 하고, 돼지(豚)를 돌비(腯肥)라고 하고, 양을 유모라고 한다." 하였다.

9 강렵 제사에 쓰는 돼지(豕)의 별칭이다. 위의 주8 참조.

10 가천 제사에 올리는 좋은 제물(祭物)이라는 뜻인데,《의례(儀禮)》〈사관례(士冠禮)〉의 정현(鄭玄) 주에 포해(脯醢)라고 하였다.

11 보뇨 서직(黍稷)의 별칭이다.《의례》〈사우례(士虞禮)〉의 정현 주에 "보(普)는 크다(大)는 뜻이고, 뇨(淖)는 조화(和)의 뜻이다. 덕이 능히 크게 조화로워야 서직이 있게 되므로 호로 삼았다." 하였다.

12 일원대무 제사에 쓰는 소(牛)의 별칭이다. 위의 주8 참조.

13 **명자** 제사에 올리는 곡물로 기장의 일종인 메기장[稷]의 별칭이다. 《예기》〈곡례 하〉에 "직을 명자라고 한다." 하였다.

14 **향합** 제사에 올리는 곡물로 기장의 일종인 서(黍)의 별칭이다. 《예기》〈곡례 하〉에 "서를 향합이라고 한다." 하였다.

15 **향기** 제사에 올리는 곡물로 기장의 일종인 양(粱)의 별칭이다. 《예기》〈곡례 하〉에 "양을 향기라고 한다." 하였다. 대본은 '薌萁'인데, 위 자료에 의거하여 '萁'를 '萁'로 바로잡아 번역하였다.

16 **가소** 제사에 올리는 곡물로 도(稻)의 별칭이다. 《예기》〈곡례 하〉에 "도를 가소라고 한다." 하였다.

니다. 바라건대, 옛 예법과 시왕(時王)의 제도에 따라 희생과 폐백을 쓰는 모든 제사에는 '생폐(牲幣), 예제, 자성, 서품'이라고 하고, 폐백을 쓰지 않는 제사에는 '생, 예(醴), 서품'이라고 하고, 희생과 폐백을 쓰지 않는 제사에는 '청작, 서수'라고 하며, 축문 안에 말뜻이 중첩되거나 미비한 것도 다시 고쳐 찬술하도록 허락하소서." -실록에 나온다.

○ **예종 무자년**(1468, 예종 즉위) **9월 갑술일**(18일)

예조에서 아뢰기를,

"종묘 제례에 쓰는 각 신실의 선왕과 선후에 대한 축문은, 제1실(室)은 '효증손인 사왕 신 휘는 환조(桓祖) 연무성환 대왕(淵武聖桓大王)과 조비(祖妣)이신 의혜왕후(懿惠王后) 최씨(崔氏)께'로 일컫고, 제2실은 '효증손인 사왕 신 휘는 황고조고이신 태조(太祖) 강헌(康獻) 지인계운성문신무 대왕(至仁啓運聖文神武大王)과 황고조비이신 승인순성 신의왕후(承仁順聖神懿王后) 한씨(韓氏)께'로 일컫고, 제3실은 '사왕 신 휘는 공정(恭靖) 온인순효 대왕(溫仁順孝大王)과 정안왕후(定安王后) 김씨(金氏)께'로 일컫고, 제4실은 '효증손인 사왕 신 휘는 황증조고이신 태종(太宗) 공정(恭定) 성덕신공문무광효 대왕(聖德神功文武光孝大王)과 황증조비이신 창덕소열 원경왕후(彰德昭烈元敬王后) 민씨(閔氏)께'로 일컫고, 제5실은 '효손인 사왕 신 휘는 황조고이신 세종(世宗) 장헌(莊憲) 영문예무인성명효 대왕(英文睿武仁聖明孝大王)과 황조비이신 선인제성 소헌왕후(宣仁齊聖昭憲王后) 심씨(沈氏)께'로 일컫고, 제6실은 '사왕 신 휘는 문종(文宗) 공순(恭順) 흠명인숙광문성효 대왕(欽明仁肅光文聖孝大王)께'로 일컬으며, 또한 문소전(文昭殿) 및 각 능의 축문도 모두 이에 의거하여 따르소서."

하니, 그대로 따랐다. -이때 세조대왕은 아직 시호를 올리지 않았다. 실록에 나온다.

○ **명종대왕 병오년**(1546, 명종1) **9월 신미일**(17일)

예조에서 아뢰기를,

"문종대왕의 신위를 지금 종묘의 새로 조성한 제4실로 들였으니, 축문은 마땅히 다른 신위와 같아야 합니다. 그런데 다른 신위는 시호 위에 '모 조고(某祖考)'로 일컫고 사왕(嗣王) 위에 '모 손(某孫)'[17]으로 일컫는 것이 통례인데, 유독 문종대왕의 축문은 시호만 일컫고 '모 조고'를 일 컫지 않았으며 '사왕 신'이라고만 하고 '모 손'을 일컫지 않았으니, 미 안한 듯합니다. 그러나 예조에서 마음대로 고치기 어려운 문제이니, 대 신에게 명하여 논의해서 다음 달 삭제(朔祭) 및 3일의 대제(大祭) 이전에 개정하도록 하소서."

하니, 전교하였다.

"세조대왕이 문종대왕에게 별도로 전수받은 일이 없어서 세계(世系)가 서로 승습(承襲)되지 않은 듯하다. 그러므로 격례가 아마도 이와 같이 된 듯하니, 이번에도 예전 그대로 하는 것이 옳을 듯하다. 그러나 해조 에서 이미 취품(取稟)하였으니, 대신에게 논의하라." —대신이 동벽(東壁)과 서벽(西壁), 육조(六曹)의 판서와 함께 논의할 것을 청하였다. 실록에 나온다.

○ **같은 달 계유일**(19일)

의정부 및 육조의 당상이 빈청에 모여 아뢰기를,

"예로 본다면 문종대왕은 현재 성상께 고조 항렬이 되시니, 비록 논의 할 만한 점이 있을 듯합니다만 문종과 세조는 형제로 1세(世)가 되고, 세조는 큰 공덕이 있어 이미 조(祖)로 일컬었고 보면 문종을 나란히 일 컬을 수는 없습니다. 그러므로 당시에 조로 일컫지 않은 듯합니다. 다 만 성종조와 중종조[18]에 제문과 축문을 시행해 온 세월이 이미 오래이 니, 예전 그대로 하는 것이 편합니다."

하니, "아뢴 대로 하라."고 전교하였다. —실록에 나온다.

○ 국상(國喪) 중일 때의 종묘 축문에 대해 예조 판서 황정욱(黃廷彧)이 논 의하기를,

"전하께서 태조에 대해 '고애증손(孤哀曾孫)'으로 일컫는 것은 초상의 예로 태조를 섬기는 것입니다. 열성에 이르러서도 모두 그렇지 않음이 없으니, 어찌 합당하다 하겠습니까? 하물며 길례(吉禮)와 흉례(凶禮)는 시행하는 예가 다른 데이겠습니까? 제사를 올릴 때에는 다만 악기를 조

화롭게 연주하여 조종의 영령이 그 위에 충만하게 계심을 알 뿐입니다. 어찌 슬프고 서러운 말을 붙여 정성스럽고 공경하는 마음을 어지럽힐 수 있겠습니까?"

하였는데, 이 소(疏)를 예관에게 내려 대신이 헌의하였다. 이로부터 '효(孝)' 자를 쓰기로 정하여 정식을 삼았다. ―실록에 나온다.

○ 숙종 정묘년(1687, 숙종13) 7월 경자일(24일)

겸 예조 판서 남용익(南龍翼)이 청대(請對)에 입시했을 때 아뢰기를,

"일찍이 승지 이언강(李彦綱)이 '영녕전 각 신실의 왕후위(王后位) 축문에는 모두 조비(祖妣)라고 썼는데, 유독 정종(定宗)·문종(文宗)[19]·덕종(德宗)·예종(睿宗)의 왕후위에만 조비라고 쓰지 않고 휘호(徽號)만 썼습니다. 마땅히 바로잡아야 할 듯합니다.' 라고 아룀으로 인하여 윤허를 내리셨고, 또 판부사 남구만(南九萬)의 말을 들으니, 이 외에도 축문 가운데 바로잡을 사안이 있다고 하였습니다. 그러므로 이 사안도 아울러 대신에게 논의하여 정탈해야 한다고 이미 탑전(榻前)에서 아뢴 바 있습니다.

이 두 가지 문제를 시임(時任)과 원임(原任) 여러 대신에게 두루 논의한 결과 '네 분 왕후위에 대해 조비를 쓰지 않은 일은 당시에 곡절이 있었을 듯하나 지금으로서는 다른 각 신실의 축문과 차이가 있어서는 안 되는 만큼 각 신실의 예에 따라 모두 조비라고 쓰는 것이 마땅하겠다.' 는 의견입니다.

남구만의 말에 이르러서는 '종묘와 영녕전의 각 신실 축문에는 모두 「효증손 사왕 신(孝曾孫嗣王臣)」으로 일컬었는데, 유독 정종, 문종, 예종 3실에만 단지 「사왕 신」으로 일컬었으며, 덕종위(德宗位)에는 「국왕 신(國王臣)」이라고 썼고 인종위에는 「효증질손 사왕 신(孝曾姪孫嗣王臣)」이라고 썼습니다. 이 역시 그 당시에 반드시 곡절이 있었겠으나 열성이 이미 계통을 이었고 또 이미 추숭(追崇)이 되어 종묘에 들어간 뒤라면 모두 「효증손 사왕 신」이라고 써넣어 다르지 않게 해야 합니다.' 라고 하였는데, 이 한 가지 문제에 대해서는 여러 대신들이 모두 '사안의 본질이 지극히 중대한 만큼 불가불 지방에 있는 대신 및 유현(儒賢)에게

19 **문종** 대본에는 없는데, 《숙종실록》 13년 7월 27일조 기록과 아래 계사 내용 중에 '네 분 왕후위' 라고 한 것에 의거하여 보충하여 번역하였다.

두루 의견을 물은 뒤에 정탈하는 것이 마땅하겠다.'라고 하였습니다. 그러므로 감히 이렇게 우러러 여쭙니다."

하니, 상이 이르기를,

"각 신실에는 모두 조비라고 썼는데 네 분 왕후위만 차이가 있다고 하니, 참으로 미안하다. 여러 대신들의 뜻이 모두 조비라고 쓰지 않는 것을 미안하게 여기니, 다른 각 신실의 예에 따라 조비라고 쓰는 것이 마땅하겠다. 그리고 다섯 분 대왕위에만 효증손이라고 쓰지 않은 한 가지 사안은 일찍이 친압(親押)할 때에 보았는데, 각 신실에는 모두 '효증손 사왕 신'으로 일컫고 유독 다섯 신실에만 차이가 있어 참으로 미안했다. 다른 각 신실의 예에 따라 일체 써넣는 것이 마땅할 듯하다. 그러나 사안의 본질이 중대한 만큼 이 한 가지 사안은 지방에 있는 대신 및 유신에게 물어서 품정(稟定)하는 것이 좋겠다."

하였다.

○ 예조에서 수의(收議)하여 회계(回啓)하기를, "……" 하니, 전교하였다. "이 외에 태묘 악장 같은 것도 미처 바로잡지 못한 것이 있으면 무리 없게 다시 논의하여 처리하라." −《예조등록》에 나온다.

○ **무인년**(1698, 숙종24) **12월 정미일**(7일)

예조에서 아뢰기를,

"'삼가 부묘도감(祔廟都監)의 계하(啓下)된 시책문(諡冊文)의 초본을 보니, 머리글 가운데 상에 대한 호칭을「효증손 사왕 신」이라고 써넣었는데, 앞으로 제향을 올릴 때의 축사(祝辭)는 마땅히 시책에 쓰인 대로 해야 합니다. 다만《향실의궤(香室儀軌)》를 살펴보니, 영녕전 10실 가운데 사조실(四祖室) 및 명종대왕실은「효증손 사왕 신」이라고 썼고, 정종대왕실, 문종대왕실, 예종대왕실은「사왕 신」이라고만 썼으며, 덕종대왕실은「국왕 신」이라고 써 모두「효증손」3자가 없습니다. 그리고 인종대왕실은「효증질손 사왕 신」이라고 썼습니다. 지금 단종대왕실에 만약 시책에 쓰인 대로「효증손」이라고 쓴다면 정종, 문종, 예종의 여러 신실과 다르게 되어 일이 미안한 데 관계되니, 미리 강구하여 정하지 않으면 안 될 것입니다. 그러나 사안이 중대하여 신의 조에서 감히 마음대로 논의할 수 없으니, 대신에게 논의하여 처리하는 것이 어떻겠습니까?' 라고 한 것에 대해 '윤허한다' 고 전교하셨습니다.

대신에게 논의한 결과 우의정 이세백(李世白)은 '영녕전 10실의 축사가 각각 다른 것은 그 사이에 은미한 뜻이 있는 듯합니다. 그러나 신은 본디 예문에 어두운 데다 고사(故事)도 잘 알지 못합니다. 어찌 감히 함부로 답을 하겠습니까? 문종과 예종을 조천(祧遷)할 때의 의주(儀註)가 혹 실록 안에 실려 있으면 자세히 살펴 근거로 삼아 행할 수 있을 것이고, 여기에 만약 살펴볼 만한 내용이 없다면 마땅히 문종실의 축사를 준거로 삼아야 할 듯합니다. 그러나 이 사안은 매우 중요한 의절(儀節)인 만큼 오직 해조에서 자세히 살펴 품처한 다음 거행하기에 달려 있습니다. 삼가 상께서 재결하소서.' 하였습니다.

행 판중추부사 최석정(崔錫鼎)은 《향실의궤》에 조묘(祧廟)의 삼종실(三宗室)[20]을 「사왕 신」으로만 써 사왕실(四王室)이나 명종실과 다르게 일컬은 데에는 사실 의미가 있습니다. 인종실을 「효증질손」으로 일컬은 것은 인조조 때 일컬은 것을 인하여 그대로 이어받아 고치지 않은 것인 듯한데, 대수가 다한 뒤에는 마땅히 친속의 호칭을 삭제하고 삼종실의 축사처럼 「사왕 신」으로만 일컬어야 합니다. 따라서 이것은 아마도 원용하여 규례로 삼아서는 안 될 것 같습니다. 지금 시책의 머리글에 일컬은 「효증손」은 이미 깊이 고찰하여 강정한 것이 아니니, 조묘의 삼종실의 규례를 따라 「사왕 신」으로만 일컫는 것이 마땅할 듯합니다. 삼가 상께서 재결하소서.' 하였습니다.

영의정 유상운(柳尙運)과 좌의정 윤지선(尹趾善)은 병으로 수의하지 못하였습니다. 영중추부사 남구만과 영돈녕부사 윤지완(尹趾完)은 지방에 있고, 행 판돈녕부사 서문중(徐文重)은 사신으로 경사(京師)에 갔으므로 수의하지 못하였습니다. 대신의 뜻이 이와 같으니, 상께서 재결하시는 것이 어떻겠습니까?"

하니, "최 판부사의 의견대로 시행하라."고 전교하였다. —《예조등록》에 나온다.

20 **삼종실** 영녕전으로 조천된 신위 가운데 정종, 문종, 예종의 신실을 말한다. 정종은 태종과 형제이고, 문종은 세조와 형제이며, 예종은 추존된 덕종과 형제이다. 따라서 후사왕(後嗣王)이 파를 달리하기 때문에 축문에 쓰는 호칭도 달리한 것으로 보인다.

희생과 찬품饌品

자성(粢盛), 변과 두에 담는 제수, 주제(酒齊), 등촉(燈燭)과 정료(庭燎)를 첨부하였다.

○ 대제(大祭)에는 소, −흑우(黑牛)이다.− 양(羊), 돼지[豕]를 쓰고, 삭제(朔祭), 망제(望祭), 기고제(祈告祭), 별제(別祭)에는 돼지를 쓴다. −영녕전도 같다.

○ 종묘 대제에는 소 2두(頭)에 1각(脚)을 더 쓰고, 양 3구(口), −친제(親祭) 때에는 11구를 쓴다.− 돼지 11구를 쓴다. −영녕전도 같다.

○ 삭제, 망제, 기고제, 별제, 오명일(五名日)에는 돼지 5구를 쓴다. −매 구마다 분리하여 10체(體)를 만든다. 제6실 이상은 각각 5체를 쓰고, 이하는 각각 4체를 쓴다.

○ 칠사당의 제사에는 돼지 1구를 쓴다. −나누어 7체를 만든다. 매 신위마다 각각 1체를 쓴다.

○ 배향공신당의 제사에는 돼지 4구를 쓴다. −매 구마다 나누어 10체를 만든다. 매 신위마다 각각 1체를 쓴다.

대제의 절조折俎[21]

○ 제1실
  소의 머리[頭] 1개
  양의 머리 1개, 비(髀) −속칭 뒷다리[後脚]라고 한다.− 1개, 견(肩)−속칭 앞다리[前脚]라고 한다.− 1개
  돼지 1구(口) −각 신실이 같다. 모두 대갑(大匣)에 담는다.

○ 제2실
  소의 머리 1개
  양의 머리 1개, 비 1개, 정척(脡脊) −속칭 항정(項頂)이라고 한다.− 1개

[21] **절조** 희생을 부위별로 나누어 조(俎)에 담아 올리는 것을 말한다. 조는 희생을 담는 예기(禮器)이다. 참고로 희생을 통째로 올리는 것은 체천(體薦)이라고 한다.

○ 제3실

  소의 뒷다리 1개

  양의 머리 1개, 비 1개, 협(脅) —속칭 가리(加里)라고 한다.— 1개

○ 제4실

  소의 뒷다리 1개

  양의 비 1개, 정척(正脊) —속칭 사등(沙凳)이라고 한다.— 1개, 협 1개

○ 제5실

  소의 뒷다리 1개

  양의 비 1개, 정척(脡脊) 1개, 정척(正脊) 1개

○ 제6실

  소의 뒷다리 1개

  양의 비 1개, 정척(脡脊) 1개, 정척(正脊) 1개

○ 제7실

  소의 뒷다리 1개

  양의 견 1개, 횡척(橫脊) —속칭 북피(北皮)이다.— 1개, 전협(前脅) —속칭 흉아
(胸兒)라고 한다.— 1개

○ 제8실

  소의 앞다리 1개

  양의 견 1개, 협 1개, 횡척 1개

○ 제9실

  소의 앞다리 1개

  양의 견 1개, 협 1개, 전협 1개

○ 제10실

소의 앞다리 1개

양의 견 1개, 협 1개, 횡척 1개

○ 제11실

소의 앞다리 1개

양의 견 1개, 협 1개, 전협 1개

○ 칠사당 —매 신위

고기〔肉〕가 각각 1그릇씩이다. —조에 담는다.

○ 배향공신당 —매 신위

고기가 각각 1그릇씩이다. —조에 담는다.

삭제 · 망제 · 기고제 · 별제 · 오명일의 절조 영녕전의 기고제와 별제 도 같다.

○ 제1실

돼지의 머리 1개, 비 —속칭 뒷다리라고 한다.— 1개, 견 —속칭 앞다리라고 한 다.— 1개, 정척(正脊) —속칭 사등이라고 한다.— 1개, 협 —속칭 가리라고 한다.— 1개 —소갑(小匣)에 담는다.

○ 제2실

돼지의 머리 1개, 비 1개, 견 1개, 정척(正脊) 1개, 협 1개

○ 제3실

돼지의 머리 1개, 비 1개, 견 1개, 정척(脡脊) 1개, 협 1개

○ 제4실

돼지의 머리 1개, 비 1개, 견 1개, 협 1개, 정척(正脊) —속칭 항정이라고 한

다.- 1개

○ 제5실

돼지의 머리 1개, 비 1개, 정척(脡脊) 1개, 정척(正脊) 1개, 협 1개

○ 제6실

돼지의 비 1개, 견 1개, 협 1개, 정척(脡脊) 1개, 횡척 1개

○ 제7실

돼지의 비 1개, 견 1개, 정척(脡脊) 1개, 횡척 1개

○ 제8실

돼지의 비 1개, 견 1개, 협 1개, 횡척 1개

○ 제9실

돼지의 비 1개, 견 1개, 협 1개, 횡척 1개

○ 제10실

돼지의 비 1개, 견 1개, 협 1개, 정척(正脊) 1개

○ 제11실

돼지의 견 1개, 협 1개, 정척(脡脊) 1개, 횡척 1개

자성 粢盛

○ 대제 때의 각 신실 −영녕전도 같다.

밥[飯] 4그릇 −대왕과 왕후의 신위에 밥과 국[羹]을 각각 진설한다. 벼[稻]와 양(粱)은 보(簠)에 담고, 기장[黍]과 메기장[稷]은 궤(簋)에 담는다.

쌀[稻米] 4되[升] 5홉(合)

양미(粱米) 6되

기장쌀〔黍米〕 4되 5홉

메기장쌀〔稷米〕 4되 5홉

떡〔餠〕 5그릇

　분자(粉瓷) 1그릇 −찹쌀〔糯米〕 4되 5홉, 황두(黃豆) 1되이다. 변(籩)에 담는다.

　구이(糗餌) 1그릇 −쌀 4되, 상말(上末) 4냥(兩) 6전(錢)이다. 변에 담는다.

　흑병(黑餠) 1그릇 −당서미(唐黍米) 5되 5홉이다. 변에 담는다.

　백병(白餠) 1그릇 −쌀 4되이다. 변에 담는다.

　삼식(糝食) 1그릇 −쌀 3되, 찹쌀 5홉, 끓인 참기름〔煮眞油〕 3홉 2작(勺)이다. 두
(豆)에 담는다.

　이식(餌食) 1그릇 −쌀 5홉이다. 두에 담는다.

○ 삭제·망제·기고제·별제·오명일 때의 각 신실 −영녕전의 기고제와 별
제도 같다.

　밥 4그릇 −대왕과 왕후의 신위를 합하여 4그릇이다. 벼와 양은 보에 담고, 기장
과 메기장은 궤에 담는다.

　쌀 4되 5홉

　양미 6되

　기장쌀 4되 5홉

　메기장쌀 4되 5홉

○ 칠사당 매 신위

　밥 각각 2그릇 −사기주발〔磁椀〕에 담는다.

　쌀 4되 5홉

　기장쌀 4되 5홉

○ 배향공신당 매 신위

　밥 각각 2그릇 −사기주발에 담는다.

　쌀 4되 5홉

　기장쌀 4되 5홉

주제 酒齊

○ 대제 때의 각 신실 −영녕전도 같다.

울창주(鬱鬯酒) 1병(瓶) −청주(清酒)에 들어가는 울금(鬱金)은 3냥 3전이다. 데워서 쓴다. 춘향(春享)과 하향(夏享)에는 조이(鳥彝)를 쓰고, 추향(秋享)과 동향(冬享) 및 납향(臘享)에는 황이(黃彝)를 쓴다.

예제(醴齊) 1병 −춘향과 하향에는 희준(犧尊), 추향과 동향 및 납향에는 착준(著尊)이다.

앙제(盎齊) 1병 −춘향과 하향에는 상준(象尊), 추향과 동향 및 납향에는 호준(壺尊)이다.

청주 1병 −오향(五享) 모두 산뢰(山罍)이다.

현주(玄酒) 1병 −오향 모두 산뢰이다.

청주 반 병 −작(爵)을 씻고, 뇌(罍)를 씻는다.

○ 삭제·망제·기고제·별제·오명일 때의 각 신실 −영녕전의 기고제와 별제도 같다.

청주 1병 반 −춘향과 하향에는 희준과 산뢰, 추향과 동향에는 착준과 산뢰이다.

○ 칠사당 −매 신위

청주 1병 −사기로 된 준(尊)과 사기로 된 잔〔盃〕 및 받침〔臺具〕을 쓴다.

○ 배향공신당 −매 신위

청주 반 병 −사기로 된 준과 사기로 된 잔 및 받침을 쓴다.

○ 술 빚는 법 −중미(中米) 1말〔斗〕로 만든다. 본미(本米) 1되에 점미(粘米) 1되, 누룩 가루〔麴末〕 1되 7홉을 섞어 술 1병 반을 취한다.

변과 두에 담는 제수

○ 대제 때의 각 신실 −영녕전도 같다.

실과(實果) 5그릇 −매 그릇마다 2되이다. 모두 변에 담는다.

　능인(菱仁)

　개암〔榛子〕

　율황(栗黃)

　건조(乾棗)

　검인(芡仁) −모두 건포도(乾葡萄), 오미자(五味子), 해송자(海松子), 비자(榧子) 따위로 서로 번갈아 쓰는데, 능인과 검인은 지금 폐지하여 쓰지 않고 진자도 천신(薦新) 외에는 쓰지 않는다.

녹포(鹿脯) −지금은 우포(牛脯) 5조(條)를 쓴다. 변에 담는다.

어수(魚鱐) −지금은 대구어(大口魚) 3미(尾)를 쓴다. 변에 담는다.

해(醢) 4그릇 −모두 두에 담는다.

　토해(兎醢) −1근(斤) 14냥(兩)이다.

　녹해(鹿醢) −1근 14냥이다.

　담해(醓醢) −1근 14냥이다.

　어해(魚醢) −1근 14냥이다.

천조(薦俎) −모두 소갑(小匣)에 담는다.

　익힌 소고기〔牛熟〕 −장(腸), 위(胃), 폐(肺)이다.

　익힌 양고기〔羊熟〕 −장, 위, 폐이다.

　익힌 돼지고기〔豕熟〕 −부(膚)이다.

저(菹) 4그릇 −모두 두에 담는다.

　근저(芹菹) 2되

　청저(菁菹) 2되

　해저(薤菹) 2되

　순저(筍菹) 2되

비절(脾折) 1그릇 −간장(艮醬) 1홉, 초(醋) 7사(夕), 겨자〔芥子〕 1홉, 생강(生薑) 4전(錢)이다. 두에 담는다.

화갱(和羹) 3그릇 −간장 2홉, 청근(菁根) 3개이다. 형(鉶)에 담는다.

형염(形鹽) 2되 −변에 담는다.

대갱(大羹) 3그릇 −와등(瓦㽁)에 물을 담고 우지(牛脂)를 푼다.

간료등(肝膋㽁) −간(肝)과 율료(膟膋)〔장 사이에 있는 기름이다.〕를 취하여 매 신실마다 모두 등(甄) 한 그릇씩 담는다. 간을 울창주에 씻는다. 강신한 뒤에 집사가 받들고 나가 화롯불에 굽는다.

　　모혈반(毛血盤) —양의 털을 취하여 셋으로 나누어 반(盤)에 담고, 또 소·염소·돼지의 피를 취하여 양 위에 더한다. 강신한 뒤에 여러 축사(祝史)가 모두 들어가 각 신실의 신위 앞에 올려놓았다가 조금 뒤에 여러 축사가 모두 나아가 반을 거두어 재랑(齋郎)에게 주어 내보낸다.

　　소서직(蕭黍稷) —소 2말 2되, 피서(皮黍) 2되, 피직(皮稷) 2되이다. 진찬(進饌)한 뒤에 여러 대축(大祝)이 각각 소, 서, 직을 취하여 기름에 담갔다가 화롯불에 굽는다.

　　자모(藉茅) 2개 —백모(白茅)를 깔고 묶는다. 하나는 기장밥〔黍飯〕을 담고, 하나는 메기장밥〔稷飯〕을 담는다. 제사를 마치면 여러 대축이 축판, 폐백과 함께 구덩이에 묻는다.

○ 삭제·망제·기고제·별제·오명일 때의 각 신실 —영녕전의 기고제와 별제도 같다.

　　실과 1그릇 —2되이다. 변에 담는다.

　　　율황 —절기에 따라 번갈아 쓴다.

　　녹포 —지금은 우포 5조를 쓴다. 변에 담는다.

　　해 1그릇 —두에 담는다.

　　　녹해 —1근 14냥이다.

　　저 1그릇 —두에 담는다.

　　　청저 2되 —절기에 따라 번갈아 쓴다.

○ 칠사당 매 신위

　　실과 각 1그릇 —2되이다. 변에 담는다.

　　　율황 —절기에 따라 번갈아 쓴다.

　　녹포 —지금은 우포 5조를 쓴다. 변에 담는다.

　　해 1그릇 —두에 담는다.

　　　녹해 —1근 14냥이다.

　　저 1그릇 —두에 담는다.

　　　청저 2되 —절기에 따라 번갈아 쓴다.

○ 배향공신당 매 신위

실과 각 1그릇 −2되이다. 변에 담는다.

율황 −절기에 따라 번갈아 쓴다.

녹포 −지금은 우포 5조를 쓴다. 변에 담는다.

해 1그릇 −두에 담는다.

녹해 −1근 14냥이다.

저 1그릇 −두에 담는다.

청저 2되 −절기에 따라 번갈아 쓴다.

등촉燈燭과 정료庭燎

○ 대제 때의 각 신실 −영녕전도 같다.

5냥 촉(燭) 3정(丁) −2정은 전내(殿內)에 두고, 1정은 준소(尊所)에 둔다. 친제 때에 전내에 두는 촉의 무게는 9냥 5전이고, 준소에 두는 촉의 무게는 4냥 8전이다.

등진유(燈眞油) 4홉

조촉(照燭) 1정 −헌가소(軒架所)에 둔다. 친제 때에는 조촉의 무게가 4냥 8전이고, 황밀(黃蜜)이 6냥이고, 등법유(燈法油)가 6홉이다.

8촉 2병(柄) −집례소(執禮所)에 둔다.

대거(大炬) 44병(柄)

명화목(明火木) 550근

○ 삭제·망제·기고제·별제·오명일 때의 각 신실 −영녕전의 기고제와 별제도 같다.

소촉(小燭) 3정 −2정은 전내에 두고, 1정은 준소에 둔다. 매 정마다 무게가 2냥씩이다.

등진유 3홉

대거 18병

명화목 150근

○ 천신(薦新)

대거 5병

명화목 30근

소촉 2정 −1정은 전내에 두고, 1정은 준소에 둔다. 매 정마다 무게가 2냥씩이다.

등진유 2홉

○ 칠사당 −매 신위

6촉 2병 −매 병마다 무게가 1냥 2전이고, 법유는 1홉이다.

○ 배향공신당 −매 신위

6촉 2병 −매 병마다 무게가 1냥 2전이고, 법유는 1홉이다.

○ 중류제(中霤祭) −계하(季夏) 토왕 용사일(土王用事日)에 설행한다. 전물(奠物)은 칠사당과 같다.

대거 5병

명화목 30근

6촉 2병

○ 오성부원군 이항복이 헌의하였다.

"……신은 일찍이 우리나라의 종묘에 대해 논한 적이 있는데, 좌향(坐向)이 예에 어긋나고 희생의 예법이 법도에 맞지 않는다는 두 가지 문제를 누차 말했습니다. 지금 좌향에 대해서는 허성(許筬)이 이미 말하였습니다. 그러나 오직 희생의 예법에 대해서는 생략하고 언급하지 않았는데, 아마도 생각이 우연히 미치지 못해서인 듯합니다. 이제 헌의함으로 인해 외람되이 변변찮은 말을 붙여 정시(正始)의 예를 거듭 새롭게 하는 데에 대비하고자 합니다.

희생에는 소, 양, 돼지 세 종류가 있는데, 세 종류 중에 오직 소를 귀하게 여깁니다. 그러므로 까닭 없이 감히 소를 잡지 못하는 것이 이 때문이며, 소를 일원대무(一元大武)라고 부르는 것도 또한 중하게 여겨서입니다. 소가 없으면 태뢰(太牢)가 될 수 없거니와 똑같은 태뢰라 하더라도 소 한 마리를 통째로 올리는 체천(體薦)과 부위별로 나누어 올리는 절조(折俎)는 그 예가 본디부터 다릅니다. 지금은 감히 오향(五享)의 제사에 체천으로 올리지 못하고 마침내 절조로 올려 소 한 마리를 나누어 10실의 희생으로 삼으니, 그 결과 5묘 이상에는 각각 머리와 네 다리를 올리는데, 예로 말하면 네 다리 중에도 오히려 앞다리와 뒷다리의 귀하고 천한 구별이 있어 참으로 미안합니다. 그러나 이것은 그래도 혹 그럴 수 있다고 하겠는데, 제6실 이하는 소의 견(肩), 박(胉), 협(脇), 척(脊)을 조각조각 잘라 모양이 형편없으니, 종묘 제향의 대례(大禮)가 이와 같이 구차하고 간략한 데가 어디 있겠습니까?

짐작건대 우리 태종조 때 태묘에 제향을 올리면서 처음 특우(特牛)를 썼는데, 마침내 후왕이 태종을 부묘(祔廟)한 이후에 이르러 예관이 예법의 의미를 상고하지 않고 그대로 특우를 가져다 나누어 절조로 올리는 예로 삼았고, 후세에서는 그대로 따라 하여 이에 대해 변론한 이가 없었던 것이니, 애석하게도 당시에 예를 담당한 자가 유독 《서경(書經)》〈낙고(洛誥)〉에, 성왕(成王)이 증제(烝祭)를 올리던 날 '문왕(文王)에게 성우(騂牛)가 한 마리이고, 무왕(武王)에게 성우가 한 마리이다.' 라고 한 글을 살피지 않았던 것입니다.

지금 국고가 탕갈되어 풍성한 제사를 올릴 수 없는 때인 만큼 신의 어리석은 생각으로는 옛날에 특생(特牲)을 체천으로 올렸던 대례로 갑자기 변경하는 것은 어려우나, 마땅히 미리 강론하여 약간만 변경해서 10실에 소 두 마리를 공통으로 쓰되, 머리 둘과 다리 여덟을 10실에 나누어 올린다면 소견이 아주 어긋난 데에 이르지는 않을 듯합니다." −이항복의 문집에 나온다.

○ **인조 무인년(1638, 인조16) 4월 정미일(14일)**
전라 감사 원두표(元斗杓)가 올린 서장(書狀)의 요점은 제주 목사 성하종(成夏宗)의 첩정(牒呈)에 답한 공문인데, 이에 근거한 예조의 계목에,
" '계하된 문건을 첨부하였습니다. 제주의 세 읍을 통틀어 살아 있는 흑우(黑牛)는 3두가 있을 뿐이고, 전생서(典牲署)에 현재 있는 흑우도 5척(隻)뿐인데 그나마 1척은 제사 용도로 알맞지 않다고 합니다. 앞으로

계속 이어 댈 길이 아예 없으니, 매우 답답하고 근심스럽습니다. 가만히 생각하니, 큰 난리를 겪은 후로 우역(牛疫)이 다시 발생하여 팔도가 모두 그러합니다. 이것도 보통 재난에 비할 것이 아닌데 게다가 혹독한 가뭄까지 더하여 사람들이 농사를 또 포기하였으니, 이보다 더 큰 근심이 없습니다. 《예기》에 성인의 가르침이 실려 있는데, 「흉년에는 하등의 희생으로 제사한다.」 하였습니다. 흉년에도 오히려 예를 줄이는데 하물며 이처럼 소가 씨가 마른 때이겠습니까? 소를 길러 번식시킬 동안만 임시로 변통하는 방도가 있어야 하겠습니다만, 이 일은 제향이라는 대사에 관계된 만큼 해조에서 감히 편의대로 할 일이 아닙니다. 앞으로 다가오는 추향대제 때에 쓸 소에 대한 사안을 대신에게 논의하여 정탈한 다음 처치하는 것이 어떻겠습니까?' 라고 한 것에 대해 계하하셨습니다.

대신에게 논의한 결과 영의정 이홍주(李弘胄)와 좌의정 최명길(崔鳴吉)은 '제향에 소용되는 흑우가 몇 마리만 남아 있는 형편이 전과 변함이 없으니 어찌 한심하지 않겠습니까? 흑우가 없으면 황우(黃牛)로 대신할 수도 있겠으나 이러한 때를 당해 밭 가는 소를 죽여 제사를 지낸다면 아마도 조종의 신령께서 강림하여 흠향하려 하지 않으실 듯합니다. 《역(易)》에 이르기를, 「한 동이의 술과 두 그릇의 음식에다가 질그릇을 사용한다.〔樽酒簋二用缶〕」[22] 하였고, 《전(傳)》에 이르기를, 「진실로 정성스런 마음과 공경하는 뜻만 있으면 시내나 물가에 난 풀도 귀신에게 바칠 수 있다.〔苟有明信 澗溪沼池之毛 可薦於鬼神〕」[23] 하였습니다. 이로써 말하면, 선왕에게 제향을 올리는 도는 정성에 있는 것이요 제물에 있는 것이 아닌 만큼 해조의 계사대로 소 대신 양을 써서 예경(禮經)의 분명한 가르침을 따르는 한편 제주와 전생서에 남아 있는 흑우는 우선 보호하여 길러서 번식시키는 것이 마땅하겠습니다. 삼가 상께서 재결하소서.' 하였습니다. 시행하는 것이 어떻겠습니까?"

하였는데, 대용(代用)하는 것은 미안하니, 다시 논의하여 처치하라고 계하하였다. 이에 근거한 예조의 계목에,

"판하(判下)하신 문건을 첨부하였습니다. 다시 대신에게 논의한 결과 영의정 이홍주는 '신도 하급의 희생으로 대신하는 것이 미안한 줄이야

22 한……사용한다 《주역(周易)》〈감괘(坎卦) 육사(六四)〉이다. 질박함의 극치를 나타낸 말이다.

23 《전》에……있다 《전》은 《춘추좌씨전(春秋左氏傳)》을 말한다. 〈은공(隱公)〉 3년조에 나오는 내용이다.

압니다만, 흑우가 절종(絶種)되어 계책이 없는 것을 어찌하겠습니까? 이에 감히 예경의 분명한 가르침을 인용하여 우러러 성상의 재결을 여쭈었던 것입니다. 그런데 이와 같이 하교하시니, 그만둘 수 없다면 황우로 대신하는 것이 양으로 바꾸는 것보다는 낫겠습니다. 삼가 상께서 재결하소서.' 하였습니다."

하였다. ─《예조등록》에 나온다.

○ **4월 28일 신유일(28일)**

봉상시 제조(奉常寺提調) 윤흔(尹昕)의 계사에,

"어제 연신(筵臣)의 계사에 '중포(中脯)가 불결하였다.'는 말 때문에 '너무나도 놀랍다. 본 봉상시에 물어 분명한 사실을 알아보는 것이 좋겠다.'라고 전교하셨습니다. 신들이 듣고 나서는 너무도 놀랍고 송구스럽기 짝이 없었습니다. 중포를 받아들이는 여러 각 관사에서 으레 물품 명세서를 갖추어 색리(色吏)가 호조에 바치고 호조에서 대조를 마친 뒤에 본 봉상시로 보내면 본사(本司) 이하 여러 관원이 즉시 대감(臺監)의 개좌(開坐)를 청하여 입회 하에 봉상(捧上)한 것의 색깔과 크기를 일일이 세밀하게 살핍니다. 만약 색깔이 좋지 못하다거나 치수가 부족하면 모두 점을 찍어 물리치니, 불결한 폐단은 없을 듯합니다. 지금 연신의 계사를 들으니, '작년에 폐사(斃死)한 소의 고기로 포를 만들어 방납(防納)한 때부터 이렇게 불결하게 되었다.'하였는데, 이것은 참으로 그럴 수도 있기는 하나 억측으로 헤아리는 것도 곤란합니다. 각 관사에서 방납한 일과 폐사한 고기로 포를 만드는 간악한 술수에 대해 본 봉상시에서는 진위를 다시 자세히 살필 길이 없습니다. 황공하오나 감히 아룁니다."

하니, 전교하기를,

"알았다. 이 포가 만약 혹시라도 불결하다면 사용하는 것이 미안하니, 대신에게 논의하여 정탈하라."

하였다. 이에 근거하여 아뢰기를,

"대신에게 물은 결과 좌의정 최명길은 '봄 어간에 양사(兩司)의 대다수 관원이 탑전에서 아뢴 계사에서 우역을 겪은 이후로 중포를 얻기가 어렵다고 말하고 말린 꿩으로 대신할 것을 청하자 상께서 수의하라는 명을 내리셨습니다. 신의 어리석은 생각에 꿩으로 우포를 대신하는 것은 아무래도 미안할 듯하여 노루〔獐〕, 사슴〔鹿〕, 돼지〔豕〕 중에 있는 것을 따라 중포를 만들자고 청하였는데, 상께서 돼지포〔豕脯〕는 쓰기가 미안하니 노루와 사슴만 쓰도록 하라고 하셨습니다. 그 후에 들으니, 노루, 사슴, 꿩은 비록 토산(土産)이라고는 하나 실로 얻기가 심히 쉽지 않다고 합니다. 이미 얻기가 쉽지 않다면 불결한 물품이 뒤섞이는 것은 형세상 면하기 어려우니, 이번 본서(本署)에 비축된 것만 불결할 뿐만이 아닐 것입니다.

신이 삼가 《주례(周禮)》를 살펴보았는데,「요리하여 바치는 것[24]을 봄에는 새끼 양과 새끼 돼지를 쓰되 소기름으로 요리하고, 여름에는 말린 꿩과 말린 생선을 쓰되 개기름으로 요리하고, 가을에는 송아지와 새끼 사슴을 쓰되 닭기름으로 요리하고, 겨울에는 생선[25]과 기러기를 쓰되 양기름으로 요리한다.[26]〔凡用禽獻 春行羔豚 膳膏香 夏行腒鱐 膳膏臊 秋行犢麑 膳膏腥 冬則魚鮮羽 膳膏羶〕」는 내용이 있고, 주에 이르기를,「거(腒)는 말린 꿩이다. 숙(鱐)은 말린 생선이다. 조(臊)는 개기름[27]이다. 선(鮮)은 생선이다. 우(羽)는 기러기이다. 이것들은 바로 사시(四時)에 해당하는 물종으로 각각 좋은 바탕의 기운이 있기 때문에 함께 사용하여 조리해서 왕의 반찬으로 쓰고 인하여 제수로 쓰니, 각각 그 뜻이 있다.」하였습니다. 신은 이 글을 보고서야 비로소 제사에 말린 꿩을 쓰는 것이 본디부터 고례(古禮)에 있었음을 알았고, 신의 학술이 몽매하고 얕아 전에 수의할 때에 함부로 사견(私見)을 써서 양사의 많은 관원들의 청을 기각하였다고 제 스스로 후회하고 자책하였습니다. 그러나 이미 건의한 일이라서 감히 다시 청하지 못하였으니 신의 죄가 큽니다.

대개 《주례》에는 봄과 가을에 바치는 것이 각각 달라 사시에 모두 말린 꿩과 말린 생선을 썼던 것은 아니나 말린 꿩을 제수(祭需)에 쓴 것은 유래가 오래되었습니다. 더구나 지금은 국가가 천고에 없는 변고를 당하여 우포를 사용하고자 하면 소를 이미 얻을 수 없고 노루와 사슴을 사용하고자 하면 잡육(雜肉)을 섞어 써야 하는 폐단을 끝내 막을 수 없습니다. 위로 주공(周公)이 예를 제정한 본의에 근거하고 아래로 양사가 탑전에서 청한 것을 채택하여 우선 소를 길러 번식할 동안만 말린 꿩을

24 **요리하여 바치는 것** 대본은 '凡用禽獸' 인데, 《주례》〈천관(天官) 포인(庖人)〉에 의거하여 '凡用禽獻' 으로 바로잡아 번역하였다.

25 **생선** 대본의 '魚鮮' 이 《주례》〈천관 포인〉에는 '鱻' 으로 되어 있다. '鱻' 한 글자를 '魚鮮' 두 글자로 잘못 쓴 것으로 보이나 '鱻' 은 '鮮' 과 같은 자로 의미가 같으므로 교감하지 않았다.

26 **요리한다** 대본은 '腥' 인데, 《주례》〈천관 포인〉에 의거하여 '膳' 으로 바로잡아 번역하였다.

27 **개기름** 대본은 '大膏' 인데, 《주례주소(周禮注疏)》에 의거하여 '大' 를 '犬' 으로 바로잡아 번역하였다.

대신 쓰되, 단건치(單乾雉)는 보기에 얄팍하고 합건치(合乾雉)는 고기가 지나치게 두꺼워서 오래 보관하기 어려울 듯합니다. 만약 두 마리의 꿩을 합하여 쓴다면 일이 매우 알맞을 것입니다. 지금 봉상시에 비축되어 있는 중포는 이미 불결하다는 말이 있는 만큼 제사에 그대로 쓸 수 없고, 내년의 공물 또한 금년에 당겨서 받을 수도 없으니, 우선 해조로 하여금 노루와 사슴을 사들여 포를 만들어서 가까운 시일에 쓸 용도로 삼는 것이 혹 마땅할 듯합니다. 상께서 재결하소서.' 하였습니다. 영의정 이홍주와 영돈녕부사 이성구(李聖求)는 병으로 수의하지 못하였습니다. 대신의 뜻이 이와 같으니, 상께서 재결하여 시행하시는 것이 어떻겠습니까?"

하니, 전교하였다.

"여염집에서 지내는 제사에도 모두 포를 사용하는데 유독 종묘에만 빠뜨리고 사용하지 않는다는 것은 지극히 미안하다. 그만둘 것이 아니라면 노루와 사슴으로 편포(片脯)를 만들어 대용하는 것이 마땅하겠다. 또 끝에 계품한 일은 아뢴 대로 시행하라." —《예조등록》에 나온다.

○ 효종 신묘년(1651, 효종2)

종묘 제향에 쓸 희생을 변통하는 문제에 대해 상신(相臣) 김상헌(金尙憲)이 논의하였다.

"신은 해묵은 병으로 폐인이 되어 인사(人事)에 어두우니, 예를 논의하는 큰일에 감히 참여하여 논의할 수 없습니다. 그러나 이번의 하교가 특별히 하문하시는 데에서 나온 만큼 한 가닥 숨이라도 붙어 있는 한은 감히 끝내 입 다물고 있을 수 없습니다.

대저 선조(先朝)에서 제정한 예법은 지극히 경건하고 지극히 엄중합니다. 삼가 듣건대, 문소전(文昭殿)과 연은전(延恩殿)의 경우에는 보통 때 지내는 제향의 제물로 혹 제철 천신(薦新)이 아닌 제물을 쓰는 경우가 있으나 사직과 종묘의 제사에서는 반드시 미리 길러 놓은 희생을 썼지 폐단이 있다 하여 다른 고기로 대용했다는 말은 듣지 못하였습니다. 대용함으로써 폐단을 제거하는 것은 제 선왕(齊宣王) 때의 흔종(釁鍾)[28]이나 송 인종(宋仁宗)이 양고기 요리가 생각나도 출출함을 참은 것[29]과

28 **제 선왕 때의 흔종** 흔종은 소를 죽여 그 피로 새로 주조한 종에 바르는 의식이다. 제 선왕이 소가 죄 없이 죽는 것을 차마 보지 못하여 양을 대신 쓰도록 한 일을 말한다. 《맹자 양혜왕상》

29 **송 인종이……것** 송 인종은 검소함과 인자함이 몸에 밴 사람으로, 밤에 출출하여 양고기 요리가 생각났으나 출출함을 참고 요리를 구해 오지 말도록 경계한 일을 말한다. 이것은 이후로 요리사가 동물을 잡아 불시의 요구에 대비하는 폐단이 생기는 것을 염려해서라고 한다. 《송사 권12 인종본기》

같은 따위의 일이니, 조종의 일정한 제례에 관계되는 것은 다른 물품으로 대용해서는 안 될 듯합니다. 예(禮)에 이르기를, '이미 거행한 것은 감히 폐지하지 못한다.' 하였습니다. 삼가 상께서 재결하소서." —김상헌의 문집에 나온다.

○ **7월 경진일(5일)**

예조에서 아뢰기를,

"전부터 종묘의 대제 때에는 희생으로 소 두 마리를 썼으니, 그러므로 머리와 다리를 아울러 10매(枚)를 각각 10실에 진설하였고, 영녕전의 8위에는 소 한 마리만 썼으니, 그러므로 머리와 다리 5매를 각각 5위에 진설하고 3위에는 머리와 다리가 부족하여 으레 갈비(乫非)를 진설하였습니다. 지금은 종묘가 11실이 되어 소 한 마리를 더 올리지 않을 수 없습니다.[30] 그 한 마리의 머리와 다리 가운데 1매를 제11실에 쓰고 나머지 4매를 갈비를 대신 썼던 영녕전에 올려 쓴다면 비록 1매가 남기는 하나 미진하다는 탄식은 없을 것이니, 이렇게 진배(進排)하는 것이 마땅할 듯합니다. 또 고(羔) 1구와 저(猪) 3구를 더 진배하여 종묘 제향 및 배향(配享)을 통틀어 계산해서 첨가하여 쓸 수 있도록 하는 것이 어떻겠습니까?"

하니, "아뢴 대로 하라."고 전교하였다. —《예조등록》에 나온다.

○ **숙종 임술년(1682, 숙종8) 7월 기사일(24일)**

주강(晝講)에 입시했을 때이다. 검토관(檢討官) 이돈(李墩)이 아뢰기를,

"신은 대수롭지는 않으나 마음에 탐탁지 않은 것이 있으니, 제향에 관계되는 일입니다. 오늘 강론한 《시(詩)》의 뜻이 마침 제향을 엄중히 하고 삼가는 뜻이기 때문에 감히 이렇게 우러러 진달합니다. 지난번 종묘의 제주(祭酒)를 삼가지 않은 것 때문에 이미 봉상시의 관원을 잡아다 문초하라는 명이 있었습니다. 신이 참하(參下)로 있을 때에 여러 번 전사관(典祀官)으로 차임되었는데, 제물(祭物)을 영수할 때마다 보면 봉진(封進)한 각종 물품은 관에 비축되어 있던 것이 아니고 공물 하인(貢物下人)들이 각자 한 되씩 한 홉씩 거두어 모은 것이었습니다. 불경하고 불

30 소……없습니다 대본은 '不加進排'인데,《승정원일기》효종 2년 7월 5일조 기록에 의거하여 '不可不加進一牛'로 바로잡아 번역하였다.

결하기로는 이보다 더 큰 것이 없을 것입니다. 막중한 제수를 어찌 이처럼 구차하고 소략하게 할 수 있겠습니까? 신은 요즘도 이러한 습속이 있는지 모르겠으나 신의 생각으로는 건과(乾果)나 미면(米麪) 같은 것 및 기타 오래 저장해도 상하지 않는 물품은 미리 거두어들여 관고(官庫)에 봉해 두고서 제사 지내는 시기에 임하여 꺼내 쓰도록 한다면 거의 공경하고 삼가는 도리에 알맞을 듯합니다."

하니, 상이 이르기를,

"이 일은 전혀 알지 못했던 일이니 지극히 놀랍다. 해조에 분부하여 각별히 엄중하게 신칙하도록 하라."

하였다. ─《예조등록》에 나온다.

○ **을유년**(1705, 숙종31) **11월 경진일**(20일)

약방(藥房)의 입진(入診)에 입시했을 때이다. 예조 판서 민진후(閔鎭厚)가 아뢰기를,

"신이 봉상시 제조를 맡고 있기 때문에 감히 진달할 것이 있습니다. 근래 제향에 소용되는 중포의 맛이 점점 예전만 못하다고 합니다. 그러므로 그 원인을 자세히 물어보았더니, '중포의 크기와 두께는 본래 정해진 치수가 있는데, 제향 때 제관(祭官)과 대감(臺監)이 간혹 탈을 잡는 때가 있다. 그러므로 이 때문에 점차 더하게 되었다. 그래서 예전 규정은 길이 8치, 너비 1치 5푼, 두께 2푼이었는데, 지금 쓰는 것은 길이 8치 5푼, 너비 2치, 두께 5푼이다. 그러므로 꼼꼼하게 말리기가 쉽지 않고 맛도 혹 좋지 않다.' 하였으니, 형편이 참으로 그러하였습니다. 지금 이후로는 한결같이 예전의 정식(定式)에 따라 포를 만들되, 일정한 치수의 본을 만들어 매번 제향을 올릴 때에 크기 문제를 가지고 탈을 잡는 폐단이 없도록 하는 것이 합당할 듯합니다."

하니, "그대로 하라."고 하였다. ─《예조등록》에 나온다.

철찬撤饌

○ **인조대왕 기묘년(1639, 인조17) 7월 임술일(7일)**

종묘서(宗廟署)의 관원이 전하는 도제조(都提調)의 뜻으로 아뢰기를,
"종묘의 예는 그 무엇보다도 엄중합니다. 삼가《오례의》〈종묘의 사시
제(四時祭)를 섭행으로 행할 때의 의식〉끝 부분을 살펴보니, '묘사와
전사관이 각자 자기 소속을 거느리고 함께 예찬(禮饌)을 거둔다. 궁위령
이 문을 닫고 바로 물러간다.'라는 절목이 있습니다. 그런데 어느 때부
터 폐지하고 행하지 않았는지 모르겠으나 전사관과 궁위령이 다른 제
관과 함께 일시에 나가고 단지 묘사 혼자 그 일을 담당하게 하였는데,
각 신실에 진설된 제기와 제물이 많다 보니 예찬을 거두고 물러갈 즈음
에 어수선하고 소란스러워 미안한 일이 있게 됨을 면하지 못합니다.

또한 나라가 흥성했을 때에는 각 신실의 예찬을 거두어 월랑으로 내
가고 신실의 문을 봉하여 닫은 뒤에 번육(膰肉)을 봉진(封進)하였으니,
이것이 바로 옛 규례입니다. 그런데 근래에는 상을 거두고 문을 닫기도
전에 바쁘고 급하게 진상하기 때문에 마침내 신실 문밖에서 번육을 싸
서 내보내니, 그러므로 더없이 엄중한 묘전(廟殿) 아래가 시끌벅적하여
불경한 폐단이 있음을 면하지 못합니다. 게다가 상급 관사의 하인 같은
외부인으로 제사 음식을 구하려는 자들이 다수 난입하는데도 묘사가
금할 길이 없습니다.

또한 절포(折脯)를 감찰하는 것은 전적으로 간계를 방지하기 위한 것
인 만큼 제사를 지낸 뒤에 살펴야 할 것이 단지 절포 한 가지 일만은
아닐 듯합니다. 그런데 감찰이 매번 제사가 끝난 뒤에 배위(拜位)에서
월랑으로 나아가 절포하는 것을 감독하기 때문에 수복(守僕)들이 묘사
에게 고하지 않고 곧장 먼저 들어가 각 신실의 제포(祭脯)를 취하면서
순서를 뒤바꿔 내다 놓으니, 예로서 예찬을 거두는 의식에 크게 위배
됩니다.

이 몇 건의 사안은 과거에 해 오던 것을 그대로 하여 습속이 된 것으
로 지극히 미안합니다. 지금 이후로는 일체《오례의》를 따라 묘사와 전

사관이 함께 예찬을 거두고, 궁위령이 문을 닫고 물러간 다음 번육을 진상하고 절포를 감찰하는 것을 차례대로 거행하며, 함부로 들어가는 잡인은 수문 군사(守門軍士)로 하여금 일일이 붙잡아 해당 관사로 이송하게 한 다음 법률에 따라 죄를 다스리도록 승전을 받들어 거듭 밝혀 거행하게 하는 것이 어떻겠습니까?"

하니, "윤허한다."고 전교하였다. ―《예조등록》에 나온다.

천신薦新

의주를 첨부하였다.

월별 천신물품

○ 1월

조곽(早藿).[31]

○ 2월

얼음〔氷〕, 송어(松魚), 생복어〔生鰒〕, 작설차(雀舌茶), 반건치(半乾雉),[32] 생대합〔生蛤〕, 낙지〔絡蹄〕, 미나리〔水芹〕.

○ 3월

고사리〔蕨菜〕, 청귤(靑橘), 신감채(辛甘菜),[33] 참조기〔黃石魚〕, 생조기〔生石魚〕, 누치〔訥魚〕, 웅어〔葦魚〕.

○ 4월

죽순(竹筍), 준치〔眞魚〕, 오징어〔烏賊魚〕.

○ 5월

살구〔黃杏〕, 앵두〔櫻桃〕, 오이〔苽子〕,[34] 보리〔大麥〕, 밀〔小麥〕.

○ 6월

메기장쌀〔稷米〕, 기장쌀〔黍米〕, 좁쌀〔粟米〕, 쌀〔稻米〕, 능금〔林檎〕, 은어〔銀口魚〕, 가지〔茄子〕, 동아〔冬苽〕, 수박〔西果〕,[35] 참외〔眞果〕,[36] 오얏〔李實〕.

○ 7월

연어(鰱魚), 배〔生梨〕, 연밥〔蓮實〕, 개암〔榛子〕, 잣〔柏子〕, 호두〔胡桃〕, 청포도(靑葡萄).

31 **조곽** 제철보다 이르게 따서 말린 미역이다.

32 **반건치** 반 정도 말린 꿩고기이다.

33 **신감채** 당귀 싹이다.

34 **오이** '苽'는 '瓜'와 통용해서 쓰인다. 《연려실기술》 별집 권1 〈사전전고(祀典典故) 천신(薦新)〉에는 '瓜子'로 되어 있다.

35 **수박** 《연려실기술》 별집 권1 〈사전전고 천신〉에는 '西瓜'로 되어 있다.

36 **참외** 《연려실기술》 별집 권1 〈사전전고 천신〉에는 '眞瓜'로 되어 있다.

○ 8월

홍시〔紅柿子〕, 신청주(新清酒), 대추〔大棗〕, 날밤〔生栗〕, 송이(松茸), 붕어(鮒魚), 생게〔生蟹〕.

○ 9월

생기러기〔生雁〕, 석류(石榴), 머루〔山葡萄〕, 다래〔獼猴桃〕.

○ 10월

감자(柑子), 금귤(金橘), 유자(柚子), 마〔薯蕷〕, 문어(文魚), 은행(銀杏), 천금(薦禽),[37] 곶감〔乾柿子〕, 대구〔大口魚〕, 은어(銀魚).

○ 11월

뱅어〔白魚〕, 빙어〔氷魚〕, 청어(青魚), 고니〔天鵝〕, 당유자(唐柚子).

○ 12월

동정귤(洞庭橘), 유감(乳柑), 생선〔生魚〕, 생토끼〔生兎〕.

○ 태종대왕 신묘년(1411, 태종11) 5월[38] 신미일(11일)

예조에 명하여 천신에 대한 법을 상고하여 아뢰게 하였다. 상이 이르기를,

"종묘에 앵두를 천신하는 것은 의궤(儀軌)에 실려 있는 바로는 반드시 5월의 삭제와 망제에 겸행하되 만약 삭제에 채 익지 않았으면 망제를 기다려 겸행하는 것으로 되어 있으니, 실로 융통성이 없어 인정에 맞지 않다. 앵두가 익는 시기는 단오(端午) 때가 마침맞으니, 이제부터는 앵두를 따는 날에 맞추어 천신하고, 삭제와 망제에 구애받지 말라."

하였다. 예조에서 명을 받들어 상고하여 상서(上書)하기를,

"《문헌통고(文獻通考)》에는 송(宋)나라의 천신으로 삭제와 망제에 겸행하는 것으로 되어 있는데, 신종(神宗) 7년에 상정(詳定)한 《교묘예문(郊廟禮文)》에는 '옛날에는 종묘에 천신하는 것을 택일도 하지 않았고, 신주도 모셔 내지 않았으며, 전(奠)만 올리고 제사도 지내지 않았다. 근래

37 **천금** 새로 포획한 날짐승을 조상의 신주 앞에 먼저 올리는 일을 말하니, 강무(講武)를 마치고 잡은 금수(禽獸)를 종묘에 올리는 의식인 천금의(薦禽儀)가 있다. 여기에서는 사냥하여 잡은 날짐승을 말하는 듯하다.

38 **5월** 대본은 '四月'인데, 《태종실록》 11년 5월 11일조(신미) 기록에 의거하여 '五月'로 바로잡아 번역하였다.

에 와서 택일하여 천신하는 것은 잘못이다. 천자와 제후는 산물이 익으면 천신하지 시기로 한정하지 않는다.' 하였고, 또 이르기를, '모든 새로 난 산물로 제때에 난 것은 그날 즉시 올린다.' 하였으니, 이미 정식의 제사가 아닌 이상 예법에 있어 택일하는 것은 옳지 않습니다. 우리나라는 전조(前朝)와 송나라 초기의 제도를 이어받아 새로 난 산물을 반드시 삭제와 망제를 기다려 겸하여 천신하고 있는데, 이것은 '그날 즉시 올린다'는 의리에 어긋납니다. 바라건대 지금부터 새로 난 산물로 제때에 난 것은 삭제와 망제를 기다리지 말고 또한 택일도 하지 말고 즉시 천신하되, 만약 삭제나 망제와 상치될 경우에는 마땅히 예전의 제도대로 겸하여 천신한다면 거의 예법에 맞을 듯합니다."

하니, 그대로 따랐다. ─실록에 나온다.

○ **임진년**(1412, 태종12) **8월 경신일**(8일)

종묘에 천신하는 제철 산물에 대해 명하였다. 2월에는 얼음이고, 3월에는 고사리이고, 4월에는 송어이고, 5월에는 보리, 죽순, 앵두, 오이, 살구이고, 6월에는 능금, 가지, 동아이고, 7월에는 기장, 메기장, 조이고, 8월에는 연어, 벼〔稻〕, 밤이고, 9월에는 기러기, 대추, 배이고, 10월에는 감귤(柑橘)이고, 11월에는 고니이고, 12월에는 생선, 토끼이다. ─실록에 나온다.

○ **선조 계묘년**(1603, 선조36) **10월 기축일**(7일)

예조에서 아뢰기를,

"'헌금(獻禽)하는 예를 어떻게 해야겠습니까?'라고 한 데 대해 예관으로 하여금 미리 살펴 하도록 하라고 전교하셨습니다.《오례의》〈강무의(講武儀)〉를 살펴본 결과 '세 번째 몰이가 지나가면 상이 짐승의 왼쪽에서 쏘아 맞히는데, 몰이마다 반드시 세 마리 이상으로 한다. 상이 화살을 쏜 뒤에 여러 군(君)이 화살을 쏘고 여러 장수와 군사들이 차례로 쏜다. 짐승을 쏘아 맞힌 것 중에 왼쪽 허구리〔膘〕를 쏘아 맞혀 오른쪽 어깻죽지〔膈〕에 이른 것이 상등이 되니 건두(乾豆)[39]를 만들어 종묘에 바치고, 왼쪽 귀뿌리에 이른 것이 그 다음이니 빈객(賓客)을 대접하고, 왼쪽 넓적다리〔髀〕를 쏘아 맞혀 오른쪽 갈비〔𩩲〕에 이른 것이 하등이 되니 포

39 **건두** 말려서 두(豆)에 담는 제물로 만든 것이다.

주(庖廚)에 충당한다. 짐승을 잡은 사람들은 깃발 아래에 바치되 왼쪽 귀를 바친다. 큰 짐승은 나라에 바치고, 작은 짐승은 개인 소유로 한다. 사자(使者)를 보내 포획한 짐승을 가지고 달려가 종묘에 바치게 한다.' 하였습니다.

다만 《의례(儀禮)》를 살펴보니, 경문(經文)에 '전축(甸祝)은 사시(四時)에 행하는 사냥 때 표식을 세운 곳에 지내는 사제(師祭)의 축호(祝號)를 담당한다. 조묘(祖廟)에 석전(禡奠)을 지낸다.' 하였고, 또 '교외에 이르러 짐승을 올리고 조묘와 예묘(禰廟)에 석전을 지낸다.' 하였는데, 소(疏)에 이르기를, '위 경문의 「조묘에 석전을 지낸다」는 사냥을 나갈 때를 말하고, 지금 여기의 석전은 「짐승을 올린다」는 대목 아래에 있는 만큼 돌아와 고하는 것이다.' 하였습니다. 이것으로 보면 옛날에는 사냥을 나갈 때 종묘에 고하는 일이 있었는데, 《오례의》에는 없습니다. 이것은 아마도 고금의 마땅함이 다르기 때문인 듯하나 자세히 알 수는 없습니다.

또한 세 번 몰이하는 예는 바로 임금이 친히 행차하여 강무할 때 행하는 일이기 때문에 사자를 보내 달려가 바치게 하는 것입니다만, 이번에 행하는 사냥은 장수에게 명하여 하는 것인 만큼 여러 장수 가운데 한 사람이 와서 짐승을 바치는 것이 마땅할 듯합니다. 그런데 바치는 짐승에 대해 그 수효를 말하지 않았으니, 소에 '택하여 30을 취한다.' 라고 한 것은 건두를 만드는 것으로 말한 것입니다. 바치는 짐승의 수효는 고찰하여 근거할 데는 없으나 만약 선구(先驅)의 상사(上射)가 잡은 것으로 그 잡은 양에 따라서 바친다면 마땅할 듯합니다. 그러나 다만 이에 대한 명문(明文)이 없어서 결정하기가 어렵습니다.

종묘에 헌금하는 의식에 이르러서는 《오례의》 〈천신의(薦新儀)〉의 소주(小註)에 '맹동(孟冬)에 천금(薦禽)하는 것은 사냥에서 잡은 금수이다. 각각 두(豆)에 담는다.' 하였는데, 제사 의식은 천신하는 규례와 같으니, 이것으로 말하면 봉상시 정과 종묘서 영이 예를 행해야 할 듯합니다. 또 소주에 이르기를, '찬(饌)으로 올려야 할 것은 종묘서 영이 신주(神廚)로 나아가 가마솥〔鑊〕을 살핀 다음 자기 소속을 거느리고 임하여 만든다.' 하였습니다. 이번 헌금 역시 찬으로 올려야 할 제물은 모두 종묘서 영으로 하여금 임하여 만들게 한 다음 천진(薦進)해야 할 듯합니다.

다만 이번 헌금의 예는 행하지 않은 지가 이미 오래되어《오례의》를 고찰해 보아도 분명치 않은 데가 있습니다. 모처럼 행하는 전례를 용이하게 마음대로 논의해서는 안 되니, 유신으로 하여금 널리 예문을 고찰하게 한 다음 참고하여 결정하도록 하는 것이 어떻겠습니까?"

하니, "윤허한다."고 전교하였다. —실록에 나온다.

○ **같은 달 갑오일(12일)**

예조에서 아뢰기를,

"홍문관의 계사에 '헌금하는 예에 대해 유신으로 하여금 널리 예문을 고찰하게 하라는 예조의 계사를 계하하셨습니다.[40] 사냥하는 절목은 이미 예조에서 고찰한《오례의》〈강무조〉및《의례》에 실린 내용에 상세하고, 예조에서 잘 알지 못하는 것은 헌금하는 숫자와 천진하는 관원입니다. 그리하여 두 항의 절목에 대해《주례》와《의례》의 경전,《두씨통전(杜氏通典)》,《대명회전》등의 서적을 가져다 고찰해 보았는데, 모두 근거할 만한 명문이 드러난 데가 없었습니다. 다만《오례의》〈천신조〉에 이르기를,「맹동에 헌금하는 것은 각각 두에 담는다.」하였고, 소주에 이르기를,「사냥에서 포획한 금수이다.」하였습니다. 이것으로 보면 포획한 금수를 각각 한 마리씩 올리는 것이 마땅할 듯하고, 만약《오례의》의 이 조항의 예를 쓴다면 봉상시 정과 종묘서 영이 천진하는 것이 마땅할 듯합니다.' 하니, 전교하시기를, '알았다.' 하시고, 비망기로 '예조와 홍문관의 계사를 훈련도감에 말하여 계사대로 상세히 살펴 시행하게 하라. 예조에서도 의당 미리 살펴 시기에 맞춰 천진하도록 하라.' 라고 전교하셨습니다.

이에 '다시 참고하여 자세히 알아본 결과 옛날의 사시에 행하는 사냥은 모두 제왕이 친히 거행하였고,《오례의》에 수록된 강무(講武)의 전례에 질정해 보아도 원래 위에서 친히 행차하는 일이었습니다. 그러므로 포획한 금수를 종묘에 올리는 예가 있었던 것입니다. 또한 국초에도 이 예가 있었는데 모두 친히 행차할 때 하였다고 합니다. 이것으로 보면 헌금하는 예는 친히 행차할 때 행하는 일인 듯합니다. 이번 사냥은 바로 장수를 명하여 행하는 것이니, 헌금하는 한 가지 절차를 행할 것인지는 아무래도 의심스럽습니다. 대신에게 논의하여 정탈한 다음 거행하는 것이 어떻겠습니까?' 라고 한 데 대해 윤허한다고 전교하셨습니다.

대신에게 논의한 결과 영중추부사 이원익(李元翼), 좌의정 윤승훈(尹承勳), 우의정 유영경(柳永慶)은 '삼가 《오례의》〈천금조〉를 보니, 소주에 「사냥에서 포획한 금수이다.」하였고, 〈강무조〉에 「세 번의 몰이에서 포획한 금수를 사자를 보내 달려가 종묘에 올리게 한다.」하였습니다. 이것으로 보면 헌금하는 예는 바로 친히 행차하여 사냥할 때의 일입니다. 이번 장수를 명하여 열병할 때 포획한 금수를 종묘에 올리기까지 하는 것은 아마도 예에 합당하지 않은 듯합니다. 삼가 상께서 재결하소서.' 하였습니다.

영의정 이덕형(李德馨)은 '일찍이 《승정원일기》를 보았는데, 조종조에서 사냥할 때에 종묘에 고하고 나가는 의식과 포획한 금수를 올리는 의식이 있어 《주례》의 사시로 사냥하고 금수를 올려 사제(社祭), 약제(礿祭), 팽제(祊祭), 증제(烝祭)를 지내는 예(禮)와 서로 같았습니다. 이번에 장수를 명하여 하는 강무는 사안의 본질이 친히 행차하여 사냥하는 것과 다른 만큼 이 예는 아마도 논의에 부쳐서는 안 될 듯합니다. 《시》에 이르기를, 「이어 무공(武功)을 익혀서 어린 돼지는 자신이 갖고 큰 돼지는 나라에 바치도다.」하였으니, 각 장교들이 포획한 짐승을 기록하여 바치게 해서 공로의 현황을 매기는 것이 사의에 맞을 듯합니다. 삼가 상께서 재결하소서.' 하였습니다.

오성부원군 이항복은 '사냥하고 나서 헌금하는 것과 누에를 치고 나서 고성(告成)하는 것은 같은 의식이지만 각각 절목이 있는 만큼 문란하게 해서는 안 됩니다. 이번에 장수를 명하여 사냥하는 거사에 바로 천헌(薦獻)의 일을 두는 것에 대해 신은 개인적으로 의아하게 여기므로 감히 말하지 못하겠습니다. 삼가 예조의 계사를 보니 예의 뜻에 맞는 듯합니다. 삼가 상께서 재결하소서.' 하였습니다.

아성부원군(鵝城府院君) 이산해(李山海)는 병으로 수의하지 못하였습니다. 대신의 뜻이 이와 같으니, 상께서 재결하여 시행하시는 것이 어떻겠습니까?"

하니, 전교하였다.

"평소에 고사를 본 적이 있는데, 명묘조(明廟朝)에서 사냥하였을 때에 대장이 포획한 금수를 정원에 올리자 승지인지 주서인지에게 명하여 종묘에 바쳐 천진하게 하였다. 명묘께서 친히 사냥을 행하신 적이 없으니, 이것으로 말하면 맞지 않는 것도 아닐 듯하다. 그러나 다만 기억이 희미하고 너무 오래된 일이라 밝히기가 어렵다. 의심스러운 일은 딱 잘라 말하지 말라는 옛 교훈도 있는 만큼 감히 믿을 만하다고 기필할 수 없으니, 논의한 대로 하라." —《승정원일기》에 나온다.

○ 효종 갑오년(1654, 효종5) 5월 병진일(27일)

예조에서 아뢰기를,

"종묘에 천신하는 8월령으로 양남(兩南)에서 봉진(封進)하는 조홍시(早紅柿) 및 호남과 강원도에서 봉진하는 생송이(生松茸)는 거리가 조금 멀기 때문에 매년 가장 늦게 도착합니다. 그러나 진상하는 조홍시는 충청도에서 봉진하고 생송이는 송도(松都)에서 봉진하는데, 거리가 가장 가깝기 때문에 종묘에 천신하기도 전에 두 고을의 진상이 으레 먼저 도착하므로 도착할 때마다 돌려보내야 하니 일이 매우 타당하지 않습니다. 사옹원(司饔院)에서 이것이 불편하다는 뜻으로 이미 공문을 보내왔으니, 변통하지 않을 수 없습니다. 호서(湖西)의 조홍시와 송도의 송이를 진상으로 봉진할 때에 태묘의 천신도 다른 도의 규례에 따라 금년부터 시작하여 같이 봉진하라고 기한 전에 분부하는 것이 어떻겠습니까?"

하니, "윤허한다."고 전교하였다. —《예조등록》에 나온다.

○ 무술년(1658, 효종9) 8월 계유일(8일)

우의정 이후원(李厚源)이 차자(箚子)를 올리기를,

"삼가 신이 충청 감사 이경억(李慶億)이 올린 장계를 보니, 고니〔天鵝〕를 구하기 어렵다는 점을 극진하게 말하였는데, 유독 본도뿐만 아니라 다른 도도 모두 그렇습니다. 이미 이와 같다는 것을 안 이상 마땅히 변통해야 할 듯한데, 태묘의 천신에 관계된 일이라 감히 경솔하게 손을 댈 수가 없습니다. 간혹 생기러기〔生雁〕로 대신 봉진하기도 했던 것은 진실로 부득이한 데서 나왔던 것입니다. 지금 본도에서 농사가 흉작이라 하여 이러한 계청을 올리고, 본 대동청(大同廳)에서 생기러기로 대신 봉진할 것을 청한 것은 이처럼 기근을 진휼하기에 겨를이 없는 때를 당해 민폐를 구휼하지 않을 수 없어서일 것입니다. 그러나 다만 생각해 보면 생기러기는 바로 9월령으로 이미 천신하게 되어 있는 제물입니다. 11월령인 고니 대신 또 이것을 봉진한다면 마침내 중첩해서 천신하는 것이니, 천신이라고 하는 것에 또한 어긋나지 않겠습니까?

대개 고니를 11월령으로 천신하는 것은 이미 《대명집례(大明集禮)》에 실려 있으니, 본국에서 새로 정한 것은 아닙니다. 그러나 주나라·한나라·당나라·송나라의 제도에는 보이지 않고 원나라에 이르러서 처음 시행하였습니다. 그렇고 보면 명나라가 이것을 그대로 따랐는데, 우리나라에서는 명나라의 제도를 취하여 행한 것이 아니겠습니까? 지금 《대명집례》에는 '자로(鷓鴣)'로 되어 있으니, 세속에서 이른바 '야계(野鷄)'라는 것입니다. 이 물품은 얻기가 어렵지 않습니다. 우리나라에서 월령으로 천헌하는 것은 이미 대부분 명나라의 제도를 따르고 있으니, 고니와 자로를 어찌 가리겠습니까? 이 자로로 저 고니와 바꾼다면 중첩해서 천신하는 혐의도 없을 수 있고 민폐를 제거하는 것으로도 손색이 없을 것입니다. 바라건대 예관으로 하여금 역대의 전례를 참고하는 한편 묘당의 대신 및 예학(禮學)을 하는 선비들에게 논의한 다음 품지하여 정탈하게 한다면 매우 다행이겠습니다."

하니, 예조에 계하하였다. 예조의 계목에,

"계하하신 문건을 첨부하였습니다. 태묘에 11월령으로 천신하는 고니는 삼남(三南)과 북도(北道)에 분정(分定)하여 4년에 한 차례씩 돌아가며 봉진하도록 하고 있습니다. 금년 11월령의 고니는 충청도가 봉진할 차례인데, 감사 이경억이 얻기 어려운 폐단을 극진하게 진달하고 대동청에서 생기러기로 대신 봉진할 것을 청한 것은 대개 본도의 얻기 어려운 형세가 다른 도에 비해 더욱 심하기 때문입니다. 그러나 생기러기는 이미 9월령으로 천신하게 되어 있는데, 다시 이것을 11월령으로 대신 봉진한다면 천신하는 도리에 있어 서로 어긋남을 면하지 못할 것이니, 대신이 올린 차자의 뜻이 실로 여기에서 나온 것입니다.

그리하여 역대의 전례를 가져다 고찰해 본 결과 주나라의 제도는 《예기》〈월령〉을 보면 계동(季冬)에 물고기를 맛보는 것으로 되어 있고, 한 나라의 의식은 9월에 기러기를 맛보는 것으로 되어 있으며, 당나라에 이르러서는 토비(兎脾), 장록(獐鹿), 야계를 종묘에 천신하였고, 송나라는 중동(仲冬)에 노루(麕)를 천신하였으니, 이것은 모두 역대의 제철 산물을 천신한 것으로 차이가 없지 않았습니다. 고니와 자로는 오직 《대명집례》에만 보이는데, 우리나라에서 고니를 천신하는 것은 아마도 여기에서 취하여 행하게 된 듯합니다. 대개 고니는 본래 희귀한 물품은 아니지만, 오직 사냥하여 잡을 때에 깃털이 혹 상하게 되면 감히 봉진하지 못하니, 그 값이 올라 귀하게 되는 것은 당연한 형세입니다. 감사와 수령이 기한에 앞서 사냥하여 잡을 방도는 생각하지 않고 반드시 민폐를 들어 계문하여 기러기로 대신 봉진하는 것이 마치 규정된 일인 양하는 듯한 점이 있으니, 어찌 미안하지 않겠습니까?

지금 만약 차자의 내용대로 변통한다면 중첩해서 천신하는 혐의도 없을 수 있고, 민폐를 제거하는 것으로도 손색이 없을 것입니다. 다만 생각건대 수백 년 동안 태묘에 천신했던 제물을 오늘날에 이르러 갑자기 변통하는 것은 매우 중대한 일인 만큼 여러 대신 및 예학을 하는 선비들에게 널리 물어 품지하여 정탈하는 것이 어떻겠습니까?”

하니, “아뢴 대로 윤허한다.”고 계하하였다.

예조에서 계목을 올렸다.

“계하하신 문건을 첨부하였습니다. 대신에게 논의한 결과 영중추부사 이경석은 ‘옛날 예법을 고찰해 보면 태묘에 고니를 올리는 것은 실려 있지 않고 바로 《대명집례》에 드러나 있는데, 신이 반정(反正) 초기에 사관 직책에 있으면서 연신(筵臣)이 전후로 아뢰는 말을 들어보니, 우리나라에서 고니를 천신하는 것은 대개 태조께서 일찍이 드셨기 때문이라는 것이었습니다. 태묘에 천신하는 것은 참으로 감히 가볍게 논의할 수 없습니다. 생기러기로 대신 봉진한 적이 간혹 있었지만 중첩해서 천신하는 것인 줄을 알면서도 오히려 그렇게 했던 것에서 부득이했음을 알 수 있습니다. 또한 흉년에는 예를 줄이는 것이 곧 《주례》의 12가지 구황 정책 가운데 하나이니, 송나라의 신하 여조겸(呂祖謙)이 예를 줄이는 뜻에 대해 풀이하기를 「대체로 예문은 줄일 만한 것[41]을 줄이니, 예를 들면 폐백은 있고 희생[42]은 없는 따위이다.」하였습니다. 지금 생기러기로 대신 봉진할 것을 청한 것은 흉년 때문이니, 우선 대신 봉진하는 것을 허락하되 상례로 삼지 말도록 한다면 가능하지 않겠습니까? 자로를 천신하는 것이 《대명집례》에 실려 있다고 상신이 차자에서 말한 뜻도 우연은 아닙니다만 우리나라에서는 일찍이 천진한 적이 없으니 어떠할지 모르겠습니다. 삼가 상께서 재결하소서.' 하였습니다.

　행 판중추부사 정태화(鄭太和)와 연양부원군(延陽府院君) 이시백(李時白)은 '종묘에 고니를 천신하는 것은 그 유래가 오래되었으니, 오늘날에 이르러 아마도 완전 폐지를 가볍게 논의할 수는 없을 듯합니다. 자로는 비록 《대명집례》에 보이기는 하나 원래 우리나라 풍속에서 일찍이 썼던 것이 아닌 만큼 이것으로 대신 봉진하는 것이 과연 어떠할지 모르겠습니다. 생기러기로 대신하는 것이 중첩해서 천신하는 것이라 미안하기는 하지만 이렇게 기근이 든 해를 만난 데다 기한이 이미 임박하였으니, 금년에는 우선 근자에 행한 바 있는 규례를 따라 생기러기로 대신 봉진하도록 허락하는 것도 혹 한 가지 방도가 될 것입니다. 삼가 상께서 재결하소서.' 하였습니다.

　영의정 심지원(沈之源)은 '태묘의 천신을 고니로 하는 것은 반드시 까닭이 있습니다. 구하기 어렵다 하여 생기러기로 대신하는 것도 이미 너무나 미안한 일인데, 생기러기는 이미 9월령으로 천신해 놓고 다시 이것을 11월령으로 대신 봉진하는 것은 실로 천신의 본 의미에 위배되니, 대신의 차자가 실로 사리에 합당합니다. 다만 자로를 천신한다는 기록이 《대명집례》에 있기는 하나 이것은 본국에서 상용하는 제물이 아닌 만큼 오늘날에 이르러 태묘에 천신하는 것이 어떠할지 모르겠습니다. 대개 고니는 삼남과 북도에 분정하여 돌아가며 봉진하도록 하였는데, 작년에 함경도에서 대물로 봉진할 것을 계청하였고 지금은 충홍 감사 이경억이 또 치계(馳啓)하여 구하기 어려운 폐단을 극진하게 말하였습니다. 이 물품은 본래 희귀한 것이 아닌 만큼 진실로 미리 기한 전에 사냥하여 구한다면 어찌 시종 구하지 못할 리가 있겠습니까? 다만 이번에는 월령이 몇 개월 안 남아 기한 내에 봉진하기가 어려울 듯하니, 우선 근자에 행한 규례대로 생기러기를 대신 봉진하게 하되 내년부터는 반드

42 **희생** 대본은 '牲'인데,《효종실록》9년 8월 16일조 기록에 의거하여 '牲'으로 바로잡아 번역하였다.

시 본색(本色)으로 봉진하고 일체 대물로 봉진하는 것을 허락하지 말도록 하는 것이 마땅할 것입니다. 삼가 상께서 재결하소서.' 하였습니다.

좌의정 원두표(元斗杓)는 '태묘에 천신하는 고니를 경상도, 전남도, 함경도, 충홍도(忠洪道) 등에 분정하여 돌아가며 봉진하도록 한 것은 그 유래가 이미 오래되었는데, 양남은 아직도 유지되고 있고 함경도는 작년에 처음 대물로 봉진하는 것을 허락하였습니다. 그런데 충홍도가 또 작년 규례 그대로 대물로 봉진하고자 이렇게 계문하였으니, 어찌 심히 미안한 일이 아니겠습니까? 나라의 대사는 제사에 있는데 민폐라 하여 서슴없이 변통한다면 양남에서도 대물로 봉진하겠다고 청할 것은 너무도 당연한 형세이고 고니를 천신하는 것도 장차 폐지하게 될 것이니, 가볍게 논의할 수 없습니다. 삼가 상께서 재결하소서.' 하였습니다." - 《예조등록》에 나온다.

종묘에 천신하는 의식 《오례의》

○ 진설하는 의절

1일 전에 봉상시에서 새로 난 산물을 제주(齊廚)에 진설한다. 봉상시 정과 종묘서 영이 부엌에 이르러 같이 점검한다. 당일이 되면 변과 두를 신실마다 지게문 밖에 진설하고 새로 난 산물을 담는다. ─신실마다 맹춘에는 청어를 두에 담아 올리고, 중춘에는 얼음과 송어를 각각 두에 담아 올리고, 계춘에는 고사리를 두에 담아 올리며, 맹하에는 죽순을 두에 담아 올리고, 중하에는 대맥, 소맥, 오이를 각각 두에, 앵두와 살구를 변에 담아 올리고, 계하에는 벼, 기장, 메기장, 조, 가지, 동아를 각각 두에, 능금을 변에 담아 올리며, 맹추에는 연어(鰱魚)를 두에, 배를 변에 담아 올리고, 중추에는 감, 대추, 밤을 각각 변에, 새로 빚은 술을 작에 담아 올리고, 계추에는 기러기를 두에 담아 올리며, 맹동에는 귤과 감을 각각 변에, 천금(薦禽)〔사냥에서 포획한 금수이다.〕을 각각 두에 담아 올리고, 중동에는 고니, 오이, 생선을 각각 두에 담아 올리고, 계동에는 생선과 토끼를 각각 두에 담아 올린다. 혹시 익는 시기가 이르거나 늦는 것이 있으면, 완전히 익는 것에 따라 천신하고, 월령에 구애받지 않는다. 응당 찬으로 올릴 것은 종묘서 영이 부엌에 나아가서 가마솥을 살핀 다음 자기 소속을 거느리고 자리에 임하여 만든다.─ 봉상시 정의 자리를 조계 동남쪽에 서향으로 설치하고, 또 관세위를 조계 동남쪽에 북향으로 설치한다. 뇌(罍)는 세(洗)의 동쪽에 두어 작(勺)을 얹어 놓고, 비(篚)는 세의 서남쪽에 두어 수건을 펼쳐 담아 놓는다.

○ 예를 행하는 의절

천신하는 날에 종묘서 영이 자기 소속을 거느리고 신실을 열어 소제한 다음 새로 난 산물을 다 담는다. 봉상시 정이 평상의 복장을 하고 들어가 자리로 나아가서 서향하여 서서 사배한 다음 관세위로 나아가 북향하여 서서 손을 씻고 손을 닦는다. 이를 마치면 조계로 올라가 제1실의 지게문 밖에 이르러 북향하여 선다. 집사자가 새로 난 산물을 봉상시 정에게 주면 봉상시 정이 받들어 신위 앞에 나아가 북향하여 꿇어앉아 올린 다음 부복하였다가 일어나 몸을 편다. 지게문을 나가 차례로 각 신실에 이르러 받들어 올리기를 모두 위의 의식과 같게 한다. 이를 마치면 내려가 자리로 돌아가서 사배한 다음 물러간다.

봉심奉審

○ **숙종대왕 기묘년**(1699, 숙종25) **1월 병자일**(6일)

예조에서 아뢰기를,

"종묘서(宗廟署)의 첩보(牒報)를 받아 보니, 지난밤 제사를 거행할 때에 큰바람이 불어 제4실의 청릉화반자(靑綾花班子) 제4정(第四井)이 뒤집혀 기울었다고 합니다. 이것이 비록 비가 새는 것과는 다르나 신실 안에 기울어진 곳이 있다면 봉심한 뒤에 처리하지 않아서는 안 될 것입니다. 본 예조에서 본 종묘서의 제조와 함께 봉심한 뒤에 품처하겠습니다. 감히 아룁니다."

하니, "알았다."고 전교하였다. ―《예조등록》에 나온다.

수개 修改

○ **인조 임신년**(1632, 인조10) **2월 정해일**(19일)

예조에서 아뢰기를,

"본 예조의 계사에 '종묘의 북쪽 담장 아래 섬돌이 무너진 곳을 봉심하는 일을 대신으로 하여금 논의하여 처리하도록 하소서.'라고 한 데 대해 아뢴 대로 하라고 전교하셨습니다. 대신에게 논의한 결과 영의정 윤방(尹昉), 좌의정 이정귀(李廷龜), 우의정 김상용(金尙容)은 '신위가 모셔져 있는 태묘에서 지극히 가까운 곳에 이렇게 섬돌이 무너져 떨어진 변고가 있었으니, 소식을 듣고는 극도로 놀랐습니다. 전례가 있고 없음을 논하지 말고 예조의 당상 및 본 종묘서의 제조가 모두 함께 봉심하여 그 일을 신중하게 하는 것을 그만둘 수 없을 듯합니다. 삼가 상께서 재결하소서.'하였습니다. 대신의 뜻이 이와 같습니다. 감히 아룁니다."

하니, 전교하였다.

"햇수가 오래된 섬돌이 비로 인해 무너진 것이 이상한 일은 아닐 듯싶다. 그러나 그 섬돌이 종묘의 뒤쪽에서 멀지 않다고 하니, 논의한 대로 시행하라."

○ **기축년**(1649, 인조27) **4월 병오일**(18일)

예조 낭청이 좌의정의 뜻으로 아뢰기를,

"사헌부에서 아뢴 '종묘의 각 침(寢)에 사용하는 포진(鋪陳)과 욕장(褥帳)을 계속해서 보수하는 것은 번독스러운 듯하니, 연한을 정해 전부를 개비하자.'라는 일로 예조에서 복계(覆啓)하여 본 종묘서의 제조와 일체 함께 봉심한 뒤에 함께 논의하여 품정할 것을 청한 것에 대해 계하하셨습니다. 예조 판서 조익(趙翼)과 본 종묘서의 제조 심액(沈詻)이 마침 병이 있기 때문에 신 이경석(李景奭), 예조 참판 허계(許啓), 참의 신면(申冕)이 오늘 삼가 영녕전과 종묘의 안팎의 탈이 있는 곳을 함께 봉심하고 해조에서 삼가 갖추어 계문하였습니다. 봄 봉심 때에는 근자에해 온 규례대로 파손된 곳만 보수하기 때문에 더욱 심한 곳에 대해서 서계(書啓)했었고, 이번에 별도로 거행하는 봉심은 의도가 기한을 정해 전부 개비하는 데에 있기 때문에 고쳐야 할 곳은 예외 없이 일일이 열거하여 기록하였습니다. 따라서 전후로 자세하고 소략함과 보수할 수량의 많고 적은 차이가 자연 있습니다.

신들은 이어 삼가 아룁니다. 생각건대 종묘 안은 마땅히 극진하게 하지 않는 곳이 없어야 하니, 헌부에서 아뢴 것은 그 뜻이 매우 옳습니다. 그러나 조종조에서 계속 행해 온 규례도 고찰하지 않을 수 없어 호조와 예조에서 오래 근무한 서리들에게 물어보았더니, '난리를 겪은 뒤로 문서와 의궤가 없어져 남아 있는 것이 없다 보니 연한에 대한 정식을 알아볼 데가 전혀 없다.' 하였고, 또 본 종묘서의 오래된 수복들에게 물어보았더니, '크기에 따라 해당되는 곳만 보수하는 것은 바로 병자년 (1636, 인조14) 이전의 규례이고, 초장(綃帳) 1폭에 한 군데 파손된 곳이 있으면 그 1폭을 개비하고, 돗자리[地衣] 1닢[立]에 한 군데 파손된 곳이 있으면 그 1닢을 개비하는 것은 바로 전부터 내려온 규정이다.' 하였는데, 연한이 정해져 있다는 것은 그들도 모르고 있었습니다. 이것이 비록 입으로 전해진 얘기라 증명할 수는 없지만 뜻으로 미루어 보면 봄과 가을의 봉심은 전적으로 비가 새기 때문에 설행하는 것이 아닌 만큼 파손된 곳만 보수한다는 뜻이 자연 그 속에 들어 있습니다. 오직 1폭의 휘장과 1립의 자리를 군데군데 보수하고 기워 색깔과 모양이 제각각 되는 것은 다분히 구차스럽게 될 소지가 있으니, 이것은 예전 규례대로 하는 것이 마땅할 듯합니다.

만약 연한을 정하여 개비하는 것이 옳다면 3년이나 5년은 너무 잦은 것 같고 10년을 기한으로 하면 너무 뜸한 듯합니다. 게다가 전부를 개비한다면 종묘 안 전체를 모두 바꾸어야 하므로 번독함이 너무도 심할 것이고, 정해진 기한이 되기 전에는 비록 파손되거나 더러워진 곳이 있더라도 그때그때 고칠 수 없을 것이니, 봄과 가을로 봉심하는 것이 마침내 형식적인 일이 되고 말 것입니다. 이것은 구차스럽게 하지 않으려다가 도리어 미안한 바가 있게 되는 꼴이니, 어떻게 하면 마땅함을 얻을 수 있을지 모르겠습니다. 사안의 본질이 중대한 만큼 성급하게 논의해서는 안 될 것이니, 예관으로 하여금 다시 근거할 만한 규례를 고찰하게 하고 다른 대신들에게도 하문하여 처리하는 것이 어떻겠습니까?"

하니, "아뢴 대로 하라."고 전교하였다. —갑신년(1704, 숙종30)에 제조 유득일(柳得一)이 아뢴 것으로 인하여 2년을 기한으로 수개하도록 정탈하였다가 다시 대신의 수의로 인하여 예전 그대로 훼손된 곳만 고치도록 판하하였다. 《승정원일기》에 나온다.

○ **현종 계묘년**(1663, 현종4) **10월 임술일**(28일)

양사(兩司)를 청대(請對)했을 때이다. 지평 윤우정(尹遇丁)이 아뢰기를,

"신은 지난해 종묘를 봉심할 때에 공조좌랑으로서 나아가 삼가 각 신실의 홍초장(紅綃帳)과 돗자리 등의 물품을 보았는데, 전부터 그대로 보수만 했기 때문에 휘장은 터진 곳을 기운 데가 많아 새로 댄 부분과 예전 것의 색깔이 달랐고, 바깥 면의 휘장은 더욱 심하였으며, 돗자리도 마찬가지였으니, 우러러봄에 지극히 미안하였습니다. 당초의 정식이 실로 의도를 둔 바가 있었겠지만 더없이 중한 태묘의 의물(儀物)이 이처럼 구차해서는 안 될 듯합니다. 신의 생각으로는 지금 이후로 그대로 보수만 하는 것은 하지 말고 연한을 정하여 일제히 개비했으면 하는데, 이 문제를 호조로 하여금 대신에게 논의하여 품처하게 하는 것이 어떻겠습니까?"

하니, 상이 이르기를,

"홍초장을 먼저 변통하는 것이 좋겠다."

하였다. 김익렴(金益廉)이 아뢰기를,

"삼가 들으니, 종묘 앞의 교량을 수축한 뒤에 승려들이 하마비(下馬碑)를 새겨 세웠다고 합니다. 이곳이 어찌 하마비를 세울 곳이겠습니까?"

하니, 상이 이르기를,

"옛날에는 없었는가?"

하자, 모두 대답하기를,

"없었습니다. 말에서 내려 피하는 병문(屛門)이 이미 있는데, 어찌 꼭 비를 세우겠습니까? 한성부(漢城府)로 하여금 뽑아 제거하게 하는 것이 옳을 듯합니다."

하였다. 상이 이르기를,

"무엇이라고 새겼는가?"

하니, 이무(李堥)가 아뢰기를,

"'대소 인원은 모두 말에서 내리시오.〔大小人員 皆下馬〕'라고 새겼습니다."

하자, 상이 이르기를,

"종묘 앞에는 어찌 하마비를 세웠는가?"

하였다. ―《예조등록》에 나온다.

○ **갑진년**(1664, 현종5) **11월 임인일**(15일)

예조에서 아뢰기를,

"금년 11월 3일 인견(引見) 때에 영의정 정태화(鄭太和)가 아뢰기를, '종묘와 영녕전 근처의 수목(樹木)을 이번 동지제(冬至祭)를 지낸 뒤에 벌목하는 것으로 이미 정탈하였습니다. 벌목하는 그루 수가 장차 300여 그루에 이른다고 하니, 벌목한 나무를 처리할 방법이 마땅히 있어야 할 듯합니다.' 하니, 상께서 이르시기를, '해조로 하여금 처리하게 하라.'라고 전교하셨습니다.

태묘 담장 안에서 벌목한 나무는 다른 곳에다 옮겨 사용할 수 없을 듯하니, 그대로 유치하였다가 앞으로 치를 대제의 제물을 조리할 때에 기인(其人)이 으레 바치는 나무를 우선 진배하지 말게 하고 이번에 벌목한 나무로 들어갈 수량만큼 헤아려서 대용하게 한다면 편하고 좋을 듯하고, 또한 겸하여 기인의 폐해를 조금이나마 줄일 수 있을 것입니다. 종묘서와 해조에 이렇게 분부하는 것이 어떻겠습니까?"

하니, "윤허한다."고 전교하였다. ―《예조등록》에 나온다.

○ **숙종 병자년**(1696, 숙종22) **2월 기유일**(23일)

예조에서 아뢰기를,

"이번 봄 봉심 때 탈로 잡힌 종묘 제1실 제3위의 좌대(座臺), 제2실 제2위의 좌대, 제4실 제1위의 좌대, 제6실 제2위의 좌대, 제7실 제3위의 좌대, 제8실 제1위·제2위의 좌대를 개비하는 일이 계하되었습니다. 이에 상의원(尙衣院)에 분부하였더니, 해원(該院)의 첩보 내에 '본원의 전후 문서에는 원래 거행한 예가 없습니다. 사안이 중대한 만큼 관례대로 만드는 물건에 비할 것이 아닙니다. 지금 봉상시에서 막 수개청(修改

廳)을 설치하였으니, 본 봉상시에 이 일을 넘겨 정밀하게 만들어 진배하게 하는 것이 실로 사의에 합당할 것입니다.' 하였습니다. 그러므로 이러한 뜻으로 봉상시에 분부하였더니, 해당 봉상시의 첩보 내에 '이번 수개청은 별도로 계하를 받아 감조관(監造官)을 차출하였으니, 사안의 본질이 이미 다릅니다. 해당 상의원의 보고 때문에 이처럼 중대한 일을 새로 만들어 할 수는 없습니다.' 하였습니다.

애당초 부묘할 때에 봉상시에서 청을 설치하여 좌대를 만들어 진배한 뒤로는 일찍이 개비한 일이 없었으니, 해원에서 전례가 없다고 말한 것은 형세상 참으로 인정이 됩니다. 그러나 개비하는 일은 탈이 잡힌 부분을 보수하는 것과는 다른 만큼 사안의 본질에 있어서 역시 매우 중대합니다. 또한 함〔匱〕과 욕석을 한창 해당 봉상시에서 감조관을 차출하고 청을 설치하여 만들고 있으니, 좌대도 일체 정밀하게 만들어 진배하는 것이 실로 사의에 합당합니다. 이러한 뜻으로 봉상시에 분부하는 것이 어떻겠습니까?"

하니, "윤허한다."고 전교하였다. ─《예조등록》에 나온다.

○ **임오년**(1702, 숙종28) **9월 경신일**(12일)

주강에 입시했을 때이다. 동지사(同知事) 김창집(金昌集)이 아뢰기를,

"종묘의 탈이 잡힌 잡물(雜物)은 으레 모두 불에 태우는데, 신들이 이번 수개할 때에 보니, 탈이 잡힌 물건 중에 각종 목기는 대부분 다시 만든 지 오래되지 않았는데도 조금만 손상된 부분이 있으면 번번이 모두 탈을 잡아 불에 태웠습니다. 더없이 중한 태묘의 제기를 두고 감히 물력을 계산해서는 안 되지만, 만약 전체가 손상되고 더러워진 것이 아니어서 그대로 두고 보수할 수 있는 것이라면 보수해서 쓰더라도 미안한 일은 없을 듯합니다. 감히 이렇게 우러러 진달합니다."

하니, 상이 이르기를,

"크게 파손된 것이야 개비하지 않을 수 없지만 만일 크게 파손된 것이 아니라면 보수하여 쓰는 것이 좋겠다."

하였다. 김창집이 아뢰기를,

"탈이 잡힌 잡물을 불에 태울 때에 단지 예조 당상과 종묘서 제조만 불

에 태우는 자리에 입회합니다. 본조의 당상 역시 동참하여 문서를 점검하면서 하나하나 불에 태우고, 사직, 영희전(永禧殿), 영소전(永昭殿) 여러 곳의 당상과 낭청도 상황에 맞추어 번갈아 나아가 불에 태우는 자리에 입회하도록 하는 것이 어떻겠습니까?"

하니, "그대로 하라."고 하였다. -《예조등록》에 나온다.

○ **갑신년**(1704, 숙종30) **5월 신해일**(13일)

종묘에 기우제를 친행(親行)으로 행할 때이다. 전교하기를,

"울창주를 관지(灌地)하는 구멍의 크기가 같지 않으니, 혹 판의 구멍이 큰 것도 있는데 돗자리에 뚫은 구멍이 심히 작아 결국 관지할 즈음에 넘쳐흐르는 근심이 있다. 이후로 관지하는 구멍을 한결같이 가장 큰 구멍에 맞춰 고쳐 뚫고, 돗자리의 구멍이 작은 것도 고쳐 뚫어 크기를 균일하게 해서 넘쳐흐르는 근심이 없게 하라."

하였다. 우승지 이희무(李喜茂)가 아뢰기를,

"판과 돗자리가 모두 전(殿) 안에 있으니, 고유제를 속히 행하고 구멍을 고쳐 뚫어야 합니까, 아니면 후일 개수할 때에 고쳐 뚫는 것을 겸해서 합니까? 감히 여쭙니다."

하니, 전교하였다.

"관지하는 예는 삭제나 망제 때에 두루 행하는 예가 아니고 반드시 대제를 지낼 때에 하는 것이니, 추향대제에 맞춰 고쳐 뚫는 것이 좋겠다." -《예조등록》에 나온다.

○ **을유년**(1705, 숙종31) **8월 을묘일**(24일)

주강에 입시했을 때이다. 지사(知事) 민진후(閔鎭厚)가 아뢰기를,

"일이 종묘에 관계되어 지극히 황공한 줄은 압니다만, 이미 생각한 바가 있어 감히 우러러 진달합니다. 봄과 가을로 봉심하여 개수할 때에 예전에 진배했던 물건은 일체 모두 불에 태우니, 이것은 필시 경건하지 못한 데에 사용될까 염려해서입니다. 그러나 전 밖에서 사용한 차일, 휘장, 자리 등의 물건까지 또한 어찌 모두 불에 태워야 하겠습니까? 신이 감히 비용을 아까워해서가 아니라 실로 의미가 없는 듯해서입니다.

만약 호조에 명하여 더러운 곳에 사용하지 말도록 한다면 대단히 미안한 일은 없을 듯합니다."

하니, 상이 이르기를,

"예전의 물건을 모두 불속에 던진단 말인가?"

하자, 민진후가 아뢰기를,

"신발, 의복, 악기 등의 물건도 모두 불에 태우니, 불에 태울 즈음에 보기가 극도로 미안합니다. 신탑(神榻)에 진배한 옛 물건은 참으로 태워야 마땅하지만 차일이나 휘장 등의 물건은 어찌 반드시 태워야 하겠습니까? 혹 대신에게 하문하신 다음 참작하여 상께서 재결하신다면 아무 문제가 없을 듯합니다."

하니, 상이 이르기를,

"전 안에서 사용한 것은 불에 태우고 나머지는 태우지 말되, 경건하지 못한 곳에 사용하지 말도록 하는 것이 좋겠다."

하였다. ─《예조등록》에 나온다.

의장儀章의 보수

○ **인조 갑자년**(1624, 인조2) **5월 을축일**(12일)

주강에 입시했을 때이다. 특진관(特進官) 심열(沈悅)이 아뢰기를,

"반정한 이후로 응당 행해야 할 전례를 대부분 거행하지 못하고 있습니다. 더구나 역적의 변란을 겪고 나서는 물력이 탕진되었으니, 모든 의장과 문물을 일시에 모두 갖추자면 경비를 계속 대기가 참으로 어렵습니다. 어제 악기도감(樂器都監)의 회계(會計)는 갖추기가 그리 심히 어려운 정도는 아니나 지금 물력이 쓸어낸 듯 바닥났으니 우선 가을 추수를 기다린다면 가능할 것입니다. 그 가운데 보록(寶盝)과 보통(寶筒)은 전에는 주석〔錫〕으로 만들었기 때문에 비용이 매우 많이 들었습니다. 만약 놋쇠〔鍮〕로 만든다면 수월할 듯합니다."

하니, 상이 이르기를,

"이 일은 어제 예판이 말했는데, 역시 쉽게 따르기가 어렵다. 주석과 놋쇠의 비용 차이가 얼마나 되는가? 그렇지만 전의 제도를 고치는 것은 심히 미안하다."

하였다. 심열이 아뢰기를,

"우선 뒤로 미루는 것은 어떻겠습니까?"

하니, 상이 이르기를,

"잠깐 미루는 것이야 괜찮지만 오래 미루는 것은 안 된다. 대개 나의 뜻은 전의 제도를 내려 낮추는 것이 미안하기 때문에 쉽게 따르지 못하는 것이다."

하였다. 이정귀가 아뢰기를,

"일체 전의 규정과 같게 할 것 같으면 결코 공역을 시작할 수 없습니다. 비록 놋쇠로 만들더라도 정밀하면서도 아름답게 만들도록 한다면 어찌 불가하겠습니까?"

하니, 상이 이르기를,

"그렇다면 그렇겠으나 임진년의 왜란 때에도 반드시 유실되었을 터이니, 그때에도 다시 만들지 않았겠는가?"

하자, 심열이 아뢰기를,

"임진년에는 낮추지 않았는데 오늘날 낮추는 것은 실로 미안합니다. 그러나 현재의 물력으로 말하는 것일 뿐입니다."

하였다. 이정귀가 아뢰기를,

"임진년에는 보록과 보통이 실제로 있었습니다. 만약 임진년 이후에 다시 만든 것이라면 그릇의 크기와 상태가 마땅히 똑같았을 것입니다. 그런데 지금 보면 그 제도가 같지 않습니다. 옥책(玉冊)에 대한 일을 전에 이미 아뢰었습니다만, 폐조(廢朝)에서 올린 선묘(宣廟)의 옥책은 있는 것이야 그대로 두겠지만 없는 것은 더 갖추지 않는 것이 옳습니다. 열성의 옥책도 임진년에 모두 잃었습니다."

하니, 상이 이르기를,

"임진년에 잃었는데 그후로 다시 만들지 않았다면 지금은 없는가?"

하자, 이정귀가 아뢰기를,

"지금 없습니다. 옥책이 부서진 것은 땅에 묻었습니다. 보록 등의 물건은 주석으로 만들더라도 달리 더 아름다울 일도 없고, 놋쇠로 만들더라도 반드시 아름답지 않은 것은 아닙니다. 다만 만드는 공정이 조금 적을 뿐입니다. 대비전에 올린 호(號)는 마땅히 옥책을 만들어야 하는데, 전에 보관해 놓은 옥편(玉片) 200여 편이 지금은 모두 유실되어 없습니다. 보함[寶椷]을 싸는 보자기[袱] 및 주렴(朱簾)과 침장(寢帳)이 모두 없는데, 이것은 어제 계산해 보니 비용이 30동(同)에 불과합니다."

하고, 심열이 아뢰기를,

"악공의 의복에 들어가는 비용은 계산하지 않은 것입니다. 그러나 가뭄의 재앙이 이와 같으니, 긴급한 일은 비록 폐지할 수 없으나 천천히 해도 되는 일은 우선 후일로 미루는 것이 좋겠습니다."

하였다. -《승정원일기》에 나온다.

○ **숙종 기사년**(1689, 숙종15) **3월 경인일**(23일)

대신과 비국 당상을 인견하는 자리에 입시했을 때이다. 우의정 김덕원(金德遠)이 아뢰기를,

"신이 지난번에 종묘를 봉심하니, 각 신실의 초장(綃帳)이 탈이 잡힌 데

가 많았습니다. 반드시 예조에서 이미 계하를 받았을 터인데, 태묘의 홍초장은 바로 《오례의》에 실려 있습니다. 그렇기 때문에 해조에서는 홍초(紅綃)로 휘장을 만들 수밖에 없을 것입니다. 그렇지만 이른바 홍초라는 것은 얇아서 쉽게 해지고 값도 저렴하지 않은데, 4, 5년도 지나지 않아 번번이 반드시 개비해야 합니다. 영녕전 제4실과 제5실은 홍주(紅紬)로 휘장을 만들었으니, 이것은 본전을 수개할 때에 만든 것입니다. 지금 23년이 지났지만 여전히 탈이 잡히지 않고 있으니, 대개 주(紬)와 초(綃)는 두께가 같지 않기 때문입니다. 이것으로 볼 때 만약 방주(方紬)에 붉은 물을 들여 휘장을 만든다면 보기에 홍초보다 나을 뿐만 아니라 자주 개비해야 하는 근심도 없을 것이고, 진배를 맡은 해조에서도 경비를 줄일 수 있을 것입니다. 그러므로 감히 이렇게 우러러 진달합니다."

하니, 상이 이르기를,

"종묘 각 신실의 홍초장은 탈이 잡혀 개비할 때에 백방사주(白方絲紬)에 붉은 물을 들인 것으로 만드는 것이 좋겠다."

하였다. ―《예조등록》에 나온다.

○ **경오년**(1690, 숙종16) **8월 기묘일**(21일)

예조 낭청이 종묘서 도제조의 뜻으로 아뢰기를,

"영녕전과 종묘의 가을 봉심에서 탈이 잡힌 잡물을 지금 막 개수하였습니다. 그런데 신문(神門) 밖에 설치한 주렴(朱簾)의 낙영(絡纓)과 동도리(東道里) 및 가에 두르는 선(縇)은 으레 녹색과 남색 두 가지 색을 사용하는데, 초(綃)는 매우 얇고 약하여 색깔이 쉽게 변색되고 또 쉽게 망가집니다. 영녕전 안팎의 홍초장을 일찍이 홍주로 대신 썼는데, 대개 견고하고 치밀하여 쉽게 변색되지 않고 쉽게 망가지지 않기 때문에 그 점을 취한 것입니다. 이번에도 낙영과 동도리 및 가에 두르는 선을 이 전례를 따라 녹색과 남색의 세면주(細綿紬)로 개비하겠습니다. 감히 아룁니다."

하니, "알았다."고 전교하였다. ―《예조등록》에 나온다.

책_册과 보_寶

각 신실의 책과 보를 첨부하였다.

○ **성종대왕 을미년**(1475, 성종6) **2월 병오일**(27일)

회간대왕(懷簡大王)[43]에게 올리는 시호는 '……'이다. 인수왕대비(仁粹王大妃)가 선정전(宣政殿) 별탑(別榻)으로 나아갔다. 발을 드리우고, 여집사가 산(織)과 선(扇)을 받들고, 의장(儀仗)을 진열하기를 의식대로 하였다. 상이 백관을 거느리고 인정전(仁政殿) 뜰로 나아가 절한 다음 옥보(玉寶)를 올렸다. 이를 마친 다음 여(輿)를 타고 책과 보를 모시고서 선정전 남문 안의 소차(小次)로 나아갔다. 진책관(進冊官)인 영의정 신숙주(申叔舟), 진보관(進寶官)인 우의정 김질(金礩), 독책관(讀冊官)인 우찬성 윤필상(尹弼商), 독보관(讀寶官)인 좌찬성 서거정(徐居正)이 선정전으로 들어가 예를 거행하였다. 이를 마치고 예의사(禮儀使)의 인도를 받아 상이 들어가 월랑의 배위(拜位)로 나아가서 예를 거행하기를 의식대로 하였다. ─실록에 나온다.

○ **선조 경자년**(1600, 선조33) **8월 무인일**(8일)

예조에서 아뢰기를,

"예조의 계사에 대해 '고명(誥命)과 책과 보는 모두 무사한가?'라고 전교하셨습니다. 고명은 중국 조정에서 받은 것이고 옥책의 책문은 지금 기억하는 사람이 없으니, 모두 지금 추가로 보완할 수 없습니다. 그러나 보는 만세토록 종묘에 간직하는 것인 만큼 전란 중에 일실되었다 하여 대전(大典)을 폐지할 수는 없으니, 해조로 하여금 모양대로 추가로 보완하게 하는 것이 어떻겠습니까? 대신의 뜻이 모두 그렇다고 하므로 감히 여쭙니다."

하니, "'왕비지보(王妃之寶)'는 있다."고 전교하였다. ─《승정원일기》에 나온다.

○ **같은 달 경자일**(10일)

예조에서 아뢰기를,

"본 예조의 계사로 전교하시기를, '왕비지보는 있다.' 하셨는데, 신들은 이른바 '왕비지보'에 대해 삼가 잘 살피지 못하였습니다. 이것은 대행

44 대행 선조(宣祖)의 비 의인왕후
(懿仁王后)를 말한다. 의인왕후의
성은 박씨이고, 본관은 나주(羅
州)이며, 반성부원군(潘城府院
君) 박응순(朴應順)의 딸이다.
1600년(선조33) 6월 27일에 승하
하여 이 당시 초상 중이었으므로
대행이라고 한 것이다.《국역 연
려실기술 4집 제12권 선조조고사
본말 선조》

(大行)[44]께서 평상시에 사용하셨던 보입니까? 단지 이것만 있다면 존호를 올렸을 때의 보는 없는 것이 분명합니다. 다만 왕비지보가 이미 있는 이상 이 보를 종묘에 간직한다면 흠결에 이르지는 않을 것이니, 존호를 올렸을 때의 보는 비록 없으나 추가로 보완하지 않아도 될 듯합니다. 감히 여쭙니다."

하니, 전교하였다.

"이 보는 바로 '왕비지보'로 사왕(嗣王)의 대보(大寶)와 같은 것이니, 종묘에 간직할 수 있는 것이 아니다. 또 평시에 이미 존호를 올렸으나 그 보를 잃었으니, 추가로 보완하여 혼전(魂殿)에 비치하지 않아서는 안 될 듯하다."

○ **같은 달 무술일(28일)**

예조에서 아뢰었다.

"대행께 평시에 올린 존호의 보를 지금 추가로 보완해야 하고, 시호의 보도 만들어야 합니다. 존호의 보는 평시에 의거하여 '장성왕비지보(章聖王妃之寶)'로 써야 하고, 시호의 보는 '의인왕후지보(懿仁王后之寶)'로 써야 합니다." -《승정원일기》에 나온다.

○ **광해군 경술년(1610, 광해군2) 3월 경진일(4일)**

도감에서 아뢰기를,

45 상하 4구 선조가 승하했을 때
올린 시호인 '현문의무 성예달효
(顯文毅武聖睿達孝)' 8자 가운데
'성예달효' 4자를 말한다. 처음에
올린 시호는 '소문의무 성경달효
(昭文毅武聖敬達孝)' 였는데, 중
국 황제로부터 받은 시호인 '소경
(昭敬)'과 글자가 중복되는 것을
피하여 '소문'의 '소'를 '현'으로
바꾸고 '성경'의 '경'을 '예'로
바꾼 것이다.

46 아래 2구를……고쳐서 대본은
'仍存二句'인데, 의미가 통하지
않아《선조대왕과 의인왕후의 부
묘도감의궤》에 의거하여 '仍存'
과 '二句' 사이에 '下二句 則語
未相接 不得已竝改下'를 보충하
여 번역하였다.

"시책문(諡冊文)의 고칠 옥간(玉簡)은 전날 서사했던 사람이 쓰도록 해야 하니, 성균관 전적 오익(吳翊)으로 하여금 쓰도록 하는 것이 어떻겠습니까? 또 시호 가운데 '성경(聖敬)'을 '성예(聖睿)'로 고쳤기 때문에 2구는 전에 벌써 부표(付標)하여 아뢰었습니다. 그런데 다시 자세히 살펴보니, 당초 본문의 상하 4구[45]는 의미가 서로 연결되어 있습니다. 지금 만약 위의 2구를 고치면서 아래 2구를 그대로 둔다면 의미가 서로 연결되지 않습니다. 부득이 아래 2구까지 고쳐서[46] 부표하여 들이고 감히 그 사유를 아룁니다."

하니, "윤허한다. 아뢴 내용은 알았다."고 전교하였다. 이어 비망기로 이르기를,

"선왕의 휘호 가운데 '소문(昭文)'의 '소(昭)'자는 '현(顯)'자로 고쳤다. 이 단자는 어찌하여 부표하지 않았는가?"

하니, 도감에서 아뢰기를,

"'선왕의 휘호 가운데 소 자는 현 자로 고쳤다. 이 단자는 어찌하여 부표하지 않았는가?' 라고 전교하셨습니다. 당초 시책문은 신 유근(柳根)이 지어 올렸습니다. 신 유근은 작년 2월 2일에 사제 천사(賜祭天使)의 원접사(遠接使)로 명을 받아 떠났는데, 6월 사이이면 비로소 복명할 수 있을 것입니다. 들으니, 시호 가운데 '성경(聖敬)'의 '경(敬)'자는 중국 조정에서 하사한 시호인 '소경(昭敬)'을 피하여 '성예(聖睿)'로 고쳤다고 합니다. 신이 가만히 생각건대 시호 가운데 '소(昭)', '의(毅)', '성(聖)', '달(達)' 4자는 모두 찬미하는 말이기 때문에 당초 지어 올릴 때에 그 뜻을 발명하지 않습니다. '경'자를 '예'자로 고친 것은 개찬하지 않을 수 없기 때문에 대신에게 논의하여 4구를 개찬하고, 당초의 교가 장단자(教可長單子)를 춘추관에서 가져와 부표하여 아뢰었던 것입니다. 삼가 하교를 받들고 나서 《국장도감등록(國葬都監謄錄)》을 가져다 살펴보니, 과연 '소문'이 '현문'으로 고쳐져 있었습니다. 신 유근이 그 당시에 지방에 있었기 때문에 미처 알지 못하여 부표할 때에 '소'자를 '현'자로 고친 것을 미처 살피지 못하였습니다. 지금 비로소 부표하여 아룁니다."

하였다. "알았다."고 전교하였다. —《승정원일기》에 나온다.

○ **4월 경진일(5일)**

예조에서 아뢰기를,

"도감의 계사에 '……보(寶)는 비록 성기(成器)이지만 이미 다른 물건으로 바꾼 이상 둘 다 남겨 두는 이치는 없을 듯하니, 세월이 오래 흐른 뒤에 진짜와 가짜를 구별하기 어려워 따로 의심의 단서가 생길까 염려해서입니다.' 하였습니다. 도감의 계사대로 처치하는 것이 마땅하겠고, 처치하는 일은 불에 녹여도 무방하고 땅에 묻어도 무방하겠습니다. 감히 아룁니다."

하니, "아뢴 대로 하라."고 전교하였다. —《승정원일기》에 나온다.

예조에서 아뢰기를,

"이번 3월 21일의 주강 때에 이정귀가 아뢰기를, '어제 종묘를 봉심하니, 각 신실의 의물(儀物)이 거의 다 파손되고 없어졌는데, 지금의 물력으로는 결코 조속한 시일 내로 개비하기가 어렵습니다. 긴급하여 즉시 수개하지 않으면 안 되는 것을 제외하고 나머지는 가을 추수를 기다려 점차적으로 하는 것이 어떻겠습니까?' 하니, 상께서 이르시기를, '결국 그만둘 수 있는 일이 아닌데 어찌 물력이 모자란다는 이유로 하지 않겠는가?' 하셨고, 이정귀가 아뢰기를, '공역이 너무 커서 도감을 설치한다 해도 1, 2년 안에 결코 개비할 수 없는 형편입니다.' 하니, 상께서 이르시기를, '그렇다면 가을 추수를 기다려서 하면 가능하겠는가?' 하셨습니다.

이정귀가 아뢰기를, '선조실의 옥책이 가장 많은데, 모두 다 파손되었습니다. 시책과 선조조 때에 올린 존호[47]의 옥책 같은 경우는 혹 개수해야 하겠지만 그 나머지 광해 때 추숭한 옥책은 본래 해서는 안 되는 일이었으니, 결단코 개수해서는 안 됩니다.' 하니, 상께서 이르시기를, '광해 때 추숭한 존호는 이미 올린 이상 지금 소급하여 감하는 것은 어려우니, 옥책을 어떻게 개수하지 않을 수 있겠는가?' 하셨습니다. 참찬관(參贊官) 정경세(鄭經世)가 아뢰기를, '폐조 때에 해서는 안 될 일로 마침내 추숭한 것이니, 하늘에 계신 선왕의 영령께서도 반드시 받지 않으셨을 것입니다. 그 당시에 논열하는 사람이 없어 바로잡아 고치지 못한 만큼 지금은 결단코 그대로 존속시켜 추가로 보완해서는 안 됩니다. 사유를 갖추어 고하고 파기하는 것이 옳습니다.' 하였고, 이정귀가 아뢰기를, '폐조 때에 추숭이 세 번 있었는데, 그 가운데 불가한 것은 결코 그대로 존속시켜 파기하지 않아서는 안 됩니다.' 하니, 상께서 이르시기를, '당초 존호를 올리지 않았다면 그만이거니와 지금 잃어버린 것을 인하여 파기하는 것이 미안하지 않겠는가?' 하셨습니다. 정광성(鄭廣成)이 아뢰기를, '여러 신하들이 진달한 말이 모두 옳습니다. 비록 물력이 있더라도 해서는 안 될 일은 할 수 없습니다.' 하니, 상께서 이르시기를, '대신에게 논의하여 하라.' 라고 전교하셨습니다.

47 **선조조……존호** 선조가 생시에 받은 존호로, 1590년(선조23)에 올린 '정륜입극 성덕홍렬(正倫立極盛德洪烈)' 8자와 1604년에 올린 '지성대의 격천희운(至誠大義格天熙運)' 8자를 말한다.

대신에게 논의한 결과 영의정 이원익은 '비록 폐조 때의 일이나 이미 올린 존호를 지금 거론하는 것은 미안하다는 뜻을 신이 일찍이 등대(登對)에서 하문하셨을 때에 대략 진달하였습니다. 지금 다른 의견은 없습니다. 삼가 상께서 재결하소서.' 하였고, 좌의정 윤방(尹昉)과 우의정 신흠(申欽)은 '이미 올린 존호를 소급하여 논의하기는 어려울 듯합니다. 삼가 상께서 재결하소서.' 하였습니다. 대신의 뜻이 이와 같으니, 상께서 재결하여 시행하시는 것이 어떻겠습니까?"

하니, "논의한 대로 하라."고 전교하였다. —《승정원일기》에 나온다.

○ 같은 달 을유일(2일)

예조에서 아뢰기를,

"신 이정귀가 아뢴 뜻은 곧 '광해 때에 올린 추숭 존호는 신주에서 소급하여 삭제하기가 참으로 어려우나 옥책에 이르러서는 있으면 놔두어도 괜찮지만 지금 이미 파손된 이상 개수할 필요는 없다.' 라는 것이고, 참찬관 정경세가 아뢴 '광해 때에 추숭한 존호는 하늘에 계신 선왕의 영령께서도 반드시 받지 않으셨을 것이니, 사유를 갖추어 고하고 파기하자.' 라는 것은 존호까지 모두 소급하여 삭제해야 한다는 것입니다. 이런 내용으로 대신에게 논의하였더니, 모두 이미 올린 존호를 소급하여 논의하기는 어렵다고 대답하였으니, 이것은 존호를 소급하여 삭제해서는 안 된다는 것만 논의한 것이고 옥책을 추가로 보완할 것인가 하는 문제에 대해서는 분명하게 말하지 않은 듯합니다.

신들의 생각으로는, 존호를 소급하여 감할 수 없는 것은 진실로 대신들의 헌의와 같습니다. 그러나 옥책의 경우는 조종조의 각 신실의 옥책과 선조조의 기축년(1589, 선조22)에 종계(宗系)를 고친 업적을 기려 올린 존호의 옥책도 임진년(1592)의 난리로 모두 잃어버렸는데, 환도한 뒤에 모두 추가로 보완하지 못하였습니다. 올려 마땅한 옥책도 추가로 보완하지 못하였는데, 하물며 올려서는 안 될 옥책을 이미 파손된 뒤에 추가로 보완한다는 것도 매우 미안합니다. 다시 대신에게 논의하여 정탈하는 것이 어떻겠습니까?"

하니, "윤허한다."고 전교하였다. —《승정원일기》에 나온다.

○ **갑술년**(1634, 인조12) **7월 무술일**(14일)

예조에서 아뢰기를,

"원종대왕(元宗大王)께 종호(宗號)의 책과 보를 올리는 것을 인목왕후(仁穆王后)의 담제(禫祭)를 지낸 이후에 거행하는 것으로 작년에 본 예조에서 입계하여 정탈하였습니다. 지금 담제의 기일이 멀지 않아 책보도감(冊寶都監)을 이미 계하를 받아 설치하였고 장차 공역이 시작될 것입니다. 다만《종묘등록(宗廟謄錄)》과 종묘를 봉심하고 나서 기록을 남긴 장부를 삼가 살펴보니, 열성조의 보는 모두 하나인데 오직 세조대왕과 덕종대왕의 보는 각각 둘이고 선종대왕의 보는 넷입니다. 대개 열성조의 보 하나는 모두 시호의 보이고, 더 있는 것은 바로 가상한 존호와 추상한 존호의 보입니다. 덕종대왕의 책과 보는 성묘조 성화(成化) 7년 신묘(1471, 성종2)에 추숭한 존호의 책과 보가 각각 하나씩이고, 또 성화 11년 을미(1475)에 가상한 존호의 책과 보가 각각 하나씩인데, 12년 병신(1476) 묘호를 올릴 때에 이르러는 단지 책 1부만 있고 보는 없었습니다. 이로 보건대, 묘호를 올릴 때에는 책만 있고 보는 없는 것입니다. 이번에 올리는 것은 바로 원종대왕의 묘호입니다. 성묘조 때에 덕종에게 묘호를 올린 규례로 본다면 마땅히 옥책만 있고 보는 없어야 할 듯합니다. 그렇다면 보를 만드는 것을 어떻게 해야겠습니까? 책과 보를 함께 올리는 것으로 이미 성명(成命)이 있었지만 전례가 이와 같기 때문에 감히 여쭙니다."

하니, "대신에게 논의하여 정탈하라."고 전교하였다. -《승정원일기》에 나온다.

○ 예조에서 아뢰기를,

"전교하셨습니다. 대신에게 논의한 결과 영의정 윤방, 좌의정 오윤겸(吳允謙), 우의정 김류(金瑬), 판중추부사 이정귀는 '삼가 해조의 계사를 보니, 열성은 단지 시호의 보와 존호의 보만 있으며, 묘호를 올릴 때에는 책만 있고 보는 없다고 하였습니다. 지금 역시 열성의 이미 이루어진 규례를 따르는 것이 마땅할 듯합니다. 삼가 상께서 재결하소서.' 하였습니다. 영중추부사 정창연(鄭昌衍)과 판돈녕부사 김상용(金尙容)은 병으로 수의하지 못하였습니다. 대신의 의견이 이와 같으니,[48] 상께서 재결하여 시행하시는 것이 어떻겠습니까?"

하니, "논의한 대로 하라."고 전교하였다. —《승정원일기》에 나온다.

○ 을해년(1635, 인조13) 5월 임자일(3일)

최명길이 아뢰기를,

"신이 종묘서 제조로 있을 때에 종묘 안에 있는 등록 하나를 보았는데, 역대의 책과 보가 모두 기록되어 있었습니다. 대개 명묘조의 상진(尚震)이 제조로 있을 때에 만든 것으로, 박민헌(朴民獻)이 서문을 썼습니다. 선묘조에 이르러 또 명묘 때의 일을 기록하였고, 그 아래에는 서너 장이 빈 채로 있었습니다. 선조대왕, 의인왕후, 인성왕후(仁聖王后) 및 원종대왕과 인헌왕후(仁獻王后)의 책과 보를 마땅히 그 책에 첨부하여 써야 할 듯한데, 책이 이미 오래되어 파손되었습니다. 새것으로 바꾸어야 하겠습니까?"

하니, 상이 이르기를,

"아무리 파손되었더라도 오래된 물건은 귀한 것이니, 그대로 쓰는 것이 좋겠다."

하자, 최명길이 아뢰기를,

"예조에 말하는 것이 어떻겠습니까?"

하였다. —《승정원일기》에 나온다.

○ 정축년(1637, 인조15) 5월 신미일(4일)

종묘서의 관원이 도제조의 뜻으로 아뢰기를,

"영녕전과 종묘의 각 신실에 있는 보의 현존하는 수와 잃어버린 수를 개록한 초기(草記)에 대해 답하시기를, '알았다. 잃어버린 보는 마땅히 다시 만들어야 할 듯하니, 논의하여 처리하라.'라고 전교하셨습니다. 지금은 물력이 탕진되어 공역을 일으키기가 어려운 형세이니, 해조로 하여금 미리 요량해 두도록 하였다가 우선 시사가 조금 안정되기를 기다려 국(局)을 설치하고 다시 만드는 것이 마땅하겠습니다. 감히 아룁니다."

48 이와 같으니 대본에는 없으나 수의(收議)한 결과를 아뢰는 예조 계사 형식을 참고하여 보충 번역하였다.

하니, 전교하였다.

"아뢴 대로 하라. 그 가운데 가장 많이 손상된 것도 다시 만들어야 할 것이다." –《수리도감등록》에 나온다.

○ **효종 신묘년(1651, 효종2) 4월 갑술일(28일)**

도감에서 아뢰기를,

"인열왕후(仁烈王后 인조 비) 책례(冊禮) 때의 옥책문이 계해년(1623, 인조1)의 등록에 있으니 시책문은 마땅히 을해년(1635)의 등록에 있어야 하는데, 난중에 유실되었습니다. 책문을 지어 올린 상신(相臣) 조익(趙翼)에게 물었더니, 초본 역시 잃어버렸다고 합니다. 옥책은 등록에 의하여 베껴 쓰면 되지만 시책은 소급하여 고쳐 지을 수 없는 것이니, 어떻게 해야겠습니까? 책례 때의 보의 전문식(篆文式)은 대내에서 내린 등록에 의하여 베껴 쓰겠습니다. 감히 아룁니다."

하니, 전교하였다.

"알았다. 시책문의 일은 대신에게 논의하여 처리하라." –《예조등록》에 나온다.

○ **같은 달 을해일(29일)**

도감에서 아뢰기를,

"시책문의 일로 수의하였습니다. 영의정 김육(金堉)은 '시책문은 미리 제술하여 옥간(玉簡)에 써 두었다가 대행(大行)의 발인 이전에 종묘에 고한 다음 혼전에 봉안하고, 발인할 때에 산릉(山陵)으로 모시고 갔다가 반우(返虞)한 뒤에 도로 혼전에 봉안하며, 부묘할 때에 종묘의 신실로 들이는 것이 예입니다. 지금 이 숙녕전(肅寧殿)[49]의 시책을 불행하게도 난리 중에 잃어버렸고, 지어 올린 신하도 초본을 잃어버렸습니다. 이미 종묘에 고한 글은 다시 지을 수 없고 보면 종묘에 고하는 예를 재차 행하는 것 역시 지극히 미안합니다. 그러므로 전날 올린 계사 중에 이미 소급하여 고칠 수 없다는 뜻을 진달하였으니, 지금 다시 논의하기는 어렵습니다. 그리고 이번에 휘호를 추상할 때에 보(寶)도 두고 책(冊)도 두었으니, 이 또한 시책입니다. 반드시 책문을 다시 지을 필요는 없습

49 **숙녕전** 인조 비 인열왕후의 혼전으로 창경궁에 있다. 인열왕후의 성은 한씨(韓氏)이고, 본관은 청주(淸州)로, 서평부원군(西平府院君) 한준겸(韓浚謙)의 딸이다. 처음에 청성현부인(淸城縣夫人)으로 봉해졌고, 1623년(인조1)에 반정으로 인조가 즉위하자 왕비로 책봉되었으며, 1635년 12월 9일에 42세의 나이로 승하하였다. 《국역 연려실기술 5집 제23권 인조조고사본말 인조》

니다. 많은 사람들의 의견이 이와 같은데 어떠한지 모르겠습니다. 삼가 상께서 재결하소서.' 하였고, 영중추부사 이경여(李敬輿)는 논의하기를, '종묘에 올려 부묘하는 예는 극히 엄중하고 중요하니, 비록 하찮은 의장(儀章)의 도수에 관한 것이라도 감히 흠결이 있어서는 안 됩니다. 더구나 이처럼 시책을 각 신실에 봉안하는 일은 바로 열성조에서 준행해온 규례입니다. 난리로 인하여 유실된 것이 이미 전고에 없던 변고이고보면 오늘날 참작하여 조처하는 것도 마땅히 전고에 없던 변례(變禮)가있어야 합니다. 변례가 중도를 얻으면 이것이 곧 권도(權道)입니다. 신처럼 얕은 소견으로는 감히 권도에 대해 가볍게 논의하지는 못하겠고한번 정리(情理)로 미루어 보겠습니다. 부모를 섬기고 신을 섬기는 도리는 오직 성실에 달려 있을 뿐이니, 사실을 들어 정성껏 고한 다음 다시지어 사용하는 것이 조종조에서 통행해 온 훌륭한 전례의 휘장(徽章)을완전히 빼먹는 것보다는 혹 나을 듯합니다. 그러나 근거 없는 무식한설을 어찌 감히 스스로 옳다고 주장하겠습니까? 삼가 상께서 재결하소서.' 하였습니다. 좌의정 이시백(李時白)은 병으로 수의하지 못하였습니다. 대신의 뜻이 이와 같으니, 감히 아룁니다."

하니, "영돈녕부사에게도 수의하여 아뢰라."고 전교하였다. —《예조등록》에나온다.

○ 도감에서 아뢰기를,

"시책문의 문제로 대신에게 논의한 초기에 대해 전교하시기를, '영돈녕부사에게도 수의하여 아뢰라.' 라고 명하셨습니다. 즉시 낭청을 보내 영돈녕부사 김상헌에게 묻게 하였더니, 병으로 수의하지 못하였다고 합니다. 감히 아룁니다."

하니, "영중추부사의 의견대로 시행하라."고 전교하였다.

○ 5월 기묘일(3일)

도감 낭청이 도제조의 뜻으로 아뢰기를,

"시책 문제로 여러 대신에게 물으시고, 영중추부사의 의견대로 시행하라고 명하셨으니, 도감에서는 즉시 받들어 행해야 할 것입니다. 그러나 다만 '인열(仁烈)' 두 글자는 바로 선조(先朝)에서 정하신 시호이고, 지어 올린 책문 역시 선왕의 명으로 제체(齊體)의 예를 행한 것으로서 이미 선왕의 어람(御覽)을 거쳐 종묘에 고하는 예를 행한 것이며, 받들어 올린 상신도 역시 선왕의 명을 받아 거행한 것입니다. 지금 다시 짓는 책문을 선왕의 명이라고 하는 것은 잘못이고 전하의 분부를 받든 것으로 하는 것도 안 될 일이니, 이 점은 지극히 난처한 부분입니다. 더구나 길례(吉禮)와 흉례는 서로 겹쳐서는 안 되는 법인데, 상제(祥祭)가 이미 임박하여 부묘의 예를 장차 행할 터에 길례로 나아가는 때를 당하여 초상 때의 예로 다시 종묘에 고하는 것은 어찌 매우 미안한 일이 아니겠습니까?

《맹자》에 이르기를, '천하를 위하여 재물을 아껴 자기 부모에게 박하게 하지 않는다.' 하였으니, 만약 비용을 아끼다가 혹시라도 흠결된 일이 있게 된다면 비록 하찮은 의장의 도수에 관한 것이라도 행하지 않을 수 없겠지만,[50] 그러나 사세가 불행하여 유실되기에 이르렀고 보면 있는 것은 있다고 하고 없는 것은 없다고 하는 것이 바로 정성입니다. 어찌 소급하여 다시 짓는 것을 정성이라고 하고 다시 짓지 않는 것을 정성이 아니라고 하겠습니까? 난리 중에 유실되어 의물을 갖추지 못하는 뜻을 영사전(永思殿)[51]과 숙녕전 두 곳에 제를 올려 고하면 되는 것입니다. 책문을 다시 지으면서 단지 유실된 사유만을 싣는다면 이것은 사유를 고하는 말이지 시책의 체제가 아닙니다. 신이 도감에 몸을 담고 있고 또 책문을 받들어 올리는 직임을 맡고 있기에 삼가 마음에 미안한 바가 있어 부득불 소회를 모두 아뢰었습니다. 황공하오나 감히 아룁니다."

하였다. 다시 아뢰기를,

"전교하시기를, '다시 영중추부사에게 논의하라.' 라고 하셨습니다. 영중추부사 이경여는 논의하기를, '대체로 천하의 일에는 정상적인 일도 있고 정상적이지 않은 일도 있으니, 거기에 대처하는 방법에도 상도와 권도의 구별이 있는 것입니다. 정상적이지 않은 일을 만나 권도로 대처하되 적절함을 잃지 않는 것은 의리에 정밀하고 식견에 통달한 이가 아니면 섣불리 논의할 수 없습니다. 더구나 종묘의 예는 지극히 엄하고 중요하니, 정상적이지 않은 사태에 대처하는 방도를 어리석은 신의 얕

50 행지……없겠지만 대본은 '不可爲也'인데, 《효종실록》 2년 4월 28일조 기록에 의거하여 '不可不爲也'로 바로잡아 번역하였다.

51 영사전 인조의 혼전으로 창덕궁에 있다.

은 소견으로는 감히 그 사이에 참여하여 논의할 수 없습니다. 그렇지만 전하의 하문에 감히 침묵하고 있을 수 없어서 함부로 근거 없는 무지한 말을 진달하여 상께서 재결하시는 데에 자료가 되도록 하였던 것인데, 방금 영의정 김육이 전후로 올린 계사를 보니 명백하면서도 근거가 있습니다. 이에 신은 감히 옳고 그름을 무리하게 논란할 수는 없고, 다만 사람은 저마다 소견이 있는 만큼 구구한 신의 터무니없는 의견은 이렇습니다. 열성의 책과 보가 변란을 만나 유실되고 남아 있는 것이 얼마되지 않았습니다. 이에 소급하여 다시 만들라는 선조의 성명이 이미 있었으나 다만 시기가 좋지 않아 겨를이 없었을 뿐입니다. 조만간에 다시만드는 거사가 있다면, 각 신실의 교책(敎冊)이 모두 그 글을 보유하고있다고 어찌 보장하겠습니까? 그 가운데 만약 본문이 없는 것이면 장차빼버리고 다시 짓지 않겠습니까, 아니면 부득이 사당에 그 사유를 갖추어 고하고 다시 지어 사용하겠습니까? 선조의 책명(冊命)이 이미 제체(齊體)의 예를 사용하였으니, 오늘에 와서 추상하더라도 어버이를 드러내는 도리에 해로움은 없을 듯합니다. 오직 실상을 갖추어 진술하고 말을 잘 만들어야 할 뿐이니, 비록 혹시 곤란한 곡절이 있다 하더라도 일단 정례(情禮)에 맞으면 크게 구애될 필요는 없습니다. 그러나 신처럼용렬하고 고루한 사람이 어찌 감히 제 소견을 옳다고 주장하겠습니까?큰 예를 절충하는 것은 오직 성상의 재결에 달려 있습니다.' 하였습니다. 대신의 의견이 이와 같으니, 감히 아룁니다."
하니, 전교하였다.

"두 대신의 소견이 각각 근거할 바가 있어 모두 상도와 권도에 부합된다마는 어버이를 추모하는 나의 망극한 정으로서는 어버이를 드러내는 예절을 갖추지 않을 수 없다. 이번의 수의는 정리와 예법에 꼭 들어맞는 듯하니, 이에 의거하여 충분히 강론한 다음 조속히 거행하라." -《예조등록》에 나온다.

○ 도감 낭청이 도제조의 뜻으로 아뢰기를,
"인열왕후의 시책문 문제로 영중추부사 이경여가 수의한 것을 아뢴 계사에 대해 전교하시기를, '두 대신의 소견이 각각 근거할 바가 있어 모두 상도와 권도에 부합된다마는 어버이를 추모하는 나의 망극한 정리로서는 어버이를 드러내는 예절을 갖추지 않을 수 없다. 이번의 수의는 정리와 예법에 꼭 들어맞는 듯하니, 이에 의거하여 충분히 강론한 다음 조속히 거행하라.' 라고 명하셨습니다. 성상의 효성은 하늘이 낸 것이라 듣는 사람을 감동시킵니다. 신들이 성상의 뜻을 받들어 따르는 것이 아름다움이 되는 줄을 모르는 것은 아니나 일에 곤란한 점이 있어 각각 소견을 진달했던 것입니다. 오늘 마침 시책문 제술관이었던 조익을 만났는데, '초본을 난리 중에 유실하였는데, 근자에 들으니 다른 곳에 베껴 써 놓은 사람이 있어 곧 찾아서 올려 보낼 수 있다고 하였다.' 하였습니다. 너무나도 다행입니다. 다시 다른 논의는 없으니, 속히 가져와 간행하겠습니다. 감히 아룁니다."

하니, "알았다. 매우 다행스러운 일이다."고 전교하였다. ─《예조등록》에 나온다.

○ **임진년**(1652, 효종3) **1월 계미일**(10일)

가례도감(嘉禮都監)에서 아뢰기를,

"이번 세자빈의 죽책문(竹冊文) 글씨는 바로 죄인 신면(申冕)의 글씨입니다. 만세토록 전해질 막중한 책문인데 죄짓고 죽은 흉인(凶人)의 필적을 보간(寶簡) 사이에 그대로 보존해 둘 수 없으니, 전에 들인 죽책을 도로 도감에 내려 다른 사람으로 하여금 다시 베껴 쓰게 하는 것이 마땅할 것입니다. 감히 아룁니다."

하니, "알았다."고 전교하였다. 예조 낭청이 좌의정의 뜻으로 아뢰기를,

"전교하시기를, '세자빈의 죽책을 죄짓고 죽은 흉인이 쓴 것이라 하여 이미 다시 쓰게 된 이상 이 외에도 이 사람이 쓴 책문을 유독 그대로 보존하는 것은 매우 미안한 일이다. 살펴 처리하게 하라.' 하셨습니다. 신은 삼가 죽책문을 다시 쓰라는 일로 정원에 내린 전교를 그 즉시 보고 나서는 너무도 놀랍고 송구하여 몸 둘 바를 몰랐습니다. 부묘도감 때에 도제조 자리에 있으면서 널리 글씨 잘 쓰는 사람을 수소문하여 옥책문을 쓰도록 한 것인데, 어찌 이런 망측한 변이 있을 줄을 알았겠습니까? 그 글씨는 결코 그대로 보존할 수 없으니, 해조로 하여금 다시 마련하

게 하고, 공역은 따로 도감을 설치하여 즉시 다시 쓰되 가장 글씨 잘 쓰는 사람을 택하여 써서 판각(版刻)하게 한 다음 제사를 올려 고하고 보관하는 것이 어떻겠습니까?"

하니, "아뢴 대로 하라."고 전교하였다. ─《예조등록》에 나온다.

○ **갑오년**(1654, 효종5) **3월 신묘일**(1일)

대신과 비국 당상을 인견하는 자리에 입시했을 때이다. 예조 판서 정유성(鄭維城)이 아뢰기를,

"이번 종묘를 봉심할 때에 삼가 각 신실의 어보(御寶)를 보았더니, 모두 작은 보자기로 싸서 두었는데, 일이 매우 미안하였습니다."

하니, 상이 이르기를,

"선조 때부터 고치려고 하였으나 겨를이 없었으니, 참으로 미안하다. 풍년이 들기를 기다려서 하면 어떻겠는가?"

하였다. 정태화가 아뢰기를,

"각 신실의 보는 그 수가 상당히 많습니다. 만약 각각 갑(匣)을 만든다면 공역이 클 듯하니, 보는 각각이라도 하나의 갑을 만들어 넣어 봉안하는 것이 어떻겠습니까?"

하니, 상이 이르기를,

"그래도 보자기에 싸 놓는 것보다는 낫겠다. 가을 추수를 기다려 다시 논의해서 하라."

하였다. ─《예조등록》에 나온다.

○ **9월 경인일**(4일)

예조에서 아뢰기를,

"3일에 있었던 인견 때에 종묘 도제조인 좌의정 이시백(李時白)이 종묘 각 신실의 보갑(寶匣)을 제작하는 일로 우러러 여쭈니, 상께서 '금년에는 사신 행차가 빈번했으니 내년 농사를 보고 가을 추수 이후에 하라.'라고 하교하셨습니다. 이와 같은 일은 반드시 거행조건(擧行條件)이 있어야만 훗날 받들어 행할 수 있는데, 거행조건을 본 예조에서 받들지 않았습니다. 신 후원(厚源)[52]이 탑전에서 성상의 하교를 직접 들었다고

52 **신 후원** 후원은 예조 판서 이후원(李厚源)이다. 계사를 아뢰는 사람이 자신을 지칭할 때 '신 아무개'라 하여 자신의 이름만 쓴다.

는 하나 신이 만약 갈리고 나서 문서도 있지 않다면 참으로 준거하여 거행할 근거가 없게 됩니다. 내년 가을을 기다려 본 예조에서 다시 품처하는 것이 어떻겠습니까?"

하니, "아뢴 대로 하라."고 전교하였다. ─《예조등록》에 나온다.

○ 숙종 신유년(1681, 숙종7) 10월 갑신일(5일)

예조에서 아뢰기를,

"공정대왕(恭靖大王)께 추상한 시호를 옥보에 새겨 넣어야 합니다. 그런데 전에는 태묘 각 신실의 시보(諡寶)에 명나라 조정에서 내려 준 시호를 원래 새겨 넣는 예법이 없었습니다. 대개 생각해 보면 시보를 만드는 것은 산릉(山陵)에 장사 지내기 전에 있는데, 중국 조정에 주청(奏請)하여 다녀오자면 해를 넘기게 되니, 형편상 미치지 못하는 바가 있어 단지 본조의 시호만 새겼을 것이고 그대로 전례가 되었을 것입니다. 이번 공정대왕의 시호 두 글자는 이미 명나라 조정에서 내려 준 것이고 또 산릉에 구애되는 일도 없으니, 시보에 새겨 넣는 것이 마땅할 것입니다. 그러나 사안이 중대하여 마음대로 하기 어려운 점이 있습니다. 어떻게 해야겠습니까? 감히 여쭙니다."

하니, "또한 시보에 새겨 넣는 것이 좋겠다."고 전교하였다. ─《예조등록》에 나온다.

○ 갑술년(1694, 숙종20) 2월 신사일(13일)

대신과 비국 당상을 인견했을 때이다. 예조 판서 권유(權愈)가 아뢰기를,

"화춘군(花春君) 이정(李瀞) 등이 상소하기를, '종묘 제3실 이하로 제8실에 이르기까지 시호의 옥책을 소급하여 만드는 일에 대해 대신에게 논의하여 품처하게 하소서.……' 하였고, 빈청의 계사에 '신들이 빈청에 모여 2품 이상과 삼사의 여러 신하들과 함께 서로 논의한 결과 그 가운데 마땅히 행해야 한다고 한 인원이 20인이고, 결정을 내리지 못한 인원이 20인이며, 무신 6인은 모두 감히 의견을 올리지 못하였습니다. 신들의 견해도 조금 다릅니다.' 하였기 때문에 명단을 구분하여 들여서 성상께서 보시기에 편하도록 하였습니다. 감히 아룁니다."

하니, "알았다."고 전교하였다. ─《예조등록》에 나온다.

○ 3월 임술일(24일)

예조에서 아뢰기를,[53]

"대신과 비국 당상을 인견하는 자리에 입시하였을 때에 상께서 이르시기를, '옥책을 개수하는 일로 애당초 빈청에서 수의할 때에 여러 신하들의 논의가 서로 달랐고, 내 생각에도 어려울 것으로 여겼다. 그러나 다만 종묘는 사안의 본질이 중대한 만큼 만약 실록을 고찰하여 날짜와 책문을 받은 대신이 명백하게 기록되어 있다면 마땅히 개수해야 할 일이므로 이렇게 실록을 조사하는 일이 있게 된 것이다. 지금 베껴 온 열성의 책문을 보니 완전히 갖추어지지 않은 것이 많았다. 어떤 것은 고치고 어떤 것은 고치지 않는 것도 미안한 점이 있어 경솔하게 해서는 안 될 듯하니, 입시하지 않은 대신에게 다시 수의한 뒤에 품정하는 것이 좋겠다.' 라고 명하셨습니다.

입시하지 않은 대신에게 논의한 결과 좌의정 목내선(睦來善)은 '신은 오래도록 병에 시달려 다시 소생할 가망이 없습니다. 이에 죽음을 무릅쓰고 면직되기를 바라 연달아 사직 상소를 올렸습니다만 성의가 얕아 아직도 윤허를 받지 못하였습니다. 황송하고 근심스런 마음으로 위축되어 엎드려서 처할 바를 모르고 있는데, 뜻하지 않게 이번에 해조의 낭청이 열성의 책문을 실록에서 조사하고 나서 다시 수의하는 일로 명을 받들고 와서 말을 하니, 신이 비록 병으로 정신은 흐릿하나 감히 우러러 대답하지 않을 수 없습니다. 신은 처음 수의할 때에 신의 생각은 「막중한 태묘의 의장은 결손이 나는 대로 보수하는 것이 정리나 예문에 참으로 마땅하고 게다가 증거로 삼을 만한 고사가 있으니, 받드는 도리에 있어 마땅히 구본을 찾아 의식대로 소급하여 보완해야 할 듯하다.」라는 것이었습니다. 그러므로 감히 이렇게 의견을 올렸던 것입니다. 지금 실록을 조사한 결과 완전히 갖추어지지 않은 것이 많아 이렇게 「경솔하게 해서는 안 되겠다.」라는 하교가 있었으니, 신이 어찌 감히 다시 논의할 수 있겠습니까? 삼가 상께서 재결하소서.' 하였습니다.

영중추부사 김덕원(金德遠)은 '삼가 생각건대, 우리 조정에서 종묘를 받드는 도리는 마음과 형식이 모두 갖추어지고 예의와 의식에 아무런 허물이 없는데, 유독 열성의 덕을 나타내고 공을 기록한 귀중한 책문만이 오래도록 결락된 채로 보완하지 못하고 있습니다. 만약 소급하여 고치는 것을 어렵게 여긴다면 태묘의 전장(典章)을 끝내 부족한 채로 두는 결과를 만들고 말 것이니, 무엇이 더 미안한가는 분명합니다. 하물며 소급하여 고친 전례를 고금에서 찾아 근거할 만한 것이 분명히 있는 데 이겠습니까. 옛 문구를 찾아내 새로이 책문을 갖추어 보관하면 아마도 정리와 예문에 합당할 듯합니다. 그러므로 신이 전후로 올린 의견에 보잘것없는 견해를 함부로 진달하였습니다. 지금 성상께서 실록을 베껴 온 본에 완전히 구비되지 않은 것이 많기 때문에 이렇게 다시 하문하는 명을 내리셨는데, 신은 삼가 생각건대 소급하여 보완하는 예로는 마땅히 시책을 중하게 여겨야 한다고 여깁니다. 열성의 시책의 옛 문구는 실록을 상고하고 지장(誌狀)을 참고하면 이미 모두 갖추어 실려 있고 왕후 한 신실만이 현존하는 문자가 없다고 하는데, 이것에 구애되어 이미 문구를 찾은 각 신실까지도 내버려 두고 부족한 것을 보완할 방도를 생각하지 않는다면, 이것이 어떠한지는 모르겠습니다. 그러나 성상께서 경솔하게 할 수 없다고 하신 하교 또한 신중히 하자는 성대한 뜻에서 나온 것이니, 어리석은 신이 어찌 감히 논의할 수 있겠습니까? 삼가 상께서 재결하소서.' 하였습니다. 대신의 뜻이 이와 같으니, 상께서 재결하시는 것이 어떻겠습니까?"

하니, 전교하였다.

"실록에 실려 있는 책문이 이미 완전하게 갖추어져 있지 않으니, 소급하여 보완하는 예는 경솔하게 논의하기 어려울 듯하다. 그리고 열성의 지장에 이르러서는 실록을 두루 상고하여 명백하게 바로잡지 않아서는 안 될 것이니, 간행은 이에 의거하여 거행하는 것이 좋겠다." -《예조등록》에 나온다.

○ **을유년**(1705, 숙종31) **4월 임신일**(9일)

예조에서 아뢰기를,

"전교하시기를, '오늘 종묘의 책과 보를 직접 봉심하였다. 그 결과 제9

실, 제10실, 제11실을 제외하고 모두 보는 있는데 책이 없었다. 이것은 대개 전후로 있었던 전란 중에 분실하여 그리된 것이다. 지금 비록 창졸간에 소급하여 보완하는 것은 어려우나 보도 갑이 없이 단지 보자기로만 싸 놓아서 보기에 극도로 미안하였다. 이 문제를 해조로 하여금 품처하게 하라.' 고 명하셨습니다.

태묘에 봉안된 더없이 중한 옥책을 전란 중에 분실한 것이 이처럼 많으나, 지금에 이르러 소급하여 보완하는 문제가 사안의 본질상 중대하다는 것은 참으로 성상의 하교와 같습니다. 그러나 상께서 봉심한 뒤에 그대로 놔두고 보완하지 않는 것도 흠결에 해당하니, 대신에게 논의하여 품처하는 것을 그만둘 수 없을 듯합니다.

보갑에 이르러서는 더욱 시급히 만들어야 할 것이니, 해조에 분부하여 속히 거행하도록 하는 것이 어떻겠습니까?"

하니, "윤허한다."고 전교하였다. ―《예조등록》에 나온다.

○ **같은 달 병자일**(13일)

예조에서 아뢰기를,

"명하셨습니다. 대신에게 논의한 결과 판중추부사 서문중(徐文重)은 '종묘는 사안의 본질이 중대하고, 옥책이 분실되어 부족한 것은 의장(儀章)이 구비되지 않은 것과는 같지 않으니, 소급하여 보완하는 일은 그만둘 수 없을 듯합니다. 그러나 다만 문자 사이에 대단히 구애되어 곤란한 바가 있으니, 이미 여러 대의 조정을 거쳐 100여 년이 흘렀건만 아직까지도 논의가 없었던 것은 역시 이 문제 때문이 아니었겠습니까? 지난해에 종실의 신하가 상소를 올려 고쳐서 보완할 것을 청함으로 인해 서적을 널리 상고하고 실록을 상고해 냈으나 결국은 책문을 끝내 완전히 구비하지 못해 소급하여 보완하기 어려운 점이 있다 하여 이내 정지하도록 명하셨습니다. 성상의 하교가 참으로 마땅하니, 신처럼 식견이 없는 사람은 달리 논의할 것이 없습니다. 삼가 상께서 재결하소서.' 하였습니다.

평천군(平川君) 신완(申琓), 우의정 이유(李濡)는 병으로 수의하지 못하였고, 영중추부사 남구만(南九萬), 판중추부사 윤지완(尹趾完), 판중추부사 유상운(柳尙運), 영의정 최석정(崔錫鼎), 좌의정 이여(李畬)는 모두 지방에 있어 수의하지 못하였습니다. 대신의 뜻이 이와 같으니, 상께서 재결하시는 것이 어떻겠습니까?"

하니, "논의한 대로 시행하라."고 전교하였다.

○ 같은 달 계미일(20일)

주강에 입시했을 때이다. 상이 탑전(榻前)에서 하교하였다.

"영녕전 제9실에 있는 장순왕후(章順王后 예종 비)께서 빈(嬪)이 되셨을 때의 백철인(白鐵印)이 세월이 오래되어 부패되고 겨우 형체만 남아 있다. 인끈〔印綬〕을 개비하다 보면 반드시 부서질 염려가 있을 터이니, 다시 만들어야 옳은지를 아울러 대신에게 논의하여 품처하라." -《예조등록》에 나온다.

○ 같은 날

주강에 입시했을 때이다. 호조 판서 조태채(趙泰采)가 아뢰기를,

"영녕전 제11실에 대왕의 금보가 없으니, 이것은 필시 전란 중에 분실되었을 것입니다. 게다가 또 보갑의 안팎을 싸고 있는 보자기는 어떤 것은 노주주(潞州紬)로 만들고 어떤 것은 명주〔紬〕로 만들었습니다. 본 종묘서의 도제조 생각은 '보자기는 똑같이 다시 만들지 않을 수 없다.'라는 것입니다."

하니, 상이 이르기를,

"보자기뿐만이 아니다. 분실하여 결락된 금보와 귀두(龜頭)가 떨어져 나간 옥보를 만약 모두 다시 만든다면 사안의 본질이 아주 중대하여 단지 호조와 공조만으로 하게 할 수 없을 것이고, 마땅히 정묘년(1687, 숙종13)에 만수전(萬壽殿)에 화재가 난 이후 보를 개수했을 때의 규례에 의거하여 역시 도감을 설치해야 할 것이다. 우선 앞으로 있을 수의의 결과를 보고 한꺼번에 품처하는 것이 좋겠다."

하였다. 조태채가 아뢰기를,

"각 신실의 동궁으로 계실 때의 책과 빈으로 계실 때의 보인(寶印)은 대왕과 왕후의 금보·옥보와는 다릅니다. 보갑은 비록 일체 만들어야 하

나 주갑(朱匣)에 이르러서는 함께 만드는 것이 마땅하지 않을 듯합니다. 그리고 제8실에 은인(銀印)이 있는데, '효부 수빈(孝婦粹嬪)' 4자가 쓰여 있습니다. 글씨체가 작은 것이 도서(圖署)의 전각(篆刻) 같고 방전(方篆)은 아닙니다. 이것은 아마도 선조(先朝)의 표창하는 뜻에서 나온 듯하고 책봉 때의 보는 아닌 듯하니, 모두 보갑을 만들 필요는 없고 함(櫃)에 모셔 보관하는 것이 마땅하겠습니다. 그러므로 감히 이렇게 여쭈어 진달합니다."

하니, 상이 이르기를,

"동궁으로 계실 때의 책과 빈으로 계실 때의 보인은 주갑을 만들 필요가 없고, 제8실의 은인 역시 갑을 만들 필요가 없으니, 보자기로 싸서 함 속에 넣는 것이 마땅하겠다."

하였다. ─《예조등록》에 나온다.

○ 같은 달 갑신일(21일)

예조에서 아뢰기를,

"'종묘에 봉안된 탈이 있는 금보를 개비하는 일과 영녕전 제11실 대왕위의 금보를 소급하여 보완하는 일에 대해 병으로 수의하지 못한 대신에게 다시 의견을 묻고, 제9실의 장순왕후께서 빈이 되셨을 때의 백철인이 세월이 오래되어 부패되고 겨우 형체만 남아 있는데 인끈을 개비하다 보면 반드시 부서질 염려가 있으니 다시 만들어야 할지를 아울러 대신에게 논의하여 품처하라.'라고 명하셨습니다.

대신 및 병으로 수의하지 못한 대신에게 논의한 결과 행 판중추부사 서문중(徐文重)은 '신은 현재 본 종묘서의 제조를 맡고 있어 종묘와 영녕전의 각 신실을 봉심할 때에 모두 직접 볼 수 있었습니다. 영녕전 제9실의 장순왕후께서 빈궁으로 계실 때의 백철인은 체형이 금보나 옥보보다는 작고 달리 상한 데는 없으나 오직 윗면의 주항(柱項)이 나무껍질 모양처럼 벗겨져 나갔습니다. 이것은 백철의 성분이 금이나 주석과는 달라 부식되기 때문에 그런 듯합니다. 지금 본 바로는 깊이 염려할 정도는 아닙니다만 인끈을 새로 바꿔 달다 보면 혹 의외의 염려가 없지는 않을 듯합니다. 이것은 신중히 하자는 도리에서 나온 것이나 만약 옛날

모습 그대로 보관할 수만 있다면 다시 만들지 않아도 되고, 설혹 다시 만들더라도 곤란한 것이야 제11실과 사안의 본질이 다르지 않으니, 일체로 거행하는 것이 마땅할 듯합니다. 그리고 신은 이어 가만히 생각건대, 국가의 태묘 제도는 조천(祧遷)한 이후의 의절이 자연 같지 않아서 영녕전 각 신실의 금보와 옥보는 단지 내갑(內匣)만으로 한꺼번에 하나의 함에 넣어 장(欌) 안에 봉안하였는데, 정종대왕께 존호를 올릴 때와 단종대왕을 부묘할 때에 비로소 보갑과 보록(寶盝)을 두었습니다. 이번에 각 신실에 보갑을 소급하여 갖추는 것은 사안의 본질상 당연하나 만약 다시 이어서 보록까지 갖춘다면 혹 15, 6개에 이를 것이니, 장이 협소하여 수용하기 어려울 것입니다. 신의 어리석은 생각으로는 영녕전 각 신실의 보록은 구비하지 말아서 조금 변화된 제도를 남겨 두더라도 절문(節文)에 크게 해가 되지는 않을 듯합니다. 열성의 저위(儲位) 시절의 금인과 옥인에 이르러서는 제도와 모양 및 전문(篆文)이 혹 도서(圖署)와 같은 것이 있으니, 사안의 본질상 분별이 없을 수 없습니다. 이런 경우 앞에서 말한 함에 보관하는 규정처럼 층을 달리하여 넣는다면 자연 장이 협소하여 수용하기 어려운 염려는 없을 것입니다. 그리고 태묘 제9실의 경우 선조대왕과 의인왕후(懿仁王后)께 혼조 때 올린 존호의 옥보 4과(顆)가 창고(庫) 안에 보관되어 있는데 제자리가 아닌 듯하니, 지금 역시 매안(埋安)하는 절차가 있어야 하겠습니다. 아울러 예관으로 하여금 여러 대신에게 의견을 물어 품처하게 하는 것이 마땅하겠습니다. 신이 직분에 관계되어 외람됨을 피하지 않고 하문하신 내용 외에 감히 이렇게 아울러 진달하니, 황공함을 이기지 못하겠습니다. 삼가 상께서 재결하소서.' 하였습니다.

평천군(平川君) 신완(申琓)은 편안하기 어려운 정세(情勢)로 현재 대죄하는 중에 있어서 끝내 감히 의견을 올릴 수 없다고 하였고, 우의정 이유(李濡)는 질병 말고도 현재 엎드려 죄를 기다리고 있는 중이므로 끝내 감히 의견을 올릴 수 없다고 하였습니다. 감히 아룁니다."

하니, 전교하였다.

"일체 여러 대신에게 의견을 묻고 병으로 수의하지 못한 대신에게도 다시 의견을 물으라." -《예조등록》에 나온다.

○ 같은 달 신묘일(28일)

예조에서 아뢰기를,

"본 예조에서 종묘의 보갑을 봉심한 뒤에 별단으로 써서 들이는 일로 올린 초기에 대해 전교하시기를, '아뢴 대로 하라. 각 신실의 보끈〔寶綬〕이 어떤 것은 없고 어떤 것은 끊어졌는데, 모두 새로 구비하는 것으로 마련하는가? 옥보 가운데 귀두가 떨어져 나간 것은 보기에 지극히 미안하니, 떨어져 나간 부분을 보완하는 것을 그만둘 수 없을 듯하다. 그리고 영녕전 역시 보갑이 없을 터이니, 봉심한 뒤에 일체 새로 만드는 것이 좋겠다.' 라고 명하셨습니다.

어제 봉심할 때에 영녕전의 보갑을 일시에 봉심하여 새 갑을 만들 바탕으로 삼으려고 하였으나 당초 비망기에 종묘 제8실 이상만 보갑을 만들라는 하교가 있었습니다. 그러므로 영녕전의 보갑을 만드는 한 조항을 품정하기도 전에 곧장 먼저 봉심하는 것이 사안의 본질상 미안하여 추후에 여쭈어 청하려고 하였습니다. 그러나 성상의 하교가 이와 같으니, 마땅히 본 종묘서의 제조 및 호조와 공조의 당상과 함께 입회하여 봉심하겠습니다. 그리고 보끈의 경우 새로 구비하는 갑은 모두 개비하는 것으로 마련하되, 장단의 치수를 재도록 호조에 분부하겠습니다. 앞서 들인 별단 가운데 미처 자세히 살피지 못하여 누락되고 말았으니 황공함을 이기지 못하겠습니다.

옥보 가운데 귀두가 떨어져 나간 것에 이르러서는 사면이 손상되어 떨어진 것도 있고, 금보도 귀퉁이가 손상된 것이 있어 보기에 미안하기가 참으로 성상의 하교와 같았습니다. 도제조 서문중 역시 이 문제로 여러 번 자세하게 상의하였습니다만, 금보가 손상된 것은 떨어져 나간 부분만 보완할 수는 없고 개비하는 외에 달리 좋은 방책이 없습니다. 그러므로 함께 여쭙지 않은 것입니다. 지금 떨어져 나간 부분을 보완하라는 하교를 받들었으니, 즉시 거행해야 마땅합니다만 옥보를 개비하는 것은 사안의 본질이 중난하여 신의 조에서 감히 마음대로 결단할 수 없습니다. 대신에게 논의하여 품처하는 것이 어떻겠습니까?"

하고, 아뢰기를,

"윤허한다고 전교하셨습니다. 대신에게 논의한 결과 행 판중추부사 서문중은 '태묘 제7실 의인왕후의 옥보와 인목왕후(仁穆王后)의 금보는 귀급(龜級)이 모두 꺾이고 떨어져 나갔으니, 보기에 참으로 지극히 미안합니다. 그러나 아무리 생각해 봐도 떨어져 나간 부분을 보완할 방도를 찾을 수 없습니다. 오직 다시 만들어야만 완전하게 구비할 수 있을 듯한데, 다만 앞면이 흠결된 채로 내버려 두어야 하는 것 때문에 100여 년 전부터 오래 전해 온 보전(寶篆)을 소급하여 새로운 본으로 만든다는 것이 사리에 어떠한지는 알지 못하겠습니다. 그리고 신은 오늘 영녕전의 각 신실을 봉심하고 소략하나마 얕은 견해가 있어 감히 덧붙여 진달합니다. 명종대왕실에는 왕후의 금보만 있고 대왕의 보는 남아 있지 않습니다. 이 역시 없어진 것을 소급하여 보완하지 못해서 그렇습니다. 지금 비록 다시 만든다 해도 사안의 본질이 옥책과는 차이가 있으므로 대단히 구애될 것은 없을 듯하니, 아울러 예관으로 하여금 널리 고사를 상고하고 여러 대신에게 물어 품처하게 하는 것이 어떻겠습니까?' 하였습니다.

평천군 신완(申琓)과 우의정 이유(李濡)는 병으로 수의하지 못하였고, 영중추부사 남구만(南九萬), 판중추부사 유상운(柳尙運), 판중추부사 윤지완(尹趾完), 영의정 최석정(崔錫鼎), 좌의정 이여(李畬)는 모두 지방에 있어 수의하지 못하였습니다."

하였다. —《예조등록》에 나온다.

○ 예조에서 아뢰기를,

54 신 성우 예조 참의 한성우(韓聖佑)로, 계사를 아뢰는 주체이다.

"신 성우(聖佑)[54]가 영녕전에 나아가 본 종묘서의 도제조 서문중, 호조 판서 조태채, 공조 참의 김만채(金萬埰)와 함께 입회하여 각 신실의 보전(寶篆), 보갑(寶匣), 주통(朱筒), 주갑(朱匣)과 안팎의 보자기를 봉심하였습니다. 마땅히 새로 개비해야 할 종류를 별단에 써서 들여 성상께서 보시도록 대비하였습니다. 정전(正殿)의 네 분 신위는 책과 보가 원래 없었고, 제8실과 제9실은 모두 보갑과 주통을 갖추게 됩니다. 그러면 전에 배설했던 장(欌)은 내부가 협소하여 형편상 추이하여 봉안하기 어려울 것이니, 마땅히 새로운 장을 개비해야 합니다.

제9실 장순왕후의 빈(嬪) 시절 백철인은 금이나 은과는 달라 세월이 오래되어 부패되고 겨우 형체만 남아 있습니다. 인끈이 변색되어 마땅히 개비해야 할 듯한데, 인끈을 새로 꿰는 사이에 부서질 염려가 있을 듯합니다. 이 외에 각 신실의 보끈은 비록 형체는 보존되어 있으나 모두 변색되었으니, 모두 개비해야 합니다. 제11실은 왕후의 금보만 있고 대왕위에는 금보가 아예 없으니, 이것은 필시 전란 중에 잃어버린 것일 텐데, 이번에 각 신실의 보갑 등 여러 기구를 보수하는 날을 당해 대왕위의 금보를 구비하지 않는 것은 실로 흠전이 됩니다. 그러므로 이 문제를 아울러 우러러 여쭙니다.”

하니, 전교하였다.

“아뢴 대로 하라. 제11실 대왕위의 금보를 소급하여 보완하는 것이 옳은지에 대해 대신에게 논의하여 품처하라.” ─《예조등록》에 나온다.

○ 윤4월 계묘일(10일)

예조에서 아뢰기를,

“종묘에 봉안된 탈이 있는 금보와 옥보를 소급하여 보완하는 등의 일로 지방에 있는 대신에게 수의한 것에 대해 전교하시기를, ‘영상에게 다시 가서 의견을 물으라.’라고 명하셨습니다. 낭청을 파견하여 다시 가서 영의정 최석정에게 의견을 물은 결과 ‘예에 제복(祭服)이 해지면 고치지만 유의(遺衣)는 그대로 두고 보수하지 않으며, 제기(祭器)가 해지면 새것으로 바꾸지만 종기(宗器)는 그대로 간직하고 수리하지 않으니, 조종의 오래 간직해 온 물건은 잘 간수하는 것을 귀하게 여기고 소급하여 보완할 수 없기 때문입니다. 이번에 태묘에 소장된 인장과 금보가 혹은 파손되고 혹은 없어진 것은 세월이 오래되어 그런 것이니, 이것은 이치와 형세에 있어 당연한 결과입니다. 그러나 수백 년 된 선대의 옛 물건이 지금까지 남아 있으니, 어찌 더욱 귀중한 것이 아니겠습니까? 지금 만약 모양이 완전하지 않은 것을 탐탁잖게 여겨 쉽게 새것으로 만든다면 외관상으로는 비록 아름답겠지만 종기(宗器)를 보호하여 지키라는 훈계에는 어긋남이 있고, 사안의 본질로 헤아려 보더라도 실로 미안한 일입니다. 그대로 보존하여 삼가 잘 보관하고 보호하는 것이 예의 본뜻에 부합될 듯합니다.

그리고 생각건대, 일은 비록 같은 경우라 해도 경중에 따라 조금씩 다릅니다. 각 신실의 책과 보 등 여러 가지 물건이 난리를 겪어 남아 있지 않은 것이 상당히 많은데, 지금 일일이 소급하여 보완할 수는 없을 것입니다. 하지만 시호의 금보에 이르러서는 사안의 본질이 비교적 중대한데, 불행하게도 잃어버린 것은 기물이 남아 있으면서 훼손된 것과는 구별이 있습니다. 그런 만큼 명종대왕의 금보는 별도로 다시 만들어서 봉안하는 것이 아마도 사의(事宜)에 합당할 듯합니다. 국조의 의장(儀章)은 대개가 간략함에서 시작하여 점차 사치스럽게 되기 마련이어서 조묘(祧廟)의 예절이 사안에 따라 조금씩 변화한 것이 없지 않습니다만, 지금 이 영녕전의 각 신실에 봉안된 금보와 옥보는 내갑(內匣)만 있어 비록 미비한 듯하나 당초에 그렇게 결정한 데에는 본래 의미가 있을 것입니다. 지금에 와서 소급하여 고치는 것은 합당하지 않을 듯합니다.

정종과 단종의 신실에 처음으로 보갑과 보록을 구비한 일은 또한 본디 특별한 경우이므로 일률적으로 논정(論定)해서는 안 될 것입니다. 그런 만큼 예전의 제도를 그대로 따라 전후의 양식(樣式)이 조금 다른 것에 구애받지 않는 것이 또한 예는 마땅함을 따른다는 의미에 위배되지 않을 것입니다. 삼가 상께서 재결하소서. 신은 본래 예학에 어둡고 게다가 지금은 죽은 듯이 엎드려 명을 기다리고 있는 중인데, 두 번이나 하문하신 데 대해 감히 끝까지 입 다물고 있을 수 없어 대략 관견(管見)을 올리니, 더욱 황공합니다.' 하였습니다. 감히 아룁니다."

하니, 전교하였다.

"손상된 금보, 옥보, 백철인을 처음에는 다시 만들려고 하였으나 다시 생각해 보니 태묘의 오래 간직해 온 물건을 지금에 와서 소급하여 보완한다는 것이 끝내 미안하니, 그대로 보존해 두고 삼가 잘 보호하여 보관해야 한다는 말이 참으로 합당하다. 영녕전 제11실의 시호 금보는 다시 만들어 봉안하지 않을 수 없으니, 도제조와 제조 이하를 해조로 하여금 즉시 서둘러 차출하게 하여 거행할 수 있도록 하고, 영녕전 각 신실의 금보와 옥보는 내갑만 갖추도록 하며, 종묘 제7실의 옥보로 창고 안에 보관하고 있는 것은 매안하는 것이 좋겠다." -《예조등록》에 나온다.

○ 5월 계해일(1일)

　금보개조도감(金寶改造都監)의 도제조 이하가 청대(請對)하여 인견하는
자리에 입시했을 때이다. 호조 판서 조태채가 아뢰기를,

　　"등록 중에 '보통(寶筒)'이라는 것은 《오례의》에 '보록(寶盝)'이라고 되
　　어 있는데, 신이 전에 영녕전을 봉심하니, 보록을 보갑이라고 일컬었습
　　니다. 등록을 바른 것으로 삼아야 합니까?"

하니, 상이 이르기를,

　　"《오례의》에 따라서 하고, 의궤에 이러한 사실에 대해 상세한 주를 달
　　아 놓는다면 앞뒤가 어긋나는 폐단은 없을 듯하다."

하였다. -《예조등록》에 나온다.

○ 같은 날

　금보개조도감의 도제조 이하가 청대하여 인견하는 자리에 입시했을 때
이다. 예조 판서 윤세기(尹世紀)가 아뢰기를,

　　"제11실의 금보는 써넣을 휘호를 품정하여 계하받은 뒤에야 만들 수 있
　　습니다. 으레 중국 조정에서 내려 준 휘호가 있어서 의당 우리나라에서
　　올린 휘호와 함께 같이 써 넣어야 할 듯하지만, 종묘의 각 신실에 봉안
　　된 보에는 같이 써넣지 못한 것이 반드시 있을 것입니다. 대개 금보는
　　으레 국상의 초상 때에 주조하여 만드는데, 사행(使行)이 다녀오는 것이
　　그 전에 미칠 수 없다는 것은 분명히 알 수 있으니, 사세로 미루어보건
　　대 반드시 써넣지 못했을 것입니다. 그러나 공경하고 삼가는 도리에 있
　　어서 봉심한 뒤에야 거행할 수 있을 것입니다."

하니, 상이 이르기를,

　　"보는 반드시 발인하기 전에 주조하여 만드는 것이니, 사신이 그 안에
　　다녀온다는 것은 결코 할 수 없는 일이다."

하였다. 윤세기가 아뢰기를,

　　"예조에는 근거할 만한 문적이 없습니다. 사안의 본질이 막중하고 막대
　　하니, 봉심한 뒤에 하는 것이 어떻겠습니까?"

하니, 상이 이르기를,

　　"봉심한 뒤에 다시 품의하는 것이 좋겠다."

하였다. −《예조등록》에 나온다.

○ 같은 날

금보개조도감의 도제조 이하가 청대하여 인견하는 자리에 입시했을 때이다. 예조 판서 윤세기가 아뢰기를,

"종묘 제7실의 혼조에서 올린 존호의 옥보 4과를 매안하는 일을 대신에게 논의하여 정탈하였습니다. 즉시 고유하고 매안해야 하는데, 앞으로 금보를 봉안할 때의 고유문 중에 첨입하여 거행하는 것이 어떻겠습니까?"

하니, 상이 이르기를,

"일시에 아울러 거행하는 것이 좋을 듯하다."

하였다. −《예조등록》에 나온다.

○ 같은 날

금보개조도감의 도제조 이하가 청대하여 인견하는 자리에 입시했을 때이다. 예조 판서 윤세기가 아뢰기를,

"신묘년(1651, 효종2)에는 옥책을 다시 만든 뒤에 예전 옥책은 글자 획을 파쇄하고 매안하였다고 합니다. 지금도 이대로 합니까?"

하니, 상이 이르기를,

"이 사안이 어떠한가?"

하자, 판부사 서문중이 아뢰기를,

"전날 품정한 뒤에 거행하였을 텐데 문자를 보지 못하였으니, 무엇을 근거해야 할지 모르겠습니다. 다만 생각건대 옥책과 옥보는 목물(木物)처럼 쉽게 손상되는 것에 비할 것이 아닙니다. 글자 획을 그대로 놔두는 것이 미안하기 때문입니까?"

하니, 상이 이르기를,

"이미 전례가 있으니, 이대로 하는 것이 좋겠다."

하였다. −《예조등록》에 나온다.

○ 6월 무술일(6일)

예조 단자에,

"이번 명종대왕의 금보 및 종묘와 영녕전 각 신실의 보갑이 도감에서 대궐로 나아갈 때와 종묘로 나아갈 때의 응행 절목을 참작하여 마련하였습니다. 각 해당 관사로 하여금 규례대로 거행하게 하는 것이 어떻겠습니까?

1. 기일 전에 전설사가 금보 및 보갑의 악차(幄次)를 인정전(仁政殿)의 동쪽 계단 위와 종묘의 동문 밖 및 영녕전의 남문 밖에 설치한다. 고묘(告廟)하기 하루 전에 도감의 당상과 낭청 및 차비관이 모두 조복 차림으로 보와 보갑을 받들어 요여(腰轝)와 채여(彩輿)에 안치한다. 세장(細仗)과 고취(鼓吹)가 앞에서 인도한다. 도감의 당상 이하가 뒤따라 대궐에 이르러서 악차에 안치한다. 도감의 도제조 및 제조가 악차 앞으로 나아가 꿇어앉는다. 근시도 조복을 갖추어 입고 악차 앞에 나아가 꿇어앉는다. 차비관이 보를 받들어 꿇어앉아 올린다. 도제조가 받아서 근시에게 준다. 근시가 받아서 집사 내시(執事內侍)에게 준다. 차비관이 또 보갑을 차례로 꿇어앉아 올린다. 도제조가 차례로 받아서 내시에게 준다. 내시가 차례로 받아서 들인다.

1. 금보 및 보갑을 어람(御覽)하신 뒤에 즉시 받들어 내와 요여와 채여에 싣는다. 도감의 당상과 낭청, 각 차비관이 조복 차림 그대로 배행하여 종묘의 동문 밖 및 영녕전의 남문 밖에 나아가 임시로 악차에 안치한다. 고묘하고 나서 당일 날 샐 무렵에 도감의 당상과 본 종묘서의 제조가 입회하여 차례로 봉안한다.

1. 금보 및 각 신실의 보갑이 도감에서 대궐로 나아갈 때 및 어람하신 뒤에 받들어 내와 종묘로 나아갈 때에 앞에서 인도하는 세장과 고취, 해당 부서의 관원, 의금부 낭청, 청도(淸道)하는 사람, 부장(部將), 고훤(考喧)하는 군사, 여러 담당의 각 차비 인원을 각 해당 관사로 하여금 규례를 살펴 거행하게 한다. 도로는 한성부로 하여금 미리 닦아 청결하게 한 다음 황토를 깔도록 한다.

1. 각양의 차비관은 도감에서 마련하되, 직접 이조와 병조 및 내시부

에 분부하여 거행하도록 한다.

1. 인정전 및 종묘 동문 밖과 영녕전 남문 밖의 보 및 보갑을 임시로 안치한 악차에 자리[席], 상[案], 붉은 명주 보자기[紅紬袱] 등의 물건을 배설하되, 각 해당 관사의 담당 관원으로 하여금 직접 나아가 배설하게 한다.

1. 종묘 제7실의 혼조 때 올린 존호의 옥보 4과를 매안할 때 담을 함 [櫃子], 유둔(油芚), 짚자리[草席], 저주지(楮注紙), 가는 노끈[小索], 군인 등을 각 해당 관사로 하여금 미리 마련하여 진배하도록 한다. 고유한 뒤에 본 종묘서의 제조와 도감의 당상이 입회하여 전문(篆文)을 깎아 내고 매안한다.

1. 미진한 조건은 추후에 마련한다."

하였는데, "아뢴 대로 시행하라."고 계하하였다. -《예조등록》에 나온다.

○ 같은 달 경술일(18일)

행 판중추부사 서문중의 차자에,

"삼가 아룁니다. 신이 어제 태묘의 봉안을 마칠 때쯤에서야 비로소 혼미하여 제대로 살피지 못한 죄를 알고는 서로 돌아보며 순간 경악하였습니다. 이에 두려움을 이기지 못하여 바야흐로 엄히 책망하는 처분을 기다리고 있었는데, 삼가 비망기를 보니, 옛 규례를 따라 상전(賞典)을 내리는 명이 있었습니다. 신은 더욱더 황송하고 위축되어 감히 이렇게 우러러 진달합니다.

당초 봉심할 때에 영녕전 제11실은 왕후의 금보만 있고 대왕의 금보는 없었기에 신이 감히 본 바를 수의 중에 언급하였고, 결국 다시 만들어 추가로 봉안하는 일이 있게 되었습니다. 그러나 다른 신실도 다시 점검해 보아야 한다는 것을 몰랐다가 각 신실의 보갑을 봉안할 때가 되어서야 종묘 제1실 신의왕후(神懿王后)의 보와 책이 모두 없는 것을 비로소 깨달았습니다. 그리하여 이번에 다시 만들어 봉안하지 못하였으니, 이것은 신이 일시에 아울러 청하지 못한 탓입니다. 그러니 이렇게 빠뜨린 일이 있게 된 책임은 실로 신에게 있습니다. 중한 처벌을 받아 마땅한데 어찌 감히 다시 은혜로운 상전을 받겠습니까? 삼가 바라건대 밝으신 성상께서는 속히 명을 내려 신에게 하사하신 안마(鞍馬)를 거두어 주시고 이어 신의 죄를 처벌함으로써 봉명을 제대로 수행하지 못하는 자의 경계로 삼으소서.

　신은 다만 가만히 생각건대, 이 사안은 거행하지 않으면 그만이지만 이미 부족한 것을 미안하게 여겨 추가로 다시 만들어 봉안한 이상 종묘 제1실 역시 마찬가지로 똑같이 거행해야 한다고 여깁니다. 혹시라도 밝으신 성상께서 금보를 다시 만들어 봉안하라고 서둘러 명하신다면, 도감을 아직 혁파하지 않았고 유사도 모두 그대로 있어 금방 공역을 마칠 수 있을 것이니, 신은 황송하기 그지없어 공손히 처분을 기다리는 한편 매우 다행스럽기 그지없을 것입니다."

하니, 답하였다.

"차자를 보고 경의 간절한 마음을 잘 알았다. 신의왕후의 옥보는 마찬가지로 다시 만들어 봉안하지 않을 수 없겠다. 경은 마음 편히 대죄하지 말고 상전을 받으라."-《예조등록》에 나온다.

○ 같은 달 신해일(19일)

의정부 좌참찬 이이명(李頤命)의 차자에,

"삼가 아룁니다. 신이 삼가 들으니, 어제 원임 대신의 차자로 인하여 신의왕후의 옥보를 추가로 만들라는 명이 있었다고 합니다. 어리석은 신의 생각에 이 사안은 충분히 숙고해 보아야 한다고 여깁니다. 신이 어제 태묘에 들어가서 창고 안에 보관되어 있는 오래된 문서인《보책등록(寶冊謄錄)》을 찾아서 보았는데, 전반부는 고(故) 상신(相臣) 상진(尙震) 등이 기록한 것으로 신의왕후실에는 책문은 있으나 보장(寶章)은 없었습니다. 이것은 바로 임진년(1592, 선조25) 이전의 기록으로 병화를 겪기 전이니, 종묘 안의 책과 보가 반드시 유실되지 않았을 것입니다. 여러 신하들이 명을 받아 찬록(纂錄)하였고, 옛날에서 그리 오래되지 않은 시기였으니, 어찌 허술하게 빠뜨린 것이 있겠습니까? 본 신실은 원래부터 보가 없다는 것을 이에 의거하여 알 수 있습니다.

　대개 신의왕후께서는 개국하기 이전에 승하하셨는데, 처음에는 절비(節妃)로 봉하였고 시호를 추상한 것은 태종조 때에 있었으니, 아마도 국초의 전례는 시호를 추상하면 책은 있고 보는 없었던 것이 아니겠으며, 목조·익조·도조·환조의 신실에 모두 보장이 없는 것도 동일한 예가 아니겠습니까? 오래된 일이라서 억측할 수는 없으나 처음에는 있었는데 중간에 유실된 것이 아님은 분명합니다.

오늘날의 일은 병란 때에 잃어버린 보갑과 보록만 보완하는 것이고, 애당초 과거에 빠뜨리고 하지 않은 전례를 소급하여 거행하기 위한 것은 아닙니다. 그리고 영녕전 제11실의 보는 처음에는 있었으나 중간에 잃어버렸기 때문에 보완하지 않을 수 없지만 시호를 올릴 때에 본래 없었던 보를 추가로 보완하는 것에 이르러서는 또한 별도의 일입니다. 여러 대신에게 널리 물어 보완해도 되는지의 여부를 논의하는 것이 정말로 마땅하고, 또 따로 사유를 고하여 그 예를 중하게 하는 것이 마땅합니다.

그리고 근일에 전후로 행한 봉심은 단지 보갑과 보록의 유무 및 보의 모양과 크기 때문에 한 것이지 의도가 잃어버린 보장(寶章)에 있었던 것은 아닙니다. 그러므로 처음에는 영녕전에서 알아차리고 두 번째에 태묘에서 알아차린 것은 모두 우연이었습니다. 이 외의 각 신실을 모두 자세히 살피지 않은 이상 설사 여한이 없다고 보장하더라도 오히려 의심이 없지 않으니 신중함을 다한 것은 아닙니다. 다시 대신과 예관 및 본 종묘서에 명하여 재차 봉심을 행하도록 하는 것이 신중히 하는 도리에 맞을 것입니다. 신은 직무에 관계되어 하루라도 책임이 있기에 감히 어리석은 견해를 올립니다. 삼가 상의 재결을 바랍니다."

하였는데, 도감에 계하하였다. ―《예조등록》에 나온다.

○ **같은 달 임자일**(20일)

도감의 계목에,

"계하하신 문건을 첨부하였습니다. 이번에 좌참찬 이이명이 올린 차자 내용을 보니, 《태묘등록》을 찾아보았는데 신의왕후실은 책문은 있으나 보장은 없다. 신의왕후는 개국하기 이전에 승하하였는데, 처음에는 절비로 봉하였고 시호를 추상한 것은 태종조 때에 있었다. 아마도 국초의 전례는 시호를 추상하면 책은 있으나 보는 없었던 것이 아니겠으며, 목조·익조·도조·환조의 신실에 모두 보장이 없는 것도 동일한 예가 아니겠는가? 처음에는 있었으나 중간에 잃어버린 것이기 때문에 보완하지 않을 수 없지만 추가로 보완하는 문제는 또한 별도의 일이다. 따라서 여러 대신에게 널리 물어서 보완해도 되는지의 여부를 논의하는 것이 정말로 마땅하고, 또 대신과 예관에게 명하여 재차 봉심을 행하도록 하는 것이 신중히 하는 도리에 참으로 합당하다.' 라는 것이었습니다.

종묘의 전례는 나라의 대사이니, 이 일은 참으로 자세하고도 신중하게 논해야 합니다. 다만 생각건대, 세대가 오래되어 문적(文籍)이 분명하지 않고 시호를 추상할 때에 반드시 보장이 없다는 것도 이미 예전(禮典)에 나오지 않으며, 사조(四祖)의 각 신실의 일도 개국한 초기의 일이니, 추상한 시호의 보와 책이 있고 없고는 억측으로 헤아리기 어려운 점이 있습니다.

신의왕후께서 신미년(1391, 고려 공양왕3)에 승하하셨고 태조대왕께서 그 이듬해에 즉위하여 시호를 절비(節妃)라고 하셨으니, 이 경우는 당저(當宁)의 곤위(坤位)로 먼 후대의 왕이 추상한 것과는 다릅니다. 보장이 없었다는 것을 또한 어찌 분명하게 알 수 있겠습니까? 이 이후로 덕종(德宗)과 원종(元宗) 및 근세의 정종대왕과 신덕왕후는 모두 시호를 추상하고 부묘하면서 보와 책을 모두 갖추었습니다. 그렇고 보면 태종 때 신의왕후에게 시호를 올릴 때에만 유독 보장이 반드시 없었다고 어찌 알겠습니까? 각 신실의 보장은 이제 막 고쳐 봉하여 봉안하였으니, 다시 봉심하지 않더라도 상세히 알 수 있습니다. 그러나 사안의 본질이 중대하여 용이하게 거행하기는 어려우니, 도감의 사역을 우선 정지하고, 즉시 춘추관으로 하여금 실록을 고찰하게 하는 한편 유신에게 고사를 널리 살피게 한 뒤에 다시 품처하는 것이 실로 사리에 합당할 것입니다. 삼가 상께서 재결하소서."

하니, 계하하였다.

"아뢴 대로 윤허한다. 사조의 각 신실에 추상한 시호의 보장이 있는지 없는지도 고찰하여 아뢰라." —《예조등록》에 나온다.

○ 7월 임신일(11일)

대신과 비국 당상을 인견하는 자리에 입시하였을 때이다. 상이 이르기를,
"이번에 종묘의 금보를 다시 만든 일은, 애당초 신실을 봉심했을 때에 각 신실의 보록과 보갑 등 도구가 대부분 손상되었고 심지어 어떤 것은 해진 보자기로 싸 놓기도 하여 보기에 매우 미안하였기 때문에 차례로 보수하다가 명묘의 신실에 금보가 없어진 사실을 알고 새로 만들어 봉안하지 않을 수 없어서였다. 그러나 없어진 것을 추가로 보완한 것일 뿐이고, 막중한 태묘 안의 미비한 의장에 대해 본래 일시에 새로 만들려는 뜻은 아니었다.

제1실 안에 태조대왕 금보 및 신덕왕후 금보는 모두 현존하는데, 신의왕후의 보장만 빠지고 없다. 이것은 국초에 이미 만들어 봉안하였으나 중간에 유실된 것인지 아닌지는 알 수가 없으니, 지금 실록을 고찰해 보려는 것은 이 때문이다. 그리고 목조·익조·도조·환조의 신실에 모두 보장이 없는데, 이 역시 국초에 4실의 보와 책을 모두 만들어 봉안한 뒤에 과연 유실된 것인지 아닌지는 알 수가 없다. 옥책의 경우도 역시 마찬가지로 부족한 것을 보완해야 마땅하지만 다만 옥책의 머리글은 지극히 처리하기가 곤란하다. 이미 그 당시의 연월을 쓸 수도 없고 그렇다고 지금의 연월을 기록할 수도 없는 데다가 옥책은 혹 본래의 글이 없으면 추후에 찬술하기도 어렵다. 이것은 형세상 추가로 보완할 수 없으나 보장을 만들어 추가로 보완하는 것은 원래 처리하기 어려운 형세도 없고 또 마음이나 형식에도 모두 맞는다. 하물며 근세에 추숭한 정종, 단종, 원종의 신위에 각각 보장을 갖추었는데, 유독 신의왕후실에만 보장이 없다는 것은 끝내 미안하다. 그러므로 이제 바야흐로 추가로 보완하고자 한다. 그런데 신의왕후의 보장을 일단 추가로 보완하고 나면 사조실의 금보도 마찬가지로 만들어야 할 것이다. 나의 본의가 이와 같은데, 대신과 여러 신하들의 뜻은 어떠한가?"
하니, 우의정 이유(李濡)는 아뢰기를,
"이이명의 차자에 '신의왕후는 개국하기 전에 승하하셨고, 《종묘등록》은 바로 상신 상진(尙震)이 기록한 것인데, 신의왕후 및 사조실은 모두 보장이 없다.'라고 하였습니다. 종묘의 예는 지극히 중하여 감히 가볍

게 논의할 수 없습니다. 근세에 추숭한 신실의 경우는 보와 책을 모두 갖추었으나 조종조의 오래된 일에 이르러서는 추가로 보완하는 문제가 어떠할지 모르겠습니다. 그리고 사조실의 옥책은 이미 본래의 글이 없습니다. 그렇고 보면 역시 추가로 보완하기 어려울 텐데, 실록을 상고한 뒤에 다시 상의하여 품정하는 것이 옳을 듯합니다."

하고, 행 호조 판서 조태채(趙泰采)는 아뢰기를,

"영녕전 제11실의 유실된 보를 이미 다시 만들어 보완하였는데, 태조 제1실 신의왕후의 보장이 유독 현존하지 않는 것이 당초에 잃어버려서 그리된 것인지는 알 수 없습니다만, 보완할 당시의 제조가 이 문제로 상소하여 실록을 고찰하라는 명이 있게 되었습니다. 그러나 신의 생각으로는 보장이 있고 없고는 실록에 실려 있지 않을 듯합니다. 비록 사안의 본질이 중대하여 이런 고찰하자는 논의를 하게 되었으나 필시 근거할 만한 데는 없을 것입니다. 사조의 보장이 갖추어지지 않은 것에 이르러서도 먼 옛날에 있었던 일이라 역시 알기가 어렵습니다. 국초에 행하지 않은 일을 지금 추가로 보완하는 것은 아마도 중대하고 어려운 일일 듯합니다."

하고, 판윤 민진후(閔鎭厚)는 아뢰기를,

"난리 중에 유실된 보를 지금 추가로 보완하는 것은 실로 전하의 선조를 추모하는 정성에서 나온 것입니다. 그러나 다만 국초에 미처 거행하지 않은 일을 지금 300년이 지난 뒤에 추가로 보완한다는 것은 미안하고, 사조의 조천된 신위에 있어서는 반드시 구비할 필요는 없을 듯합니다. 그리고 실록을 비록 고찰하더라도 반드시 이에 대한 내용이 실려 있지는 않을 것입니다. 만약 상께서 특별히 추가로 보완하고자 하신다면 사안의 본질이 중대하니, 지방에 있는 대신에게 수의한 뒤에 처리하는 것이 어떻겠습니까?"

하자, 상이 이르기를,

"실록을 고찰하더라도 근거할 만한 글이 실려 있다고 기필하기가 어렵다니, 이 또한 미안하다."

하였다. 조태채가 아뢰기를,

"지난번 금보를 봉안할 때에 신의왕후실에 보장이 없었기 때문에 각 신실의 보장이 있는지 없는지 모두 봉심하였습니다. 그러나 사조실은 원래 봉심하는 일이 없습니다."

하자, 예조 판서 윤세기(尹世紀)가 아뢰기를,

"인사(人事)로 말하면 창업한 왕후에게 보장이 없는 것은 이미 이상한 일입니다. 태조께서 즉위한 뒤에 역시 추상한 일이 있었고 보면 보장이 없을 리가 없을 듯한데, 이미 너무 오래된 일인 데다 믿을 만한 곳도 없습니다. 지방의 여러 논의에 모두 말하기를, '실록을 고찰하더라도 근거할 만한 글은 필시 없을 것이라고 하는데, 무릇 태묘에 관계된 일은 막중하고도 막대한 만큼 각 신실의 유실된 보는 참으로 마땅히 추가로 보완해야 한다. 그러나 이번 신의왕후의 보장 건은 당초에 구비했던 것인지 아닌지를 분명하게 알 수 없는데, 300년이 지난 뒤에 추가로 보완하는 것은 자못 중대하고도 어려운 일이다.' 라고 하니, 이 말이 옳은 듯합니다."

하니, 상이 이르기를,

"목조·익조·도조·환조의 신실이 모두 보장이 없으니 실로 알 수 없다. 고 봉조하 송시열이 살아 있을 때에 책과 보를 추가로 보완하자는 논의를 하였으나 실행하지는 못하였다. 앞으로 실록을 고찰하면 혹 알 수 있는 길이 있지 않겠는가. 한 신실 안에서 태조대왕과 신덕왕후 두 신위에는 보장이 있는데, 신의왕후 신위에만 보장이 없는 것은 실로 미안하다. 또 영녕전은 애당초 보와 책이 있었는지 없었는지를 전혀 알 수는 없으나 실록을 고찰한 뒤에 모두 다시 만들어 보완하는 것이 실로 마음에나 형식에나 합당하겠기에 고찰해 오라는 하교를 내린 것이다."

하였다. 우의정이 아뢰기를,

"실록에 실려 있는지는 과연 기필할 수 없으나 사안의 본질이 중대하고 이미 고찰하라는 명을 내린 이상 지금 취소할 수는 없습니다. 고찰해 오기를 기다리는 동안 한편으로 이 문제에 대해 여러 대신에게 수의하여 처리하는 것이 마땅하겠습니다."

하니, 상이 이르기를,

"실록은 나 역시도 반드시 그러하다고는 알지 못하겠다. 그러나 사안의 본질이 중대하여 시험 삼아 고찰하라고 한 것이다. 앞으로 고찰해 온 뒤에 분명하게 실려 있으면 의심할 것이 없을 것이고, 비록 실려 있지 않더라도 옥책은 추가로 보완하는 것이 중대한 문제이지만 금보는 이미 시작한 일이다. 목조·익조·도조·환조의 신실에 빠지고 없는 보장을 보완하는 일은 예관으로 하여금 지방에 있는 여러 대신에게 수의하여 품처하게 하는 것이 좋겠다."

하였다. —《예조등록》에 나온다.

○ **같은 달 갑술일**(13일)

좌참찬 이이명이 청대에 입시했을 때 아뢰기를,

"신이 지난날 신의왕후의 금보에 대한 일에 대해 감히 한 통의 차자를 진달하여 이로 인해 논의가 완결되지 못하고 역사(役事)가 정지되는 결과를 낳았으니, 극도로 황송하고 두렵습니다. 그 후에 다시 얕은 견해를 진달하려고 하였으나 도감에서 복주(覆奏)하고 조정에서 이미 처분하였기 때문에 감히 번거롭게 하지 못하였습니다.

그저께 빈청(賓廳)의 입시에 수족이 마비되는 병을 앓아 참석하지 못하였는데, 삼가 들으니 연석에서 네 분 왕의 신실의 금보를 보완할 것인지 아닌지를 대신에게 묻고 신의왕후의 금보는 사서(史書)를 고찰하기를 기다려 다시 만들라는 명이 있었다고 합니다. 신이 차자에서 인용한 상진이 편찬한 등록은 전란 이전에 완성된 책입니다. 오래된 문서가 두 번의 전란을 겪으면서도 여태 보존되어 있고 그 당시 제조 이하가 모두 서명하였으니, 믿을 만하고 근거할 만하기로는 이보다 더한 것이 없습니다. 지금 우러러 성상께서 보실 수 있도록 밖에서 가지고 왔습니다. 만약 들이라 명하여 보신다면 사왕의 신실 및 신의왕후의 신실에 금보가 본래 없었다는 것을 자세히 알 수 있을 것입니다.

신은 사관 경력이 없어 열조의 실록을 비록 다 보지는 못했지만 일찍이 실록 편찬의 낭속(郎屬)으로서 선묘조 및 선조(先朝)의 실록을 삼가 보았는데, 그 범례의 문세(文勢)는 실로 금보의 유무를 고찰할 길이 없었습니다. 도감에서 일의 관계됨이 중대하여 비록 사서의 고찰을 청했겠지만 사실 아무 이득은 없고 한갓 날짜만 허비할 뿐입니다. 신의 생각으로는 속히 사서를 고찰하는 일을 정지하고 상진의 옛 등록을 준거로 삼는다면 각 신실의 없는 보는 애당초에 만들지 않았음을 알 것입니다. 신의왕후의 금보를 보완해야 할지의 여부 역시 마찬가지로 대신에게 물어 처리하는 것이 실로 사의에 합당합니다.

삼가 그저께 연석에서 성상의 하교에 '고 봉조하 송시열이 일찍이 종묘의 책과 보를 보완하자고 청한 일이 있었다.' 하셨는데, 이 일이 몇 년에 있었고, 그 당시 뭇 논의 또한 어떠하였는지 모르겠습니다만, 대저 각 신실의 애당초 구비하지 않은 보는 이미 300여 년을 지나면서 조종조에서 거론하지 않은 일입니다. 보완할 것인가 보완하지 않을 것인가는 십분 신중하게 하는 것이 정말로 마땅할 것입니다."

하니, 상이 이르기를,

"실록에 책과 보가 실려 있다고 기필할 수는 없으나 사안이 중대하기 때문에 자세히 살피고자 하여 사서를 고찰하도록 한 것이다. 지금 상진이 완성한 등록을 보니, 분명 믿고 전할 글이 될 만하다. 실록은 조사하지 말라. 그런데 한 신실 안에서 태조대왕과 신덕왕후 두 신위에는 금보가 모두 있는데 신의왕후 한 신위에만 보장이 없는 것은 실로 미안하다. 그래서 장차 부족한 것을 보완하고자 하는데, 신의왕후실을 일단 추가로 보완하고 나면 사조실 역시 보장이 없어 마찬가지로 추가로 보완하지 않을 수 없을 듯하다. 일전에 연석에서 잠깐 사조실의 금보 문제를 대신에게 물어 논의하도록 하였는데, 신의왕후의 금보를 추가로 보완하는 문제의 가부도 도성에 있거나 지방에 있는 여러 대신에게 똑같이 논의하여 품처하는 것이 좋겠다. 봉조하 송시열이 차자를 올린 것은 임술년(1682, 숙종8)과 계해년(1683) 사이에 있었던 듯하다."

하였다. -《예조등록》에 나온다.

○ 같은 달 정해일(26일)

예조에서 아뢰기를,

"신의왕후의 금보 및 영녕전 사조실의 금보를 추가로 보완하는 문제의 가부를 도성에 있거나 지방에 있는 여러 대신에게 논의하여 품처하라고 명하셨습니다. 여러 대신에게 논의한 결과 행 판중추부사 서문중(徐文重)은 '국초에 시호를 추상할 때에 책은 있고 보는 없다는 문구가 예전(禮典)에 실려 있지 않고, 근세에 거행한 시호 추상과 종묘 부묘의 의문(儀文)은 일체 예제(禮制)를 준행하여 생략한 바가 없는 만큼 조가(朝家)의 중요한 사안을 단지 종묘서 내부의 문자만 따를 수는 없습니다. 그러므로 신이 전날 올린 상소 및 중신의 차자로 회계(回啓)할 때에 그 개괄을 대략 진달하였습니다. 그리고 실록을 조사할 것을 청했던 것은 사안의 본질을 중시해서였지 반드시 실려 있을 것이라고 여겨서가 아니었습니다. 지금 성상의 하문에 다시 진달할 말은 없습니다. 오직 밝으신 성상께서 정리와 예문을 참고하고 예법과 제도로 재단하여 국가의 큰일에 부족하고 빠지는 것이 없게 하는 데에 달려 있을 뿐이니, 이렇게 된다면 매우 다행스럽기 그지없겠습니다.' 하였습니다.

평천군(平川君) 신완(申琓)은 '이번 신의왕후의 금보 및 사조실의 금보를 추가로 보완하자는 논의는 실로 밝으신 성상의 선대를 추모하는 정성에서 나온 것이니, 조정에 몸담고 있는 신료치고 누군들 공경히 우러르지 않겠습니까? 그러나 다만 종묘의 예는 지극히 중대하니, 비록 의장(儀章)의 도수에 대한 것이라도 신중하고 세밀하게 처리하지 않아서는 안 됩니다. 신의왕후께서는 성조(聖祖)께서 나라를 창업하시기 이전에 승하하셨으니, 국초에 마땅히 사조실과 더불어 금보를 동시에 비치하였을 것이고, 비록 이것이 국초에 미처 하지 못한 일이라 하더라도 열성조 때에는 생각건대 틀림없이 추가로 보완하였을 것입니다. 그런데 지금까지 갖추어지지 않은 것은 그 까닭을 모르겠습니다.

그리고 고 상신 상진이 편찬한 등록으로 말하건대, 이미 기록된 바가 없고 보면 이 책이 임진년의 난리 이전에 편찬된 오래된 문서인 만큼 보가 난리 통에 유실된 것이 아님을 또한 알 수 있습니다. 만약 이 문제가 국초에 애당초 비치하지 않은 것이라면 아무리 흠결된 일이라 하더라도 300년이나 지난 뒤에 와서 추가로 보완한다는 것은 아주 중대하고 어려운 일입니다. 일찍이 전에 종신(宗臣)이 올린 상소로 인하여 옥책을 추가로 보완하자는 논의[55]가 있어 빈청에 모여 논의하기까지 하였는데 성상께서 이미 중대한 일이라고 하교하셨으니, 신중하게 여기신 성상의 뜻을 알 수 있습니다. 옥책과 금보는 경중이 없을 듯한데, 옥책은 의절(儀節)이 구애된다 하여 추가로 보완하지 못하고 금보만 지금에

55 **종신이……논의** 종신은 화춘군(花春君) 이정(李瀞)과 화산군(花山君) 이곤(李滾)을 말한다. 1694년(숙종20)에 상소하여 제3실부터 제8실까지 없어진 옥책을 다시 만들어 비치할 것을 청하였다. 이 문제를 대신들이 논의하였으나 의견이 각자 다르고 문서에 책문이 구비되지 않았을 뿐 아니라 책문의 머리글인 '사왕 신(嗣王臣)', '근견신모(謹遣臣某)' 등의 처리가 난처하여 중지되었다. 《국역 임하필기 3집 제16권 문헌지장편》 《숙종실록 20년 2월 10일조》

와서 추가로 구비한다는 것인데, 열성께서 행하지 않은 일에 대해 어리석고 둔한 신의 견해로는 감히 억측으로 대답할 수 없습니다. 오직 널리 여러 논의를 모으고 예제를 참고하여 처리하시기를 바랄 뿐입니다. 삼가 상께서 재결하소서.' 하였습니다.

우의정 이유는 '종묘의 예는 막중하고 막대하니, 부족한 의장을 보완하는 것은 참으로 성대한 일입니다. 그러나 만약 사안이 아득히 멀고 오래된 일이면 또한 깊이 생각하여 처리하지 않을 수 없습니다. 이번에 신의왕후실의 금보만 현존하지 않는 것에 대해 혹 본래 없었던 것인가 의심하기도 하지만 과연 어떠한지는 알 수 없고, 사조실의 금보를 애당초 구비했었는지 구비하지 않았었는지는 더욱 알기 어렵습니다. 그런 만큼 지금 300년이 흐른 뒤에 와서 모두 다 추가로 보완하는 예를 거행한다는 것이 어찌 중차대하지 않겠습니까? 각 신실의 부족한 옥책을 보완하기 어려운 것은 머리글이 구애가 되기 때문인데, 원종대왕의 시호 옥책은 모두 병자년(1636, 인조14)의 난리에 손상되었으나 단지 매안했을 뿐 다시 만들지는 않았습니다. 인묘께서 보위에 계실 때였으므로 머리글에 구애되지 않았을 듯한데도 오히려 이와 같이 한 데에는 어쩌면 추가로 다시 만드는 의절이라 신중한 바가 있어서 그런 것일까요? 갑술년(1694, 숙종20) 봄에 종신의 상소로 인하여 옥책을 추가로 보완하는 한 가지 안건을 빈청에 모여 논의하였는데, 가볍게 논의하기 어려울 듯하다는 하교가 있었고, 얼마 전에 성상의 하교에 또 중대하다고 하셨으니, 전이나 후나 성상께서 신중하게 여기시는 뜻을 알 수 있습니다. 이미 옥책을 추가로 보완할 수 없다면 금보를 다시 만들지 않는 것도 신중히 하는 도리에 있어서 해로움은 없을 듯합니다. 그러나 이와 같은 변례에 대해서는 실로 어리석고 어두운 견해로 억단할 수 있는 바가 아니었기 때문에 애초에 탑전에서 명백하게 우러러 답변하지 못했던 것이니, 이렇게 하문하신 것에 대해 다시 감히 논의할 수 없습니다. 삼가 상께서 재결하소서.' 하였습니다.

행 판중추부사 윤지완(尹趾完)은 '신은 전날 잘못된 의견을 올린 것이 참으로 이미 마음에 송구하여 지금 감히 다시 논의할 수 없으니, 황공하기 그지없습니다.' 하였고, 영의정 최석정(崔錫鼎)은 '지난번에 대신

(臺臣)의 상소로 배척당하여 입 다물고 조용히 엎드려 있는 중이므로 이번의 하문에 감히 규례만을 따라 의견을 올릴 수 없으니, 황공하기 그지없습니다.' 하였고, 좌의정 이여(李畬)는 '신은 누차 엄명을 어겨 두려운 마음으로 엎드려 견책을 기다리고 있는 중입니다. 외람되이 하문을 받들었으나 감히 대신으로 자처하여 규례만을 따라 의견을 올릴 수 없으니, 더욱 황공합니다.' 하였습니다. 대신의 의견이 이와 같으니, 상께서 재결하시는 것이 어떻겠습니까?"

하니, 전교하였다.

"종묘 제1실의 신의왕후 금보 및 영녕전 사조실의 금보는 추가로 보완하지 않을 수 없다는 뜻을 일전의 연석에서 자세히 다 하교하였다. 전에 옥책을 추가로 보완하는 일로 빈청에 모여 회의한 결과에 대한 비답에 중대하다고 하교했던 것은 뜻한 바가 있어서였고, 보장에 이르러서는 전란을 치른 뒤인데도 다행히 잃어버린 것이 없는데 유독 신의왕후의 금보와 사조실의 금보만 미비한 바가 있으니, 지금 보장을 개수하고 시보를 추상하는 날을 당하여 같이 추가로 보완하는 것을 정리로 보나 예문으로 보나 결코 그만둘 수 없다.

전후의 전란으로 손상된 옥책은 원종실뿐만이 아니다. 그렇고 보면 그것만 추가로 보완할 수가 없었던 것이니, 다시 만들지 않은 것은 대개 이 때문이다. 더구나 시호를 추상할 때에 책만 있고 보는 없다는 말은 이미 예전에 실려 있는 것이 아니고, 근세에 거행한 추상에는 보와 책이 모두 있으니, 더욱 이 문제로 주저하고 의심하여 막대한 일로 하여금 부족함이 있게 해서는 안 될 것이다. 도감으로 하여금 속히 거행하게 하라." —《예조등록》에 나온다.

○ 8월 갑인일(23일)

주강에 입시했을 때이다. 특진관(特進官) 이이명이 아뢰기를,

"종묘의 대등록(大謄錄)을 지금 막 수정하려고 하는데, 각 신실의 보록과 이번에 새로 완성한 금보를 봉안한 뒤에 본 종묘서의 당상과 낭청이 다시 봉심을 행하여 상세하게 기록해 둘 자료로 삼았으면 합니다. 그런데 종묘 고사에는 이미 증거로 삼을 만한 것이 없고 예조의 문서도 모

두 잃어버려 반드시 《승정원일기》를 조사해야만 근거할 수 있습니다. 그러나 막중한 《일기》를 다른 관사의 관원에게 맡길 수는 없습니다. 사변주서(事變注書)는 한산한 자리이니, 그로 하여금 종묘서 낭청과 함께 조사하도록 하는 것이 어떻겠습니까?"

하니, "그대로 하라."고 하였다. -《예조등록》에 나온다.

○ 같은 달 기사일(8일)

종묘서 제조 이이명이 청대에 입시했을 때에 아뢰기를,

"신이 일찍이 종묘의 새로 만든 보를 봉안한 뒤에 본 종묘서의 당상과 낭청이 각 신실의 책과 보를 봉심하여 대등록을 수정할 자료로 삼을 것을 청하였습니다. 이번 봉안 이후 도제조 서문중은, 늙고 병든 사람이 이틀 동안 바쁘게 주선하여 근력이 버티기 어려웠기 때문에 신이 홀로 여러 낭청과 함께 종묘와 영녕전의 각 신실의 책과 보를 봉심하고 옛 등록과 하나하나 대조하였습니다. 그 결과 금보가 등록에는 실려 있으나 유실된 것이 모두 9과(顆)입니다."

하니, 상이 이르기를,

"어느 신실의 어느 보인가?"

하자, 이이명이 아뢰기를,

"영녕전 제5실 정종실의 온인공용순효 대왕(溫仁恭勇順孝大王)으로 올린 시호 금보 하나, 제9실 예종실의 인혜명의 대왕대비(仁惠明懿大王大妃)로 올린 존호 금보 하나, 제10실 인종실의 세자 때 은보(銀寶) 하나와 인성 왕후(仁聖王后)로 올린 시호 금보 하나, 제11실 명종실의 인순왕후(仁順王后)로 올린 시호 금보 하나, 종묘 제2실 태종실의 성덕신공문무광효 대왕(聖德神功文武光孝大王)으로 올린 시호 금보 하나, 제3실 세종실의 선인제성 소헌왕후(宣仁齊聖昭憲王后)로 올린 시호 금보 하나, 제6실 중종 실의 장경왕후(章敬王后)로 올린 시호 금보 하나, 제7실 선조실의 장성 왕후(章聖王后)로 올린 존호 금보 하나입니다."

하였다. 상이 이르기를,

"그 가운데 시호 보와 존호 보는 각각 얼마나 되는가?"

하니, 이이명이 아뢰기를,

"대왕께 올린 시호 보가 2과, 세자 때의 보가 1과, 왕후께 올린 시호 보가 4과, 존호 보가 2과입니다. 대개 전날 도감에서 봉심할 때에는 단지 보록과 보갑의 유무 및 보의 모양과 크기만을 봉심하였고, 금보의 유무에는 뜻을 두지 않았습니다. 명종실과 신의왕후실은 우연히 발견하여 아뢰어서 도감을 다시 설치했던 것입니다. 그러므로 신이 도감을 다시 설치할 때에 차자를 올려 다시 봉심할 것을 청했던 것은 바로 오늘날의 일이 있을까 염려해서였습니다. 도감에서 봉심을 두 번 하는 것에 대해 허락하지 않았던 것은 이왕 지난 일이니 할 수 없지만, 잃어버린 것이 이렇게 많으니 장차 어떻게 처리해야 할지 모르겠습니다.

신은 바로 일을 맡은 유사이니, 침묘(寢廟)의 의장이 한 가지라도 구비되지 않았으면 단지 보완할 것만을 마땅히 청해야 하고, 게다가 일이 중대한 만큼 가볍게 논의해서는 안 될 것입니다. 그러나 다만 소회가 있다면 어찌 감히 다 아뢰지 않을 수 있겠습니까? 삼가 예조 문서를 보니, 병자년과 정축년의 병란에 소실된 보록과 보갑을 효종조에 이르러서도 오히려 구비하지 못하였습니다. 갑오년(1654, 효종5)에 처음으로 조성하자는 논의가 있었으나 곧 객사(客使)의 행차로 인하여 공역을 정지하라는 명이 내렸으니, 조종조에서는 비록 이러한 일에도 이처럼 행하기가 어려웠습니다. 올해는 재황(災荒)이 매우 참혹하여 온갖 사안이 정지되고 폐지된 만큼 또한 마땅히 재력도 아껴야 합니다. 도감을 두 번 설치하여 이제 막 파하였는데 지금 다시 세 번째 거행한다면 사안의 본질이 번거롭고 중복되며 또한 전도된다고 하겠습니다.

또한 삼가 생각건대, 사왕실과 신의왕후실은 원래 보가 하나도 없었기 때문에 성상께서 반드시 새로 만들라고 명하신 것입니다. 그러나 이번 각 신실의 경우는 소실된 것 외에 또 다른 봉안된 보장이 있으니, 소실된 것이 비록 흠결이기는 하나 원래 보가 하나도 없는 신실만큼은 아닙니다. 설령 결국은 보완하지 않을 수 없다고 하더라도 우선 천천히 뒷날을 기다리는 것이 마땅할 것입니다.

신은 또한 혼자서 봉심하였으니, 역시 전날 했던 염려가 없으리라고 보장할 수 없습니다. 진실로 다시 대신과 예관으로 하여금 회동하여 봉심하게 함으로써 사안의 본질을 중대하게 하고, 아울러 예관으로 하여금 품처하게 하는 것이 마땅할 듯합니다. 황공한 마음으로 감히 진달합니다."

하였다. 상이 이르기를,

"전날 경이 올린 차자에 봉심하자는 청이 있었는데, 도감에서 두 번 봉심하는 것을 이유로 허락하지 않았고 나의 뜻도 그러하였다. 지금에 와서 보니 경의 말이 옳았다. 그 당시에 만약 등록을 가지고 다시 대조하여 점검하였더라면 일이 매우 완전하게 구비되었을 것이다. 어찌 이러한 일이 있단 말인가? 그러나 지금 도감을 허물하여 일시에 자세히 살펴서 하지 못한 것을 한탄해서는 안 될 것이다. 사왕실 및 신의왕후실은 원래 보가 하나도 없었기 때문에 구비하지 않을 수 없지만, 이번의 각 신실은 또한 다른 보가 있고, 도감을 세 번 설치하는 것은 사안의 본질이 전도된 것이며, 매번 종묘에 고하는 것도 번독스러움에 해당하니, 조용히 다시 논의하여 하는 것이 좋겠다."

하였다. 이이명이 아뢰기를,

"예관으로 하여금 품처하게 할까요?"

하니, "그대로 하라."고 하였다. ─《예조등록》에 나온다.

○ **같은 달 임신일(11일)**

예조에서 아뢰기를,

"이번 9월 8일에 종묘서 제조 이이명이 청대하는 자리에 입시했을 때에 이이명이 아뢰기를, '옥책은 종묘 제9실 이하에 비로소 구비되어 있고 시호를 추상한 신실에도 있으나 기타 각 신실은 전란 이후로 모두 장(欌)을 설치하지 않았습니다. 장렬왕후(莊烈王后)의 옥책 가운데 죄를 짓고 죽은 종실 이항(李杭)의 필적이 있는데, 외정의 논의에 혹자는 죄인의 글씨를 그윽하고 맑은 종묘에 그대로 두어서는 안 된다고 하고, 혹자는 오랜 세월 봉안해 온 옥책을 고치는 것은 중대하고 어려운 일이 될 듯하다고 합니다. 삼가 듣건대 어느 능의 비표(碑表)는 죄인 이정(李楨)의 필적이기 때문에 특별히 명하여 고쳐 썼다고 합니다. 사안의 본질로 말하면 능상(陵上)의 비와 종묘 안의 옥책은 다름이 없을 듯합니다만, 사안이 중대한 만큼 고칠 것인지 말 것인지를 예관으로 하여금 대신에게 논의한 다음 품처하게 하는 것이 어떻겠습니까?' 하니, 상께서 이르시기를, '이정이 영릉(寧陵)의 표석에 글씨를 썼는데, 고쳐 세운 일이 있었다. 품처하는 일은 그대로 하라.'라고 명하셨습니다.

대신에게 논의한 결과 행 판중추부사 서문중은 '능침과 태묘의 문자를 써서 올린 뒤에 쓴 자가 혹 죄를 지어 죽으면 아울러 모두 소급하여 고치는 것은 이미 전례가 있는 일입니다. 지금 장렬왕후의 옥책은 이미 죄를 짓고 죽은 사람이 쓴 것인 만큼 세월이 오래되었다는 이유로 그대로 놔두어서는 안 되니, 다시 만들어 봉안하는 일을 그만둘 수 없습니다. 삼가 상께서 재결하소서.'하였고, 평천군 신완은 '태묘의 사체는 능침과 다름이 없습니다. 영릉의 비석은 죄를 짓고 죽은 사람이 쓴 것이기 때문에 특별히 명하여 다른 사람이 고쳐 썼으니, 지금 이 장렬왕후의 옥책은 그대로 놔둘 수 없습니다. 다시 만들어 봉안하는 일은 사안의 본질상 당연합니다. 삼가 상께서 재결하소서.'하였습니다. 행 판중추부사 최석정과 우의정 이유는 병으로 수의하지 못하였고, 영중추부사 윤지완과 좌의정 이여는 지방에 있어서 수의하지 못하였습니다. 대신의 뜻이 이와 같으니, 상께서 재결하시는 것이 어떻겠습니까?"

하니, "논의한 대로 시행하라."고 전교하였다. 예조에서 아뢰기를,

"장렬왕후실의 옥책을 고쳐 쓰는 일에 대해 이미 명하셨습니다. 도감의 당상과 낭청을 해조로 하여금 즉시 차출하게 하여 규례를 살펴 거행할 수 있도록 하는 것이 어떻겠습니까?"

하니, "윤허한다."고 전교하였다. —《예조등록》에 나온다.

○ **같은 달 갑술일**(13일)

주강에 입시했을 때이다. 특진관 이이명이 아뢰기를,

"장렬왕후실의 옥책과 관련하여 대신이 진달하여 해조에서 초기한 것으로 인하여 도감의 당상과 낭청을 차출하라는 명이 있었습니다. 이미 성명(成命)이 있고 사안이 중대한데, 다시 진달하여 여쭈니 극도로 황공합니다. 그러나 어제 각 신실의 금보를 추가로 보완하는 일에 대해 성상께서 '세 차례 도감을 설치하는 것은 사안의 본질이 전도된 것이고, 종묘에 사유를 고하는 것도 매우 번독스러우니, 우선 정지하여 후일을 기다리라.'라고 하교하신 만큼 이번의 옥책도 금보와 같은 시기에 다시

품정하여 고쳐 만드는 것이 마땅합니다. 그러므로 감히 진달합니다."

하니, 상이 이르기를,

"연신이 진달한 바가 옳은 듯하다. 지금 우선 정지하는 것이 좋겠다."

하였다. ―《예조등록》에 나온다.

○ **같은 달 기묘일**(18일)

예조에서 아뢰기를,

"신 진후(鎭厚)와 신 희무(喜茂)[56]는 삼가 성상의 하교에 따라 공경히 종묘와 영녕전으로 나아가 각 신실의 보와 책을 본 종묘서에 소장되어 있는 등록으로 하나하나 살펴 대조하였습니다. 현존하는 것과 유실된 것의 숫자를 별단에 써서 들입니다. 그리고 일전에 신 진후는 장렬왕후실의 병진년(1676, 숙종2)에 존숭한 옥보를 소급하여 고치자는 뜻을 진달하여 윤허를 받은 적이 있는데, 이번에 봉심할 때에 문서를 상세히 열람해 보니, 병진년에 죄인 이정이 쓴 것은 바로 명성왕후(明聖王后) 옥보의 전문(篆文)이었습니다. 잘못 알고 그르게 진달하였으니 참으로 지극히 황공합니다. 거행조건 안에 정원으로 하여금 고쳐서 부표하여 들이도록 하는 것이 어떻겠습니까?"

하니, "윤허한다."고 전교하였다. ―《예조등록》에 나온다.

각 신실의 현존하는 책과 보 오른쪽 장(欌)에는 옥책과 죽책을 봉안하고, 왼쪽 장에는 금보와 옥보를 봉안한다.

종묘

○ **제1실 태조실**

지인계운성문신무대왕지보(至仁啓運聖文神武大王之寶) ―금보(金寶)이고, 용모양 인꼭지[龍鈕]이다.

영락(永樂) 6년 태종조 무자년(1408, 태종8) 9월 일에 올린 시호이다.

강헌지인계운성문신무정의광덕대왕옥책(康獻至仁啓運聖文神武正義光德大王玉冊) ―청옥(靑玉)이다. 10첩(貼)이고, 매 첩마다 5간(簡)이다.

강헌지인계운성문신무정의광덕대왕지보(康獻至仁啓運聖文神武正義光德大王之寶) −금보이고, 거북 모양 인꼭지[龜鈕]이다.

계해년(1683) 당저 9년 6월 12일에 가상(加上)한 존호이다.

승인순성신의왕후지보(承仁順聖神懿王后之寶) −금보이고, 거북 모양 인꼭지이다.

을유년(1705) 당저 31년 6월 17일에 추가로 보완하여 봉안한 것이다.

순원현경신덕왕후옥책(順元顯敬神德王后玉冊) −청옥이다. 10첩이고, 매 첩마다 5간이다.

순원현경신덕왕후지보(順元顯敬神德王后之寶) −금보이고, 거북 모양 인꼭지이다.

기유년(1669) 현종 10년 10월 1일에 부묘할 때에 봉안한 것이다.

○ 제2실 태종실

공정성덕신공문무예철성렬광효대왕옥책(恭定聖德神功文武睿哲成烈光孝大王玉冊) −청옥이다. 8첩이고, 매 첩마다 5간이다.

공정성덕신공문무예철성렬광효대왕지보(恭定聖德神功文武睿哲成烈光孝大王之寶) −금보이고, 거북 모양 인꼭지이다.

계해년(1683) 당저 9년 6월 12일에 가상한 존호이다.

원경왕후지인(元敬王后之印)

영락(永樂) 22년 세종조 갑진년(1424, 세종6) 7월 일에 가상한 존호이다.

○ 제3실 세종실

영문예무인성명효대왕지보(英文睿武仁聖明孝大王之寶) −금보이고, 거북 모양 인꼭지이다.

경태(景泰) 원년 문종조 경오년(1450, 문종 즉위) 5월 갑자일(21일)에 올린 시호이다.

소헌왕후지보(昭憲王后之寶) −금보이고, 거북 모양 인꼭지이다.

정통(正統) 11년 세종조 병인년(1446, 세종28) 6월 기미일(23일)에 올린 시호이다.

○ 제4실 세조실

승천체도열문영무왕보(承天體道烈文英武王寶) −옥보(玉寶)이고, 거북 모양 인꼭지이다.

경태 8년 세조조 정축년(1457, 세조3) 3월 경오일(7일)에 올린 존호
이다.

승천체도열문영무지덕융공성신명예흠숙인효대왕지보(承天體道烈文英武
至德隆功聖神明睿欽肅仁孝大王之寶) ―금보이고, 거북 모양 인꼭지이다.

성화(成化) 4년 예종조 무자년(1468, 예종 즉위) 11월 정축일(21일)에
올린 시호이다.

자성왕비지보(慈聖王妃之寶) ―옥보이고, 거북 모양 인꼭지이다.

경태 8년 세조조 정축년(1457) 3월 경오일에 올린 존호이다.

자성흠인경덕선렬명순원숙휘신혜의대비지보(慈聖欽仁景德宣烈明順元淑徽
愼惠懿大妃之寶) ―도금한 은보(銀寶)이고, 거북 모양 인꼭지이다.

성화 5년 예종조 기축년(1467, 예종1) 9월 병신일(16일)에 가상한 존
호이다.

자성흠인경덕선렬명순원숙휘신혜의신헌대왕대비지보(慈聖欽仁景德宣烈
明順元淑徽愼惠懿神憲大王大妃之寶) ―옥보이고, 거북 모양 인꼭지이다.

성화 7년 성종조 신묘년(1471, 성종2) 1월 신묘일(18일)에 가상한 존
호이다.

정희왕후지보(貞熹王后之寶) ―금보이고, 거북 모양 인꼭지이다.

성화 19년 성종조 계묘년(1483) 5월 병진일(25일)에 올린 시호이다.

○ 제5실 성종실

성종인문헌무흠성공효대왕지보(成宗仁文憲武欽聖恭孝大王之寶) ―금보이고,
거북 모양 인꼭지이다.

홍치(弘治) 8년 성종조 을묘년(1495, 연산군1) 3월 26일에 올린 시호이다.

공혜왕후지보(恭惠王后之寶) ―금보이고, 거북 모양 인꼭지이다.

성화 10년 성종조 갑오년(1474, 성종5) 5월 22일에 내린 시호이다.

휘의신숙공혜왕후지인(徽懿愼肅恭惠王后之印) ―금인(金印)이고, 거북 모양 인
꼭지이다.

홍치 10년 연산군 정사년(1497, 연산군3) 2월 7일에 올린 존호이다.

자순왕대비지인(慈順王大妃之印) ―금인이고, 거북 모양 인꼭지이다.

홍치 10년 연산군 정사년 2월 7일에 올린 존호이다.

정현왕후지보(貞顯王后之寶) －금보이고, 거북 모양 인꼭지이다.

가정(嘉靖) 9년 중종조 경인년(1530, 중종25) 10월 갑술일(18일)에 올린 시호이다.

○ 제6실 중종실

중종휘문소무흠인성효대왕지보(中宗徽文昭武欽仁誠孝大王之寶) －금보이고, 거북 모양 인꼭지이다.

가정 24년 인종조 을사년(1545, 인종1) 윤1월 19일에 올린 시호이다.

선소의숙장경왕후지보(宣昭懿淑章敬王后之寶) －금보이고, 거북 모양 인꼭지이다.

가정 25년 명종조 병오년(1546, 명종1) 4월 일에 가상한 존호이다.

성렬대왕대비지보(聖烈大王大妃之寶) －금보이고, 거북 모양 인꼭지이다.

가정 26년 명종조 정미년(1547, 명종2) 1월 26일에 올린 존호이다.

성렬인명대왕대비지보(聖烈仁明大王大妃之寶) －금보이고, 거북 모양 인꼭지이다.

가정 26년 명종조 정미년 9월 21일에 가상한 존호이다. －양쪽 귀퉁이가 떨어져 손상되었다.

문정왕후지보(文定王后之寶) －금보이고, 거북 모양 인꼭지이다.

가정 44년 명종조 을축년(1565) 6월 21일에 올린 시호이다.

○ 제7실 선조실

정륜입극성덕홍렬지성대의격천희운왕보(正倫立極盛德洪烈至誠大義格天熙運王寶) －옥보이고, 거북 모양 인꼭지이다.

만력(萬曆) 32년 선조조 갑진년(1604, 선조37) 10월 을축일(19일)에 올린 존시(尊諡)이다.

정륜입극성덕홍렬지성대의격천희운현문의무성예달효대왕지보(正倫立極盛德洪烈至誠大義格天熙運顯文毅武聖睿達孝大王之寶) －금보이고, 거북 모양 인꼭지이다.

만력 36년 선조조 무신년(1608, 광해군 즉위) 6월 기미일(4일)에 올린 시호이다.

의인왕후지보(懿仁王后之寶) －금보이고, 거북 모양 인꼭지이다.

만력 28년 선조조 경자년(1600) 월 일에 내린 시호이다.

장성왕비지보(章聖王妃之寶) ─금보이고, 거북 모양 인꼭지이다.

만력 18년 선조조 경인년(1590) 2월 초하루에 올린 존호이다. ─경자년(1600, 선조33)에 추가로 보완하여 봉안하였다.

장성휘열정헌의인왕후지보(章聖徽烈貞憲懿仁王后之寶) ─옥보이고, 거북 모양 인꼭지이다.

만력 32년 선조조 갑진년(1604) 10월 을축일(19일)에 가상한 존호이다. ─귀두(龜頭)가 부러졌다.

장성휘열정헌의인왕후지보(章聖徽烈貞憲懿仁王后之寶) ─옥보이고, 거북 모양 인꼭지이다.

만력 38년 광해군 경술년(1610) 4월 19일에 가상한 존호이다.

왕비지보(王妃之寶) ─금보이고, 거북 모양 인꼭지이다.

만력 30년 선조조 임인년(1602) 7월 13일에 책봉(冊封)한 것이다.

소성왕비지보(昭聖王妃之寶) ─옥보이고, 거북 모양 인꼭지이다.

만력 32년 선조조 갑진년(1604) 10월 을축일(19일)에 올린 존호이다. ─화재로 손상되었다.

소성정의왕대비지보(昭聖貞懿王大妃之寶) ─옥보이고, 거북 모양 인꼭지이다.

만력 38년 광해군 경술년(1610, 광해군2) 4월 19일에 가상한 존호이다.

소성정의명렬대왕대비지보(昭聖貞懿明烈大王大妃之寶) ─옥보이고, 거북 모양 인꼭지이다.

천계(天啓) 4년 인조조 갑자년(1624, 인조2) 10월 7일에 가상한 존호이다.

광숙장정인목왕후지보(光淑莊定仁穆王后之寶) ─금보이고, 거북 모양 인꼭지이다.

숭정(崇禎) 5년 인조조 임신년(1632) 9월 경자일(25일)에 올린 시호이다. ─귀두가 떨어져 나갔고, 글자 면이 손상되어 닳았다.

○ 제8실 원종실

경덕인헌정목장효대왕지보(敬德仁憲靖穆章孝大王之寶) ─옥보이고, 거북 모양 인꼭지이다.

숭정 5년 인조조 임신년 5월 기해일(2일)에 올린 존호이다.

경의정정인헌왕후지보(敬懿貞靖仁獻王后之寶) ─옥보이고, 거북 모양 인꼭지이다.

숭정 5년 인조조 임신년 5월 기해일에 올린 존호이다.

○ 제9실 인조실

헌문열무명숙순효대왕옥책(憲文烈武明肅純孝大王玉冊) -청옥이다. 10첩이고, 매 첩마다 6간이다.

헌문열무명숙순효대왕지보(憲文烈武明肅純孝大王之寶) -금보이고, 거북 모양 인꼭지이다.

기축년(1649, 효종 즉위) 인조 27년 9월 4일에 올린 시호이다.

왕비옥책(王妃玉冊) -청옥이다. 6첩이고, 매 첩마다 5간이다.

왕비지보(王妃之寶) -금보이고, 거북 모양 인꼭지이다.

천계 3년 인조조 계해년(1623) 8월 16일에 책봉한 것이다.

인열왕후옥책(仁烈王后玉冊) -청옥이다. 8첩이고, 매 첩마다 5간이다.

인열왕후지보(仁烈王后之寶) -금보이고, 거북 모양 인꼭지이다.

숭정 9년 인조조 병자년(1636) 3월 16일에 내린 시호이다.

명덕정순인열왕후옥책(明德貞順仁烈王后玉冊) -청옥이다. 6첩이고, 매 첩마다 5간이다.

명덕정순인열왕후지보(明德貞順仁烈王后之寶) -금보이고, 거북 모양 인꼭지이다.

신묘년(1651) 효종 2년 6월 26일에 올린 존호이다.

왕비옥책(王妃玉冊) -청옥이다. 4첩이고, 매 첩마다 5간이다.

왕비지보(王妃之寶) -금보이고, 거북 모양 인꼭지이다.

교명축(教命軸)

무인년(1638) 인조 16년 12월 2일에 책봉한 것이다.

자의왕대비옥책(慈懿王大妃玉冊) -청옥이다. 8첩이고, 매 첩마다 5간이다.

자의왕대비지보(慈懿王大妃之寶) -옥보이고, 거북 모양 인꼭지이다.

신묘년(1651) 효종 2년 8월 기유일(4일)에 올린 존호이다.

자의공신대왕대비옥책(慈懿恭愼大王大妃玉冊) -청옥이다. 8첩이고, 매 첩마다 5간이다.

자의공신대왕대비지보(慈懿恭愼大王大妃之寶) -옥보이고, 거북 모양 인꼭지이다.

신축년(1661) 현종 2년 7월 27일에 가상한 존호이다.

자의공신휘헌대왕대비옥책(慈懿恭愼徽獻大王大妃玉冊) -청옥이다. 8첩이고,

매 첩마다 5간이다.

자의공신휘헌대왕대비지보(慈懿恭愼徽獻大王大妃之寶) −옥보이고, 거북 모양 인꼭지이다.

병진년(1676) 당저(숙종) 2년 10월 19일에 가상한 존호이다.

자의공신휘헌강인대왕대비옥책(慈懿恭愼徽獻康仁大王大妃玉冊) −청옥이다. 8첩이고, 매 첩마다 5간이다.

자의공신휘헌강인대왕대비지보(慈懿恭愼徽獻康仁大王大妃之寶) −옥보이고, 거북 모양 인꼭지이다.

병인년(1686) 당저 12년 5월 25일에 가상한 존호이다.

정숙온혜장렬왕후옥책(貞肅溫惠莊烈王后玉冊) −청옥이다. 10첩이고, 매 첩마다 6간이다.

정숙온혜장렬왕후지보(貞肅溫惠莊烈王后之寶) −금보이고, 거북 모양 인꼭지이다.

무진년(1688) 당저 14년 12월 7일에 올린 시호이다.

○ 제10실 효종실

선문장무신성현인대왕옥책(宣文章武神聖顯仁大王玉冊) −청옥이다. 12첩이고, 매 첩마다 6간이다.

선문장무신성현인대왕지보(宣文章武神聖顯仁大王之寶) −금보이고, 거북 모양 인꼭지이다.

기해년(1659, 현종 즉위) 효종 10년 10월 26일에 올린 시호이다.

왕비옥책(王妃玉冊) −청옥이다. 6첩이고, 매 첩마다 5간이다.

왕비지보(王妃之寶) −금보이고, 거북 모양 인꼭지이다.

교명축(敎命軸)

신묘년(1651) 효종 2년 8월 16일에 책봉한 것이다.

효숙왕대비옥책(孝肅王大妃玉冊) −청옥이다. 8첩이고, 매 첩마다 5간이다.

효숙왕대비지보(孝肅王大妃之寶) −옥보이고, 거북 모양 인꼭지이다.

신축년(1663) 현종 2년 7월 28일에 올린 존호이다.

경렬명헌인선왕후옥책(敬烈明獻仁宣王后玉冊) −청옥이다. 8첩이고, 매 첩마다 6간이다.

경렬명헌인선왕후지보(敬烈明獻仁宣王后之寶) −금보이고, 거북 모양 인꼭지이다.

갑인년(1674) 현종 15년 5월 25일에 올린 시호이다.

○ 제11실 현종실

왕세손죽책(王世孫竹冊) —4첩이고, 매 첩마다 6간이다.

왕세손인(王世孫印) —옥인이고, 거북 모양 인꼭지이다.

교명축(敎命軸)

기축년(1649) 인조 27년 2월 18일에 책봉한 것이다.

왕세자죽책(王世子竹冊) —6첩이고, 매 첩마다 5간이다.

왕세자지인(王世子之印) —옥인이고, 거북 모양 인꼭지이다.

교명축(敎命軸)

신묘년(1651) 효종 2년 8월 28일에 책봉한 것이다.

순문숙무경인창효대왕옥책(純文肅武敬仁彰孝大王玉冊) —청옥이다. 12첩이
고, 매 첩마다 6간이다.

순문숙무경인창효대왕지보(純文肅武敬仁彰孝大王之寶) —금보이고, 거북 모
양 인꼭지이다.

갑인년(1674, 숙종 즉위) 현종 15년 12월 9일에 올린 시호이다.

왕세자빈죽책(王世子嬪竹冊) —4첩이고, 매 첩마다 6간이다.

왕세자빈지인(王世子嬪之印) —옥인이고, 거북 모양 인꼭지이다.

교명축(敎命軸)

신묘년 효종 2년 11월 21일에 책봉한 것이다.

왕비옥책(王妃玉冊) —청옥이다. 6첩이고, 매 첩마다 5간이다.

왕비지보(王妃之寶) —금보이고, 거북 모양 인꼭지이다.

교명축(敎命軸)

신축년(1661) 현종 2년 7월 29일에 책봉한 것이다.

현열왕대비옥책(顯烈王大妃玉冊) —청옥이다. 6첩이고, 매 첩마다 5간이다.

현열왕대비지보(顯烈王大妃之寶) —옥보이고, 거북 모양 인꼭지이다.

병진년(1676) 당저 2년 10월 20일에 올린 존호이다.

정헌문덕명성왕후옥책(貞獻文德明聖王后玉冊) —청옥이다. 10첩이고, 매 첩마
다 6간이다.

정헌문덕명성왕후지보(貞獻文德明聖王后之寶) —금보이고, 거북 모양 인꼭지이다.

갑자년(1684) 당저 10년 3월 28일에 올린 시호이다.

영녕전

○ 제1실 목조실

　　인문성목대왕지보(仁文聖穆大王之寶) ─금보이고, 거북 모양 인꼭지이다.

　　효공왕후지보(孝恭王后之寶) ─금보이고, 거북 모양 인꼭지이다.

　　을유년(1705) 당저 31년 9월 6일에 새로 구비하여 봉안한 것이다.

○ 제2실 익조실

　　강혜성익대왕지보(康惠聖翼大王之寶) ─금보이고, 거북 모양 인꼭지이다.

　　정숙왕후지보(貞淑王后之寶) ─금보이고, 거북 모양 인꼭지이다.

　　을유년 당저 31년 9월 6일에 새로 구비하여 봉안한 것이다.

○ 제3실 도조실

　　공의성도대왕지보(恭毅聖度大王之寶) ─금보이고, 거북 모양 인꼭지이다.

　　경순왕후지보(敬順王后之寶) ─금보이고, 거북 모양 인꼭지이다.

　　을유년 당저 31년 9월 6일에 새로 구비하여 봉안한 것이다.

○ 제4실 환조실

　　연무성환대왕지보(演武聖桓大王之寶) ─금보이고, 거북 모양 인꼭지이다.

　　의혜왕후지보(懿惠王后之寶) ─금보이고, 거북 모양 인꼭지이다.

　　을유년 당저 31년 9월 6일에 새로 구비하여 봉안한 것이다.

○ 제5실 정종실

　　정종공정의문장무온인순효대왕옥책(定宗恭靖懿文莊武溫仁順孝大王玉冊) ─
청옥이다. 10첩이고, 매 첩마다 5간이다.

　　정종공정의문장무온인순효대왕지보(定宗恭靖懿文莊武溫仁順孝大王之寶) ─
금보이고, 거북 모양 인꼭지이다.

　　온명장의정안왕후옥책(溫明莊懿定安王后玉冊) ─청옥이다. 8첩이고, 매 첩마다 5간이다.

온명장의정안왕후지보(溫明莊懿定安王后之寶) －금보이고, 거북 모양 인꼭지이다.

신유년(1681) 당저 7년 12월 7일에 올린 존호이다.

○ 제6실 문종실

흠명인숙광문성효대왕지보(欽明仁肅光文聖孝大王之寶) －금보이고, 거북 모양 인꼭지이다.

경태(景泰) 3년 문종조 임신년(1452, 단종 즉위) 8월 일에 올린 시호이다.

현덕빈인(顯德嬪印) － 금인(金印)이다.

정통(正統) 2년 세종조 정사년(1437, 세종19) 2월 무자일(28일)이다.

현덕왕후지보(顯德王后之寶) －금보이고, 거북 모양 인꼭지이다.

경태 원년 문종조 경오년(1450, 문종 즉위) 7월 경술일(8일)에 내린 시호이다.

인효순혜현덕왕후지보(仁孝順惠顯德王后之寶) －금보이고, 거북 모양 인꼭지이다.

경태 5년 단종조 갑술년(1454, 단종2) 7월 경술일(1일)에 올린 존호이다.

○ 제7실 단종실

순정안장경순돈효대왕옥책(純定安莊景順敦孝大王玉冊) －청옥이다. 10첩이고, 매 첩마다 5간이다.

순정안장경순돈효대왕지보(純定安莊景順敦孝大王之寶) －금보이고, 거북 모양 인꼭지이다.

단량제경정순왕후옥책(端良齊敬定順王后玉冊) －청옥이다. 10첩이고, 매 첩마다 5간이다.

단량제경정순왕후지보(端良齊敬定順王后之寶) －금보이고, 거북 모양 인꼭지이다.

무인년(1698) 당저 24년 12월 27일에 위호(位號)를 추복(追復)하고 올린 것이다.

○ 제8실 덕종실

의경세자지인(懿敬世子之印) －옥인이고, 거북 모양 인꼭지이다.

경태 6년 세조조 을해년(1455, 세조1) 7월 기해일(26일)에 책봉한 것이다.

온문의경왕지보(溫文懿敬王之寶) −금보이고, 거북 모양 인꼭지이다.

성화(成化) 7년 성종조 신묘년(1471, 성종2) 1월 정유일(24일)에 올린 존호이다.

회간선숙공현온문의경대왕지보(懷簡宣肅恭顯溫文懿敬大王之寶) −금보이고, 거북 모양 인꼭지이다.

성화 12년 성종조 병신년(1476) 1월 계축일(8일)에 올린 존호이다.

효부수빈인(孝婦粹嬪印) −은인(銀印)이고, 거북 모양 인꼭지이다.

날짜는 상고하지 못하였다.

인수왕비지인(仁粹王妃之印) −옥인이고, 거북 모양 인꼭지이다.

성화 7년 성종조 신묘년(1471) 1월 신묘일(18일)에 올린 존호이다.

인수왕대비지인(仁粹王大妃之印) −옥인이고, 거북 모양 인꼭지이다.

성화 11년 성종조 을미년(1475) 2월 병신일(17일)에 가상한 존호이다.

인수자숙대왕대비지인(仁粹慈淑大王大妃之印) −금인이고, 거북 모양 인꼭지이다.

홍치 10년 연산군 정사년(1497, 연산군3)57 월 일에 가상한 존호이다.

소혜왕후지보(昭惠王后之寶) −금보이고, 거북 모양 인꼭지이다.

홍치 17년 연산군 갑자년(1504) 월 일에 올린 시호이다.

○ 제9실 예종실

무승안민지보(武勝安民之寶) −금보이고, 거북 모양 인꼭지이다.

경태 8년 세조조 정축년(1457) 12월 을사일(15일)이다.

예종흠문성무의인소효대왕지보(睿宗欽文聖武懿仁昭孝大王之寶) −금보이고 거북 모양 인꼭지이다.

성화 6년 성종조 경인년(1470) 1월 5일에 올린 시호이다.

장순빈한씨지인(章順嬪韓氏之印) −은도금한 백철(白鐵)이다.

천순(天順) 4년 세조조 경진년(1460) 4월 정사일(11일)이다. −도장의 전문(篆文)이 파손되었다.

휘인소덕장순왕후지보(徽仁昭德章順王后之寶) −금보이고, 거북 모양 인꼭지이다.

성화 8년 성종조 임진년(1472, 성종3) 1월 무신일(11일)에 올린 시호이다.

인혜왕대비지인(仁惠王大妃之印) −옥인이고, 거북 모양 인꼭지이다.

성화 7년 성종조 신묘년(1471) 1월 신묘일(18일)에 올린 존호이다.

안순왕후지보(安順王后之寶) -금보이고, 거북 모양 인꼭지이다.

홍치 12년 연산군 기미년(1499, 연산군5) 1월 경오일(10일)이다.

○ 제10실 인종실

인종헌문의무장숙흠효대왕지보(仁宗獻文懿武章肅欽孝大王之寶) -금보이고, 거북 모양 인꼭지이다.

가정(嘉靖) 24년 인종조 을사년(1545, 명종 즉위) 9월 12일에 올린 시호이다.

왕세자빈지인(王世子嬪之印) -은인이다.

가정 3년 중종조 갑신년(1524, 중종19) 3월 신미일(6일)에 책봉한 것이다.

공의왕대비지보(恭懿王大妃之寶) -금보이고, 거북 모양 인꼭지이다.

가정 26년 명종조 정미년(1547) 9월[58] 기사일(21일)에 올린 존호이다.

○ 제11실 명종실

헌의소문광숙경효대왕지보(獻毅昭文光肅敬孝大王之寶) -금보이고, 거북 모양 인꼭지이다.

을유년(1705) 당저 31년 6월 17일에 추가로 보완하여 봉안한 것이다.

의성왕대비지보(懿聖王大妃之寶)-금보이고, 거북 모양 인꼭지이다.

융경(隆慶) 3년 선조조 기사년(1569, 선조2) 9월 일에 올린 존호이다.

---

58 **9월** 대본은 '2月' 인데, 《명종실록》 2년 9월 21일조 기록에 의거하여 '九月'로 바로잡아 번역하였다.

변례 變禮

○ **선조 임진년**(1592, 선조25) **11월 임신일**(16일)

비변사에서 아뢰기를,

"김천일(金千鎰)의 장계에 '서리 조현범(趙賢範)이 소혜왕후(昭惠王后)의 위판을 간직하고 있다가 직접 가지고 왔다.' 하였습니다. 전례대로 상당하는 군직을 제수하는 것이 어떻겠습니까?"

하니, "아뢴 대로 하라."고 답하였다. ―《승정원일기》에 나온다.

○ **계사년**(1593, 선조26) **1월 병인일**(11일)

예조에서 아뢰기를,

"종묘 사직의 제문이 계하되면 즉시 수결[押]을 받아야 합니다. 다만 제사를 행할 길일이 지금 양일로 잡혀 있어서 어느 날에 행할지 모르니 마땅히 행을 비워 두어 날짜를 써넣지 말도록 하고, 열성 및 왕후의 휘호는 상고할 데가 없으니 비록 미안한 듯하나 하루 전에 헌관이 봉안한 묘정(廟庭)에 숙배하고 봉심한 뒤에 제문에 쓰는 것이 마땅할 듯합니다. 영녕전도 같이 봉심한 다음 열성의 묘호 및 제문을 대축으로 하여금 제사를 행할 곳으로 가서 미리 쓰게 하고, 이로부터는 어압(御押)만 받도록 하는 것이 어떻겠습니까? 이 일은 부득이한 데서 나온 것이고 대신의 뜻도 그러합니다. 감히 여쭙니다."

하니, "아뢴 대로 하라."고 전교하였다. ―《승정원일기》에 나온다.

○ **10월 신사일**(1일)

승지 박동량(朴東亮)이 아뢰기를,

"종묘 사직이 도성으로 들어오는 날 의물(儀物) 및 사대(射隊)의 경우 시위(侍衛)와 고취(鼓吹)는 군용(軍容)의 의물인 만큼 뒤에 처지도록 하고, 대가(大駕)의 사대 앞은 경기 수사(京畿水使)로 호위하도록 하는데, 대신의 뜻도 그러합니다. 감히 아룁니다."

하니, "아뢴 대로 하라."고 전교하였다.

상이 '종묘 앞에 이르러 상복을 갈아입고 임하여 곡하는 의절'에 대해 박동량에게 전교하기를,

"의주(儀註)에는 길복(吉服)을 입도록 되어 있다. 복색(服色)을 어떻게 해야 하는가?"

하니, 회계하기를,

"이미 곡하는 예를 넘겼으니 홍포(紅袍)를 입으셔야 합니다. 그러나 대신에게 물어서 아뢰겠습니다."

하자, "아뢴 대로 하라."고 전교하였다. 회계하기를,

"대신에게 물으니, '가시지 않은 슬픔을 아직 다하지 못하였으니, 홍포는 미안하다. 그대로 흑포(黑袍)와 오대(烏帶)를 착용하시는 것이 마땅할 듯하다.' 하였습니다."

하니, "아뢴 대로 하라."고 전교하였다. −《승정원일기》에 나온다.

○ 박동량이 아뢰기를,

"종묘 사직의 신주가 심의겸(沈義謙)의 집에 봉안되어 있는데, 대가가 환궁할 때에 마땅히 지나쳐서 가게 됩니다. 그러나 옆길이어서 그 문이 보이지 않기 때문에 연(輦)에서 내리셔서는 안 됩니다. 다만 상께서 연에서 내릴 마음이 있으실까 염려되어 감히 아룁니다."

하니, "알았다."고 전교하였다. −《승정원일기》에 나온다.

○ 윤11월 병술일(6일)

예조에서 아뢰기를,

"종묘 대제는 으레 친향(親享)으로 취품(取稟)하는데, 종묘 안과 외정(外庭)은 지세가 비좁아 예를 행하기가 편치 않으니, 우선 취품하지 않겠습니다. 그리고 대제 때에는 음악을 쓰는데, 다만 시기적으로 미안할 뿐만 아니라 악기도 정비되지 못하였고, 진설할 장소도 좁아서 사용하기도 또한 불편합니다. 제사를 거행할 집사를 예전 규례대로 차출하면 차출할 인원도 부족하거니와 그렇게 많은 집사는 지세가 비좁아 형세상 예를 주선하기도 어렵습니다. 이조로 하여금 줄일 만한 것은 적당히 줄이고 겸차(兼差)할 만한 것은 겸하도록 하는 것이 어떻겠습니까? 대

신의 뜻도 그러합니다. 그러므로 감히 여쭙니다."

하니, "아뢴 대로 하라."고 전교하였다. —《승정원일기》에 나온다.

○ 병신년(1596, 선조29) 3월 갑오일(27일)

예조에서 아뢰기를,

"종묘수조도감(宗廟修造都監)의 계사에 '정전(正殿)의 북쪽 담 아래 섬돌 위로 흉적이 보루를 쌓았던 곳을 파내고 수치(修治)할 때에 교의(交倚)와 함〔櫝〕을 갖춘 목주(木主)가 흙 속에 조각조각 흩어져 있었습니다. 사지수복(事知守僕)을 불러 물어보니, 평상시 소상(小祥) 때 썼던 뽕나무 신주는 해당 신실의 뒤 계단에 묻는다고 합니다. 이로 미루어 보면 북쪽 섬돌 위에는 각 신실의 뽕나무 신주가 또한 반드시 같은 모양으로 묻혀 있다는 것인데, 북쪽 계단은 흉적이 모조리 파헤쳐 정전의 뒤뜰을 메웠으니, 각 신실의 뽕나무 신주가 아마도 그 속에 있을 것 같습니다. 병조로 하여금 군인을 많이 배정하여 메운 흙을 파내고 기어이 찾아내도록 하며, 이미 찾아낸 양 신위의 목주는 예관으로 하여금 속히 처리하게 하는 것이 어떻겠습니까?' 하였는데, 아뢴 대로 하라고 전교하셨습니다. 지금 종묘수조도감의 계사를 보니, 극도로 놀랍고 두렵습니다. 양 신위의 목주를 모셔 두는 일은 속히 처리하지 않아서는 안 됩니다만, 사안이 중대한 만큼 대신에게 논의하여 정탈하는 것이 어떻겠습니까?"

하니, "아뢴 대로 하라."고 전교하였다. —《승정원일기》에 나온다.

○ 정유년(1597, 선조30) 10월 병인일(9일)

종묘수조청(宗廟修造廳)에서 아뢰기를,

"종묘와 영녕전의 신위를 이달 17일에 종묘수조청 근처인 내관(內官) 방준걸(方俊傑) 집에 봉안하기로 하고, 수조 등에 대한 일을 제조들이 지금 한창 점검하여 거행하고 있습니다. 다만 봉안할 기간이 4, 5일밖에 남지 않아 허다한 변례를 예조에서 전담하여 마련해야 하는데, 판서 이호민(李好閔)과 참의 이해수(李海壽)가 사신으로 나가 참판 이준(李準)만 있는 상황에 지금 또 이준이 유 제독(劉提督)의 접반사(接伴使)로 차출되어 수일 내로 나가야 합니다. 봉안할 기간이 임박한 때를 당하여 주관할 당상이 없으니 지극히 염려스럽습니다. 참판 이준의 접반사 직임을 개차(改差)하여 궁박하고 전도되는 폐단이 없도록 하는 것이 어떻겠습니까?"

하니, "아뢴 대로 하라."고 하였다. —《승정원일기》에 나온다.

○ 같은 달 을해일(18일)

상이 동대문 밖에 행차하여 종묘 사직을 지영(祗迎)하였다.

상이 동대문 밖에 이르러 막차로 들어갔다. 조금 있다가 길옆에서 몸을 굽혀 종묘사직을 지영하였다. 대신으로 하여금 사직을 받들어 예전의 장소에 도로 안치하고 그대로 열성의 신주를 모시고 가게 하였다.

권설소(權設所)에 이르러 막차로 들어갔다. 조금 있다가 집사가 열성의 신주를 봉안하기를 마쳤다. 유사가 관세(盥洗)할 물을 올리니, 상이 손을 씻기를 마치고 권설소로 나아갔다. 소여(小轝)를 올리려고 하니, 상이 윤담무(尹覃茂)에게 전교하기를,

"멀지 않으면 걸어서 들어가는 것이 또한 좋겠다."

하니, 회계하였다.

"살펴보고 나서 상께서 하교하신 대로 하겠습니다."

상이 걸어서 권설소로 나아가 자리에 나아갔다. 조계로 올라가 신위 앞에 이르러 세 번 향을 피우기를 마쳤다. 조계로 내려가 자리로 나아갔다. 유사가 '사배(四拜)할 것'을 찬(贊)하니, 상이 사배를 행하고, 모시고 선 대신 이하가 모두 사배례를 행하기를 마쳤다. 시어소(時御所)로 돌아갔다.

—이 해 9월에 종묘와 사직의 신주를 수안군(遂安郡)으로 옮겼다가 이때에 이르러 받들어 모시고 돌아온 것이다.《승정원일기》에 나온다.

○ 광해군 무신년(1608, 광해군 즉위) 6월 계미일(28일)

예조에서 아뢰기를,

"영녕전과 종묘의 신주를 오는 29일에 새 묘에다 봉안해야 하는데, 봉안할 때에 상께서 친히 행차하는 거둥이 있어야 할 듯합니다. 그러나 대행왕을 부묘하기 전에는 예법에 친향(親享)하는 절차가 없습니다.[59] 그러므로 상께서 거둥하는 절차는 마련하지 않았습니다. 다만 백관의

59 대행왕을……없습니다 대행왕은 선조를 말한다. 삼년상을 마치고 신주를 종묘에 부묘하는데, 지금은 선조의 상중이므로 한 말이다. 1610년(광해군2) 4월 11일에 선조와 의인왕후의 부묘례를 거행하고 신주를 종묘 제9실에 봉안하였다.《광해군일기》

시위와 의물(儀物)과 도종(導從)은 규식대로 할 경우 고취(鼓吹) 한 가지 절차에 대해 어떤 사람은 말하기를, '졸곡(卒哭) 이후에 지내는 종묘 제사에는 마땅히 음악을 사용하니, 지금만 유독 폐지할 수 없다.' 하고, 어떤 사람은 말하기를, '졸곡 이후에 입는 공제복(公除服)을 이미 《오례의》를 따르지 않고 순전히 백모(白帽)와 백대(白帶)를 사용했으니 음악을 쓰는 여부도 알 수 없다.' 합니다. 이번의 의절은 이전의 규례도 없고, 이미 근거할 경(經)도 없는데, 사람들의 의견도 이처럼 다릅니다.

또 난리를 만나 영정과 신주를 제자리가 아닌 곳에 임시로 봉안하였으니, 온 나라 신민의 애통함이 어찌 끝이 있겠습니까? 그런데 다행히 새 묘가 처음 완성되어 예전처럼 웅장하고, 이 새 묘에 봉안하여 영원히 안정되니, 이번의 봉안은 실로 경사스러운 예전이라 할 것입니다. 따라서 어떤 사람은 말하기를, '마땅히 진하(陳賀)하는 의식이 있어야 할 듯하다.' 합니다.

또 영녕전과 종묘의 신주를 옮겨 봉안할 때에 영녕전을 먼저 하고 태묘를 나중에 하되 조묘(祧廟)의 두 신주[60]는 가장 나중에 하는 것으로 당초 수의(收議)를 입계하여 정탈하였습니다. 그런데 지금 다시 생각해 보니, 그때의 헌의는 대개 조종의 위차(位次)를 없애지 않고자 한 것이었으나 조묘를 가장 나중에 할 경우 태묘의 위차에 있어 역시 차서를 잃을 수밖에 없으니, 대단히 미안합니다. 대개 이미 조천(祧遷)한 이상 태묘와는 관계가 끊어진 것입니다. 영녕전은 영녕전이고 태묘는 태묘이니, 조묘의 신주를 이미 영녕전에 봉안하고 나면 선후의 사이에 구별이 있을 수 없습니다. 그러니 영녕전의 신주를 일시에 옮겨 봉안하는 것이 사리에 합당할 듯합니다. 그러나 어떤 사람은 말하기를, '이미 정탈을 거친 것이니, 또한 가볍게 고치기 어렵다.' 합니다.

이 세 가지 절차는 해조에서 마음대로 할 수 있는 바가 아니니, 대신에게 논의한 다음 여쭈어 재결을 받아 시행하는 것이 어떻겠습니까? 감히 아룁니다."

하니, 상이 그대로 윤허하였다 .-《승정원일기》에 나온다.

[60] 조묘의 두 신주 이 당시에 영녕전의 동협실에 모셔져 있던 정종과 문종의 신주를 말한다.

○ **인조 병자년**(1636, 인조14) **5월 경신일**(17일)

예조에서 아뢰기를,

"종묘서의 첩정(牒呈)을 받아 보니, '당일 망제(望祭)를 지낼 때에 대축(大祝) 한함(韓涵)과 묘사(廟司) 지봉수(池鳳遂) 등이 제3실을 살펴보았는데, 장헌대왕(莊憲大王) 신주함의 내궤대(內匱臺) 앞면에 길이 1치 1푼, 너비 7푼가량 손상된 자국이 있었습니다. 이것은 필시 봉지(奉持)할 즈음에 공경이 지나쳐서 겁을 내다가 잘못하여 부딪쳐 상처가 나게 된 것으로, 그 상처를 살펴보건대 새로이 파손된 곳은 아닌 듯합니다. 그러나 대단히 중대한 일이고 이미 알게 된 이상 감히 덮어 둘 수 없습니다. 본 예조에서 봉심하여 처치하소서.'라는 내용이었는데, 듣고 너무나도 놀랐습니다. 오는 18일에 위안제(慰安祭)를 설행하고, 본 예조의 당상 및 본 종묘서의 제조가 입회하여 봉심한 뒤에 계품하여 수개하는 것이 어떻겠습니까?"

하니, "아뢴 대로 하라."고 전교하였다. ─《예조등록》에 나온다.

○ 예조에서 아뢰기를,

"'종묘 제3실 장헌대왕 신주의 내궤대 앞면이 손상된 것 때문에 오는 18일에 위안제를 설행하는 일이 이미 계하되었습니다. 가만히 생각해 보니, 위안제의 의미는 비록 본 신실에 고하는 것이지만 열성의 어실(御室)이 모두 하나의 전(殿) 안에 있는데 사유를 고하지 않고 본 신실에만 제사를 거행하는 것은 정리와 예문을 헤아리건대 타당하지 않은 듯합니다. 비록 전에 행한 근거할 만한 규례는 없으나 열성의 어실에 두루 고하는 것이 사의(事宜)에 합당할 듯합니다. 황공하오나 감히 아룁니다.'라고 한 것에 대해 전교하시기를, '전례를 상고해서 하라'라고 하셨습니다.

전부터 종묘를 봉심할 때에 모 신실 안에 배설한 물품 중에 만약 개비할 일이 있으면 사유를 고하되 반드시 열성의 각 신실에 두루 행하였으며, 또한 왕과 왕후 양위(兩位)의 능침 중에 만약 한 곳이라도 수개할 일이 있으면 선고사유(先告事由)는 양위에 모두 행하되 이안제(移安祭)와 환안제(還安祭)는 수개하는 신위에만 행하였으니, 이것이 준행해 온 규례입니다. 지금 종묘에 고하려는 제사는 이와는 역시 다른 점이 있는 듯하나 단지 본 신실에만 고하는 것이 아무래도 미안하기 때문에 망녕되이 번거롭게 여쭈었던 것입니다. 그러나 근거할 만한 규례는 달리 고찰할 데가 없습니다. 전례에 없는 일을 지금 처음으로 만들어 행하는 것도 타당하지 않으니, 본 신실에만 위안제를 행하더라도 혹 무방할 듯합니다. 감히 아룁니다."

하니, "아뢴 대로 하라."고 전교하였다. -《예조등록》에 나온다.

○ 같은 달 신유일(18일)

예조에서 아뢰기를,

61 **신 석기** 이 당시 예조 판서를 맡고 있던 강석기(姜碩期)를 말한다.

"신 석기(碩期)[61]가 종묘서 제조 최명길과 함께 종묘 제3실에 이르러 장헌대왕의 신주함 내궤대가 파손된 곳을 봉심하였습니다. 그 결과 손상된 자국이 당초 본 종묘서의 관원이 보고한 바와 같았으니, 매우 놀라운 일입니다. 또한 궤대의 뒷면을 보니 좌변에도 깨진 곳이 있는데, 칠을 발라 봉합하였습니다. 아마도 갑자년(1624, 인조2)과 정묘년(1627) 두 해 중에 손상된 것으로 그 당시에 그대로 보수하여 봉안한 것인 듯합니다.

이번에 새로 깨진 곳 역시 분명 아무 때 제사 지내는 날 대축이 받들어 내올 때에 혹 힘이 약하여 이기지 못하였거나 아니면 공경이 지나쳐서 겁을 내다가 잘못하여 부딪쳐 손상되었는데 그대로 덮어 둔 것일 것입니다. 궤대의 뒷면에 이미 칠을 발라 봉합한 곳이 있는데 앞면의 손상이 또 이와 같으니, 그대로 봉안하는 것은 매우 미안한 일입니다. 해당 관사로 하여금 조속히 다시 만들어 길일을 잡아 봉안하도록 하는 것이 마땅할 것입니다. 감히 아룁니다."

하니, "아뢴 대로 하라."고 전교하였다.-7월 1일에 삭제(朔祭) 겸 고유제를 지내고 그대로 봉안하였다.《예조등록》에 나온다.

○ 12월 경진일(10일)

청병(淸兵)이 압록강을 건너 경성(京城)으로 빠르게 육박해 왔다. 14일 아침에 먼저 종묘 사직의 신주를 받들어 강화(江華)로 옮겨 들였다. 오시

(午時)에 대가가 이어 출발하여 숭례문(崇禮門)에 이르렀는데, 청병이 벌써 홍제원(弘濟院)에 도착했다는 소식을 듣고 행차를 돌려 남한산성(南漢山城)으로 들어갔다. 15일 저녁에 산성이 포위되었다.

정축년(1637) 1월 22일에 청병이 갑곶(甲串)에 도착하여 강도(江都)를 함락하였다. 종묘서와 사직서의 도제조인 해창군(海昌君) 윤방이 종묘서 봉사 지봉수(池鳳遂)와 사직서 참봉 이진행(李震行) 등을 거느리고 종묘와 사직의 신주를 매안하였으나 청병이 파냈고, 재차 매안하였으나 재차 파냈다. 창졸간에 종묘의 신주 1위 및 사직의 신주 4위의 부방(趺方)[62]이 유실되었고, 열성의 신주는 더러 부딪쳐 손상된 곳이 있었다. 윤방 등이 겨우 수습하여 받들고 27일에 강도를 출발하여 29일에 남한산성 아래에 이르렀다. 산성의 형세가 궁박하여 제대로 지키지 못하고 이날 대가가 도성으로 돌아와 창경궁에 납시니, 종묘와 사직의 신주를 시민당(時敏堂)에 임시로 봉안하였다.

2월 4일에 지봉수를 종묘서 영(宗廟署令)으로 삼고, 이진행을 사직서 영(社稷署令)으로 삼았다. 17일에 대간의 계사로 인하여 윤방을 파직하고 대신 영의정 김류(金瑬)를 종묘서 도제조로 삼았다.

○ 정축년(1637, 인조15) 병신일(26일)

종묘서 관원이 도제조의 뜻으로 아뢰기를,

"종묘 열성의 신주를 시민당에 임시로 봉안하였으니, 일이 매우 미안합니다. 그러므로 신과 제조 최명길이 이달 24일에 함께 종묘로 가서 봉심하였습니다. 그 결과 감실, 신탑(神榻), 의궤(倚几), 궤대(匱臺)가 난리를 겪으면서 파손되었습니다. 만약 일시에 수개하고자 한다면 공역이 너무 많아 금방 이루기 어려울 것이고 환안하는 일은 하루가 급하니, 우선 감실과 신탑의 파손된 곳만 취하여 대략 손보고 보수해서 먼저 봉안하고, 미비한 물품은 추후에 개비를 마치는 것이 혹 무방할 듯합니다.

또한 인순왕후(仁順王后)의 신주를 병란에 분실하였으니, 신민의 통한은 다 말할 수도 없습니다. 들으니 봉상시의 밤나무〔栗木〕는 소실되지 않았다고 합니다. 공장(工匠)을 찾아 때에 미쳐 다시 만들도록 하는 뜻을 예관으로 하여금 품지하여 시행하게 하는 것이 어떻겠습니까?"

62 **부방** 신주 밑에 끼는 네모진 받침이다.

하니, "아뢴 대로 하라."고 전교하였다. ─《수리도감등록(修理都監謄錄)》에 나온다.

○ 2월 정유일(27일)

예조에서 아뢰기를,

"종묘서 도제조의 계사로 종묘 안의 파손된 곳을 수리하고, 또 인순왕후의 신주를 병란에 분실하였는데 공장을 찾아 때에 미쳐 다시 만들도록 하는 사안에 대해 윤허하셨습니다. 상의원(尙衣院)의 관원을 불러 물어보니, 공장 등이 외지로 피난 가서 아직까지 들어오지 않았다고 합니다. 우선 공장이 돌아와 모이기를 기다려 즉시 수개하겠습니다. 감히 아룁니다."

하니, "알았다."고 전교하였다. ─《수리도감등록》에 나온다.

○ 같은 달 무술일(28일)

종묘서 제조인 이조 판서 최명길이 탑전에서 아뢰기를,

"수리를 예관으로 하여금 품지하여 시행하게 하는 사안은 이미 아뢰었습니다. 신이 일전에 도제조 김류와 함께 봉심해 보니, 신주궤에 모두 상처가 있었습니다. 지금 만약 다시 만든다면 날짜가 오래 걸릴 것이니, 우선 신주를 감실 안에 봉안하는 것도 혹 무방할 듯합니다. 우선 감실의 파손된 곳을 판자로 보수하여 손보는 것은 공역이 그리 크지는 않은데, 이러한 때에 장인이 모이지 않아 이 점이 어렵습니다. 잘 모르겠습니다만, 이번 공역에 반드시 도감을 설치합니까, 본 종묘서의 관원과 예관으로 하여금 감독하게 합니까?"

하니, 상이 이르기를,

"예관과 종묘서 제조가 감독하여 속히 하도록 하라. 하루가 급하니 늦출 수 없다."

하였다. 상이 이르기를,

"종묘의 신주를 매안한 곳을 파낼 때에 반드시 손상이 있었을 것이니, 속히 봉심하여 새로 만들 신주와 함께 일시에 다시 만드는 것이 좋겠다."

하니, 최명길이 아뢰기를,

"전날 시민당에 봉심할 때에 신위의 수가 많아서 자세히 살피지 못하였습니다. 신이 김류와 상의해 보니, 향(香)을 달인 물로 깨끗이 씻어 그 대로 봉안하는 것이 괜찮을 듯하다고 하였는데, 사안이 중대하여 감히 아뢰지 못하였습니다."

하였다. 상이 이르기를,

"어제 내관으로 하여금 숙녕전(肅寧殿)의 신주[63]를 가서 살펴보라고 하였는데, 칼자국이 두서너 군데 있었다고 한다. 대단히 큰 상처가 아니라면 향을 달인 물에 씻는 것도 무방하겠으나 만약 이 숙녕전의 신주와 같은 변고가 있다면 안 될 것이다."

하였다. 최명길이 아뢰기를,

"선묘(宣廟)의 신주도 상처가 있고, 그 옆에 칼자국이 있습니다."

하니, 상이 이르기를,

"이와 같다면 그대로 봉안할 수 없다."

하였다. 최명길이 아뢰기를,

"먼저 봉안한 뒤에 다시 만듭니까?"

하니, 상이 이르기를,

"봉심한 뒤에 다시 만드는 것이 좋겠다."

하였다. −《수리도감등록》에 나온다.

63 **숙녕전의 신주** 인조 비 인열왕후(仁烈王后)의 신주를 말한다. 병자호란이 일어나기 전해인 1635년(인조13)에 승하하였다. 숙녕전은 288쪽 주49 참조.

○ 3월 정미일(8일)

종묘수리도감에서 아뢰기를,

"봉안할 길일을 택하여 올린 예조의 초기에 대해 전교하시기를, '길일이 이와 같이 한참 멀다면 종묘 안의 파손된 곳을 모두 보수하는 것이 마땅하다.'라고 하셨습니다. 신들의 생각으로는 애초에 봉안하는 것을 급하게 여겨 단지 먼저 감실만 보수할 것을 청했던 것입니다. 지금 전교로 인하여 다시 공역을 살펴보니, 산개(繖蓋), 봉개(鳳蓋), 청개(靑蓋), 홍개(紅蓋) 등 물품이 파손되거나 분실되어 남은 것이 없습니다. 형편상 새로 만들어야 할 판인데, 물력이 반드시 미치지 못할 것입니다. 그러나 신탑은 고칠 수 있습니다.

제7실의 서쪽 변과 제9실의 서쪽 변에 친 발(簾)은 분실되었으나 이러한 때에 다시 만들기는 매우 어려우니, 우선 빼놓더라도 크게 흠이 되지는 않을 듯합니다. 또한 각 신실 안팎의 홍초장(紅綃帳)도 분실되었는데, 만약 홍초가 있다면 기일까지 만드는 것도 어렵지는 않겠으나 해조(該曹)의 물력으로 마련하기가 어려운 것이 걱정입니다. 이것은 안의 휘장〔帳〕과 밖의 휘장 가운데 한 건의 재료만 우선 마련하되 홍초로 마련하기가 만약 어렵다면 우선 면주(綿紬)나 면포(綿布)에 붉은 물을 들여 만들더라도 없는 것보다는 나을 것입니다. 해조로 하여금 물력을 헤아려 처리하게 하는 것이 마땅하겠습니다.

매 신실의 옛날 제도는 각각 좌장(左藏)과 우장(右藏)이 있어서 오른쪽에는 옥책을 보관하고 왼쪽에는 보를 보관하였는데, 각 신위의 옥책이 임진년(1592, 선조25)의 왜란 때에 분실되었기 때문에 단지 보를 보관하는 좌장만 있습니다. 그러나 제9실과 제10실만은 좌장과 우장이 있는데, 지금 또한 옥책이 부서져 형태가 없습니다. 이 옥책은 종묘 뒤의 깨끗한 지역에 받들어 매안하고, 좌장만 개수하여 열성의 각 신실의 제도와 같게 하는 것이 또한 마땅할 듯합니다. 감히 이렇게 아울러 여쭙니다.”

하니, 전교하였다.

“아뢴 대로 하라. 발을 치는 것은 홍장(紅帳)으로 대신하는 것이 좋을 듯하다.” -《수리도감등록》에 나온다.

○ **숙종 정묘년**(1687, 숙종13) **11월 경진일**(5일)

주강에 입시했을 때이다. 영의정 남구만이 아뢰기를,

“종묘에서 촛불의 심지를 자를 때 술잔을 엎은 일에 대해 그저께 탑전에서 삼가 하문을 받들었는데, 신이 불민하여 똑똑히 듣지 못해 상세히 대답하지 못하였습니다. 물러 나온 뒤에 종묘 헌관이 올린 계사를 듣고서야 상의 하교가 바로 대왕의 신위에 잔을 올린 뒤에 헌관이 이미 왕비의 신위로 나아갔는데 촛불의 심지를 자르는 사람이 만약 대왕의 신위에 올린 잔을 엎었다면 어떻게 해야 하느냐는 뜻임을 비로소 알았습니다. 신이 대답을 못한 잘못이 심하니, 황공함을 이기지 못하겠습니다.”

하니, 상이 이르기를,

“지난날 하문한 뜻이 과연 이와 같다.”

하였다. 영의정이 아뢰기를,

"이 일은 항상 있는 일이 아니므로 뒷날 이러한 일이 반드시 다시 있지는 않을 것이나, 만약 혹시라도 있게 된다면 미리 정식을 두지 않으면 안 될 것입니다. 만약 대왕의 신위에 이미 잔을 올리고 나서 왕비의 신위에 잔을 올릴 때에 대왕의 신위에 올린 잔이 혹 엎어졌다면 헌관이 다시 준소로 나아가 술을 따라서 올립니다. 이것으로 미루어 보면 제10실에서 술잔을 엎은 일이 있더라도 헌관이 바야흐로 전 안에 있으면 역시 다시 가서 술을 따라 올릴 수 있습니다. 다만 초헌관이 내려가 자리로 돌아가고 아헌관이 잔을 올릴 때에 혹 초헌관이 올린 잔을 엎었거나 아헌관이 내려가 자리로 돌아가고 종헌관이 잔을 올릴 때에 혹 초헌관과 아헌관이 올린 잔을 엎었을 경우에는 초헌관과 아헌관이 이미 예를 마치고 계단을 내려갔으니, 다시 올라가 잔을 올릴 수는 없을 듯합니다. 신의 얕은 견해는 비록 이와 같으나 이것은 예문 가운데 고찰할 만한 것이 없으니 또한 반드시 맞는지는 모르겠습니다. 오직 상께서 재량하여 규식을 정하기에 달려 있습니다."

하니, 상이 이르기를,

"잔을 올린 헌관이 전 안에 있을 경우에는 엎은 잔을 다시 따라서 올리는 것이 마땅하나 초헌례를 다 마친 뒤에 아헌과 종헌 때 혹 초헌의 잔을 엎었다면 다시 따라서 올리는 것은 진실로 미안하다. 이와 같은 뜻을 종묘서와 사직서에 똑같이 분부하는 것이 좋겠다."

하였다. ─《예조등록》에 나온다.

○ **갑술년**(1694, 숙종20) **4월 갑신일**(17일)

예조에서 아뢰기를,

"비망기에 '앞으로 있을 책례(冊禮) 때에 으레 종묘에 고하고 교서를 반포하는 일이 있을 것이나 지금 곤위(壼位)를 회복하고 폐치하는 일[64]은, 일이 있으면 고하는 도리에 있어서 먼저 고하지 않을 수 없다. 해조로 하여금 거행하게 하되, 고묘문 중에 「충언을 살피지 못하고 어진 중전을 잘못 의심하였다.〔莫察忠言 誤疑良佐〕」 등의 말을 만들어 넣도록 분부하라.' 라고 명하셨습니다. 종묘에 고하는 예는 즉시 거행해야 할 듯한데, 그믐 전에는 길일이 없습니다. 일찍이 전에 이와 같을 때에는 날을

64 **곤위를 회복하고 폐치하는 일**
숙종의 계비 인현왕후(仁顯王后)를 복위하고, 장씨(張氏)를 폐위하여 다시 희빈(禧嬪) 작위를 내린 일을 말한다. 《숙종실록 20년 4월 12일조》

잡지 않고 거행한 규례가 있습니다. 지금도 이 규례대로 하여 이번 4월
21일에 사직과 영녕전과 종묘에 모두 설행하라고 알리는 것이 어떻겠
습니까?"
하니, "윤허한다."고 전교하였다. ―《예조등록》에 나온다.

○ **계미년**(1703, 숙종29) **4월 갑신일**(9일)
　　종묘의 친향을 위해 출궁한 뒤에 좌의정 이세백(李世白)이 졸서(卒逝)한
단자를 미품(微稟)으로 입계하였다. 예조의 계사에,
　　"이번 홍문관의 차자 내용을 보니, 노(魯)나라 선공(宣公) 때에 중수(仲
遂)가 졸서하였는데 오히려 역제(繹祭)를 지낸 것에 대해 성인(聖人)이
예가 아니라고 기롱한 것[65]을 인용하여 말하기를, '지금 대신의 초상에
종묘 제사의 예가 중하여 비록 친향을 폐하지는 않더라도 오히려 역제
를 지낸 것에 대한 기롱을 참고한다면 마땅히 의리로 일으켜 변통하고
줄이는 바가 있어야 합니다. 관헌(祼獻)하는 예와 음악을 쓰는 예는 모
두 신령을 받드는 일과 연관되므로 함부로 논의할 수 없으나 음복(飮福)
하는 예와 조육(胙肉)을 받는 예는 대개 제사를 주관한 사람이 신령의
은사(恩賜)를 받는 절차인 만큼 관헌에 비해 자못 가벼우니, 이 한 가지
절차는 변통하고 줄일 수 있을 듯합니다.' 하였고, 또 문성공(文成公) 이
이(李珥)의 '기년복(朞年服)인 대공(大功)은 제사에 조육을 받지 않는
다.' 라는 논설[66]을 인용하여 또한 향사(享祀)에 조육을 받지 않는 하나
의 방증으로 삼을 수 있다고 하였는데, 해조로 하여금 품처하게 하라는
명이 있었습니다.
　　제례(祭禮)의 음복과 수조(受胙)는 바로 조종의 보사(報賜)하는 의절
이니 빈시(賓尸)를 위한 역제와는 이미 경중의 구별이 있고, 또 문성공
이이의 '기년복인 대공은 장례를 치른 뒤이면 제사에 조육을 받지 않는
다.' 라는 논설도 왕조의 예와는 다릅니다. 그런 만큼 지금 이 차자에서
논한 것은 비록 경전의 의리에 대신을 중히 여긴 뜻에서 나온 것입니다
만 이미 전례도 없는 데다가 변례의 의절에 관계되니, 막중한 제향의
의절을 신의 조에서 억측으로 단정하기 어려운 점이 있습니다. 즉시 대
신에게 논의하여 품처하는 것이 어떻겠습니까?"

65 **노나라……것** 《춘추(春秋)》 선공 8년조에 나온다. 6월 신사일에 "태묘에 제사를 지냈다. 중수(仲遂)가 수(垂)에서 졸하였다."라는 기록이 있고, 그 이튿날인 임오일에 "오히려 역제를 지냈다.〔猶繹〕"라는 기록이 있다. 중수는 노나라의 재상이고, 역제는 제사 지낸 다음 날 지내는 제사로 빈시(賓尸)의 대접을 위한 제사이다. 성인은 공자를 말한다. 대신을 대우하는 예를 잃은 점을 기롱한 것이다.

66 **문성공……논설** 한국문집총간 45집에 수록된 《율곡전서(栗谷全書)》 권27 〈상복중행제의(喪服中行祭儀)〉에 나온다. 이 논설에 "기년복인 대공은 장례를 치른 뒤이면 제사를 평시와 똑같이 지낸다. 다만 조육(胙肉)을 받지 않는다." 하였고, 또 "시마복(緦麻服)인 소공(小功)은 성복(成服)하기 전이면 제사를 폐하고 성복한 뒤이면 제사를 평시와 똑같이 지낸다. 다만 조육을 받지 않는다." 하였으니, 즉 제사는 지내되 조육을 받는 절차를 줄인다는 말이다.

하였다. 다시 아뢰기를,

"윤허한다고 전교하셨습니다. 대신에게 논의한 결과 행 판중추부사 윤지선(尹趾善)과 행 판중추부사 서문중(徐文重)은 '유신(儒臣)이 진달한 차자는 대개 경(經)의 말을 인용하여 조금 예절을 변통함으로써 대신을 중히 여기는 뜻을 보이고자 한 것이니, 사안은 마땅히 채택하여 시행해야 합니다. 그러나 어느 절차를 줄여야 하는지에 대해서는 창졸간에 우러러 대답하기는 어렵고, 오직 예관이 품지하여 거행하기에 달려 있습니다. 삼가 상께서 재결하소서.' 하였고, 우의정 신완(申琓)은 '신은 본래 예경(禮經)에 어두우니, 이와 같은 변례는 감히 억측으로 단정할 수 없습니다. 그러나 다만 유신의 차자를 보면 숙궁(叔弓)의 졸서에 음악은 거두고 제사는 끝까지 지낸 것을 군자가 예에 맞는다고 인정하였다고 하였는데,[67] 종묘 제사에 음악을 쓰는 것은 오로지 신령을 섬기기 위한 의절이지 제사를 주관하는 임금에게는 관련이 없습니다. 그렇다면 선유(先儒)는 어찌하여 예에 맞는다고 인정하였겠습니까? 관헌하고 오르내리는 의식도 때에 따라 변통하고 줄이는 바가 있거니와 오로지 신을 제사하는 것만을 중하게 여기지 않아 그런 것이 아니겠습니까? 혹은 「숙궁은 제사 지내는 곳에서 졸하였으니 오늘날과는 조금 다르다.」 라고 하였는데, 이것은 오히려 근거가 될 수 있으니, 중수는 수(垂)라는 곳에서 죽었는데도 성인이 오히려 역제를 지냈다고 기록하였고 보면 졸한 장소의 안팎을 가지고 차별을 두지 않았음을 알 수 있습니다. 역제는 바로 빈시를 위한 제사로 대향(大享)과는 같지 않은데, 진씨(陳氏진상도(陳祥道))가 말하기를, 「《춘추》의 법은 제사를 당해 경(卿)이 졸하면 음악을 쓰지 않고 이튿날 역제를 지내지 않는다. 그러므로 숙궁의 졸서에 소공이 음악을 거두고 제사를 끝까지 지낸 것을 군자가 예에 맞다고 한 것이다.」 하였습니다. 이것을 보면 제사를 당하여 비록 제사는 끝까지 지내지만 음악을 거두는 것은 매우 명백합니다. 조육을 받지 않는 것과 음복하지 않는 것에 이르러서는 비록 한때의 의기(義起)[68]에서 나온 것이나 이미 경전(經傳)에 근거가 될 만한 글이 없고, 또 선정신(先正臣) 이이의 논설은 단지 사가(私家)의 기공복(朞功服)만 논하고 왕조의 전례(典禮)는 언급하지 않았으니, 이로써 방증을 삼는 것이 정확한 증거

67 **숙궁의……하였는데** 《춘추》 소공(昭公) 15년조에 나온다. 숙궁은 노나라 대부이다. 2월 계유일에 "무궁(武宮)에 제사를 지내는데, 약무(籥舞)가 들어갈 때에 숙궁이 졸하니, 음악을 거두고 제사를 끝까지 마쳤다." 하였는데,《춘추좌씨전》에서 음악을 거두고 제사를 끝까지 지낸 것에 대해 "예에 맞는 일이다.〔禮也〕" 하였다.

68 **의기** 의리로 만든 예〔禮以義起〕' 라는 뜻으로, 예경에 근거를 둔 법은 아니지만 의(義)에 맞도록 새로 만든 예를 말한다.

가 될지는 알지 못하겠습니다. 신이 보잘것없는 학문과 고루한 견문으로 단지 일찍이 들었던 경전의 내용만 가지고 갑작스러운 하문에 우러러 대답하니, 황공함을 이기지 못하겠습니다. 삼가 상께서 재결하소서.' 하였습니다. 대신의 뜻이 이와 같으니, 상께서 재결하시는 것이 어떻겠습니까?"

하니, 전교하였다.

"관헌하는 것과 음악을 쓰는 것은 모두 신령을 모셔 받드는 일이니 결코 가볍게 논의하기 어렵고, 음복과 조육을 받는 것도 빈시를 위한 제사와는 다른[69] 만큼 지금 차자에서 논한 것이 정확한지는 모르겠다." − 《예조등록》에 나온다.

69 **다른** 대본은 '以' 인데, 《승정원일기》 숙종 29년 4월 9일조에 의거하여 '異' 로 바로잡아 번역하였다.

도변盗變

○ **선조대왕 경인년**(1590, 선조23) **1월 병인일**(23일)

밤 3경(更)에 태묘 안에서 불이 나 초장(綃帳) 등의 물품에 옮겨 붙었다. 직숙(直宿)하던 군사(軍士)가 마침 잠들지 않고 있다가 보고서 소리를 질러 불을 끌 수 있었다. 이것은 바로 수복(守僕)의 무리가 금보(金寶)와 은보(銀寶)를 훔치고서 이튿날이 봉심(奉審)하는 날이기 때문에 자취를 없애려고 불을 지른 것이었다. 전후의 수복들을 모두 잡아 가두고 삼성교좌(三省交坐)[70]로 국문하였다.

전 수복 이산(李山)은 공초에 은보를 훔친 뒤에 몰래 들어가 불 지른 것을 자복하였으므로 능지처사(陵遲處死)에 처하고, 훔치는 것을 동모한 지량(池良)과 변두성(邊斗星)은 참수(斬首)에 처하였다. 공초에 연루되어 죽은 자가 수십 인이었다.

불이 난 것을 먼저 발견하고 불을 끈 원주(原州)의 정병(正兵) 유성회(柳成會)는 특별히 당상(堂上)으로 올리고, 동참했던 5인은 군직 5품에 제수하였다. ─구 실록[71]에 나온다.

○ **경인년**(1590, 선조23) **1월**

도적이 태묘(太廟)에 들어가 불을 놓았다. 체포되어 처형되었다.

선공감(繕工監)의 서원(書員) 이산(李山)과 은장(銀匠) 등이 종묘의 수복과 결탁하여 종묘 안의 판(板) 위로 숨어 들어가 여러 신실에 소장된 인책(印冊)을 훔쳐내서는 금과 은을 빼내 주조하여 정(鋌)을 만들어 간악한 이익을 함께 나눴다. 수복이 자취를 없애려고 그 안에 불을 놓았는데 수졸(守卒)이 먼저 발견하고 소리쳐 알리는 바람에 다행히 불을 끌 수 있었다.

도적들이 이미 종묘 안에서 유숙했기 때문에 배설물이 낭자하였으며, 보책(寶策)의 태반이 망실되었다. 상이 소복(素服)을 입고 군신(群臣)을 인솔하여 곡림(哭臨)하였다. 이에 대대적으로 도적을 색출하여 삼성추국(三省推鞫)하였는데, 이산이 가장 늦게 체포되어 처형되었다. 수졸 유성회는 포상을 받아 절충장군(折衝將軍)에 제수되었다. 그 금과 은을 산 자들은 모

70 삼성교좌 강상(綱常)을 범한 중죄인을 문초하는 방법의 하나이다. 삼성은 의정부, 사헌부, 의금부로, 곧 이 세 부서가 모여 죄인을 문초하는 것을 말한다.

71 구 실록 《선조수정실록》에 대해 《선조실록》을 지칭하는 말이다. 《선조실록》은 광해군 때 북인(北人)인 기자헌(奇自獻), 이이첨(李爾瞻) 등에 의하여 편찬되었고, 《선조수정실록》은 《선조실록》의 내용이 공정하지 못하다 하여 1641년(인조19)에 이식(李植)에 의해 편찬이 시작되고, 그 뒤 1657년(효종8) 9월에 김육(金堉), 윤순지(尹順之), 이일상(李一相), 채유후(蔡裕後) 등의 손에 의해 완성되었다.

두 신문을 받았는데, 수개월이 되도록 끝나지 않았다. 심수경(沈守慶)이 정승이 되어 억울하게 걸려든 사람과 형이 과도하게 적용된 사람들을 극력 구제하면서 옥사가 비로소 완결되었다. ─수정 실록에 나온다.

○ **인조 정묘년**(1627, 인조5) **4월 임자일**(16일)

좌변포도청(左邊捕盜廳)에서 아뢰기를,

"종묘의 제기를 훔친 도적인 예조의 서리 장애현(張愛賢)이라고 하는 자를 체포하였습니다. 훔친 그릇을 묻어 놓은 곳에 대해 약간의 난장(亂杖)을 치면서 캐물었더니, 공초 내에 '저의 집 마루 아래에 몰래 숨겨 놓았습니다.' 하였습니다. 군관을 보내 그 도적을 데리고 가서 가리키는 곳을 파 보니, 과연 묘상궤(廟上匱) 10부(部)와 뚜껑 하나, 향로(香爐) 하나, 계이(鷄彝) 하나, 우준(牛尊) 뚜껑 하나 및 가야금과 현금(玄琴) 각각 1부가 있었습니다. 꺼낸 뒤에 도로 데리고 돌아오는 도중에 향교동(鄕校洞) 근처에 이르렀는데, 참형을 면하기 어려운 죄임을 스스로 알고 자기 배를 직접 찔렀으니, 그 흉악함이 지극히 교활하면서도 참혹합니다. 이 도적은 만약 처형을 늦춰 시행한다면 지레 죽을 염려가 없지 않으니, 속히 효시(梟示)하여 신령과 사람의 분함을 시원스레 풀어 주는 한편 그 집을 수색하여 파서 그릇을 모두 찾아내는 것이 어떻겠습니까?"

하니, "아뢴 대로 하라."고 전교하였다. ─《예조등록》에 나온다.

○ **숙종 을해년**(1695, 숙종21) **11월 무진일**(10일)

예조에서 아뢰기를,

"종묘서의 첩보(牒報)를 받아 보니, '제사 지낼 때 사용하는 차일과 장막 등의 물품을 종묘 안 서쪽 변에 창고를 지어 보관해 두고 전설사(典設司)의 차지(次知)가 열고 닫는 것은 이미 규례로 정해져 있습니다. 이달 9일에 고자(庫子) 조승복(趙承福)의 보고에 「창고 문 앞의 화방(火防)을 파서 부수고 포차일(布遮日) 3부(浮)와 포장(布帳) 1부를 화방 아래에서 훔쳐 가지고 갔습니다.」라고 하였는데, 보고를 듣고는 놀라움을 이기지 못하여 즉시 전설사 관원의 입회하에 간심(看審)할 것을 청하였습니다. 그 결과 포차일 20폭(幅) 40자[尺]짜리 1부와 19폭 20자짜리 1부

중에 각각 9폭이 없어졌고, 포차일 10폭 33자짜리 1부 중에 10폭이 없어졌으며, 포장은 15폭 35자인데 2부가 없어졌습니다. 문 앞의 화방은 1자 정도가 과연 부서졌는데, 이미 도로 수축해 놓은 상태였고, 게다가 사람이 출입한 흔적이 없습니다. 이것은 도둑이 훔친 일이 아니라 사실은 고지기가 축낸 것을 면하려고 말을 지어내 속임수를 쓴 계책에서 나온 것입니다. 그러므로 조승복을 심문하였더니, 실정과 자취를 감추기 어렵다는 것을 스스로 알고 변명하지 않고 자복하였습니다.' 하였습니다. 묘정에서 사용하는 막중한 차일과 장막 등의 물품을 직접 맡아 지키는 자가 이렇게 간계를 부려 훔쳐내는 사건이 있으니, 그 정상이 너무나도 심히 놀랍습니다. 고지기 조승복을 유사로 하여금 가둬 놓고 과죄(科罪)하게 하는 것이 어떻겠습니까?"

하니, "윤허한다."고 전교하였다. -《예조등록》에 나온다.

○ **무인년**(1698, 숙종24) **4월 병진일**(12일)

예조에서 아뢰기를,

"종묘서의 첩보를 받아 보니, '오늘 새벽에 수복이 와서 풍물고(風物庫)와 칠사당·공신당의 제기고 및 그 사고(私庫)의 흙벽이 부서졌다고 고하기에 본 종묘서의 관원이 즉시 직접 가서 간심하였더니, 칠사당의 풍물고에서는 별반 훔쳐 간 물건이 없었고, 제기고에서는 왕골자리〔莞席〕와 사기주발〔磁椀〕을, 사고에서는 작세건(爵洗巾), 홀기종이〔笏記紙〕, 진설촉(陳設燭), 청색삼승포 보자기〔靑三布袱〕, 관세건(盥洗巾)을 과연 훔쳐 갔습니다. 그런데 수직 군사 명이(命伊)가 녹봉을 받는 일로 문이 열리기를 기다렸다가 나가는데, 행동이 수상하였기 때문에 방금 잡아 두었습니다.' 하였습니다. 요사이 해마다 연이은 대기근으로 인하여 능침 여러 곳에 물건을 도난당하는 우환이 많이 있어 지극히 놀라운데, 심지어 고요하고 엄숙한 태묘에서 이러한 우환이 있으니, 일이 놀랍기로 이보다 더 심한 것이 없습니다. 의심스러운 사람을 이미 잡아 두었으니, 즉시 포도청으로 이송하여 캐묻도록 하는 것이 어떻겠습니까?"

하니, "윤허한다."고 전교하였다. -《예조등록》에 나온다.

○ **경진년**(1700, 숙종26) **10월 무진일**(9일)

예조에서 아뢰기를,

72 신 돈 이 당시 예조 참관을 맡고 있던 이돈(李墩)을 말한다.

"신 돈(墩)⁷²이 종묘 환안제의 헌관으로서 향을 받아 나아간 뒤에야 비로소 들으니, '영녕전의 악기 가운데 유종(鑰鍾) 8개가 언제 유실되었는지는 알지 못하나 어제 대제(大祭)를 배설할 때에 처음 발견했고, 오늘 아침에 이신원(李信元)이라는 자가 훔쳐간 사람 기득견(奇得堅)과 한수성(韓壽成)을 붙잡아 본 종묘서에 와서 고하였다.' 합니다. 수복을 불러서 물으니, 과연 사실이었습니다. 막중한 악기가 도난당한 것을 발견한 뒤에는 마땅히 즉시 본조에 보고해야 하는데, 밤을 지내고 그곳으로 간 뒤에야 비로소 사실을 들어 알았으니 일이 너무나도 놀랍습니다. 종묘서와 장악원의 해당 관원을 엄하게 추고(推考)하고, 양사의 하인을 유사로 하여금 심문하여 치죄하게 하며, 도적을 잡아 이미 포도청으로 보냈다고 하니 속히 신문(訊問)하여 자백을 받으라고 해당 포도청에 분부하고, 장물(臟物)로 확보한 유종은 이미 조각조각 부수었다고 하니 즉시 주조하여 갖추어 보관하도록 하라고 해조에 분부하는 것이 어떻겠습니까?"

하니, "윤허한다."고 전교하였다. ─《예조등록》에 나온다.

칠사七祀

축문과 중류(中霤)에 제사 지내는 의식을 첨부하였다.

○ 사명(司命)의 신

　궁중(宮中)의 소신(少神)이다. 삼명(三命)[73]을 독찰(督察)한다. 춘향대제에 지낸다.

○ 사호(司戶)의 신

　출입을 주관한다. 춘향대제에 지낸다.

○ 사조(司竈)의 신

　음식에 관한 일을 주관한다. 하향대제에 지낸다.

○ 중류(中霤)의 신

　당(堂)과 실(室)의 거처를 주관한다. 6월 토왕용사일(土王用事日)에 제사 지낸다.

○ 국문(國門)의 신

　출입을 주관한다. 추향대제에 지낸다.

○ 공려(公厲)의 신

　옛날 제후로 후손이 없는 자이다. 추향대제에 지낸다.

○ 국행(國行)의 신

　도로의 작행(作行)을 주관한다. 동향대제에 지낸다.

　이상은 친제(親祭) 및 납향(臘享)에 두루 제사한다.

73 **삼명** 수명(受命), 조명(遭命), 수명(隨命)을 말한다. 수명(受命)은 수명(壽命)이고, 조명은 선행(善行)을 했으나 흉(凶)을 만난 것이고, 수명(隨命)은 선악에 따라 보응을 받는 것이다. 《예기 제법 공영달소》

축문

○ 유(維) 연호 몇 년 세차(歲次) 아무 갑자년 아무 월 아무 삭 아무 일 아무 갑자일에 국왕은 삼가 신하 아무 관직 아무개를 보내 아무아무 신께 치고(致告)합니다.

삼가 절기가 맹춘(孟春)에 −시기에 따라 고쳐 부른다.− 이르렀으니 마땅히 정결한 제사를 거행하여 공경히 비궁(閟宮 종묘)에 올리고 이에 명신(明神)께도 올립니다. 삼가 희생과 술과 갖은 제수로 경건히 베풀어 밝게 올리니 흠향하소서.

○ 유 연호……국왕은 삼가 신하 아무 관직 아무개를 −헌관은 으레 본 종묘서의 영(令)으로 삼는다.− 보내 중류(中霤)의 신께 치고합니다.

백성을 보호하여 기름은 실로 신의 공덕 덕분입니다. 이에 떳떳한 예를 거행하여 나의 정성을 밝힙니다.

중류(中霤)에 제사 지내는 의식 칠사(七祀)는 각각 시향(時享)을 인하여 제사하고 납향(臘享)에는 두루 제사하니, 그 의식은 모두 종묘 제향 의식에 첨부하였다. 오직 중류만이 계하(季夏)에 별도로 제사하기 때문에 따로 여기에 밝혀 놓는다.

○ 시일에 대한 의절 −《오례의》〈서례〉에 보인다.

○ 재계에 대한 의절 −《오례의》〈서례〉에 보인다.

○ 진설에 대한 의절

제사 하루 전에 종묘서 관원이 제사 지내는 장소를 소제한다. 신좌(神座)를 묘정(廟庭) 서문 안 도로 남쪽에 동향으로 설치하고, 돗자리[筵]를 깐다. 찬자(贊者)가 헌관의 자리를 신위 동남쪽에 북향으로, 음복위를 신위 앞에 서향으로, 집사자의 자리를 헌관 뒤에 북향하여 서쪽을 상위로, 찬자와 알자(謁者)의 자리를 헌관의 서쪽 조금 앞쪽에 서쪽을 상위로 설치하고, 여러 제관의 문외위(門外位)를 동문 밖 도로 남쪽에 두 줄로 북향하여 서쪽을 상위로 설치한다.

제사 지내는 날, 제사를 거행하기 전에 전사관(典祀官)이 자기 소속을 거느리고 들어가 축판을 신위 오른쪽에 올려놓고, 향로와 향합과 병촉을 신위 앞에 설치한 다음 제기를 격식대로 설치하고, —격식은 《오례의》〈서례〉에 보인다.— 뇌세(罍洗) 및 광주리〔篚〕를 술동이〔酒尊〕 동남쪽에 서향으로 설치하고 수건〔巾〕과 술잔〔爵〕을 담아 놓는다.

예를 거행하는 의절이다. 제사 지내는 날 축시(丑時) 5각(刻) 전에 —축시 5각 전은 바로 3경(更) 3점(點)이다. 제사는 축시 1각에 지낸다.— 전사관이 들어가 찬구(饌具)에 제수를 담기를 마치고 물러 나와 막차로 나아가 자신이 입을 복장을 입고 들어가 신위판을 신좌에 설치한다.

3각 전에 여러 제관은 각자 자신이 입을 복장을 입는다. 찬자와 알자가 먼저 들어가 신위 앞에 나아가서 서향하여 북쪽을 상위로 사배한 다음 자리로 나아간다. 알자의 인도로 여러 제관이 문외위로 나아간다.

1각 전에 알자의 인도로 전사관, 대축, 재랑이 들어가 배위(拜位)로 나아가서 서향하여 북쪽을 상위로 한다. 자리 잡아 서면 찬자가 "사배하시오." 한다. 전사관 이하가 모두 사배한 다음 관세위로 나아가 관세를 마치고 각자 자리로 나아간다. 재랑이 작세위로 나아가 작을 씻고 작을 닦은 다음 광주리에 담아 받들고 준소(尊所)로 나아가 받침〔坫〕 위에 놓는다. 알자의 인도를 받아 헌관이 들어가 자리에 나아간다. 알자가 헌관의 왼쪽으로 나아가 '유사가 삼가 갖추었음'을 아뢰고, 제사를 지낼 것을 청한 다음 물러 나와 자리로 돌아간다.

찬자가 "사배하시오." 하면 헌관이 사배한다. 알자의 인도를 받아 헌관이 관세위에 나아가 서향하여 선다. '홀(笏)을 꽂을 것'을 찬한다. 헌관이 손을 씻고 손을 닦기를 마치면 '홀을 잡을 것'을 찬한다. 인도를 받아 준소에 나아가 북향하여 선다. 집준자(執尊者)가 멱(冪)을 들어 술을 따르고, 집사자가 작으로 술을 받는다. 인도를 받아 신위 앞에 나아가서 서향하여 선다. '꿇어앉아 홀을 꽂을 것'을 찬한다. 집사자 한 사람은 향합을 받들고 한 사람은 향로를 받들어 꿇어앉아 올린다. 알자가 '세 번 향을 피울 것'을 찬한다. 집사자가 향로를 신위 앞에 올려놓는다. 집사자가 작을 헌관에게 주면 헌관은 작을 잡아 작을 올리고 나서 작을 집사자에게 주어 신위 앞에 올려놓고, 부복하였다가 일어가 조금 물러나서 서향하여 꿇어 앉는다. 대축이 신위의 오른쪽으로 나아가 북향하여 꿇어앉아 축문을 읽는다. 읽기를 마치면 알자가 '부복하였다가 일어나 몸을 펼 것'을 찬한다. 인도를 받아 자리로 돌아간다.

찬자가 "음복(飮福)하시오." 하면 대축이 준소로 나아가 작에 복주(福酒)를 따른다. 알자의 인도를 받아 헌관이 음복위에 나아가 서향하여 선다. '꿇어앉아 홀을 꽂을 것'을 찬한다. 대축이 헌관의 왼쪽으로 나아가 북향하여 작을 헌관에게 준다. 헌관이 작을 받아 다 마셔 작을 비운다. 대축이 빈 잔을 받아 받침에 도로 놓는다. 알자가 '홀을 잡고 부복하였다가 일어나 몸을 펼 것'을 찬한다. 인도를 받아 자리로 돌아간다. 찬자가 "사배하시오." 하면 자리에 있는 자들이 모두 사배한다.

대축이 나아가 변두(籩豆)를 거둔다. ─거둔다(徹)는 것은 변두를 각각 하나씩 원래 있던 자리에서 조금 옮겨 놓는 것이다.─ 찬자가 "사배하시오." 하면 헌관이 사배한다. 알자가 헌관의 왼쪽으로 나아가 '예를 마쳤음'을 아뢴다. 마침내 인도를 받아 헌관이 나간다. 알자의 인도를 받아 전사관 이하 여러 집사가 배위에 나아간다. 자리 잡아 서면 찬자가 "사배하시오." 한다. 전사관 이하가 모두 사배한 다음 알자의 인도를 받아 나간다. 찬자와 알자가 배위에 나아가 사배하고 나간다. 전사관이 신위판을 간직하고 예찬(禮饌)을 거둔 다음 바로 물러난다. 대축이 축판을 가져다 예감(瘞坎)에 묻는다.

배향 配享

○ 태조 묘정

영의정 평양부원군(平壤府院君) 문충공(文忠公) 조준(趙浚)

의안대군(義安大君) 이화(李和)

좌의정 의령부원군(宜寧府院君) 문경공(文景公) 남재(南在)

흥안군(興安君) 경무공(景武公) 이제(李濟)

청해군(靑海君) 양렬공(襄烈公) 이지란(李之蘭)

의성부원군(宜城府院君) 강무공(剛武公) 남은(南誾)

한산군(漢山君) 충정공(忠靖公) 조인옥(趙仁沃)

○ 태종 묘정

영의정 진산부원군(晉山府院君) 문충공(文忠公) 하륜(河崙)

한산부원군(漢山府院君) 충무공(忠武公) 조영무(趙英武)

우의정 청성부원군(淸城府院君) 익경공(翼景公) 정탁(鄭擢)

완산부원군(完山府院君) 양도공(襄悼公) 이천우(李天佑)

계림군(鷄林君) 경절공(景節公) 이래(李來)

○ 세종 묘정

영의정 익성공(翼成公) 황희(黃喜)

영중추부사 정렬공(貞烈公) 최윤덕(崔潤德)

좌의정 문경공(文景公) 허조(許稠)

좌의정 문희공(文僖公) 신개(申槩)

병조 판서 문정공(文靖公) 이수(李隨)

○ 세조 묘정

좌의정 길창부원군(吉昌府院君) 익평공(翼平公) 권람(權擥)

좌의정 서원부원군(西原府院君) 양절공(襄節公) 한확(韓確)

영의정 상당부원군(上黨府院君) 충성공(忠成公) 한명회(韓明澮)

○ 성종 묘정

　영의정 고령부원군(高靈府院君) 문충공(文忠公) 신숙주(申叔舟)

　영의정 봉원부원군(蓬原府院君) 충정공(忠貞公) 정창손(鄭昌孫)

　좌의정 익성부원군(益城府院君) 충정공(忠貞公) 홍응(洪應)

○ 중종 묘정

　영의정 평성부원군(平城府院君) 무열공(武烈公) 박원종(朴元宗)

　좌의정 창산부원군(昌山府院君) 충정공(忠定公) 성희안(成希顔)

　영의정 청천부원군(菁川府院君) 문성공(文成公) 유순정(柳順汀)

　영의정 문익공(文翼公) 정광필(鄭光弼)

○ 선조 묘정

　영의정 충정공(忠正公) 이준경(李浚慶)

　좌찬성 증 영의정 문순공(文純公) 이황(李滉)

○ 인조 묘정

　영의정 문충공(文忠公) 이원익(李元翼)

　영의정 문정공(文貞公) 신흠(申欽)

　영의정 승평부원군(昇平府院君) 문충공(文忠公) 김류(金瑬)

　증 영의정 연평부원군(延平府院君) 충정공(忠定公) 이귀(李貴)

　영의정 충익공(忠翼公) 신경진(申景禛)

　증 영의정 완풍부원군(完豐府院君) 충정공(忠定公) 이서(李曙)

○ 효종 묘정

　좌의정 문정공(文正公) 김상헌(金尙憲)

　판중추부사 문경공(文敬公) 김집(金集)

○ 현종 묘정

　영의정 익헌공(翼憲公) 정태화(鄭太和)

　겸 병조 판서 증 영의정 충숙공(忠肅公) 김좌명(金佐明)

　의정부에서 논의를 모아 태조의 배향 공신으로 조준(趙浚), 남은(南誾), 조인옥(趙仁沃)이 마땅하다고 하였다. 상이 이르기를,

　"의안대군 이화는 태조에게 공이 있는 사람이고, 청해백 이지란은 젊을 때부터 수종(隨從)한 데다 공도 있으니, 이 두 사람도 배향되도록 하는 것이 어떻겠는가?"

하니, 성석린(成石璘)이 아뢰기를,

　"나라를 세울 때 공이 있고 없고는 상께서 친히 보신 바이니, 신은 실로 알지 못합니다. 어찌 감히 다른 의견이 있겠습니까?"

하였다. 정부에서 또 아뢰기를,

　"남은은 비록 나라를 세우는 데에 큰 공은 있었으나 서얼(庶孽)을 끼고 적장(嫡長)을 해치려고 하였습니다. 이 사람은 전하의 자손 대대 원수이니, 종묘 배향은 부당합니다."

하니, 상이 옳게 여겨 남은의 배향을 정지하였다. ─실록에 나온다.

○ 같은 달 신묘일(26일)

　태조 강헌대왕(康獻大王)을 종묘(宗廟)에 부묘하고, 의안대군 이화, 평양군(平壤君) 조준, 청해 백 이지란, 한산군(漢山君) 조인옥을 배향하였다. ─실록에 나온다.

○ 세종대왕 신축년(1421, 세종3) 11월 병인일(7일)

　태상왕이 변계량(卞季良), 조말생(趙末生), 이지강(李之剛), 김익정(金益精)에게 묻기를,

　"고려 시조의 배향 공신은 모두 6명인데, 지금 우리 태조의 배향 공신은 4인뿐이다. 공이 있는 사람을 논의하여 더 배향하는 것이 어떻겠는가? 나라를 세울 때에 공이 크고 작은 것은 내가 다 알고 있다. 남은은 밖에서 앞장섰고 이제(李濟)는 안에서 도왔으니, 그 공이 작지 않다. 내가 예전에 남은, 이제, 조인옥과 자리를 함께 했을 때에 남은이 밖으로 나가자 조인옥이 말하기를, '나라를 세운 것은 이 사람의 힘입니다.' 하였다. 남은과 이제의 공이 이토록 큰데도 배향되지 못하였으니, 하늘에

계신 태조의 영령께서 어찌 남은이 배향되는 것을 원하지 않으시겠는가? 뒤에 비록 죄를 짓기는 했으나 공을 폐기할 수는 없을 것이다."

하니, 변계량 등이 대답하기를,

"두 사람은 전에는 비록 공이 있었으나 후에는 사직에 불충하였으니, 어찌 죄를 덮을 수 있겠습니까?"

하자, 태상왕이 말하기를,

"경들은 다시 논의하여 아뢰라. 내일 경들과 함께 논의하여 정할 것이다."

하였다.

이튿날 정묘일(8일)에 태상왕이 유정현(柳廷顯), 이원(李原), 변계량, 허조(許稠), 조말생, 이지강, 이명덕(李明德), 김익정을 불러 술상을 차려 놓고 태조의 배향 공신을 논의하였다. 유정현 등의 생각이 태상왕의 뜻과 같자 이에 김익정을 보내 박은(朴訔)의 집으로 가서 의견을 묻게 하였다. 박은이 대답하기를,

"남은이 비록 공은 있으나 또한 용서할 수 없는 죄가 있으니, 오늘날의 신자(臣子)로서는 한 하늘 아래에서 살 수 없는 그런 사람입니다. 그러나 태상 전하께서 지공무사(至公無私)하신 생각으로 그의 공을 생각하고 죄를 용서하시면서 '하늘에 계신 태조의 영령께서도 남은이 배향되는 것을 원하실 것이다.' 라고 하셨으니, 유독 남은에게만 영광이요 행운일 뿐만 아니라, 전하의 훌륭한 명성도 영원히 전해질 것입니다."

하였다. 김익정이 돌아와서 아뢰니, 태상왕이 이르기를,

"그렇다. 죄가 없다고 해서가 아니라 그 공이 크기 때문이다."

하고, 마침내 당나라 태종이 위징(魏徵)을 등용한 고사를 들어 깨우쳤으며, 남은과 이제에게 시호를 내릴 것을 명하였다.

이튿날 무진일(9일)에 태상왕이 김익정에게 이르기를,

"이제, 남재(南在), 남은 등이 대의(大義)를 창도하여 나라를 세웠으니, 모두 태조의 묘정(廟庭)에 배향되는 것이 마땅하다. 그러나 남재를 배향할 것인지의 여부는 예관으로 하여금 의정부의 세 대신에게 논의하여 아뢰게 하라. 남재가 만약 태조의 배향 공신으로 마땅하지 않다면 마땅히 나에게 배향해야 할 것이다."

하였다. 유정현 등이 모두 이의를 제기하지 않았다. −실록에 나온다.

○ 임인년(1422, 세종4) 1월 계해일(5일)

상이 신궁(新宮)[74]에 조회하였다. 사자(使者)를 보내 의령부원군(宜寧府院君) 남재, 홍안군(興安君) 이제, 의성군(宜城君) 남은 등의 사당에 사제(賜祭)하고, 태조 묘정(廟庭)에 배향함을 고하였다. 시호를 남은은 강무(剛武), 이제는 경무(景武)로 하였다. 헌부에서 글을 올려 남은과 이제는 죄를 짓고 죽었으므로 배향해서는 안 된다고 하였는데, 상소를 올리자 묵살하고 내리지 않았다. −실록에 나온다.

○ 같은 달 정묘일(9일)

상이 춘향대제를 행하고, 남재, 이제, 남은을 태조 묘정에 배향하였다. −실록에 나온다.

○ 효종 신묘년(1651, 효종2) 6월 경신일(15일)

예조에서 아뢰기를,

"비망기에 '이번에 배향 공신을 논의하여 정한 것은 비록 공론에서 나온 것이겠지만, 저 옛날 어지러움을 다스려 반정할 당시에 두세 무장(武將)의 공훈이 어찌 한두 원훈(元勳)에게 미치지 못하겠는가? 그런데 지금 참여되지 못하였으니, 내 마음에 편치 않을 뿐만 아니라 하늘에 계신 선왕의 영령께서도 아마 섭섭해하실 것이다. 아마도 변통할 길이 없지 않을 듯하니, 해조로 하여금 다시 여러 대신에게 논의하게 하여 미진함을 후회하는 탄식이 없게 하라.' 라고 전교하셨습니다.

대신에게 논의한 결과 영중추부사 이경여(李敬輿)는 '배향 공신을 종묘에 들이는 것은 사안의 본질이 지극히 중대하니, 반드시 훈공과 덕이 공론의 인정을 받은 뒤라야 성대한 예가 비로소 걸맞고 이론을 제기하는 사람이 없게 됩니다. 지난번에 논의하여 정한 여러 신하는 모두 훌륭한 보필의 신하요, 공로가 지극히 많은 사람이니만큼 다시 논의할 것이 없습니다. 그러나 평성부원군(平城府院君) 신경진(申景禛)에 이르러서는 거사를 계획할 당시 맨 먼저 큰 계책을 정하였으니 둘도 없는 공훈

74 **신궁** 1418년 세종 즉위년에 상왕(上王)인 태종이 거처할 신궁을 마련하고 이름을 수강궁(壽康宮)이라고 하였으며, 1421년에 태종의 명으로 연화방(蓮花坊) 동구에 이궁(離宮)을 지었는데, 이것을 연화방 신궁이라고 한다. 태종은 1422년에 이 연화방 신궁에서 흥하여 그곳에서 발상(發喪)하고, 재궁(梓宮)은 수강궁으로 모셨다. 이로 보아 여기의 신궁은 연화방 신궁을 말하는 듯하다.

인데도 유독 배향에 참여되지 못했고, 완풍부원군(完豐府院君) 이서(李曙)는 그가 성취한 공훈을 어찌 대번에 평성보다 한참 아래라고 하겠습니까? 오직 밝으신 성상께서 여러 사람의 논의를 채택하여 취할 것인가 말 것인가를 살펴 정하시기에 달렸습니다. 삼가 상께서 재결하소서.' 하였습니다.

영의정 김육(金堉)과 좌의정 이시백(李時白)은 '당초 논의하여 정할 때 정부의 육경(六卿)과 삼사(三司)의 장관이 빈청에 모여 널리 의견을 물어 정하려고 하였는데, 어떤 사람이 옛날에 권점(圈點)으로 정한 예가 있었다고 하여 명상(名相)과 원훈(元勳)을 열서(列書)해 놓고 권점하였습니다. 그 당시에 평성부원군 신경진과 완풍부원군 이서는 권점 수가 많지 않아 참여되지 못하였는데, 바깥의 논의가 다 불만스럽게 여겼습니다. 이번에 성상의 하교를 받드니 감격스러움을 이기지 못하겠습니다. 이 두 신하는 이에 따라 모두 포함시키는 것이 지극히 합당합니다. 삼가 상께서 재결하소서.' 하였습니다.

영돈녕부사 김상헌(金尙憲)은 지방에 있습니다. 대신의 뜻이 이와 같으니, 상께서 재결하시는 것이 어떻겠습니까?"

하니, "영상과 좌상의 의견대로 시행하라."고 전교하였다. −《예조등록》에 나온다.

○ 같은 달 계유일(28일)

예조 첩정(牒呈) 내의 본조 계사에,

"간원의 계사에 '신들이 삼가 들으니, 배향 공신의 위차(位次)에 있어 연평부원군(延平府院君) 이귀(李貴)가 평성부원군 신경진의 다음이라고 합니다. 가만히 생각건대, 이귀는 공훈과 업적, 자급과 명망 면에서 모두 신경진의 위에 있었고, 그가 졸서하자 특별히 영의정에 추증하여 곧 생전에 제수된 것과 다름없었으니, 지금 위차를 정함에 있어 정승이었느냐 아니냐를 따져서는 안 될 것입니다. 옛날 명(明)나라 고황제(高皇帝)가 서달(徐達), 상우춘(常遇春) 등의 배향 순서를 공훈의 높고 낮음을 기준으로 직접 정하였는데, 승하한 뒤로 그 기준을 준행하여 고치지 않았습니다. 삼가 생각건대, 우리 선왕께서는 살아 계실 때의 생각이나 지금 하늘에 계신 영령이나 이귀와 신경진 등의 위차에 대해 또한 본래 정해 놓은 선후가 반드시 있으실 것입니다. 청컨대 대신으로 하여금 다시 논의하여 정하게 해서 종묘의 배향하는 의전(儀典)이 마땅한 바를 얻게 하소서.' 하니, 아뢴 대로 하라고 전교하셨습니다.

대신에게 논의한 결과 영의정 김육, 영중추부사 이경여, 우의정 한흥일(韓興一)은 '배향 공신으로 네 명의 신하를 이미 정한 뒤에 성상의 하교로 인하여 다시 두 명의 신하를 더 정하였으니 순서는 참으로 이로써 선후가 정해진 것이고, 직차(職次)에 대한 논의가 어지러이 제기되었으니 이 또한 공론이 있는 바여서 감히 어길 수 없습니다. 지금 간원의 계사를 보니, 신이 애초에 가졌던 뜻과 상부합니다. 정사 공신(靖社功臣)의 훈적에 연평부원군의 이름은 두 번째에 있고 평성은 또 한 사람을 사이에 두고 아래에 있으니,[75] 선왕께서 공훈을 정하고 봉작을 행한 뜻이 실로 의도한 바가 있습니다. 연평의 초상 때에 선왕께서 하교하시기를, 「이귀는 재주와 덕을 구비하였는데도 미처 재상에 임명하지 못했다. 해조로 하여금 영의정에 추증하도록 하여 나의 슬픈 마음을 표하노라.」하셨고, 세자도 사부의 예로써 친히 가서 조제(弔祭)하였으니, 이것이 생전에 재상에 임명된 것과 무엇이 다르겠습니까? 태조의 배향 공신 영의정 조준(趙浚)의 위차가 의안대군(義安大君)의 위에 있으니, 공훈을 중시하였지 관직의 품계 유무를 가지고 선후를 삼지 않았습니다. 이 또한 오늘날 법으로 삼을 만한 것이니, 간원이 아뢴 대로 위차를 개정하는 것이 마땅하겠습니다. 삼가 상께서 재결하소서.' 하였고, 좌의정 이시백은 감히 논의에 참여할 수 없다고 하였습니다. 대신의 뜻이 이와 같으니, 상께서 재결하시는 것이 어떻겠습니까?"

하니, "논의한 대로 하라."고 답하였다. 一《예조등록》에 나온다.

○ 숙종 경신년(1680, 숙종6) 2월 을해일(15일)

하직하는 수령을 인견했을 때이다. 상이 말하였다.

"병진년(1676)에 상고했던 실록[76]을 지금 비로소 찾아서 보니, 추배(追配)한 일이[77] 세종조 때에 있었다. 태묘의 배향을 처음에는 남은, 조준, 조인옥으로 논의하여 올렸는데, 많은 사람들의 의견이 남은을 국가 만

75 **정사 공신의……있으니** 정사 공신은 인조반정의 공신에게 내린 훈호로 1등이 10명, 2등이 15명, 3등이 28명이다. 《인조실록》 1년 윤10월 18일조 기사에 의하면 1등이 김류(金瑬), 이귀, 김자점(金自點), 심기원(沈器遠), 신경진(申景禛), 이서(李曙), 최명길(崔鳴吉), 이흥립(李興立), 구굉(具宏), 심명세(沈命世) 순으로 되어 있다. 이로 보면 신경진은 다섯 번째가 된다. 그러나 심기원이 1644년(인조22)에 반역으로 처형되었으므로, 신경진은 네 번째가 되고, 사이에 둔 사람이란 김자점을 말하는 것일 것이다. 김자점은 이 논의가 있은 6개월 뒤인 12월에 역시 반역으로 처형되었다.

76 **병진년에 상고했던 실록** 1676년(숙종2) 7월 8일에 최명길(崔鳴吉)과 김육(金堉)이 인조와 효종의 묘정에 배향되지 못한 까닭을 물으면서 추배(追配)한 전례가 있는지 실록을 조사하라고 명한 일을 말한다. 사관이 상고하고 나서 태종이 이제(李濟)를 태조 묘정에 추배한 전례가 있다고 보고하였으나 많은 신하들의 반대로 추배 논의는 이루어지지 못했던 듯하다. 《숙종실록 2년 8월 2일조》

77 **추배한 일이** 대본에는 없는데, 태종이 처음 태조의 배향 공신을 정할 때에 남은을 배제하였다가 후에 세종 때에 상왕으로 있으면서 다시 논의하여 남은, 이제, 남재를 추배하였으므로 이러한 과정을 살려 보충 번역하였다.

세의 원수로 여겨 마침내 빼버렸다가 그 후에 태종의 하교로 인하여 추배하였다. 그리고 어제 홍문관으로 하여금 《문헌통고(文獻通考)》를 상고하도록 하였는데, 당송 고사(唐宋故事)도 또한 분명한 증거가 된다.

열성조의 묘정에는 모두 배향한 대신이 있는데 선왕의 묘정에만 대신이 없으니, 과인의 마음에만 미안한 바가 있을 뿐만 아니라 하늘에 계신 선왕의 영령께서도 또한 어두운 저승에서 서운해하실 것이다. 비록 옛 전례가 없더라도 마땅히 의리로 일으켜 해야 할 일인데, 하물며 고금의 분명한 증거가 있음에랴. 나의 뜻이 이미 굳게 정하여졌으니, 다시 논의할 일은 아니다. 어제 내린 하교에 따라 오늘 안으로 전례에 의거하여 권점(圈點)할 사람들을 패초(牌招)한 다음 권점하여 들이도록 하라.

또 근래 인심이 맑지 못하여 공도(公道)가 행해지지 않다 보니 당초 권점할 때에는 만족스럽게 결정을 보았던 것도 후에 혹 들뜬 논의에 동요되어 결정을 뒤집는 행태가 없지 않다. 이번 권점을 행한 뒤에 다시 이와 같은 일이 있으면 마땅히 무겁게 논죄할 것이니, 승지는 이러한 뜻을 잘 알아 각별히 분부하도록 하라." -《예조등록》에 나온다.

○ 예조에서 아뢰기를,

"현종대왕의 묘정에 대신 영의정 정태화를 추배하는 건이 이미 계하되었습니다. 위판(位版)을 제작하는 일, 관원을 보내 제사를 설행하는 일, 교서를 제술하는 일 등을 모두 등록에 의거하여 각 해당 관사로 하여금 거행하게 하였습니다만, 이번 일은 대왕을 부묘할 때 배향하는 것과는 다릅니다. 그러므로 실록에 등재된 별단을 가져다 상고해 보니, 남은을 추가로 배향하는 논의는 신축년(1421, 세종3) 11월에 결정되었는데, 배향은 이듬해 춘향대제를 지내는 날에 하였습니다. 앞으로 하향대제가 머지않으니, 이번에도 남은을 추배한 예에 의거하여 하향대제를 지낼 때에 거행하는 것이 어떻겠습니까?"

하니, "아뢴 대로 하라."고 전교하였다. -《예조등록》에 나온다.

○ 신유년(1681, 숙종7) 6월 병신일(15일)

옥당의 차자에 답하였다.

"차자를 보고 잘 알았다. 조경(趙絅)은 선왕(先王)과 단 하루도 조우(遭遇)한 적이 없는데 묘정에 배향되었으니, 사안의 본질로 헤아려 보건대 과연 미안한 점이 있다. 아래로 공론을 좇아 출향(黜享)하자는 청을 윤허한다." -《예조등록》에 나온다.

금벌禁伐

○ **현종 정미년**(1667, 현종8) **6월 신사일**(8일)

비국(備局) 당상을 인견하는 자리에 입시했을 때이다. 상이 말하였다.

"종묘의 담장 근처에 수목이 많아 가지와 잎이 막고 가려서 담장이 무너지기 쉽다. 이번에 수개할 때에 담장을 의지하고 있는 나무는 모두 베어 제거하고, 이후로는 본 종묘서의 관원이 매년 가지치기를 하고 제초 작업을 하여 막고 가려서 무너지는 근심이 없게 하라. 그리고 혹여 풀 하나 나무 하나라도 적간할 때에 탈을 잡힐 경우 본 종묘서의 관원은 직무를 제대로 수행하지 못한 책임을 면하기 어려울 것이다. 해조는 이러한 뜻으로 분부하도록 하라." —《예조등록》에 나온다.

고사 故事

○ **태종대왕 신사년**(1401, 태종1) **4월**

통정시 승(通政寺丞) 장근(章謹)과 문연각 대조(文淵閣待詔) 단목례(端木禮)[78]를 파견하여 고명(誥命)과 금인(金印)[79]을 하사하였다. −《고사촬요(故事撮要)》에 나온다.

○ **계미년**(1403, 태종3)

태감(太監) 황엄(黃儼)과 지휘사(指揮使) 고득(高得)을 파견하여 조칙(詔勅)을 주어 보내고 고명과 금인을 하사하였다.[80] −《고사촬요》에 나온다.

○ **세종대왕 신유년**(1441, 세종23) **3월 갑인일**(17일)

술자(術者) 최양선(崔揚善)이 상소하였다.

"신이 삼가 창덕궁(昌德宮)이 앉은 자리와 수강궁(壽康宮)이 앉은 자리를 보니, 지리법상 모두 불가합니다. 왜냐하면, 창덕궁으로 말하면 종묘의 산이 왼팔인 청룡(靑龍)이 되고, 또 수강궁으로 말하면 오른팔인 백호(白虎) 역시 종묘의 산이기 때문입니다. 《동림조담(洞林照膽)》[81]에 이르기를, '무릇 청룡과 백호 두 팔에는 사직과 종묘를 둘 수 없다.〔凡龍虎二臂 不可有社廟〕'하였는데, 이것은 공연한 말이 아니니 삼가지 않을 수 없습니다. 또한 종묘의 주산(主山)인데, 근맥(筋脈)을 파고 끊어 궁실(宮室)을 건설하는 것은 《감룡경(撼龍經)》[82]에 이른바 목을 조르고 근맥을 끊는 것입니다. 고인(古人)이 이르기를, '주먹만 한 돌 하나와 한 치의 땅도 저 금과 옥보다 낫다.〔拳石寸土 勝彼金玉〕'[83]하였는데, 신은 가만히 이것을 애석해합니다. 지금 종묘의 주산은 근맥의 기운이 새나간 것으로는 맥을 파고 끊은 것보다 심한 것이 없고, 궁실의 앉은 자리가 편하지 못한 것으로는 종묘의 주산이 청룡과 백호가 된 것보다 더 심한 것이 없으니,[84] 신은 밤낮 놀라움과 두려움이 그치지 않습니다. 삼가 바라건대 종묘 주산의 근맥을 배양하여 길한 기운을 왕성하게 하소서. 그러면 너무도 다행일 것입니다."

---

78 **문연각 대조 단목례** 대본은 '文淵閣待后端禮'인데, 《태종실록》에 의거하여 '待后'는 '待詔'로, '端禮'는 '端木禮'로 바로잡아 번역하였다.

79 **고명과 금인** 명나라 혜제(惠帝)가 태종을 조선 국왕으로 인정하는 고명과 금인이다. 고명은 《태종실록》 1년 6월 12일조에 보인다.

80 **태감……하사하였다** 1403년(태종3)에 명나라에서 혜제를 폐하고 성조(成祖)가 새로 즉위하였는데, 이때 하륜(河崙)이 성조의 등극을 축하하는 사절단으로 가서 태종을 조선 국왕으로 봉하는 고명과 금인을 다시 청하여 받은 것이다. 조칙은 성조가 즉위한 일에 대해 신칙하는 조서이다.

81 **《동림조담》** 사고전서(四庫全書)에 수록된 《직재서록해제(直齋書錄解題)》 권12 〈형법류(形法類)〉에 의하면 오대(五代) 때 사람 범월봉(范越鳳)이 지은 풍수지리서라고 한다. 《문헌통고》에는 서명이 《동림별결(洞林別訣)》로 되어 있다.

82 **《감룡경》** 당나라 때 감여술(堪輿術)의 대가인 양균송(楊筠松)의 저서로 사고전서에 수록되어 있다.

83 **주먹만⋯⋯낫다** 〈팔방응대(八
方應對)〉라는 글에 나오는 구절
인데, 이 앞에 "삼양이 촉급하지
않고 육건이 모두 넉넉하면[三陽
不促 六建俱足]"이라는 말이 있
다. 이로 보아 종묘 주산이 창덕궁
과 수강궁 두 궁궐의 좌청룡과 우
백호가 되어 주산의 맥을 끊었기
때문에 오히려 권석촌토(拳石寸
土)만 못하다는 말인 듯하다. 《세
종실록 27년 4월 4일조》

84 **더⋯⋯없으니** 대본은 '尤有莫
於'인데, 《세종실록》 23년 5월 19
일조 기록에 의거하여 '尤莫莫
於'로 바로잡아 번역하였다.

85 **7월** 대본은 '六月'인데, 같은
내용이 《세종실록》 23년 7월 12일
조에 실려 있고, 또 7월 12일은 간
지로 병오일이다. 따라서 《세종실
록》에 의거하여 '七月'로 바로잡
아 번역하였다.

풍수학 제조(風水學提調) 등이 논의하기를,

"여러 지리서(地理書)에서 사묘(社廟)라고 칭한 것은 신불(神佛)을 가리
켜 말한 것이니, 예를 들면 《동림조담》과 여러 지남서(指南書)에서 이른
바 신전(神前)이니 불후(佛後)니 하는 따위가 바로 그것이고, 종묘와 사
직을 가리켜 말한 것이 아닙니다. 예서(禮書)에 왕궁(王宮)을 중심으로
왼쪽에 종묘를, 오른쪽에 사직을 둔 뜻을 보면 알 수 있습니다. 지금 창
덕궁과 수강궁은 모두 종묘의 주맥(主脈)에 매우 가깝습니다. 좌우에 비
록 정맥(正脈)을 파서 끊은 곳은 없으나 파헤쳐 손상된 곳은 자못 있으
니, 정업원(淨業院) 동쪽 언덕으로부터 종묘 주산에 이르기까지 정척(正
脊) 좌우에 각각 2, 3십 보가량 소나무를 심는 것이 마땅하겠습니다."

하니, 그대로 따랐다. ─실록에 나온다.

○ **7월**[85] **병오일(12일)**

창덕궁 조계청(朝啓廳) 및 동월랑(東月廊)과 집현전(集賢殿) 장서각(藏書
閣)이 모두 종묘 주산의 내맥(來脈)에 있다 하여 모두 다 헐어 버리고 따로
새 길을 내어 종묘의 왕래를 통하게 하도록 하였는데, 의정부에서 헐지
말 것을 청하자 상이 이르기를,

"조계청과 월랑은 기울어 위태하므로 오래전부터 헐려고 했던 것이니,
새 길 때문이 아니다."

하였다. ─실록에 나온다.

○ **선조대왕 임진년(1592, 선조25) 4월 기미일(30일)**

상이 서쪽으로 파천(播遷)하면서 사관(祠官)으로 하여금 종묘와 사직의
신주와 위판을 받들고 먼저 떠나도록 하였다. 5월에 적이 경성을 함락했
을 때에는 궁궐이 모두 불타서 왜(倭)의 대장 평수가(平秀家)는 무리를 이
끌고 종묘로 들어가 거처하였다. 그런데 밤마다 신병(神兵)이 나타나 공격
하는 바람에 적들은 번번이 놀라 칼로 서로 치고 죽이는 통에 죽는 자가
많았다. 평수가는 하는 수 없이 남별궁(南別宮)으로 옮겨 주둔하였으니,
이것은 한 고조(漢高祖)의 영령이 왕망(王莽)에게 시위(示威)한 것과 거의
다름이 없다. ─실록에 나온다.

○ 인조 정묘년(1627, 인조5) 6월 무오일(23일)

비변사에서 아뢰기를,

"강화(江華)에 종묘와 사직의 신주를 임시로 봉안할 곳을 지어야 하는데, 재목과 기와를 떠맡길 데를 마련하기가 어렵습니다. 들자니 경복궁 동문 밖의 옛날 종묘는 간가(間架)가 상당히 많은데, 지금은 장생전(長生殿)으로 되었다고 합니다. 장생전을 인경궁(仁慶宮) 월랑의 아무 곳으로 옮기고, 옛날 종묘를 헐어 재목과 기와를 강화로 실어 보내는 것이 편리하고 유익할 듯합니다. 감히 아룁니다."

하니, "알았다. 철거하는 것은 타당하지 않다."고 전교하였다. ─《승정원일기》에 나온다.

○ 숙종 을유년(1705, 숙종31) 7월 갑술일(13일)

좌참찬 이이명(李頤命)이 아뢰기를,

"종묘서에 보관되어 있는 고(故) 상신(相臣) 상진(尙震)이 편찬한 등록은 이미 성상께서 살펴보셨습니다. 예종실 이하 추가로 보완한 것은 어느 때에 기록한 것인지 모르겠습니다만, 같은 시기에 기록된 것은 아닌 듯하고, 또 명을 받아 기록한 것도 아닌 듯합니다. 이번에도 옛날 규례에 따라 예종 이하의 책보는 추가로 보완한 기록 및 이번에 수개한 내용을 상세하게 모아 기록해 놓는 것이 사의(事宜)에 합당할 듯합니다.

또한 본 종묘서에는 대등록(大謄錄) 몇 권 외에는 본래 후고(後考)로 삼을 만한 문적이 없습니다. 종묘와 영녕전의 건물 기초, 창건하고 중건한 날짜와 간가, 종묘 내에서의 의식과 제도를 하나의 의궤로 만들고, 《승정원일기》와 《예조등록》 중에서 연례적으로 행하는 봉심과 수리(修理) 외에 변통에 대해 논란한 것으로 후고에 관계되는 것들 역시 뽑아 기록하여 그 아래에 첨부해 놓는다면 종묘서 내의 전고(典故)가 될 수 있을 것입니다. 그런데 본 종묘서는 종이와 붓을 또한 자체적으로 마련하기가 어려우니, 정원으로 하여금 본 종묘서의 문보(文報)를 기다렸다가 《승정원일기》를 조사하여 해조에 베껴 보내고 들어갈 물량을 헤아려 종이와 붓을 진배(進排)하게 하며, 여러 관사의 글씨에 능한 서리도 마땅하게 헤아려 사역시키는 것이 어떻겠습니까?"

하니, 상이 이르기를,

"예전의 등록을 이어서 완성하는 것이 참으로 좋겠고, 본 종묘서의 의궤도 합해 편찬하여 완성하라. 《승정원일기》를 조사하는 것 및 종이와 붓 문제, 서리 문제는 모두 아뢴 대로 하라."

하였다.

○ **8월 갑인일(23일)**

주강에 입시했을 때이다. 특진관 이이명이 아뢰기를,

"종묘 창건 및 중건 날짜를 상고하여 증험할 데가 없습니다. 야사(野史)에 폐조(廢朝) 초년인 무신년(1608, 광해군 즉위)에 낙성을 고한다는 말이 있으나 역시 분명하지 않습니다. 앞으로 사관이 혹 실록을 포쇄하거나 혹 부록을 봉안하기 위해 사각(史閣)으로 내려가게 되면 그때에 사관으로 하여금 국초의 실록과 《선조실록》 및 《폐조일기》를 상고해 가지고 오도록 하는 것이 어떻겠습니까?"

하니, "그대로 하라."고 하였다. —《승정원일기》에 나온다.

관원官員

도제조(都提調) 1원(員) −1품이다.

제조(提調) 1원 −2품이다.

영(令) 1원 −종5품이다.

직장(直長) 1원 −종7품이다.

봉사(奉事) 1원 −종8품이다.

부봉사(副奉事) 1원 −정9품이다.

수문부장(守門部將) 1원 −종6품이다.

수복(守僕) 30인(人) −양인(良人) 및 공천(公賤)을 형조에서 비망(備望)하여 계하 받는다.

고지기(庫直) 1명(名) −전복(典僕) 가운데 1인이다.

군사(軍士) 30명 −병조에서 정하여 보낸 상번군(上番軍) 및 고립군(雇立軍)이다.

종묘서 내의 규례

○ 영(令)은 한 달에 3일, 직장(直長)과 두 봉사(奉事)는 한 달에 9일씩 입직하되, 서로 마주 보는 자리에서 교대하고 주야로 수직(守直)한다.

○ 영은 담당한 것이 없다. 직장은 노비, 지의(地衣), 상탁(床卓), 금화(禁火) 도구를 담당한다. 두 봉사는 제기와 제복을 담당한다.

○ 부장은 군사 3명을 거느리고 외대문(外大門)을 지켜 잡인이 들어오는 것을 금하되, 차례로 돌아가며 교대하고 주야로 수직한다.

○ 장무관(掌務官), 직장, 두 봉사는 3개월씩 돌아가며 봄과 가을의 봉심과 두 번의 포폄(褒貶)을 취품(取稟)하고, 공좌부(公座簿)와 좌기(坐起)에 참석한다.

○ 수복 30인은 매달 10인씩 돌아가며 번을 들어 영녕전과 종묘에 각각 5명이 직숙한다. 매일 날이 밝으면 양전(兩殿)에 일이 있고 없고를 입직한 관원에게 와서 고한다. 교대와 식사 이외에는 주야로 직숙한다.

○ 수복을 충정(充定)하는 규례는, 결원이 생기면 먼저 제조에게 고품(告稟)하고 형조에 전보(轉報)한 다음 형조에서 각사(各司)의 전복(典僕)으로 삼망(三望)을 갖추어 입계하여 충정하는데, 충정된 사람의 문필이 만일 합당하지 않으면 본 종묘서에서 퇴출시키고 다시 충정한다.

○ 군사 30명은 각처를 나누어 지킨다. 종묘는 신문(神門)에 2명, 동문에 2명, 서문에 2명, 전사청(典祀廳)에 2명, 악기고(樂器庫)에 1명, 향청(香廳)에 1명, 어재실(御齋室)에 2명이다. 영녕전은 신문에 2명, 동문에 2명, 서문에 2명, 전사청에 2명, 제기직(祭器直)에 1명, 차장직(遮帳直)에 2명, 풍물직(風物直)에 2명이고, 외서문(外西門)에 2명, 외대문(外大門)에 3명이다.

○ 양전(兩殿)의 신실 문, 보장고(寶藏庫), 제기고(祭器庫), 제복고(祭服庫), 망예(望瘞), 어재실, 외대문의 열쇠는 함 속에 봉해 두고 수직 낭청(守直郎廳)이 관리하며, 양전의 동문·서문·신문의 열쇠는 수복 등이 맡는다.

○ 외대문은 초어스름에 닫고 해 뜰 때에 여는 것을 정식으로 하되, 제사를 지낼 때에는 문을 조금 일찍 연다.

○ 삭제와 망제 및 크고 작은 제사를 지낼 때에 수소 방군(修掃坊軍)은 해당 부서에서 정하여 보내되, 대제는 기일 7일 전부터, 삭제와 망제 및 고유 등의 제사는 기일 3일 전부터 매일 30명이 부역한다.

○ 봄과 가을의 봉심 이외에 영희전(永禧殿)의 규례대로 날마다 봉심하는 사안은 승전(承傳)을 받든다.

○ 종묘 안의 생목(生木)은 수직관이 일체 금단하여 하인들이 임의로 베

어 가는 것을 일절 허락하지 않는다.

○ 외대문 안으로 말이나 가축 및 여인과 승려 등 잡인이 들어가는 것을 일절 허락하지 않는다.

○ 낭청이 수직하는 곳의 도배는 봄과 가을의 봉심 때에 같이 탈을 잡아 각사로 하여금 진배하도록 한다.

○ 바깥 담장의 다섯 군데 군보(軍堡)는 수직군이 매일 해 뜰 때에 와서 사고의 유무를 입직관에게 고한다.

수직守直

○ **선조 기해년(1599, 선조32) 8월 갑진일(28일)**

종묘 제조 이호민(李好閔)이 아뢰기를,

"태묘를 숙위(宿衛)하는 일은 지극히 엄중한데, 종묘서 관원은 품계가 낮아 각 해당 관사를 호령할 수 없습니다. 검칙하는 여러 일은 전적으로 제조에게 달려 있는데, 도제조 이원익(李元翼)은 병으로 숙배하지 않았고, 신은 제조를 맡아 또한 오랫동안 지방에 있었던 데다가 근자에는 또 한참을 병가 중에 있었습니다. 그래서 종묘서 내에 만일 부득이한 일이 있으면 예조에 보고한 다음 계하를 받아 시행하였습니다.

그런데 해조에서는 태묘가 매우 중요한 곳임을 생각하지 않고 예사로 보아 문부(文簿)를 전혀 착실하게 거행하지 않았기 때문에 숙위 등의 일이 제대로 모양을 이루지 못하고 있으니 지극히 한심합니다. 평시 때에는 중문(重門)과 복장(複墻)을 수직하는 군사가 많게는 40명에 이르고 수복도 40명에 이르러 나누어 번을 서고 교대로 수직하였습니다. 그런데 혹 의외의 생각지 못한 변이 있어 난리 이후에 수복이 단지 10명만 있다가 이번 봄 봉심 때에 비로소 2명을 더하였습니다. 군사는 단지 10명만 정한 것으로는 각 문과 각 방의 좌경(坐更)[86]과 수직이 이미 모양을 이루지 못하였는데, 정유년(1597)에 2명을 감하고,[87] 천병(天兵)의 대군이 나왔을 때에 다시 4명을 감하고, 근자에 또 해조에서 까닭 없이 1명을 줄여 현재의 수직 군사는 단지 3명이 있을 뿐입니다.

사방의 담장 또한 일이 많은 연유로 높이 쌓지 못하여 단지 울타리 구실만 하고 있을 뿐이니, 겁부(劫夫)가 뛰어넘어 들어오거나 당인(唐人)과 무뢰배가 혹 무리 지어 들어오려고 할 때라도 막을 방도가 없거니와 수직하는 관원이 구타당하고 끌려 다니기까지 합니다. 서남쪽 담장은 봄 봉심 때에 더욱 심하게 낮고 파인 곳을 더 쌓도록 계청하고 이미 사유를 고한 다음 기와를 철거했는데, 역시 여러 곳의 역사가 번다함으로 인하여 여태 공역을 시작하지 못하고 있습니다. 길 가는 사람이 종묘 안을 훤히 들여다보니, 더욱 심히 미안합니다. 이래서야 간악한

86 좌경 궁중의 보루각(報漏閣)에서 밤에 징과 북을 쳐서 시각의 경(更)과 점(點)을 알리는 일이다. 경에는 북을 치고, 점에는 징을 쳤다.

87 2명을 감하고 대본은 '加二名'인데, 내용상 '加'는 '減'이 되어야 옳다. 근거할 데는 없으나 뒤에 '단지 3명이 있을 뿐'이라는 것에 의거하여 바로잡아 번역하였다.

자들을 막고 폭도를 막고자 한들 되겠습니까?

　현재 상번 군사는 그 수가 비록 적다고 말하고, 여러 곳으로 정하여 보내는 것과 토목 역사도 비록 많다고 말하지만 일의 긴중함으로는 무엇이 태묘보다 더하겠습니까? 청컨대 해조로 하여금 수직 군사를 비록 평시대로 할 수는 없으나 난리 후에 10명이었던 규례대로 정하여 보내게 하고, 이미 정하여 보낸 뒤에는 마음대로 감하(減下)하지 못하게 하소서. 서남쪽 담장의 기와를 철거한 곳은 얼기 전에 모쪼록 서둘러 수축하도록 승전을 받들어 거행하는 것이 어떻겠습니까?"

하니, "아뢴 대로 하라."고 전교하였다. ―《승정원일기》에 나온다.

수복守僕

○ **선조 병오년**(1606, 선조39) **3월 갑신일**(16일)

종묘서에서 아뢰기를,

"본 종묘서의 전복(典僕)은 다른 관사에 비할 것이 아닙니다. 청소를 맡아 하고 제수 만드는 것을 돕기 때문에 수복은 별감에 견주고 전복은 옹인(饔人)에 견줍니다. 비록 긴급한 큰일이 있더라도 감히 외부의 공역에 배정하지 못하니, 이것은 반드시 그렇게 하는 뜻이 있습니다. 그런데 오늘 형조에서 천사(天使)를 맞이할 때의 차비(差備)로 갑자기 배정하니, 지극히 미안합니다. 예전 규례대로 정하여 보내지 말 것을 승전을 받들어 시행하는 것이 어떻겠습니까?"

하니, "윤허한다."고 전교하였다. ─《승정원일기》에 나온다.

○ **숙종 정축년**(1697, 숙종23) **7월**[88] **임오일**(4일)

종묘서 관원이 도제조의 뜻으로 아뢰기를,

"방금 본 종묘서의 봉사(奉事) 이만엽(李萬葉)이 와서 신에게 말하기를, '지난 6월 26일에 햅쌀〔新稻米〕을 천신(薦新)할 때 분하(分下)한 밥 한 그릇에 대해 본 종묘서의 하인이 와서 전하기를, 「집에 있을 때에 밥그릇 위에 봉한 종이를 열고 보니, 불결한 물질이 밥 속에 떨어져 있었다.」 하여 매우 놀랐습니다.' 하였습니다. 밥그릇이 사삿집으로 전해진 뒤에야 비로소 불결한 물질이 있는 것을 보았으니, 그 물질이 떨어진 것이 언제인지는 분명하게 알기 어렵습니다. 더없이 중한 천신했던 밥이니만큼 본 종묘서의 관원이 불결함을 목격하고 와서 말한 것이니, 경책하는 방도가 없어서는 안 됩니다. 청컨대 해당 봉상시의 천신한 관원 및 본 종묘서의 묘사(廟司)와 관원을 모두 먼저 엄하게 추고하고, 봉상시의 숙수(熟手)를 해조로 하여금 수금해 놓고 과죄(科罪)하게 하소서.

또 들으니, 오향대제 및 삭제와 망제 때에는 숙수가 밥을 짓고 수복이 그릇에 담는데, 천신 때에는 밥을 짓고 그릇에 담는 것을 모두 숙수로 하여금 하게 한다고 합니다. 그런데 숙수는 착용하는 정의(淨衣)와 슬상(膝裳)이 짧고 구멍 난 데다가 누추하여 제사를 지내는 때에 청결을 유지하기에 부족하고, 수복은 전에도 원래 정의와 슬상을 만들어 지급한 일이 없었다고 합니다. 더없이 중한 제향에 이처럼 삼가지 못하고 갖추지 못한 것이 있으니 너무나도 미안합니다. 이번 추향대제가 되기 전에 숙수의 정의와 슬상을 다시 만들어 지급하고, 수복이 착용할 정의와 슬상도 정밀하게 만들어서 지급하게 한 다음 정식으로 삼으라고 분부하는 것이 어떻겠습니까?"

하니, "윤허한다."고 전교하였다. ─《예조등록》에 나온다.

제향 때 진공進供하는 각사의 물목物目

종묘 오향대제 및 별제

○ 장흥고(長興庫)

진상(進上)하는 번육(燔肉)의 단자지(單子紙)와 근봉지(謹封紙)로 아울러 쓸 저주지(楮注紙)가 5장(張)이다.

상족지(床足紙) 감으로 저주지가 1권(卷) 10장이다.

떡을 덮는 기름종이〔油紙〕가 5장이다. −사용한 뒤에 환하(還下)한다.

침가지(砧家紙) 감으로 저주지가 10장이다. −봄가을로 차하〔上下〕한다.

○ 선공감(繕工監)

진상하는 번육에 쓸 외겹바〔條所〕가 1조(條)이다. −30파(把)이다.

걸레〔틀乃〕 3부(部)의 줄〔是〕 감으로 매 부에 세겹바〔三甲所〕가 3파씩이다.

질통〔擔桶〕이 2부(部)이다. 횡목(橫木)을 갖춘다.

나무관자〔木貫子〕가 2부(部)이다. 줄을 갖춘다. −사계절로 차하한다.

말총체〔馬尾篩〕가 4부(部)이다.

대나무체〔竹篩〕가 1부(部)이다. −봄가을로 차하한다.

전판(剪板)이 3부(部)이다.

협판(挾板)이 3부(部)이다.

배위패(拜位牌)가 50개(介)이다. −영구히 차하한 뒤에 훼손되는 대로 간심(看審)하여 다시 만든다.

희생패(犧牲牌)가 50개이다.

달발〔亂簾〕이 4부(浮)이다.

삿자리〔蘆簟〕가 4부(浮)이다. −용환(用還)이다.[89]

89 **용환이다** 용환은 쓰고 돌려보낸다는 의미로, 삿자리는 다시 돌려주는 조건으로 가져다 쓰는 것이라는 뜻이다.

○ 제용감(濟用監)

작세건(爵洗巾)이 11단(端)이다. −매 단마다 백저포(白苧布)가 1자(尺) 5치〔寸〕씩이다.

장위(腸胃)를 담는 큰 자루[大袋]가 3건(件)이다. −매 건마다 백포(白布)가 7자씩이다.

시루[甑]를 덮는 베[布]가 4건이다. −매 건마다 생포(生布)가 4자씩이다.

시루를 동여매는 베가 4건이다. −매 건마다 생포가 4자씩이다.

식정건(拭淨巾)이 6단이다. −매 단마다 백저포가 1자 5치씩이고, 사계절로 차하한다.

향로(香爐)에 쓰는 수건(手巾)

헌관의 관세위(盥洗位)에 쓰는 수건

제집사의 관세위에 쓰는 수건

목욕 수건(沐浴手巾) −이상 모두 백포가 30자이고, 사계절로 차하한다.

○ 군기시(軍器寺)

숫돌[礪石]이 1덩이[塊]이다. −영구히 차하한다.

○ 와서(瓦署)

토화로(土火爐)

토봉로(土烽爐)는 제사 때마다 30개씩이다. −1년에 두 번 차하하되, 원수(元數) 가운데 매번 13개씩 감한다.

○ 사도시(司䆃寺)

바가지[瓢子]가 8개이다.

솔[草省]이 4개이다. −1년에 한 번 내린다.

○ 의영고(義盈庫)

용촉(龍燭)이 105자루[柄]이다.

○ 예빈시(禮賓寺)

밀가루[眞末]가 1되[升]이다.

○ 혜민서(惠民署)

찐 쑥〔熟艾〕이 2말〔斗〕 2되이다.

○ 내섬시(內贍寺)

복주병(福酒瓶)이 3개이다. -용환이다.

목파구유〔木杷槽〕가 3부이다. -영구히 차하한 뒤에 훼손되는 대로 예조에 보고하고 간품(看品)하여 다시 만든다.

○ 공조(工曹)

대제(大祭)의 축문을 쓰는 붓〔筆〕이 5자이다.

삭제(朔祭)의 축문을 쓰는 붓이 24자루이다.

참먹〔眞墨〕이 24정(丁)이다.

오명일(五名日)과 제사의 축문을 쓰는 붓이 5자루이다.

참먹이 5정이다.

중류제(中霤祭)의 축문을 쓰는 붓이 1자루이다.

참먹이 1정이다.

칠사의 축문을 쓰는 붓이 5자루이다.

참먹이 5정이다. -1년에 한 번 내린다.

○ 양창(兩倉)

제정(祭井)을 수정하는 용으로 망(網)을 갖춘 빈 섬〔空石〕이 10닢이다.

제기(祭器)를 수정하는 용으로 빈 섬이 30닢이다.

초둔(草芚)이 8번(番)이다. -1년에 한 번 내리되, 원수 가운데 2번을 감한다.

대제 및 삭제와 망제에 진배할 초둔은 배설하게 되면 들어갈 물량을 헤아려 진배한다. -사용한 뒤에 환하한다.

○ 내자시(內資寺)

목파구유〔木杷槽〕가 3부(部)이다. -영구히 차하한 뒤에 훼손되는 대로 예조에 보고하고 간품하여 다시 만든다.

영녕전 춘추대제 및 별제

○ 장흥고

번육을 진상하는 단자지와 근봉지로 아울러 쓸 저주지가 5장이다.

상족지 감으로 저주지가 1권 10장이다.

복주병(福酒瓶)을 덮는 기름종이가 1장 반이다.

각 곳의 번육 단자용 저주지가 1권이다.

침가지 감으로 저주지가 10장이다.

떡을 덮는 기름종이가 5장이다. ─사용한 뒤에 환하한다.

○ 선공감

번육을 진상할 때 쓰는 외겹바가 1조 30파이다.

걸레 3부의 줄 감으로 삼겹바가 3파씩이다.

질통이 2부(部)이다. 횡목을 갖춘다.

나무관자가 2부(部)이다. 줄을 갖춘다.

말총체가 4부(部)이다.

대나무체가 1부(部)이다. ─1년에 한 번 내린다.

전판이 3부(部)이다.

협판이 3부(部)이다.

배위패가 50개이다. ─영구히 차하하고 훼손되는 대로 간품하여 다시 만든다.

희생패가 50개이다.

달발이 4부(部)이다.

삿자리가 4부(部)이다. ─1년에 한 번 내린다.

○ 제용감

작세건이 11단이다. ─매 단마다 백저포가 1자 5치씩이다.

장위를 담는 큰 자루가 3건이다. ─매 건마다 백포가 7자이다.

시루를 덮는 베가 4건이다. ─매 건마다 생포가 4자씩이다.

시루를 동여매는 베가 4건이다. ─매 건마다 생포가 4자씩이다.

향로에 쓰는 수건

헌관의 관세위에 쓰는 수건

제집사의 관세위에 쓰는 수건

식정건이 6단이다. −매 단마다 백저포가 1자 5치씩이고, 1년에 한 번 내린다.

목욕 수건 −이상 모두 백포 30자이고, 1년에 한 번 내린다.

○ 군기시

숫돌이 1덩이다. −영구히 차하한다.

○ 와서

토봉로 −매 제사마다 34개 이내이다. 1년에 한 번 내리되, 원수 가운데 제사마다 10개를 감한다.

○ 사도시

바가지가 6개이다.

솔이 3개이다. −1년에 한 번 내린다.

○ 공조

축문을 쓰는 붓이 2자루이다. −1년에 한 번 내린다.

○ 의영고

용촉이 80자루이다.

○ 예빈시

밀가루가 1되이다.

○ 혜민서

찐 쑥이 2말 2되이다.

○ 내섬시

복주병이 3개이다. −사용한 뒤에 환하한다.

목파구유가 3부(部)이다. −영구히 차하한 뒤에 훼손되는 대로 예조에 보고하고 간품하여 다시 만든다.

○ 내자시

목파구유가 3부이다. −영구히 차하한 뒤에 훼손되는 대로 예조에 보고하고 간품하여 다시 만든다.

○ 양창

제정을 수정하는 용으로 망을 갖춘 빈 섬이 10닢이다.
제기를 수정하는 용으로 빈 섬이 30닢이다.

○ 기인(其人)

대거(大炬) −〈정료조(庭燎條)〉에 실려 있다.

명화목(明火木) −〈정료조〉에 실려 있다.

향탄(香炭) −대제 및 삭제, 망제, 기고제, 별제는 매 신실마다 각각 3되씩이다. 영녕전도 같다. 칠사는 각각 1되씩이고, 중류는 3되이다.

번간탄(燔肝炭) −매 신실마다 각각 4되씩이다. 영녕전도 같다.

세정탄(洗淨炭) −대제는 매 신실마다 2되씩이고, 삭제와 망제 및 기고제, 별제는 1되씩이다. 영녕전도 같다. 겨울에만 진배한다.

난수목(煖水木) −대제 및 삭제, 망제, 기고제, 별제는 33근(斤)이다. 영녕전도 같다. 겨울에만 진배한다.

숙설목(熟設木) −대제는 319근이고, 삭제와 망제 및 기고제, 별제는 150근이다. 영녕전도 같다. 칠사는 100근이고, 중류는 12근이고, 배향 공신은 80근이다.

거모목(去毛木) −대제는 350근이고, 삭제와 망제 및 기고제, 별제는 90근이다. 영녕전도 같다. 중류는 40근이다.

목욕목(沐浴木) −대제는 33근이고, 삭제와 망제 및 기고제, 별제는 20근이다. 영녕전도 같다. 중류는 20근이다.

도　제　조	대광보국숭록대부 행 판중추부사 서문중(徐文重)
제　　　조	자헌대부 형조 판서 김우항(金宇杭)
수정　낭청	통훈대부 행 종묘서 직장 유박(柳搏)
	무공랑(務功郞) 제용감 직장 홍구채(洪九采)

종묘의궤

찾아보기

일러두기

찾아보기는 《종묘의궤》(전2책)를 대상으로 하였다.

1. 일반 사항

1) 표제어는 번역문 전체를 대상으로 추출하였다. 다만, 번역자의 주석은 추출 대상에서 제외하였다.

2) 표제어는 인명, 지명, 서명 등 고유명사와 주요 용어, 물명 등 가치가 있다고 판단되는 용어를 대상으로 추출하였다.

3) 표제어는 번역문대로 추출하는 것을 원칙으로 하되, 부득이한 경우 적합한 형태로 다듬었다.

4) 번역문의 오자와 오독은 가능한 한 바로잡아서 추출하였다.

2. 구성 및 배열

1) 찾아보기는 표제어, 한자, 출처로 구성하였다.

2) 표제어와 한자의 음이 다를 경우 〔 〕를 하였다.

　　기장쌀〔黍米〕 ❷ 265 266 281

3) 표제어는 가나다순으로 배열하고, 동음일 경우 한자의 코드순으로 배열하였다.

　　보책(寶冊) ❶ 284 287 288 289 290

　　보책(寶策) ❷ 375

4) 표제어의 출처는 번역문 쪽수의 순서대로 배열하였다. 원문자는 번역서의 집수를 나타내고, 아라비아 숫자는 해당 쪽수를 나타낸다.

　　경덕궁(慶德宮) ❶ 219 223 ❷ 234 236

찾아보기

ㄱ

가경(歌磬) ❶130

가공언(賈公彦) ❷186

가관(笳管) ❶147

가례(嘉禮) ❶332 ❷156

가례(家禮) ❷48 140 160 161

가례도감(嘉禮都監) ❷292

가마〔磨〕 ❷151 219

가마솥〔鑊〕 ❷261 268

가상(加上) ❶258 264 267 268 269 271 272 293
298 301 302 307 308 309 311 314 315 ❷55 107
115 122 123 124 125 126 128 131 132 133 135
137 138 286 325 326 327 328 330 334

가선〔紕〕 ❶162

가선〔襈〕 ❶160

가선〔純〕 ❶159 162

가선〔緣〕 ❶98 104 105 170 176

가소(嘉蔬) ❷233

가시나무〔棘木〕 ❶119 121

가야금(伽倻琴) ❶94 100 102 143 ❷352

가의(賈誼) ❷197

가이(罳彝) ❶87 88 112 113 114

가종(歌鐘) ❶129

가지〔茄子〕 ❶258

가천(嘉薦) ❷233

각실위호서차도(各室位號序次圖) ❶182

각잠(角簪) ❶168

간료등(肝膋䤡) ❶85 ❷147 151 216 219 245

간좌곤향(艮坐坤向) ❶299 300 303 304

갈고(羯鼓) ❶141

갈포〔綌〕 ❶106 112

감귤(柑橘) ❷260

감룡경(撼龍經) ❷369

감자(柑子) ❷259

갑곶(甲串) ❷343

갑좌경향(甲坐庚向) ❶297 305

강도(江都) ❷119 343

강라(絳羅) ❶139

강렵(剛鬣) ❷233

강무의(講武儀) ❷260

강무조(講武條) ❷262 263

강사포(絳紗袍) ❶325

강석기(姜碩期) ❶258 ❷342

강신례(降神禮) ❷186

강신제(降神祭) ❶329 ❷185

강왕지고(康王之誥) ❶309

강징(姜澂) ❷18 29

강호(羌胡) ❶147

강혼(姜渾) ❷18 29

강화(江華) ❷111 112 180 189 191 342 371

개수(改修) ❶221 222 225 226 227 284 ❷36
276 280 284 285 295 298 319 346

개암〔榛子〕 ❶84 ❷245 258

개오동나무〔檟木〕 ❷227

개원례(開元禮) ❶234 ❷233

개책(介幘) ❶174

개책관(介幘冠) ❶95 100 174

거모목(去毛木) ❷385

거북 모양 인꼭지〔龜鈕〕 ❷325 326 327 328 329
330 331 332 333 334 335

건(巾) ❶106 112

건거(巾車) ❶118

건두(乾豆) ❷260 261

건조(乾棗) ❶84 86 ❷245

건좌손향(乾坐巽向) ❶302 304

건포도(乾葡萄) ❷245

검(劍) ❶99 105 149

검인(芡仁) ❶85 86 ❷245

결채(結綵) ❶321 332

경국대전(經國大典) ❶337

찾아보기 **389**